rororo

Über die Verfasser

Hannelore Faulstich-Wieland, geb. 1948 in Hann. Münden, Dipl. Psych. (1972 TU Berlin), Promotion in Sozialwissenschaften (Dr. phil. 1975 Universität Bremen), 1. Staatsexamen als Lehrerin für Arbeitslehre/Wirtschaft (1978 PH Berlin), Habilitation in Erziehungswissenschaften (1980 TU Berlin). Universitätsprofessorin für Erziehungswissenschaft unter besonderer Berücksichtigung der Schulpädagogik – Schwerpunkt Sozialisationsforschung – an der Universität Hamburg seit 1997, vorher Universitätsprofessorin für Frauenforschung an der Westfälischen-Wilhelms-Universität Münster.

Wichtigste Veröffentlichungen: Koedukation – enttäuschte Hoffnungen? Darmstadt 1991; Geschlecht und Erziehung. Grundlagen des pädagogischen Umgangs mit Mädchen und Jungen. Darmstadt 1995; «Trennt uns bitte, bitte nicht!» Koedukation aus Mädchen- und Jungensicht, zus. mit Marianne Horstkemper. Opladen 1995; Ent-Dramatisierung der Differenzen. Studentinnen und Studenten in den Technikwissenschaften, zus. mit Steffani Engler. Bielefeld 1995; Individuum und Gesellschaft. Sozialisationstheorien und Sozialisationsforschung. München 2000; Sozialisation in Schule und Unterricht. Neuwied 2002; Einführung in Genderstudien. Opladen 2003; Doing Gender im heutigen Schulalltag, zus. mit Martina Weber und Katharina Willems. Weinheim 2004. – Zahlreiche Beiträge in Fachzeitschriften und Buchpublikationen.

Peter Faulstich, geb. 1946 in Frankfurt/Main, Dipl. Ing. (1971 TU Berlin), Promotion in Bildungsökonomie (Dr. phil. 1975 TU Berlin), Habilitation in Erziehungswissenschaft (1977 TU Berlin). Universitätsprofessor für Erziehungswissenschaft mit Schwerpunkt Erwachsenenbildung in der Universität Hamburg, vorher Leiter der Kontaktstelle für wissenschaftliche Weiterbildung und des Zentrums für Wissenschaftstransfer an der Universität Kassel.

Wichtigste Veröffentlichungen: Strategien betrieblicher Weiterbildung. München 1998; Erwachsenenbildung (gemeinsam mit Chr. Zeuner). Weinheim 1999; Innovation in der beruflichen Weiterbildung (Hrsg.). Bielefeld 2000; Erwachsenenbildung und soziales Engagement (gemeinsam mit Chr. Zeuner). Bielefeld 2001; Lernzeiten (Hrsg.). Hamburg 2002; Praxishandbuch selbstbestimmtes Lernen (Hrsg. gemeinsam mit D. Gnahs, S. Seidel, M. Bayer). Weinheim 2002; Weiterbildung in den Bundesländern (Hrsg. gemeinsam mit P. Vespermann). Weinheim 2002; Wissensnetze (Hrsg. gemeinsam mit K. Wilbers). Bielefeld 2002; Weiterbildung – Begründungen lebensentfaltender Bildung. München 2003; Ressourcen der allgemeinen Weiterbildung in Deutschland. Bielefeld 2004; Expansives Lernen (Hrsg. gemeinsam mit J. Ludwig). Bartmannsweiler 2004; Weiterbildungsqualität – zwischen System und Subjekt (Hrsg. gemeinsam mit W. Wittwer). Bielefeld 2004; Lerngelder (Hrsg. gemeinsam mit M. Bayer). Hamburg 2005; Lernwiderstände (Hrsg. gemeinsam mit M. Bayer). Hamburg 2006; Öffentliche Wissenschaft (Hrsg.). Bielefeld 2006. – Zahlreiche Beiträge in Fachzeitschriften und Buchpublikationen.

Hannelore Faulstich-Wieland
Peter Faulstich

BA-Studium

ERZIEHUNGSWISSENSCHAFT

Ein Lehrbuch

rowohlts enzyklopädie
im Rowohlt Taschenbuch Verlag

rowohlts enzyklopädie
Herausgegeben von Burghard König

Originalausgabe
Veröffentlicht im Rowohlt Taschenbuch Verlag,
Reinbek bei Hamburg, Oktober 2006

Umschlaggestaltung any.way, Wiebke Jakobs
Satz Proforma PostScript (InDesign)
bei Pinkuin Satz und Datentechnik, Berlin
Druck und Bindung Clausen & Bosse, Leck
Printed in Germany
ISBN 13: 978 3 499 55680 7
ISBN 10: 3 499 55680 4

Inhalt

1. Einführung: Einordnendes

Alle, die sich für ein Studium der Erziehungs- und Bildungswissenschaften[1] interessieren oder dies bereits studieren, sollen hier einen Überblick über die wichtigsten Themen und Zusammenhänge erhalten. Ein Studium zum Bachelor of Arts-Abschluss (BA) Erziehungswissenschaft muss sowohl von künftigen Lehrerinnen und Lehrern absolviert werden als auch von jenen, die später in der Kinder-, Jugend- oder Erwachsenenbildung bzw. im sozialen Bereich arbeiten wollen. Sie alle sollen mit diesem Lehrbuch den Kern der notwendigen wissenschaftlichen Kenntnisse erwerben können. Zweifellos wird man dazu mehr als dieses eine Buch lesen und bearbeiten müssen, aber wir beabsichtigen, eine Art «roten Faden» durchs Studium zu bieten, der genutzt werden kann, um sich selbst mit weiteren Fäden aus den Feldern, die einen besonders interessieren oder die an der gewählten Hochschule speziell angeboten werden, einen «flugfähigen» Teppich zu weben. Dabei geht es primär um erziehungs- und bildungswissenschaftliches Wissen, d.h. um die Kenntnisse, die man benötigt, wenn man im pädagogischen Feld professionell tätig werden möchte. Insofern stößt das Konzept eines solchen Lehrbuchs selbst auf ein Kernproblem aller pädagogischen Tätigkeit, auf die Frage der Didaktik, nämlich, wie die Aneignung von Kompetenzen durch Vermittlung von Themen (Gegenständen), ausgehend von Intentionen (Zielen), mit geeigneten Methoden (Mitteln) im gesellschaftlichen Kontext zu gestalten ist.

Es geht aber auch darum, wie man sich im universitären Alltag

1 Wir bevorzugen die Bezeichnung «Erziehungs- und Bildungswissenschaft», weil es bei den zentralen Grundbegriffen, Handlungsformen und Arbeitsfeldern nicht nur um Erziehen geht, sondern die Disziplin weiter greift. Um nicht dauernd Probleme mit der Terminologie zu bekommen, benutzen wir auch «Pädagogik» (wörtlich «Jungenführung»), was genau genommen schon auf die Mädchen nicht zutrifft und schon gar nicht auf Erwachsene, wo wir manchmal den Begriff «Andragogik» («Menschenführung») verwenden. Auch der Begriff Führung ist sicherlich problematisch.

zurechtfinden kann, mit welchen organisatorischen Regelungen und Anforderungen man konfrontiert wird. Schließlich werden Hinweise zum wissenschaftlichen Arbeiten gegeben, da das Bachelor-Studium ein Studium einer Wissenschaft – hier der Erziehungs- und Bildungswissenschaft –, bezogen auf ein Berufsfeld, ist. Die Aneignung von Theorie steht im Wechselverhältnis zur Umsetzung in Praxis.

Der Aufbau des Lehrbuchs versucht, diese – hoch gesteckten, schwer erfüllbaren – Ansprüche einzulösen. Entsprechend werden wir zunächst Informationen und Hinweise zum Alltag im Studium geben (Kap. 1). Dazu gehören auch Überblicke über die durch die Entwicklung eines einheitlichen Europäischen Hochschulraums angestoßene Studienreform sowie das BA-Studium in Erziehungs- und Bildungswissenschaft bzw. das Lehramtsstudium in der entstehenden Struktur. Beide Studiengänge haben in den verschiedenen Hochschulen jeweils Varianten der Ausgestaltung, über die man sich in den konkreten Studien- und Prüfungsordnungen informieren kann. Sie gliedern sich aber übereinstimmend in «Module» als «Basiseinheiten» der Grundstruktur des Studiums. Diese Module schließen jeweils mit einer Prüfung ab, sodass wir ebenfalls über die Leistungsanforderungen informieren werden. Den Hauptteil des Buchs machen die Inhalte dieser Studienmodule (Kap. 2 bis 5) aus. Im Anschluss an die thematischen Studienmodule wird im Kapitel 6 auf wissenschaftliches Arbeiten im Studium der Erziehungs- und Bildungswissenschaft eingegangen.

Dieses Lehrbuch soll denjenigen, die Interesse an einem erziehungswissenschaftlichen Studium haben, einen Überblick über die relevanten Fragestellungen, theoretischen Ansätze und praktischen Handlungsmöglichkeiten geben. Es ist aber auch als Begleitbuch durch das Studium angelegt, d. h. für die Studierenden geschrieben, die sich im ersten und/oder zweiten Studienjahr orientieren oder sich schon dem Ende des BA-Studiums nähern, die Themen noch einmal rückerinnern oder sich dann erziehungswissenschaftliche Aspekte der Berufskompetenzen als künftige Lehrerinnen und Lehrer in der MA-Phase aneignen wollen.

1.1 Hochschulalltag: Hochschule als Lernort

Hochschulen können selbst als Lernorte begriffen werden. Insofern haben sie mit anderen Institutionen des Lernens gemeinsame Merkmale. Sie folgen dabei teils jahrhundertealten Ritualen. Aus gesellschaftlicher Sicht erbringen sie Leistungen: zum einen durch Forschung und durch Vermittlung wissenschaftlich fundierten Wissens und anzueignender Kompetenzen, zum andern durch Prüfungen und Verleihung von Abschlüssen und damit erfolgender Selektion. Von innen betrachtet, sind die Hochschulen gekennzeichnet durch ihre Organisation, die angewendeten Methoden in Forschung und Lehre, die bearbeiteten Themen und das beschäftigte Personal.

Die Hochschulen – besonders die Universitäten – sind als Orte der Wissenschaft zunächst bezogen auf *Forschen* als Herstellung und Begründung geltenden wissenschaftlichen Wissens. Über bloßes Meinen und Glauben hinaus geht es um die Suche nach Wahrheit. Allerdings ist diese nie ein feststehendes, letztbegründetes Resultat, sondern – in allen Disziplinen – umstrittene Konstruktion im Diskurs zwischen Wissenschaftlern und Wissenschaftlerinnen. Unterschiedliche Erkenntnisinteressen und methodische Zugänge werden bei der Erziehungs- und Bildungswissenschaft wegen ihres starken Bezugs zu beruflichem Handeln besonders deutlich (vgl. Kap. 2.3).

Studierende erfahren dies oft leidvoll, wenn sie in der *Lehre* auf Vermittlung eindeutiger Wissensbestände hoffen. Schon die Grundbegriffe der Erziehung und Bildung sind umstritten. So versprechen neurophysiologische Forschungen einen umfassenden Zugang zum «Lernen», während Vertreter «subjektorientierter» Konzepte einen Kurzschluss von physiologischen auf psychologische Phänomene als unzulässig oder gar unsinnig erklären (vgl. Kap. 2.1). Ein wissenschaftliches Studium zeichnet sich dadurch aus, dass man kein fertiges Handwerkszeug erhält, sondern selbst zwischen kontroversen Meinungen über wissenschaftliche Themen seine Position abwägen und begründen muss. Deshalb ist es unabdingbar, verschiedene Lehrmeinungen zu kennen. Dazu wollen wir hier beitragen, wobei klar ist, dass auch wir unvermeidlich eigene Positionen einbringen, die einem kritischen Pragmatismus am nächsten stehen (vgl. Kap. 2.3.6). Orientierende Idee ist außerdem die oft beschworene *Einheit von Forschen und Lehren*, obwohl klar ist, dass dies in den Massenhochschulen immer schwieriger wird.

Die Vielfalt wissenschaftlicher Modelle steht zweifellos im Konflikt zur Notwendigkeit, *Prüfungen* zu absolvieren – eine der unliebsamsten Formen pädagogischen Handelns (vgl. Kap. 2.2.4) und eines der problematischsten Rituale der Machtausübung. Leistungen beim Lernen werden als Maßstab für die Verteilung von Statuspositionen genommen. Dies ist unabweisbar verbunden mit Selektion und entsprechendem Stress und vielfältigen Ängsten. Wenn dies sinnvoll genutzt werden soll, können Prüfungen als Rückmeldungen über eigene Lernerfolge dienen. Man kommt aber, solange gesellschaftliche Ungleichheit fortbesteht, nicht darum herum, dass mit Noten auch Urteile über weitere Berufs- und Lebenschancen gefällt werden. Erträgliche Studienordnungen versuchen, Ängste vor der großen Abschlussprüfung abzubauen und durch Teilprüfungen – z. B. Modul-Prüfungen – zu ersetzen. Allerdings kann dies studienorganisatorisch auch zur Folge haben, dass der Prüfungsstress permanent wird.

In fast allen Hochschulen geben die Prüfungsordnungen, Studienordnungen und Beschreibungen des Studienablaufs Vorgaben und zugleich Hilfestellung. Die durch die Ordnungen geregelte *Organisation* des Studiums befindet sich in einem Umbruch, der mit dem Begriff «Bologna-Prozess» diskutiert wird. Was hat es damit auf sich? Im Juni 1999 haben sich Vertreter aus 29 europäischen Ländern in der italienischen Stadt Bologna, welche die älteste europäische Universität – ihr Siegel trägt die Jahreszahl 1088 – beherbergt, zu einem Bildungsgipfel getroffen und vereinbart, bis zum Jahr 2010 die Hochschulbildungen so umzustrukturieren, dass ein gemeinsamer «europäischer Hochschulraum» entsteht. Konkret folgen daraus vier Strukturprinzipien:

1. Die Studienabschlüsse sollen vergleichbar sein und deshalb auch gleiche Bezeichnungen tragen. Als Abschlussbezeichnungen wurden die in angloamerikanischen Ländern schon bisher üblichen Abschlüsse des *Bachelor-* und des *Mastergrads* gewählt.
2. Das Studiensystem soll zwei bzw. drei *Stufen* umfassen.
   - Die erste Stufe soll dabei mindestens drei Jahre dauern, mit einem

Bachelor-Grad abschließen und eine hinreichende Qualifikation für den europäischen Arbeitsmarkt wie auch für ein mögliches weiterführendes Studium bieten.

- Die zweite Stufe soll ein bis zwei Jahre dauern und mit einem Master-Grad enden. Dabei kann es entweder konsekutive Studienprogramme geben, d. h. solche, bei denen die beiden Stufen aufeinander aufbauen und insgesamt nicht länger als fünf Jahre dauern. Oder es können Studiengänge eingerichtet werden, bei denen dem BA-Studiengang kein MA-Studiengang folgt, bzw. umgekehrt, bei denen der MA-Studiengang an verschiedene BA-Abschlüsse anknüpft.
- Die dritte Stufe umfasst die Promotionsphase.

3. Das Studium wird in *Modulen* aufgebaut, für deren Abschluss jeweils festgelegte «Credits» vergeben werden, welche – quasi als europäische «Hochschulwährung» – eine Vergleichbarkeit der Studienanteile und damit die studentische Mobilität fördern soll. Module sollen thematisch zusammenhängende Einheiten bilden, für die es festgelegte Lehrveranstaltungen gibt. Sie werden mit einer Prüfung über die gesamte Einheit abgeschlossen, für die ein Zertifikat vergeben wird.
4. Um Vergleichbarkeit und Übertragbarkeit zu sichern, sollen die Hochschulen alle Barrieren, die sich hinderlich auf die *Mobilität* der Studierenden auswirken, abbauen. Zugleich sollen sie in der Qualitätssicherung der Studiengänge zusammenarbeiten und die europäische Dimension in der Hochschulbildung stärken.

Es geht insgesamt um eine Strukturierung und gleichzeitig um eine Verkürzung des Studiums. Während es bisher lange Studienzeiten gab, die auf abschließende Prüfungen am Ende des Studiums zielten, sollen jetzt kurze Einheiten (Module) durch begleitende Prüfungen und damit nachweisbare Leistungen (Credits) schnell, nämlich nach in der Regel drei Jahren, zu einem ersten Abschluss (dem Bachelor) führen.

Zwar läuft an allen Universitäten der Umstellungsprozess, aber es wird bis 2010 – wenn nicht noch länger – uneinheitliche, teilweise noch am Diplom bzw. den alten Lehramtskonzepten ausgerichtete Studienmodelle geben. Die Probleme betreffen aber stärker die organisatorischen Strukturen als die erziehungswissenschaftlichen Inhalte, deren Kern vergleichbar ist.

Auch die *Methoden* der Vermittlung wissenschaftlichen Wissens in einzelnen Lehrveranstaltungen an Hochschulen sind durch die «Bolognarisierung» nicht direkt betroffen. Die Traditionen der europäischen Universität haben hier einige erstaunlich stabile Rituale herausgebildet. Dazu gehören die *Lernzeiten* wie Semesterstruktur und Anfangszeiten sowie Lehrveranstaltungsformen.

Semester teilen das Studium traditionell in Halbjahre. Offizieller Studienbeginn ist entweder im Wintersemester oder im Sommersemester – viele Universitäten starten ihre Studiengänge nur im Wintersemester. Das Wintersemester geht vom 1. Oktober eines Jahres bis zum 31. März des nächsten Jahres, das Sommersemester dauert vom 1. April bis zum 30. September. Die Lehrveranstaltungen allerdings haben keineswegs diese Laufzeiten, man unterscheidet in der Universität zwischen den Vorlesungszeiten und den vorlesungsfreien Zeiten. Die Vorlesungszeit beträgt zwischen zwölf und vierzehn Wochen. Die «Semesterferien» sind immer weniger «Freizeit», sondern dienen der Nach- und Vorarbeit.

Bisher galt als Faustregel, dass man für eine Veranstaltung von zwei Semesterwochenstunden einen Arbeitsaufwand für Vor- und Nachbereitung von weiteren zwei Stunden rechnen sollte. Im Rahmen des Bachelor-Studiums ändert sich die Sichtweise auf die Arbeit der Studierenden. Für jedes Modul und darin für jede Lehrveranstaltung wird ausgewiesen, wie viele *ECTS-Punkte* (European Credit Transfer System) für welche Leistungen – von bloßer Anwesenheit über Referate bis zu verschiedenen Formen von Hausarbeiten – zu erreichen sind. Es wird differenziert, wie viel Credits (Leistungspunkte) Studierende in einer zwei Semesterstunden umfassenden Veranstaltung für ein zehnminütiges Referat bekommen – wobei ihre Arbeitsleistung letztlich in der relativ regelmäßigen Anwesenheit im Seminar, einer vergleichsweise kurzen Vorbereitung auf das Referat und seiner Präsentation besteht bzw. wie viele Credits andere Studierende in der gleichen Veranstaltung bekommen, die für jede Sitzung eine schriftliche Leistung erstellen. Das Spektrum der erreichbaren Credits reicht von 1 bis 6. Ein Leistungspunkt soll einer Workload (d.h. dem Arbeitsaufwand, der für Präsenz- und Selbststudium erbracht wird) von etwa 30 Stunden entsprechen. In einem Studienjahr sollen 60 Leistungspunkte erbracht werden. Die für einen dreijährigen BA-Abschluss erforderlichen Leistungen betragen folglich 180 ECTS-Punkte. Dies entspricht 900 Arbeitsstunden, bezogen auf die Gesamtzeit des Semesters. Die Workload schreibt damit eine «normale» Wochenarbeitszeit fest, wie sie auch für Erwerbstätige gilt. Viele Studierende müssen allerdings zusätzlich (mindestens) in den vorlesungsfreien Zeiten jobben, um sich den Lebensunterhalt zu verdienen. Beabsichtigt ist, die Arbeitsleistung der Studierenden transparenter zu machen und durch einen stärkeren Betreuungsaufwand durch die Lehrenden ein erfolgreiches Studieren zu sichern.

Die *Veranstaltungszeiten* folgen überwiegend einem wöchentlichen Rhythmus und sind meistens zweistündig: In den Vorlesungsverzeichnissen heißt das, es werden eine Wochenzeit ausgewiesen und die Anzahl der Semesterwochenstunden für die Veranstaltung, z. B. montags 14 bis 16 Uhr. Eine solche Veranstaltung findet das erste Mal an dem Montag, an dem die Vorlesungszeit beginnt, von 14:15 bis 15:45 Uhr statt. Eine Semesterwochenstunde (SWS) umfasst nämlich nicht eine Stunde, sondern 45 Minuten. Die Differenz kennzeichnet das «akademische Viertel». Auch diese Regel gehört zu den universitären Ritualen. Allerdings gibt es davon Ausnahmen, nämlich Veranstaltungen, die mit dem Beginn 14 Uhr auch tatsächlich 14:00 Uhr meinen. Damit die Teilnehmenden nicht verwirrt sind, was nun gilt, hat man sich auf folgende Sprachregeln geeinigt: Soll eine Veranstaltung «pünktlich» beginnen, also ohne akademisches Viertel, so wird sie mit dem Zusatz s.t. ausgewiesen. Das steht für «sine tempore», also «ohne Zeit». Gilt das akademische Viertel, so kann auf einen Zusatz verzichtet werden, oder es steht dort c. t., nämlich «cum tempore», «mit Zeit».

Es gibt sehr unterschiedliche *Veranstaltungstypen* in einem Studium. Im Wesentlichen kann man drei verschiedene unterscheiden, nämlich Vorlesungen, Seminare und Praxisveranstaltungen. In *Vorlesungen* erhält man – daher der Name – die Inhalte vom Professor bzw. der Professorin «vorgelesen» bzw. vorgetragen, d. h., die Rolle der Studierenden besteht darin – so die traditionelle Vorstellung –, zuzuhören und mitzuschreiben. Derart «reine» Vorlesungen sind zumindest in der Erziehungswissenschaft selten anzutreffen. Im Allgemeinen werden die Vorträge durch Medien anschaulich zu machen versucht, auch ist es üblich und gewünscht, Zwischenfragen zu stellen, und manchmal werden die Studierenden aktiv einbezogen. Viele Studierende verzichten auch auf ein Mitschreiben – weil man oft Skripte erhält oder die visualisierenden Powerpointpräsentationen zur Verfügung gestellt werden. Man sollte sich jedoch klarmachen, dass Mitschreiben für den Lernprozess günstig ist, weil es eine aktive Form der Aneignung darstellt: Man übt, auf das Wichtige zu achten, Strukturen im Vortrag zu erkennen, und man kann die eigenen Notizen immer mal wieder nachlesen. Das erleichtert die Vor- und Nachbereitungen, also die geforderten Anteile des Selbststudiums.

Seminare sollten eine Größe haben, die den Studierenden eine aktive Mitarbeit ermöglicht. Erwartet werden die Beteiligung an Diskussionen, aber auch die Präsentationen selbst erarbeiteter Inhalte – entweder als Referat oder gemeinsam in einer Gruppe als Gestaltung eines Teils der Sitzung. Häufig sind Seminare allerdings zu groß, sodass der Unterschied zur Vorlesung nur noch graduell ist.

Praktika und Begleitveranstaltungen beziehen sich in der Erziehungs- und Bildungswissenschaft auf meist mehrwöchige Arbeit in einem Tätigkeitsfeld wie der Schule oder einer anderen pädagogischen Einrichtung. Dies gibt die Chance, spätere Berufsmöglichkeiten zu erkunden und zu prüfen, inwieweit theoretisches wissenschaftliches Wissen in Praxissituationen hilfreich ist. Oft regen solche Praxiskontakte auch spätere Abschlussarbeiten an.

Vielfach werden neben diesen drei zentralen Veranstaltungstypen auch *weitere Veranstaltungen* angeboten. Dazu gehören z. B. Ringvorlesungen zu ausgewählten Themen. Die Vortragenden wechseln von Sitzung zu Sitzung und referieren zu ihrem Spezialbereich. Ringvorlesungen oder auch Einzelvorträge sind so etwas wie die Kür der universitären Diskurse – Studierende müssen sie nicht besuchen, weil sie nicht mit dem Erwerb von Leistungsnachweisen, von Credits, verbunden sind, sie können sie aber besuchen, weil sie die Chance bieten, vertieft etwas über ein Thema, unterschiedliche Sichtweisen und kontroverse Interpretationen zu erfahren.

Viele Universitäten bieten Hochschultage für Schülerinnen und Schüler an, um sich über die verschiedenen Studiengänge zu informieren und an einigen regulären Lehrveranstaltungen teilzunehmen. Hat man sich bereits für ein erziehungswissenschaftliches Studium entschieden und eine Zulassung erhalten, so wird man – dies ist eigentlich an allen Universitäten üblich – zu Beginn des Studiums zu einer Orientierungsveranstaltung eingeladen. Hier werden die «Erstis» in Gruppen zusammengefasst und mit den wichtigsten Abläufen des Studiums, des Fachbereichs bzw. der Universität vertraut gemacht. Auch bietet die Orientierungsphase eine Chance, Kommilitoninnen und Kommilitonen (lateinisch Mitkämpferinnen und Mitkämpfer) – so werden rituell die Mitstudierenden genannt – kennen zu lernen, mit denen man Lerngruppen bilden oder auch einfach mal Freizeit genießen kann.

Beratung zu geben ist auch Aufgabe des *Personals* eines Fachbereichs bzw. einer Fakultät. Neben der Durchführung von Lehrveranstaltungen gehört dies zu den Pflichten der Lehrenden, und zwar nicht nur bezogen auf die eigenen Kurse oder Module. Dies gilt vor allem für die dauerhaft beschäftigten Professorinnen und Professoren, die den Kern des Lehrpersonals ausmachen, aber auch für die meist befristet angestellten wissenschaftlichen Mitarbeiter bzw. Assistentinnen oder Lehrkräfte mit besonderen Aufgaben (z. B. abgeordnete Lehrkräfte, die Schul- und Unterrichtsbezüge sichern sollen). Dazu kommen zahlreiche nebenberufliche Lehrbeauftragte. Obwohl dies in den Lehrveranstaltungsankündigungen oft nicht zum Ausdruck kommt, gibt es eine fortbestehende Hierarchie des Hochschulpersonals mit den Professorinnen und Professoren an der Spitze. Für die Studierenden ist vor allem wichtig, wer prüfungsberechtigt ist, weil aufgrund der *Überlast* häufig nur Teilnehmende der eigenen Lehrveranstaltungen geprüft werden.

Es gibt in der Bundesrepublik Deutschland etwa 200 000 Studierende im Lehramt sowie zusätzlich fast 50 000 Hauptfachstudierende. Diese werden betreut von ca. 850 Professorinnen und Professoren, sowie ca. 2200 Assistentinnen und Dozenten, wissenschaftlichen Mitarbeiterinnen und Mitarbeitern oder Lehrkräften mit besonderen Aufgaben. Durchschnittlich entfallen demnach auf eine Professur etwa 230 Lehramts- und 60 Hauptfachstudierende (vgl. Tippelt u. a. 2004). Diese Zahlen werfen ein Schlaglicht auf die schwierige, zum Massenbetrieb gewordene Studiensituation in der Erziehungs- und Bildungswissenschaft. Ob sich diese durch den Bologna-Prozess, die weiter gehende Neuorganisation des Lernsystems Hochschule durch die gleichzeitig eingeführten Studiengebühren und die parallel laufende Verbetriebswirtschaftlichung der Hochschulen verbessern wird, hängt auch ab vom hochschulpolitischen Engagement der Studierenden.

1.2 Erziehungs- und bildungswissenschaftliche Studiengänge

Die Ausgestaltung der erziehungs- und bildungswissenschaftlichen Studiengänge bewegt sich im gezeichneten Rahmen des Lernorts Hochschule und wird durch weitere Vorgaben bestimmt:

- Zum einen hat die Kultusministerkonferenz der Länder (KMK) *Strukturvorgaben* vorgelegt, die sich im Wesentlichen auf die genannten Aspekte der Modularisierung und des Leistungspunktsystems beziehen. Die KMK ist das zuständige politische Gremium, dessen Aufgabe es ist, für die Bildungssysteme der Bundesländer Vereinbarungen zu treffen, die eine Vergleichbarkeit und damit Anerkennung von Leistungen zwischen den Bundesländern gewährleisten (vgl. Kap. 3.2).
- Zum anderen hat die Deutsche Gesellschaft für Erziehungswissenschaft (DGfE) Empfehlungen für ein *Kerncurriculum* Erziehungswissenschaft verabschiedet. Dieses soll sicherstellen, dass Absolventinnen und Absolventen erziehungswissenschaftlicher Studiengänge über einen vergleichbaren Kernbestand von Wissen verfügen. Die DGFE ist die 1964 gegründete Fachvereinigung der Erziehungswissenschaft in der Bundesrepublik Deutschland. Ihr gehören vor allem Hochschullehrende der Erziehungswissenschaft an. Es zählt zu den Aufgaben der DGfE, die politischen Entscheidungsgremien, aber auch die einzelnen Hochschulen bei Strukturfragen der erziehungswissenschaftlichen Studiengänge zu beraten.
- Schließlich bestimmen die jeweiligen konkreten Bedingungen einer

Hochschule, welche inhaltlichen Schwerpunkte in *Prüfungs- und Studienordnungen* festgelegt werden sollen, die über den Kern des Fachs hinausgehen.

Betrachten wir zunächst den *Hauptfachstudiengang* Erziehungswissenschaft, der zum Bachelor-Abschluss in Erziehungswissenschaft führt und im Wesentlichen das «Nachfolgemodell» der Ausbildung zum Diplom-Pädagogen bzw. zur Diplom-Pädagogin darstellt, bevor wir uns mit den Besonderheiten des Lehramtsstudiums befassen.

Am 31.1.2004 hat der Vorstand der DGfE ein Kerncurriculum als verbindlichen Mindeststandard für das Hauptfachstudium Erziehungswissenschaft verabschiedet. Als «leitende Gesichtspunkte» werden festgehalten:

- «Das Kerncurriculum hält das gemeinsame, disziplinorientierte und verbindliche Minimum erziehungswissenschaftlicher Studieninhalte fest.
- Die Studieneinheiten des Kerncurriculums zielen nicht auf eine Festschreibung von Lehrmeinungen. Es geht vielmehr um die Ermöglichung von Rede und Gegenrede über erziehungswissenschaftliche Fragen.
- Das Kerncurriculum erstreckt sich über alle Studienphasen.
- Eine Einführung in erziehungswissenschaftliche Forschungsmethoden ist für alle Studierenden obligatorisch.
- Im Mittelpunkt der ersten Studienphase steht die theoriegeleitete Auseinandersetzung mit pädagogischen Sachfragen. In den folgenden Studienphasen werden erkenntnis- und wissenschaftstheoretische Themen sowie professionsorientierende Fragestellungen intensiviert» (DGfE 2004a, S. 2).

Das Kerncurriculum ist in vier Studieneinheiten mit jeweils drei inhaltlichen Teilbereichen unterteilt (ebd., S. 3/4):

Studieneinheit 1 – Grundlagen der Erziehungswissenschaft:

- Grundbegriffe der Erziehungswissenschaft und ihrer Teildisziplinen
- Geschichte und Theorie der Erziehung und Bildung
- Wissenschaftstheoretische Ansätze in der Erziehungswissenschaft

Studieneinheit 2 – Gesellschaftliche, politische und rechtliche Bedingungen von Bildung, Ausbildung und Erziehung in schulischen und nichtschulischen Einrichtungen unter Einschluss internationaler Aspekte:

- Theorien, Funktionen und geschichtliche Aspekte von Bildungs-, Erziehungs- und Hilfeinstitutionen sowie von Sozialisationsinstanzen
- Bildungspolitik, Bildungsrecht und Bildungsorganisation sowie Systeme der sozialen Sicherung unter Einschluss international vergleichender Fragestellungen
- Differenz und Gleichheit, kulturelle und soziale Heterogenität

Studieneinheit 3 – Bildungsforschung und forschungsmethodische Grundlagen

- Qualitative und quantitative Methoden
- Erziehungswissenschaftlich besonders relevante Ansätze (z. B. pädagogisches Fallverstehen, Hermeneutik, Phänomenologie, Diagnostik, Evaluation, Bildungsstatistik)
- Bildungsforschung (z. B. Benachteiligtenforschung, Lehr-Lernforschung, Weiterbildungsforschung)

Studieneinheit 4 – Einführung in erziehungswissenschaftliche Studienrichtungen

- Struktur der Erziehungswissenschaft in der Pluralität ihrer Teildisziplinen
- Einführung in eine Studienrichtung
- Handlungsfelder, Handlungsformen, Einstellungen und Haltungen im Kontext einer Studienrichtung

Die Umsetzung dieses Kerncurriculums in BA-Studiengänge an den einzelnen Hochschulen kann unterschiedlich aussehen. Den Strukturvorgaben der KMK entsprechend, müssen die Studienpläne jedoch so aufgebaut sein, dass innerhalb von sechs Semestern die erforderlichen 180 Leistungspunkte erworben werden können.

In den Varianten des Hauptfachstudiums muss aus kapazitären Gründen die Verbindung mit der Ausgestaltung des *Lehramtsstudiums* berücksichtigt werden. Dabei stellt sich vor allem die Frage, welche Studienanteile, d. h. wie viele Leistungspunkte, beim Lehramtsstudium auf die Erziehungswissenschaft entfallen. Die bisherige Lehramtsausbildung war so strukturiert, dass zwei Unterrichtsfächer und ein erziehungswissenschaftliches «Begleitstudium» absolviert werden mussten. Ein erstes Problem besteht darin, ob der Bachelor-Abschluss ausreicht, um in das Referendariat als nach wie vor verbindliche 2. Phase der Lehrerausbildung in der Schule zu kommen oder ob erst die Absolvierung eines konsekutiven Studienprogramms Bachelor/Master als Mindestqualifikation für ein Lehramt gilt. Diese Frage ist von den Bundesländern einhellig so beantwortet worden, dass erst ein besonderer Master-Abschluss (Master of Education) als Eingangsqualifikation gelten soll. Gestritten wird darum, ob dies für alle Lehrämter so gilt oder ob das Grundschullehramt und möglicherweise auch das Lehramt für die Berufsschulen davon ausgenommen sind.

Eine zweite Frage betrifft die Abfolge der Studienteile: Ist es bereits zu Studienbeginn möglich, «auf Lehramt» zu studieren, oder soll dies erst – nach dem Fachstudium z. B. der Biologie oder der Mathematik – in der Masterphase erfolgen? Es ist zu klären, wie zwei obligatorische Unterrichtsfächer im Studium verankert sind. Einige Hochschulen – wie Bochum – haben Zwei-Fach-Bachelor-Studiengänge eingeführt, verteilen damit die 180 Punkte auf beide Fächer. In Bochum ist die Lehrerbildungsfrage folglich so gelöst, dass im BA-Studium Erziehungswissenschaft und als zweites ein Unterrichtsfach studiert werden. In der Phase zum Erwerb des Masters of Education (MEd) werden dann das zweite Unterrichtsfach studiert sowie die notwendigen fachdidaktischen Studien absolviert.

Die DGfE hat hierzu eine Empfehlung herausgegeben, mit der ein Gesamtkonzept für die Lehrerbildung im Bachelor-Master-System vorgelegt wird (vgl. Abbildung 1). Es soll ein einheitliches Modell für alle Lehrämter sein mit der Möglichkeit von Modifikationen für bestimmte Schulstufen und Schulformen – insbesondere für die Grundschulen bzw. die Sonderschulen. Kernelemente bilden zwei Fächer und ihre Didaktiken sowie eine berufswissenschaftlich fundierte Qualifizierung. Die berufswissenschaftlichen Bezugsdisziplinen sind Erziehungswissenschaft, Pädagogische Psychologie und Soziologie sowie gegebenenfalls Philosophie und Politikwissenschaft. Der Qualifikationsprozess für den Lehrberuf soll das gesamte Studium umfassen, d. h. bereits im Bachelor-Studiengang beginnen.

Abbildung 1: DGfE-Vorschlag für die Lehrerbildung in der B/M-Struktur

Dreijähriger Bachelor-Studiengang (180 Leistungspunkte (LP))				
1. Fach	2. Fach	Berufswissenschaft		Bachelor-Arbeit
		Berufsorientierung	Erziehungswissenschaft	
			Pädagogische Psychologie	
			Soziologie	
64 LP	64 LP	12 LP	18 LP	7 LP
(= 43 SWS)	(= 43 SWS)	(= 8 SWS)	(= 12 SWS)	
		inklusive Industrie- oder Dienstleistungspraktikum	plus Schulpraktikum mit Begleitveranstaltungen	
			15 LP	
			(= 10 SWS)	
64 LP	64 LP	12 LP	33 LP	7 LP

Zweijähriger Master-Studiengang (120 Leistungspunkte (LP))			
Schulbezogene Fortsetzung Fächerstudium	Fachdidaktiken	Berufswissenschaft	Master-Arbeit
(1. Fach + 2. Fach)	(1. Fach + 2. Fach)	Schulstufenbezogene berufsqualifizierende Schwerpunktsetzung und Kompetenzentwicklung: Erziehungswissenschaft Pädagogische Psychologie Soziologie	
(je 15 LP)	18 LP		
	(= 12 SWS)		
	plus je ein fachdidaktisches Praktikum		
	(7–8 LP)		
30 LP	15 LP	42 LP	15 LP
(= 20 SWS)		(= 28 SWS)	
30 LP	33LP	42 LP	15 LP

Quelle: DGfE 2004b, S. 4

Inhaltlich wird die Erziehungswissenschaft im Lehramtsstudium wiederum am Kerncurriculum ausgerichtet. Die beiden ersten Studieneinheiten sind identisch mit denen für das Hauptfachstudium. Die weiteren Studieneinheiten sind dann jedoch spezifisch auf jene Studierenden zugeschnitten, die Lehrerin oder Lehrer werden wollen. Im Bachelor-Studiengang soll zunächst in das Tätigkeitsfeld Schule eingeführt und dies auch mit einem Praktikum verbunden werden. Während der Masterphase werden dann in drei weiteren Studieneinheiten professionsspezifische Kenntnisse erworben. Diese betreffen die Theorie und Praxis des Lehrens und Lernens, die Grundlagen professionsorientierter Forschungsmethoden sowie berufsbezogene Vertiefungen durch Kompetenzerwerb insbesondere in den Feldern Entwicklung und Lernen, Unterrichten und Erziehen, Umgang mit Heterogenität sowie Schulentwicklung.

Die einzelnen Universitäten haben diese Kerncurriculum-Empfehlungen nun nicht eins zu eins umgesetzt, sondern sie nehmen je nach ihren konkreten Bedingungen und personellen Ausstattungen Schwerpunktsetzungen vor. Dennoch lassen sich weite Überschneidungen erkennen, die es ermöglichen, dieses Lehrbuch als geeignete Grundlage für die unterschiedlichen Studiengänge anzusehen. Wir wollen abschließend dessen Aufbau verdeutlichen.

1.3 Aufbau dieses Lehrbuchs

Nach unserer kurzen Einführung in den Lernort Hochschule und die erziehungs- und bildungswissenschaftlichen Studiengänge sollen in den folgenden Kapiteln 2 bis 5 die thematischen Module des Studiums vorgestellt werden. Wir gliedern sie in vier übergreifende Bereiche. Diese orientieren sich am «Kerncurriculum» der DGfE, sie decken also die Felder ab, in denen man sich nach einem erfolgreichen Studium auskennen sollte. Mit diesem Vorhaben lassen wir uns auf ein mutiges, eigentlich verrücktes Unterfangen ein, weil selbstverständlich die ganze Bibliotheken füllenden Diskussionen über Probleme der Erziehung und Bildung nicht mit einem einzelnen Text erledigt werden können. Es kann also nur darum gehen, einige Grundzüge darzustellen und Anregungen zur Weiterarbeit zu geben. Vergegenwärtigt man sich die Struktur der Deutschen Gesellschaft für Erziehungswissenschaft, dann erhält man ein Gesamtbild der Ausdifferenzierung der Disziplin (vgl. Abbildung 2).

Man erkennt unschwer, dass wir nur einen Ausschnitt abdecken können. Dennoch versuchen wir, um das anfangs genutzte Bild weiter zu strapazieren, Fäden durch (fast) alle Bereiche zu ziehen und damit Anknüpfungspunkte zu bieten. Es fehlen sicherlich die jeweiligen Besonderheiten der Berufs-, Sozial- und Behinderten- bzw. Sonderpädagogik.[1]

Abbildung 2: Sektionen der DGfE

Sektion 1:	Historische Bildungsforschung
Sektion 2:	Allgemeine Erziehungswissenschaft
Sektion 3:	International und interkulturell-vergleichende Erziehungswissenschaft
Sektion 4:	Empirische Bildungsforschung
Sektion 5:	Schulpädagogik
Sektion 6:	Sonderpädagogik
Sektion 7:	Berufs- und Wirtschaftspädagogik
Sektion 8:	Sozialpädagogik
Sektion 9:	Erwachsenenbildung
Sektion 10:	Pädagogische Freizeitforschung und Sportpädagogik
Sektion 11:	Frauen- und Geschlechterforschung in der Erziehungswissenschaft
Sektion 12:	Medien- und Umweltpädagogik
Sektion 13:	Differentielle Erziehungs- und Bildungsforschung

Die ersten Studienmodule zur Erziehungs- und Bildungswissenschaft (Kap. 2) führen ein in ihre Grundbegriffe (Kap. 2.1), zu denen neben dem Begriff der Erziehung insbesondere Bildung, Sozialisation und Biogra-

1 Für gesonderte Einführungen in diese Partialdisziplinen vgl. Arnold/Gonon 2005; Hamburger 2003; Antor/Bleidick 2006.

phie sowie Lernen gehören. Den Grundbegriffen korrespondieren Formen konkreten pädagogischen Handelns (Kap. 2.2); als wichtigste lassen sich Erziehen, Unterrichten, Beraten, Beurteilen und Planen benennen. Orientiert werden die Handlungsformen durch Theorien der Erziehung und Bildung (Kap. 2.3) – hier liegen zweifellos vielfältige Knoten, die wir nur lose mit unserem roten Faden verknüpfen können, an dem man je nach eigenem Interesse weiterspinnen oder das Modell seines besonderen «flugfähigen» Teppichs weben kann. Je nach Theorie unterscheiden sich – um im Bild zu bleiben – auch die Flugrichtungen.

Im zweiten Komplex von Studienmodulen (Kap. 3) geht es um die gesellschaftlichen, politischen und rechtlichen Bedingungen von Bildung, Ausbildung und Erziehung. Für Bildung und Erziehung haben sich spezifische Institutionen herausgebildet – die Schule müssen heutzutage eigentlich alle durchlaufen, den Kindergarten haben viele erlebt, eine Berufsbildung findet sich nur bei einer Teilgruppe, aber alle Interessentinnen und Interessenten für diesen Band werden wohl Mitglieder der Universität werden wollen oder schon sein. Diese Einrichtungen institutionalisierter Bildung haben eine lange Geschichte (Kap. 3.1), ohne welche die Gegenwart nicht zu verstehen ist. Für die Bundesrepublik Deutschland – bzw. die Zeit nach dem Zweiten Weltkrieg – werden die Strukturen des Bildungssystems und die sie bestimmenden bildungspolitischen Entwicklungen aufgezeigt (Kap. 3.2). Dazu gehören auch rechtliche Regelungen und Fragen der Bildungsfinanzierung, denn sie stellen die Rahmenbedingungen für die pädagogische Arbeit dar. Die Debatten um die Qualität des Bildungssystems lassen die Fragen nach den Leistungen in Institutionen für Lernprozesse virulent werden (Kap. 3.3). Schließlich sind Globalisierung und Internationalisierung inzwischen Hintergrund aller gesellschaftlichen Perspektiven und erfordern, sich sowohl mit dem internationalen Vergleich der Bildungssysteme zu befassen als auch mit den interkulturellen Aspekten von Bildung (Kap. 3.4) in Deutschland.

Die dritten Studienmodul-Komplexe (Kap. 4) stellen einen Einblick in die pädagogischen Arbeitsfelder dar. Hier werden im Hauptstudium die Spezialisierungen vorgenommen, die vertraut machen mit den Bereichen, in denen man später arbeiten möchte. Dies geschieht in der Schule

(Kap. 4.1) – hier werden vor allem die künftigen Lehrer und Lehrerinnen tätig sein. Die Hauptfachstudierenden werden zum einen außerhalb des Unterrichts mit Kindern und Jugendlichen arbeiten (Kap. 4.2), beispielsweise in Kindertagesstätten, Jugendhäusern oder Jugendverbänden, um nur einige zu nennen. Zum anderen liegt ein breites Arbeitsfeld in der Erwachsenenbildung (Kap. 4.3) etwa in Volkshochschulen, in anderen Bildungseinrichtungen für Erwachsene oder in Betrieben. Abschließend werden kurz weitere Arbeitsfelder skizziert (Kap. 4.4).

Nach dem Dreischritt von Grundbegriffen, Handlungsformen und Arbeitsfeldern führt der vierte Studienmodul-Komplex (Kap. 5) in Forschungskonzepte der Erziehungs- und Bildungswissenschaft ein. Zum Verständnis wissenschaftlicher Befunde wie auch zum Nachdenken über das eigene pädagogische Handeln ist es sinnvoll zu wissen, wie überhaupt Erkenntnisse produziert werden können. Dazu geben wir einen Überblick über qualitative und quantitative Methoden in den Sozialwissenschaften und charakterisieren die für die Erziehungswissenschaft relevanten Ansätze.

Kapitel 6 zielt auf die Fähigkeit zum wissenschaftlichen Arbeiten, wobei Forschen einen Kern liefert. Es geht um Recherchieren, Lesen, Schreiben und Präsentieren.

Die Hinweise auf weiterführende Literatur sind in einem Lehrtext wie dem vorliegenden besonders wichtig. Zum einen haben wir die zitierte Literatur vollständig aufgeführt. Zum andern gibt es ausgewählte Texte, die wir für zentral halten bzw. die in der Disziplin Mindeststandard sind, wenn man in wissenschaftlichen Diskussionen mitreden will. Wir hoffen – wenigstens ansatzweise –, Kenntnisse und Einstellungen zu vermitteln, die zeigen, dass eine Arbeit im Wissenschafts- und Berufsfeld der Erziehungs- und Bildungswissenschaft Spaß macht. Aus unserer Sicht ist dies eins der spannendsten und zugleich anspruchsvollsten wissenschaftlichen Felder, weil der Mensch und seine Entwicklung, Erziehung und Bildung die komplexesten Probleme darstellen, die wir kennen.

2. Studienmodule: Grundlagen der Erziehungs- und Bildungswissenschaft

Vor allen Einzelfragen eines Studiums steht die Grundfrage, was denn Wissenschaft sei und was den jeweiligen Wissenschaftsbereich von anderen unterscheide. Allgemein kann Wissenschaft bestimmt werden als ein auf ein Praxisfeld bezogenes Theoriegebäude. Dieses ist entworfen auf der Basis von *Grundbegriffen* (Kap. 2.1), die das *Handeln* der im Wissenschafts- und im Berufsfeld Arbeitenden orientieren (Kap. 2.2). Die Zugriffe der *Theoriepositionen* auf das Arbeitsfeld unterscheiden sich allerdings deutlich nach Erkenntnisinteressen, Forschungsmethoden und der Gegenstandskonstitution (Kap. 2.3). Die Frage nach der *Praxisrelevanz* ist unseres Erachtens für Wissenschaft, gerade für die Erziehungs- und Bildungswissenschaft, unverzichtbar, wobei es keineswegs um unmittelbare Handlungsanweisungen gehen kann, sondern um eine reflexive Perspektive auf das Tätigkeitsfeld.

Schon diese Bestimmungen sind in der Erziehungs- und Bildungswissenschaft – wie in allen Wissenschaften – durchaus kontrovers. Die wissenschaftstheoretischen Grundmodelle und entsprechenden Theorieansätze sind gekennzeichnet durch divergierende, sehr unterschiedliche Positionen zum Verhältnis von Theorie und Praxis. Eine «kritische Pädagogik» bietet eine andere Perspektive an als eine «konstruktivistische Erziehungswissenschaft». Entsprechend werden konkurrierende Interessen an Erkenntnis aufgegriffen, in Gegenstandsbestimmungen umgesetzt und mit Ansätzen von Methoden kombiniert und legitimiert. Unvermeidbar fließen *Erkenntnisinteressen* in wissenschaftliches Arbeiten ein. Es kommt darauf an, diese nicht zu leugnen oder gar zu verschleiern, sondern bewusst zu machen. Dann ist es möglich, Vorurteile und Einflussnahmen aufzudecken. Was in der Theorie von Praxis begreifbar ist, hängt auch davon ab, wie der Gegenstand konstituiert wird und welche methodischen Zugriffe des Forschens entwickelt werden (vgl. Kap. 2.3 und 5.). Forschungsgegenstände, z. B. «Lernwiderstände», sind nicht einfach da, sondern werden erst aus einer bestimmten Perspektive sichtbar und mit ausgewählten Methoden, wie z. B. Gruppendiskussionen, belegbar. Wissenschaft lebt von Fragen, welche die scheinbaren Selbstverständlichkeiten des Alltags durchbrechen.

2.1 Erziehungs- und bildungswissenschaftliche Grundbegriffe

Fast jeder glaubt, bei Erziehungsfragen fachlich mitreden zu können. Bei physikalischen oder chemischen Problemen wäre dies wohl weniger der Fall. Aber schließlich hat man selbst Erziehung durchlaufen, kennt Kinder und Eltern, war schon einmal in einem Jugendzentrum oder in der Volkshochschule. Erziehungswissenschaftliches Wissen ist verankert in Alltagswissen. Dies erleichtert seinen Transfer in lebensweltliche Kontexte, erschwert aber gleichzeitig, das Profil als eigenständige wissenschaftliche Disziplin zu stärken sowie zu verdeutlichen, was das spezifische Berufswissen der Pädagoginnen und Pädagogen ausmacht.

Wissenschaft zeichnet sich gegenüber anderen gesellschaftlichen Bereichen aus durch Ordnen der Begriffe bei der Suche nach Wahrheit. Sie beruht auf – wenn auch immer nur vorläufig – geklärten Grundbegriffen, die ihren Gegenstand kennzeichnen, angebbaren Erkenntnisinteressen und systematisch entwickelten Methoden. Unsere Position ist: Die Erziehungs- und Bildungswissenschaft intendiert ein Begreifen und Gestalten von Lernprozessen im gesellschaftlichen Kontext, und sie bedient sich dabei eines sozialwissenschaftlichen Methodenspektrums. Ihr Gegenstandsbezug richtet sich also zunächst auf Lernen, seine Intentionen, Themen und Methoden. Dies teilt sie mit anderen Disziplinen, mindestens mit der Psychologie, welche z. B. nach individueller Lernfähigkeit oder nach Motivationen fragt, und der Soziologie, die unter den Stichwörtern Biographie und Sozialisation den Einbezug des Lernens in gesellschaftliche Verhältnisse fokussiert. Während diese Nachbarwissenschaften aber oft auf Konzeptionen von Theorie beruhen, bei denen Beobachten und Beschreiben im Vordergrund stehen, ist Erziehungs- und Bildungswissenschaft unabdingbar auf Praxis gerichtet: Es geht immer auch um eingreifendes Gestalten. Insofern sind die «einheimischen» Begriffe nicht nur deskriptiv, sondern haben gleichzeitig immer normative Mitklänge. Unausweichlich stellt sich, wenn man nach «Erziehung» und «Bildung» fragt, das Problem der ethischen Prämissen und praktischen Konsequenzen von Wissenschaft und nach dem Verhältnis von Erkenntnis und Interesse.

2.1.1 Lernen

Dies gilt schon für den Begriff Lernen, der aufgeladen ist mit vielfältigen Vorannahmen und theoretischen Implikationen (zusammenfassend Holzkamp 1993). Alle Versuche von Erziehung oder zu Bildung wären vergeblich und überflüssig, gäbe es nicht die menschliche Fähigkeit zum Lernen.

«Lernen» ist für jeden von uns ein unabweisbares Thema – alltäglich und wissenschaftlich. «Lernen» ist zu einer Schlüsselkategorie einer Gesellschaft geworden, die sich im vorherrschenden Selbstverständnis über «Wandel» und «Innovation» bestimmt. Wo sich alles dynamisch, rapide und permanent verändert, ist Lernen angesagt. Wenn das so ist, müssen alle gesellschaftlichen Partialsysteme, Strukturen und Prozesse immer neu und immer schneller «lernen». «Lernen» wird in dieser Sprechweise als synonym mit «Verändern» verwendet.

Diese Abstraktheit des Lernbegriffs stellt die Frage nach seiner Abgrenzung: Wenn man von Lernen redet, müssen Unterschiede z. B. zu Reifung als organischem, zu Ermüdung als somatischem, zu Alterung als biographischem Prozess oder auch zu Reflexen deutlich werden. Als Besonderheit kann man vorab festhalten: *Lernen ist ein psychischer Prozess der Erweiterung von Handlungsmöglichkeiten aufgrund der Aneignung von Erfahrungen.* Dies müssen nicht immer individuelle Erfahrungen sein, sondern es kann die Vermittlung von Wissen und Werten als Resultat kulturell gesammelter Erfahrungen und Auslegungen vorangegangener Generationen sein. Wenn ein Fischer immer wieder an derselben Biegung eines Flusses viele Fische im ruhigen Wasser antrifft, lernt er aufgrund seiner Erfahrung, gezielt dorthin zu gehen. Wenn er dieses

Wissen weitergibt an seine Kinder und sie mitnimmt – sie also erzieht –, können diese seine Erfahrungen verwenden. Historisch wächst die Kluft zwischen dem individuell Erfahrbaren und dem im kulturellen Gedächtnis Gespeicherten. Müsste man alles Wissen selbst erzeugen, würde die Lebenszeit nicht ausreichen, und man würde in unserer technisch basierten Zivilisation nie handlungsfähig.

Der genannte Lernbegriff – Erweiterung von Handlungsmöglichkeiten aufgrund der Aneignung von Erfahrungen – ist weder in der Erziehungs- und Bildungswissenschaft noch gar in der Psychologie und schon gar nicht in der Neurophysiologie allgemein akzeptiert, sondern durchaus umstritten. Es gibt vielmehr ein breites Angebot konkurrierender Lerntheorien, unterschieden nach wissenschaftstheoretischen Grundpositionen, d. h. Erkenntnisinteressen, Gegenstandskonstitution und Methodenauswahl. So, wie man aus unterschiedlichen Perspektiven immer nur einen Ausschnitt des Ganzen wahrnimmt, hängt auch von der gewählten (Lern-)Theorie ab, welche Prozesse man wissenschaftlich begreifen kann. Man muss sich also in einem ersten Schritt die Sichtweise und entsprechende Anforderungen an eine angemessene Lerntheorie klarmachen. Eine Lerntheorie, die geeignet ist, Handeln an Erziehung und Bildung zu orientieren, sollte vier Bedingungen erfüllen:

1. Eine angemessene Lerntheorie muss Offenheit und Freiheit menschlichen Handelns berücksichtigen. Lernende sind nicht passive Apparate, die auf Reize reagieren, sondern aktive Personen, die sehr wohl überlegen und einschätzen, was sie machen wollen.
2. Eine angemessene Lerntheorie muss also auf Konzepten von «innen» durch Sinn gesteuerten Handelns, nicht nur des von «außen» beobachtbaren Verhaltens in Reflexen oder Routinen, basieren und sich, wenn es um menschliches Lernen geht, absetzen gegenüber Theorien über Veränderungsprozesse abstrakter Systeme.
3. Eine angemessene Lerntheorie sollte Anschlussfähigkeit zur bildungstheoretischen Diskussion herstellen.
4. Und: Eine für die Erziehungs- und Bildungswissenschaft angemessene Lerntheorie sollte in ihrem Kontext ein adäquates Konzept von Lehre entwickeln.

Die verschiedenen Lerntheorien modellieren den Lernprozess mit unterschiedlichen Begriffen und Schwerpunkten. Diese Theorieansätze und ihre Begriffsstrategien, bezogen auf psychische Aspekte des Lernens, gilt es auf ihre Tragfähigkeit zu prüfen. Nicht weiter betrachtet werden dabei Konzepte, die auf physikalische oder physiologische Kausalitäten abstellen, und zwar deshalb, weil ihre Erklärungsreichweite sich auf materielle oder energetische Phänomene bezieht. Immer wieder gibt es zwar naturalistische Kurzschlüsse: von der physischen Ausstattung des Menschen direkt auf psychische Leistungen beim Lernen zu schließen. Die aktuelle Debatte wird überschwemmt von der *neurophysiologischen Lernforschung*. Presse und Journale sind voll von Berichten und Artikeln über das Verhältnis von Gehirn und Lernen. Es wird nach «gehirngerechtem Lernen» gefragt. «Diese Tendenz wird aber von zahlreichen Lehr-Lern-Forschern – und nicht nur von diesen – skeptisch bis sorgenvoll beurteilt. Die bisher vorliegenden Befunde der neurophysiologischen Lernforschung sind nämlich nur selten eindeutig interpretierbar» (Stern u. a. 2005, S. 5). Wenn überhaupt, lassen sich nur allgemeine Schlussfolgerungen ableiten, die über den individuellen psychischen Prozess beim Lernen nichts sagen. Wenn wir genauer fragen, was wir suchen oder finden im Gehirn, so sind dies physikalische, chemische oder physiologische Prozesse, wie sie mit den bildgebenden Verfahren der Neurowissenschaften sichtbar dargestellt werden können. Dies liefert zweifellos faszinierende und spannende Resultate. Reflektierte Neurophysiologen wissen aber auch um die Grenze ihrer Ergebnisse: Die Psyche entzieht sich dem sezierenden Zugriff. Es gibt unhintergehbare, ungelöste Probleme:

- eine Nicht-Reduzierbarkeit psychischer Prozesse auf neurophysiologische Analysen und
- eine Unterdeterminiertheit neurophysiologischer Konstellationen, bezogen auf konkrete, situative Prozesse des Lernens.

Lernfähigkeit ist in erster Linie ein psychisches Problem. Die körperliche Ausstattung schafft nur die Voraussetzungen für Wahrnehmung, Erfahrung und Aneignung beim Lernen. Neurophysiologische Untersuchungen beschreiben nur die Rahmenbedingungen, unter denen Lernen stattfinden kann.

Eine selbstkritische Einschätzung der «Hirnforschung» kann vor Allmachtsphantasien bewahren und so seriös bleiben. Gegen überzogene Erwartungen wendet sich «Das Manifest – Hirnforschung im 21. Jahrhundert», in dem elf führende Neurowissenschaftler die Reichweite, aber auch die Grenzen ihrer Disziplin abstecken:

> «Eine vollständige Erklärung der Arbeit des menschlichen Gehirns, das heißt eine durchgängige Entschlüsselung auf der zellulären oder gar molekularen Ebene, erreichen wir dabei dennoch nicht. ... Das macht es generell unmöglich, durch Erfassung von Hirnaktivität auf die daraus resultierenden psychischen Vorgänge eines konkreten Individuums zu schließen» (Elger u.a. 2004, 36).

Auch wenn man einmal absieht von der Ebenenkonfusion zwischen Psychischem und Physischem, für welche die Neurophysiologie missbraucht wird, gibt es darüber hinaus in der *Lernpsychologie* des Mainstream (Überblick bei Edelmann 2000, Mielke 2001) immer noch einen Vorrang der naturwissenschaftlichen Perspektive und ein Nachwirken des *Behaviorismus*, der menschliche Aktivitäten als beobachtbares Verhalten (behavior) betrachtet. Die Urväter des Behaviorismus – der russische Physiologe Iwan P. Pawlow (1849–1936) sowie die amerikanischen Psychologen John B. Watson (1878–1958) und Burrhus F. Skinner (1904–1990) modellierten die Komplexität menschlicher Aktivitäten als Mechanismus von Reiz (stimulus) und Reaktion (response), wobei die peripheren Prozesse beobachtbar scheinen, während die interne Verarbeitung ausgeblendet und als «black-box» behandelt wird. Reicht aber die Außensicht auf singuläre Operationen aus, um menschliches Lernen zu begreifen? Genau auf diese Frage bezieht sich die scharfsinnige Kritik des Reiz-Reaktions-Modells, welche der pragmatische Philosoph John Dewey (1859–1952; vgl. Kap. 2.3.5) bereits 1896 in einem programmatischen Aufsatz über das «Reflexbogenkonzept» in der Psychologie (Dewey 2003) vorgelegt hat. Er fragt nach der «Elementareinheit» (ebd., S. 230). Um dem Dilemma eines extremen Reduktionismus, der Reiz-Reaktions-Ketten in Abfolgen wie im physikalischen Impulsgesetz zerlegt, zu entgehen, stellt Dewey dem ein Konzept des «Organischen Zirkels» entgegen, indem er den Gesamtprozess der Handlungssequenz betont. Diese hebt ab auf die Einheit einer komplexen sensorischen, psychischen und motorischen Koordination von Aktivitäten.

Im später erst von Watson (Watson 1930, dt. 1968) ausformulierten Behaviorismus wird Lernen dagegen als Verhaltensänderung interpretiert; Verhaltenssteuerung durch Konditionieren läuft über die Variation von Reizen, denen eine Determination von Reaktionen unterstellt wird. Durch die Kontrolle der äußeren Arrangements der Reize scheint menschliches Lernen dann beliebig manipulier- und konditionierbar (Skinner 1971).

Die traditionellen, klassischen, von der Psychologie nach wie vor dominant in ihren Fachbereichen verbreiteten Lerntheorien des Behaviorismus sind orientiert an Definitionen wie der von Ernest R. Hilgard (1904–2001) und Gordon H. Bower (*1932) – beide langjährig als Professoren für Psychologie an der Stanford University tätig –, Lernen sei «Veränderung von Verhalten, oder im Verhaltenspotenzial von Organismen in einer bestimmten Situation, die auf wiederholte Erfahrungen des Organismus in diesen Situationen zurückgeht» (Hilgard/Bower 1983, S. 31).

Wo ist der Haken dabei? In den Ohren vieler klingt diese Definition zunächst doch ganz vernünftig. Die Kritik setzt mit dem ersten Wort ein: Wenn alles Verändern Lernen ist, wird der Lernbegriff grenzenlos. Dann lernen nicht nur Individuen, Organismen, sondern es lernen Systeme, Regionen, es lernen Gesellschaften, die ganze Welt lernt, weil sie sich verändert. Das heißt, der Lernbegriff wird inhaltsleer. Man muss also überlegen, was ändert sich eigentlich? Der zweite Kritikpunkt ist, dass von Verhalten geredet wird. Verhalten ist ein von außen beobachtbares Phänomen. Man sieht, dass jemand sein Verhalten geändert hat; aber warum die Änderung eingetreten ist, können wir durch Außenbeobachtung nie feststellen. Ein Mensch rennt über die Straße. Möglich ist, dass er auf der Flucht vor der Polizei ist; er kann aber auch über die Straße rennen, weil er eilig etwas einkaufen will; er kann über die Straße rennen, weil auf der anderen Seite seine Freundin steht. Zu beobachten «ein Mensch rennt über die Straße» lässt uns die Gründe, warum er das macht, noch nicht verstehen. Durch die Außenbeobachtung von Verhalten wird nur die Oberfläche beschrieben.

Drittens wird in dem Zitat von Organismen geredet, ein Begriff, der auch Einzeller umfasst. Dem gegenüber steht die Auffassung, dass Menschen sich nicht bedingt durch äußere Stimuli verhalten, sondern handeln. Menschen schreiben ihren Aktivitäten Sinn zu, haben Gründe, warum sie etwas tun. Behavioristische Lerntheorien sind viertens eigentlich Lehrtheorien. In Instruktions- oder Trainingskonzepten werden Wenn-dann-Aussagen umgedreht zu Um-zu-Schlüssen. Geleugnet werden die Unverfügbarkeit und Eigensinnigkeit, die Freiheit menschlicher Individuen. Diese werden als manipulierbare Objekte behandelt.

Wenn es darum geht, menschliches Lernen in angemessener Weise darzustellen, ist eine Form von Lerntheorie, die man wegen ihrer Versuchsanordnungen mit Tieren als «Ratten-Tauben-Waschbären»-Lerntheorie karikieren kann, unangemessen. Behavioristische Lerntheorien, die einerseits schon lange als überholt gelten, andererseits, wenn man sich die Mühe macht und genau hinschaut, viele theoretische Modelle immer noch heimlich bestimmend durchziehen, sind in ihrer reduzierten, auf Beobachtung und Verhalten angelegten Struktur kaum geeignet, der Komplexität menschlichen Handelns und dem Spezialfall des Handelns, dem Lernen, gerecht zu werden.

Es ist verblüffend, wie auch Lerntheorien, die sich als komplex und differenziert darstellen, derartig kritikwürdige Definitionen des Lernens fortschreiben. Trotz der durch den *Kognitivismus*, der interne psychische Prozesse im Bewusstsein (Kognition) einbezieht, und spätestens durch den *Konstruktivismus*, der aktive Interpretationen der Individuen (Konstruktionen) hervorhebt, erreichten erheblichen Komplexitätssteigerung gibt es nach wie vor eine Vorherrschaft naturwissenschaftlich orientierten Ursache-Wirkungs-Denkens, welche Instruktionsansätze und entsprechende Lernarrangements stützen.

Kognitionstheoretische Lerntheorien (zusammenfassend Anderson 1988) haben versucht, die Leerstellen des Behaviorismus zu füllen, und beschäftigen sich damit, wie sich das Lernen im Individuum abspielt. Das Interesse gilt vorrangig den Fragen, wie Informationen aufgenommen, wie sie verarbeitet und strukturiert werden, wie Gedächtnis funktioniert, wie Motivation entsteht und wie Problemlösungsstrategien entwickelt werden. Der Mensch wird als aktives Wesen gesehen; aber dass er eingebunden ist in soziale Bezüge, dass er vor dem Hintergrund seiner (auch körperlichen) Existenz Lebensinteressen verfolgt, spielt in der Theoriekonzeption höchstens eine Nebenrolle.

Weitergehende Ansätze eines *lerntheoretischen Konstruktivismus* (Gerstenmeier/Mandl 1995; Reinmann-Rothmeier/Mandl 1995) stellen die Individuen und ihre jeweils subjektiven Weltentwürfe in den Mittelpunkt des Geschehens. Sie entwerfen «autopoietisch» (selbst erzeugend) «viable» (gangbare) Strategien von Aktivitäten (vgl. Kap. 2.3). Eine Betonung der Aneignungsperspektive, eine Wertschätzung des Individuums und die Ablehnung einer Herstellungsperspektive machen die Theorie als Korrektiv gegenüber Instruktionsmodellen attraktiv. Ausgeblendet wird aber, dass anspruchsvolle, bildungstheoretisch fundierte didaktische Konzeptionen von Lehre immer schon ausgehen von einer Unverfügbarkeit der Lernenden. Weiterhin wird in konstruktivistisch gestützten Lernarrangements ein zunehmend raffinierter Zugriff auf die Lernenden versucht. Coaching, als begleitende Unterstützung der Konstruktionsprozesse der Lernenden, hat u.a. deshalb Konjunktur. Darüber – über einen weiterverfolgten Rest-Instruktionismus – hinaus vollzieht sich Lernen immer in konkreten gesellschaftlichen Verhältnissen, die konstruktivistisch nicht reflektiert werden.

Bei der Suche nach einer angemessenen Lerntheorie bietet sich dann eine *«subjektwissenschaftliche» Lerntheorie* an. Klaus Holzkamp (1927–1995), bis zu seinem Tod Professor der Psychologie an der Freien Universität Berlin, hat eine entscheidende Wende vollzogen in der grundlegenden Denkfigur: Er redet über Lernen nicht als Bedingtheit, die durch äußere Reize verursacht wird, auf die Menschen bloß passiv reagieren. Holzkamp ersetzt diesen *Bedingtheitsdiskurs* durch einen *Begründungsdiskurs*. Er fragt: Was sind die Gründe, warum Menschen lernen? Warum wollen Menschen lernen?

Dahinter steht eine Denkfigur, die für das Begreifen von Handeln, also auch von Lernen, entscheidend ist: Es gibt in der Entwicklung des Menschen einen Dominanzwechsel für Anlässe zu Aktivität. Menschen verhalten sich nicht notwendig reaktiv auf äußere Anlässe, sondern sie können «innen» nachdenken und entscheiden. Handeln begründet sich in Sinn. Diese Denkfigur des Dominanzwechsels trägt den Begründungsdiskurs. Lernbegründungen und reziprok dazu Lernwiderstände lassen sich rückbeziehen auf Lebensinteressen der Person. Menschen lernen je nach dem, ob sie mit dem, was als Lernaufgabe ansteht, eigene Interessen verbinden können. Es ist zunächst zu unterscheiden zwischen einem *Mitlernen*, inzidentiell (zufällig oder nebenbei) im Verlauf anderer Tätigkeiten auf der einen Seite – wenn man die verschiedenen Formen von Handlung betrachtet, ist z. B. Arbeiten auch mit Lernen verbunden, und auch beim Spielen lernt man –, und auf der anderen Seite dem intentionalen Lernen, das von der lernenden Person gezielt beabsichtigt wird. Holzkamp konzentriert sich auf diesen Ausschnitt des Gesamtproblems: Intentionales Lernen wird ausgelöst, wenn Menschen, ausgehend von ihren Lebensinteressen, in Problemsituationen kommen, wenn das, was sie in ihrer Routine machen, nicht mehr erfolgreich ist. Fast jeder kennt dies aus eigener Erfahrung: Solange unsere Gewohnheiten greifen, haben wir keinen Anlass zu lernen, sondern handeln in bewährter Weise. Erst wenn die Routine zerbricht, wenn ein neues Problem auftaucht, entsteht eine Handlungsproblematik. Wir erleben ein Auseinanderfallen zwischen dem, was wir können, und dem, was wir können wollen. Diese Diskrepanz wollen wir bewältigen. Wir legen eine *Lernschleife* ein. Wir ziehen uns aus dem unmittelbaren Handlungszwang zurück; wir versuchen, Kompetenzen zu erwerben, die es uns anschließend, nach dem Lernen, ermöglichen, die uns herausfordernde Situation besser zu bewältigen.

Dann sitzen die Lernenden im Unterricht und überlegen, ob das offizielle Programm – das, was gelehrt wird und gelernt werden soll – etwas mit ihnen selbst zu tun hat. Ist dies der Fall, eignen sie sich das Thema aktiv an: Sie akzeptieren es als Lerngegenstand und versuchen, ihre Handlungsmöglichkeiten expansiv zu erweitern. Wenn sie auf der anderen Seite meinen, das interessiert überhaupt nicht, und fragen, was soll ich damit, wird unter Zwang gelernt, das heißt für die Prüfung, um dem Unterrichtenden zu gefallen, aber im Grunde *defensiv* – aus einer Abwehrhaltung heraus.

Diese Unterscheidung zwischen expansivem und defensivem Lernen ist für die Interpretation von Lernanlässen und -widerständen wichtig. Die Behauptung, die in der «subjektwissenschaftlichen» Lerntheorie steckt, ist: Wir lernen dann expansiv, wenn wir ausgehend von unseren eigenen Lebensinteressen lernen, um eine Erweiterung unserer Handlungskompetenz zu erwerben. Den Lerngegenständen wird Bedeutsamkeit jeweils für mich selbst zugewiesen – oder eben nicht. Bedeutsamkeiten stellen für die Handelnden gesellschaftlich gegebene Möglichkeiten dar, auf die sie sich beziehen können: Sie können sie in Lernstrategien ergreifen, sich verweigern, sie unterlaufen, sie nur teilweise umsetzen oder aber auch verändern.

Eine solche Vorstellung von verfügungserweiternder Aneignung ist anschlussfähig an den traditionellen Begriff von Bildung. Mit der von Klaus Holzkamp vorgeschlagenen Unterscheidung von «expansivem» und «defensivem» Lernen wird ein inhaltlich gefasstes Kriterium aufgespannt, das in seiner – von ihm so nicht ausgeführten – Begriffsfassung die Potenziale «lebensentfaltender Bildung» (Faulstich 2003) aufnehmen und wiederbelebbar machen kann. Es geht um die Bedeutsamkeit einer erfahrenen Problematik für die Lernenden selbst, um Eigensinn und Unverfügbarkeit.

Zugleich verweist die subjektorientierte Lerntheorie auf Situation und Kontext. Lernen findet nicht im luftleeren Raum statt. Die Lernenden sind verortet in einer gesellschaftlichen Position und verfolgen entsprechende Interessen. Bedeutungshaftigkeit ist derjenige Aspekt der Welt, durch den diese für das Individuum relevant und damit überhaupt für Lernen zugänglich wird. Sie gewährleistet die Entwicklung und Erweiterung von Handlungsmöglichkeiten.

Alles Lernen verläuft vor dem Hintergrund eigener körperlicher Erfahrungen, sprachlicher Gebundenheit und lebensgeschichtlicher Perspektive. Es ist gekennzeichnet durch seine Situativität; es ist abhängig von der vorausgelaufenen Biographie.

Die Lerntheorien erweitern also schrittweise ihren Horizont. Aber auch noch bei Klaus Holzkamp bleibt die Sichtweise auf das Subjekt dominant. Zwar ist ihm klar, dass die Individuen in gesellschaftlichen Verhältnissen stehen; diese werden aber nur abstrakt unterstellt, ohne dass die konkreten, milieuspezifischen und institutionellen Kontexte des Lernens hinreichend berücksichtigt werden. Es kommt also darauf an, den Standpunkt des Subjekts einzubeziehen in die ökonomischen, kulturellen, politischen und institutionellen Strukturen (Faulstich/Ludwig 2004).

2.1.2 Biographie und Sozialisation

Individuelle Situationen des Lernens stehen in einem jeweils gegebenen sozialen Kontext. Menschen leben immer schon in Gesellschaft. Auch Robinson Crusoe konnte auf seiner einsamen Insel nur leben, weil er in London Denken gelernt, Werkzeuge gebraucht und seine Gedanken in Sprache gefasst hatte. Um Lernen zu begreifen, ist es demnach unabdingbar, den sozialen Kontext mitzubetrachten, die tatsächliche gesellschaftliche Lage der Lernenden, ihre Interessen, ihre Erfahrungen, ihre Einstellungen und Werthaltungen aufzuhellen.

Es ist u. E. auszuschließen, dass Werthaltungen oder Einstellungen, Engagement oder Apathie oder Interessen genetisch vererbt werden. Niemand kommt als Arbeiter, Beamter oder Unternehmerin, als Protestant, Katholikin oder Atheistin, als Monarchistin, Republikaner, als Sozialistin oder Liberaler, als gehorsamer Untertan oder Revolutionärin auf die Welt. Denkstile, Gefühlshaltungen und Handlungsweisen werden erlernt. Die Gesamtheit lebenslangen Lernens der Individuen, das immer schon gesellschaftlich vermittelt ist, die Art und Weise, wie sie in soziale Strukturen und Normen einbezogen werden, wird mit dem Terminus Sozialisation gekennzeichnet.

Forschungen über Sozialisation gehen den Fragen nach: Wer lernt was, wann, wie, unter welchen gesellschaftlichen Bedingungen und mit welcher Wirkung? Damit wird die Entwicklung der Individuen in Beziehung gesetzt zu den gesellschaftlichen Verhältnissen (zusammenfassend Faulstich-Wieland 2000). Ein lerntheoretischer Individualismus würde demgegenüber zu einer falschen Abstraktion führen, wenn er unvermittelt «den Menschen», oder «das Individuum», «die Person», «das Subjekt», zum zentralen Bezugspunkt erhebt. Dem setzt das Konzept Sozialisation den hartnäckigen Nachweis entgegen, dass Lernen es immer mit Menschen zu tun hat, die unter bestimmten Verhältnissen aufwachsen und leben, die lernen müssen, mit diesen Verhältnissen zurechtzukommen, die in ihrer Entwicklung und Entfaltung in diese Verhältnisse eingebunden sind, die aber auch diesen ihren Stempel aufprägen und sie verändern können. Es weist darauf hin, dass Menschen in bestimmten Lebenslagen aufwachsen, lernen und leben, indem historisch gewordene, ökonomische, soziale, politische und kulturelle Entwicklungen und Voraussetzungen immer schon vorhanden sind. Diese treten den Menschen einerseits als sozial-strukturelle Bedingungen gegenüber. Andererseits entwickeln die Individuen im Umgang mit ihren Lebenslagen unterschiedliche Lebensformen und suchen Gestaltungsmöglichkeiten. Daraus ergibt sich ein Spannungsfeld von Selbstverwirklichung und Entfremdung, ausgehend von dem Zirkel, dass Gesellschaft aus Menschen besteht und dass gleichzeitig Menschen Gesellschaft hervorbringen.

Dies bezieht sich nicht nur auf Kindheit und Jugend, sondern Sozialisationsprozesse laufen lebenslang. Eine breit akzeptierte Begriffsbestimmung von Sozialisation wurde von Klaus Hurrelmann (*1944) zusammengefasst, nach der Sozialisation den «Prozess der Entstehung und Entwicklung der Persönlichkeit in wechselseitiger Abhängigkeit von der gesellschaftlich vermittelten sozialen und dinglich-materiellen Umwelt» (1989, S. 65) darstellt.

Der biographische Durchlauf als aktive individuelle Erfahrung und Gestaltung von je konkreten Sozialisationskonstellationen resultiert als *Person*. Ein tragfähiger Begriff für dieses schwierige Konzept fasst Menschen als intentionale, absichtsvoll handelnde Individuen, die in steter Auseinandersetzung mit ihrer Welt auf diese verändernd einwirken und von dieser beeinflusst werden. «Person» unterstellt ein Intentionalitätszentrum, das Bedeutsamkeit wahrnimmt und gleichzeitig entwirft und dessen Erleben und Handeln folgerichtig nur unter Bezugnahme auf die je eigenen Sinngehalte verstanden und begriffen werden können (Herrmann/Lantermann 1985, S. VIII).

Die Einheit, von der geredet wird, ist der einzelne Mensch in seiner physischen, psychischen und sozialen *Identität*. Diese ist kein fester Kristall, sondern offenes Problem. Identität entsteht durch aktive Konstruktion des Selbst (Keupp 2002) und beruht darauf, dass die Individuen ein grundsätzliches Interesse daran haben, sich selbst als Einheit zu begreifen: sowohl im Sinne einer Kontinuität ihres Lebensprozesses in ihrer Biographie als auch im Sinne der sozialstrukturellen und individuellen Unterschiedenheit von anderen.

Das Konzept *Biographie* hat in allen Gesellschafts- und Geisteswissenschaften Konjunktur. Es geht dabei darum, sich selbst als Individuum im sozialen und politischen Kontext zu begreifen. Allerdings ist dies nicht mehr an das traditionelle Phasenmodell einer «Normalbiographie» gekoppelt. Angesichts einer als fortschreitend unterstellten und wahrgenommenen Individualisierung werden eingefahrene Lebensentwürfe eher zur Seltenheit. Die Ausbreitung von «Patchwork-Existenzen» und «Bastelbiographien» wird in vielfältigen Alltagserfahrungen bestätigt. Besonders bei kritischen Lebensereignissen und riskanten Statuspassagen wird deutlich, dass das Konzept Biographie selbst brüchig geworden ist.

Der französische Soziologe Pierre Bourdieu (1930–2002) hat in einem breit rezipierten Aufsatz «Die biographische Illusion» (1990) unterschieden zwischen «Lebensgeschichte» und «Laufbahn». Er provoziert Misstrauen gegenüber der vertrauten Alltagsvorstellung einer selbst erzählten «Lebensgeschichte» und kennzeichnet sie als soziale Konstruktion. Seine Kritik führt ihn dazu, die «Laufbahn» als eine Abfolge von nacheinander durch denselben Akteur (oder eine bestimmte Gruppe) besetzte Positionen in einem «sozialen Raum» zu bestimmen, der sich selbst ständig entwickelt und Transformationen unterworfen ist. Biographische Ereignisse definieren sich demgemäß als wechselnde Verortungen im sozialen Raum. Diese Verortungsstrategien sind im Wesentlichen Konstruktionsleistungen der Individuen: Etwa beim Verlassen des Elternhauses, bei der Studien- oder Berufswahl, beim Übergang vom Bildungs- in das Beschäftigungssystem, beim Wiedereintritt von Frauen in den Beruf ergeben sich Risikolagen aufgrund eines Statuswechsels. Solche riskanten Prozessstrukturen im Lebensablauf sind gekennzeichnet durch große Handlungsautonomie bei gleichzeitig drohenden Kontrollverlusten. Herausforderungen sind dabei nicht die Ereignisse selbst, sondern das Entscheidende ist die Biographie, auf die sie treffen.

Diese verläuft in gesellschaftlichen Strukturen sozialer Ungleichheit. Nach wie vor sind moderne Gesellschaften gekennzeichnet durch Selektion und Hierarchie, Macht und Herrschaft. Einkommensungleichheiten, differenziertes soziales Prestige und unterschiedliche Sicherheit, diskriminierende Interaktions- und Kommunikationschancen, selektive Teilhabe an der gesellschaftlichen Arbeitsteilung und demokratische Partizipation sind empirisch belegbar, aber theoretisch verschieden zu begreifen und einzuordnen. Nachdem lange Zeit ein Streit um die Angemessenheit des Klassen- bzw. des Schichtbegriffs geführt worden ist, hat sich für die Beschreibung moderner Gesellschaften das Konzept *Milieu* Pierre Bourdieus als hilfreich erwiesen. Er begreift «soziale Klassen nicht als durch bestimmte einzelne Merkmale gekennzeichnet, sondern durch die Strukturen zwischen allen relevanten Merkmalen» (1982, S. 182).

Eine differenzierte Analyse des Zusammenhangs von Sozialstruktur, Milieu und Mentalitäten ist durch die – u.a. durch Bourdieu angeregte – neuere Lebensstilforschung vorgelegt worden. Die Hannoveraner «Arbeitsgruppe interdisziplinäre Sozialstrukturforschung» (agis) um Michael Vester (*1939), emeritierter Professor für Politische Wissenschaft an der Universität Hannover, unterscheidet drei Untersuchungsebenen (Vester u.a. 1993): gesellschaftliche Lage, Mentalitäten und soziale Milieus. Demgemäß gilt es zwischen äußeren Lebensbedingungen, individuellen Verhaltensweisen sowie Einstellungen und, als Vermittlung zwischen gesellschaftlicher Struktur und individueller Betroffenheit, den sozialen Milieus zu differenzieren. Dabei bezeichnet der Begriff Milieu konkrete Gruppen von Menschen, die aufgrund äußerer Lebensbedingungen gemeinsame Lebensstile herausbilden.

Aus dem Zusammenhang von Lage, Mentalität und Milieu kennzeichnet Vester den Habitus für die Sozialmilieus der pluralisierten Klassengesellschaft. Das bekannteste Modell sind die Sinus-Milieus (www.sinus-sociovision.de). Dimensionen sind Oberklassen-, Mittelklassen- und Arbeiterhabitus; modernisiert, teilmodernisiert, traditionell. Daraus ergeben sich die Lebensstilmilieus, die in verschiedenen Varianten vorliegen und immer wieder neu dem empirischen Material angepasst werden.

Das Milieu-Konzept ist in der Erziehungs- und Bildungswissenschaft breit aufgenommen worden und hat zu einer anregenden theoretischen Diskussion und vielfältigen empirischen Untersuchungen geführt (vgl. Engler/Krais 2004). Der Blick auf die verschiedenen sozialen Milieus öffnet die Sicht dafür, dass die Lernenden geprägt sind durch differenzierte Herkunft und Mentalitäten. Trotz der Plausibilität des Individualisierungstheorems ist festzuhalten, dass sich aufgrund der Erkenntnisse der Milieuforschung doch wieder sozialstrukturelle Typen durch gemeinsame Lagen in den Milieus und entsprechende Lerninteressen und Lernchancen ergeben.

Pierre Bourdieu geht über die Beschreibung des sozialen Raums hinaus und untersucht die Beziehung zu individuellen Lebensstilen. Das Vermittlungsglied bildet der *Habitus* als einheitsstiftendes Erzeugungsprinzip individueller, aber eben milieuspezifischer Praxis. Welche Vorlieben, welchen Geschmack man ausbildet, was zur alltäglichen Praxis wird, ist bedingt durch die Ressourcen, die einem aufgrund der sozialen Lage zur Verfügung stehen. Habitus lässt sich begreifen als

> «Gewohnheiten, Routinen, Denk-, Wahrnehmungs-, Urteils- und Handlungsmuster, die, wiewohl biographisch durch Lernen erworben, durch die Konstellation von Bedingungen und Lebenspraxis selbst zur Selbstverständlichkeit, zu kulturellem Unbewussten werden. ...
> Habituelle Lebensformen, so lehrt Bourdieu, sind nicht als irrational anzusehen und als solche zu kritisieren, sondern sie sind zunächst einmal als rationaler Umgang mit der gegebenen Lebenslage zu unterstellen» (Liebau 1988, S. 160, 162).

Sozialisation kennzeichnet in einem solchen Verständnis die Herausbildung eines Habitus, der grundlegend und gemeinsam ist für das soziale Milieu, in dem man aufwächst. Man wird Mitglied dieses Milieus, indem man in der alltäglichen Lebensführung lernt, sich selbstverständlich in seiner Umwelt zu bewegen. Routinen und Rituale bestimmen einen wesentlichen Teil des Alltags, aber auch explizite Ge- und Verbote vermitteln, was angemessen und was unangemessen für das jeweilige Milieu ist.

> «Sozialisation und Entwicklung lassen sich dann als das Ergebnis der *praktischen* Auseinandersetzung des aufwachsenden Menschen mit seiner Lebenslage bzw. seinen Lebenslagen verstehen: als Aneignung und Entwicklung von Lebensformen im biographischen Zusammenhang» (ebd., S. 159f.).

Es gibt also in diesem Sozialisationsansatz einen Zusammenhang zwischen Individuum und Gesellschaft, der über die Reproduktionsformen Struktur-Habitus-Praxis sowohl die Persönlichkeitsentwicklung als auch die Gesellschaftsstruktur – abgebildet als sozialer Raum – erfasst.

Die Möglichkeiten der Teilhabe in Lerninstitutionen, wie sie vor allem in Schule und Hochschule gewährleistet werden, stellen sich für die Einzelnen unterschiedlich dar: Der in diesen Einrichtungen geforderte Habitus, der von den Lehrenden gepflegte und wertgeschätzte Habitus und der von den Schülerinnen und Schülern bzw. den Studierenden mitgebrachte Habitus können durchaus divergieren. Pierre Bourdieu (1930–2002) und Claude Passeron (*1930), Studiendirektor an der Universität Marseille, haben bereits 1971 im Zusammenhang der Reformdebatte in einer Analyse der *«Illusion der Chancengleichheit»* aufgezeigt, wieso Arbeiterkinder geringere Chancen haben, gute Abschlüsse zu erhalten: Kinder aus Familien mit hohem «kulturellen Kapital» bringen bereits vieles von dem mit, was in der Schule vermittelt werden soll. Sie können also mit einer Leichtigkeit mit dem angebotenen Stoff umgehen. Arbeiterkinder dagegen müssen sich diesen erst in harter Arbeit aneignen. Lehrende gehören – aufgrund eigener Herkunft oder gerade weil sie mit dem Ergreifen des Lehrberufs zur Gruppe derjenigen aufgestiegen sind, die über «kulturelles Kapital» verfügen – meist eher zu denen, die selbst einen Habitus herausgebildet haben, der Mühe und Arbeit bei der Aneignung weniger wertschätzt als leichte Verfügung. Dadurch «übersehen» sie die Leistungen der Arbeiterkinder und bewerten sie geringer. Dies ist in vielen Untersuchungen über «Sozialisation und Auslese durch die Schule» immer wieder bestätigt worden (Rolff 1997).

Wenn es um das Verhältnis von Individuum und Gesellschaft geht, liefern die Begriffe Sozialisation und Biographie, Person und Identität, Milieu und Habitus ein Gerüst von Kategorien, um die individuelle Entwicklung im Rahmen gesellschaftlicher Verhältnisse zu fassen. Lernen wird damit einbezogen in gesellschaftliche Strukturen.

2.1.3 Erziehung

Ein wesentlicher Aspekt dieser gesellschaftlichen Strukturen liegt darin, dass kulturell akkumuliertes Wissen von einer *Generation* an die nächste weitergegeben werden muss. Dabei besteht ein asymmetrisches Verhältnis zwischen «Erziehenden» und «Zöglingen», gekennzeichnet durch

Wissensvorsprünge, Macht und Zwangsverhältnisse. Erziehung hat deshalb keinen guten Ruf, bleibt aber eine unabweisbare gesellschaftliche Notwendigkeit.

Erziehung ist ein hochgradig umstrittener Begriff und dann wieder ein zeitweise vernachlässigtes Thema (zusammenfassend Oelkers 2001). Es gibt Konjunkturen des Erziehungsbegriffs: Sie schwanken zwischen der polemisch-kritischen Devise «we don't need no education, we don't need no thought control» der Rock-Band «Pink Floyd» und dem konservativen Postulat nach «Mut zur Erziehung»[1].

Vor dem Hintergrund eines als dynamisch erfahrenen sozialen Wandels wirkt der Verlust tradierter Normen einerseits befreiend, anderseits verunsichernd. So treffen kontroverse reform- und traditionsorientierte Erziehungsvorstellungen aufeinander. Es geht um das Verhältnis zwischen Integration und Distanz, Affirmation oder Kritik gegenüber gesellschaftlichen Institutionen und Strukturen. Dietrich Benner (*1941) wirft die Frage auf, ob Erziehung notwendigerweise affirmativ, d. h. auf Anpassung gerichtet sein müsse.

> «Der gewichtigste Grund für eine affirmative Erziehung ist wohl der, dass jede nachwachsende Generation in einer historisch vorgegebenen gesellschaftlichen Wirklichkeit erzogen wird, die zunächst einmal Anerkennung beansprucht und anerkannt werden muss, bevor sie auf Veränderungsmöglichkeiten hin untersucht und mit Argumenten in Frage gestellt werden kann» (Benner 1995, S. 51).

Benner fragt aber weiter nach der Möglichkeit einer nicht-affirmativen Erziehung. Zurückgegriffen werden kann auf Friedrich Schleiermacher (1768–1834), der das grundsätzliche Problem formuliert: «Was will denn

1 Diese Formel taucht seit 1978 regelmäßig als konservatives Motto auf: Damals veranstaltete eine Gruppe Konservativer einen Kongress und verfasste erstmals Thesen zum «Mut zur Erziehung», um dem vermeintlichen Werteverfall entgegenzutreten. 1993 fanden in Bregenz ein weiterer Kongress und eine Erneuerung der Thesen unter dem Titel «Ja zur Ethik – Nein zum Nihilismus» statt. Am 30. 11. 2005 gab der Präsident des Deutschen Lehrerverbands, Josef Kraus, ein Statement auf dem 9. Fraktionsforum der CDU-Fraktion im Hessischen Landtag ab mit dem Titel «Mut zur Erziehung! Kinder zwischen Elternhaus, Schule und ‹Super-Nanny›» (http://www.lehrerverband.de/erzieh.htm – 22. 2. 2006).

eigentlich die ältere Generation mit der jüngeren?» (Schleiermacher 2000, Band II, S. 9). Diese Frage steht im Spannungsverhältnis von Einwirkung und Entwicklung, das sich im Verlauf von Erziehung verschiebt. «Im Anfange des Lebens ist also ein Übergewicht der äußeren Einwirkungen über die innere Entwicklungskraft» (ebd., S. 11). Deshalb «haben wir die Erziehung zu betrachten als einen Prozeß, der von einem Anfangspunkt bis zu einem Endpunkt fortschreitet» (ebd., S. 14). Es geht also um die Ablösung von der Einwirkung. Hans-Jochen Gamm (*1925), bis 1993 Professor für Allgemeine Pädagogik an der Technischen Universität Darmstadt, prüft deshalb den Begriff Emanzipation als Intention von Erziehung (Gamm 1978, S. 86–93). Ursprünglich – im antiken Rom – meinte dieser den Ablösevorgang des Sohnes aus dem väterlichen Haushalt und aus dessen Macht. Erst seit der europäischen Aufklärung sollte dieses Postulat der Freiheit von Herrschaft für alle gelten. Auch hier gilt aber, dass dies nicht gesetzt sein kann, sondern von den Beteiligten gemeinsam getragen werden muss. Widersprüche der Erziehung bleiben unauflösbar, können aber in emanzipatorischer Perspektive reflektiert werden.

Schwierigkeiten für eine Klärung des Begriffs Erziehung sind vielfältig – nicht nur theoretischer, auch empirischer Art:

- Erziehung als Ganzes ist nicht direkt beobachtbar: Sichtbar oder beschreibbar sind z.B. nur Sitzordnungen, Schüler-Lehrer-Interaktionen, Prüfungsergebnisse usw.
- Erfolg ist nicht direkt messbar: Erziehungsvorstellungen sind auf Zukunft gerichtet. Erst nachträglich sind Resultate nachweisbar.
- Erziehungsvorstellungen unterscheiden sich zwischen Eltern, Lehrkräften, Wissenschaftlerinnen und Wissenschaftlern.
- Der Begriffsinhalt von «Erziehung» ist dehnbar und schwankt: Einerseits kann er verengt werden auf Unterricht, anderseits wird alles Lernen darunter gefasst.
- Es gibt einen Überschuss an Bestimmungsmerkmalen: Erziehungshandlungen sind eingebettet in eine Vielzahl von Einflüssen, Ereignissen und gegenläufige Bedingungen, sodass eine Zurechnung der Resultate nur bedingt möglich ist.

Trotzdem kann Siegfried Bernfeld (1892–1953), «Psychoanalytiker» und «Marxist», die Grundstruktur von Erziehung als «die Summe aller Reaktionen einer Gesellschaft auf die Entwicklungstatsache» (Bernfeld 1925, S. 51) fassen. «Kämen die Kinder als körperlich, geistig und sozial reife Individuen zur Welt, so gäbe es keine Erziehung» (ebd., S. 49). Und er sieht diese Aufgabe sich immer wieder erneuern mit dem prägnanten Titel «Sisyphos oder die Grenzen der Erziehung» – wie das Wälzen eines Felsblocks auf einen Berg, von dem er immer wieder herabrollt. Familien, Kindergärten und Schulen sind konfrontiert mit dem Problem der Offenheit ontogenetischer Entwicklung, d.h. des je Einzelnen. Erziehung ist Vermittlung eines nicht genetisch festgelegten, gestaltbaren kulturellen «Erbes» durch die ältere Generation an die jüngere. Bernfeld setzt kritisch dazu: «Jede Erziehung ist in Bezug auf die erziehende Gesellschaft konservativ organisiert» (ebd., S. 122).

Im Durchgang durch die historisch entwickelten Konzepte von Erziehung finden wir die systematischen Probleme immer wieder. Ältestes «Beispiel» gattungsgeschichtlicher *Erziehungspläne* ist das «Säbelzahn-Curriculum» (Peddiwell 1974): «Der erste große Praktiker und Theoretiker der Erziehung, von dem ich Kenntnis habe (so begann Professor Peddiwell), war ein Mann aus der Altsteinzeit, dessen vollständiger Name Neuer-Faustkeil-Macher war und den ich einfach Neue Faust nenne» (ebd., S. 27). Dieser stellt eine Grundfrage der Erziehung: «Was müssen wir Stammesmenschen können, um mit vollem Bauch, warmer Kleidung und ohne Furcht leben zu können?» (ebd., S. 30). Durch die Beobachtung von Arbeitsanforderungen bestimmt er notwendige Kompetenzen und macht sie zu Hauptfächern seines Curriculums: Fische grabschen mit bloßen Händen, die kleinen zottigen Pferde wegen ihrer Felle tot knüppeln, Tiger vertreiben mit Feuer.

Dies hat historisch vielfältige Formen erhalten, welche dann den *«Lehrplan des Abendlandes»* (Dolch 1971) entstehen ließen. Schon die Erfindung von Fischnetzen erforderte eine Modernisierung und grundlegende Reform des Säbelzahn-Curriculums. Dabei geht es nicht nur um Qualifikationen, sondern immer schon um Normen. Historische Blitzlichter dazu: Urformen der Erziehung sind die Initiationsriten der «Naturvölker», die Rollenübernahme einüben (vgl. Kap. 2.2). Für die griechische Polisdemokratie hat Platon (427–347) in der Tradition des «sophistisch-perikleischen Lehrplans» das Ziel von Bildung (Paideia) als Weg zur Tugend (Arete) in der Harmonie der Seelenkräfte (Kalokagathie) gesehen. In seinem Entwurf des «Staates» findet sich die erste explizite Theorie eines Lehrplanes (Platon 1958) als erziehende Auslese für die drei Stände (Herrscher, Wächter und Bürger). Auf Grammatik folgen Arithmetik, Geometrie, Astronomie und Harmonik. Das Werden eines neuen Lehrplans nach den «Septem Artes Liberales» – dem Trivium: Grammatica, Rhetorika und Dialectica sowie dem Quadrivium: Musica, Arithmetica, Geometrica und Astronomia – des Mittelalters, nach Renaissance, Humanismus und Reformation gipfelt in der Aufklärung.

Deren wichtigster Vertreter in Deutschland ist Immanuel Kant (1724–1804). Ausgangspunkt und erster Satz der 1803 in Königsberg veröffentlichten Vorlesung «Über Pädagogik» (Kant 1803/1964, XII) ist:

> «Der Mensch ist das einzige Geschöpf, das erzogen werden muss. Unter der Erziehung nämlich verstehen wir die Wartung (Verpflegung und Unterhaltung), Disziplin (Zucht) und Unterweisung nebst der Bildung. Dem zufolge ist der Mensch Säugling, – Zögling und – Lehrling» (ebd., S. 697). Bezug ist Vernunft: «Ein Tier hat schon alles durch seinen Instinkt; eine fremde Vernunft hat bereits alles für dasselbe besorgt. Der Mensch aber braucht eigene Vernunft» (ebd.). Kernsätze sind: «Eine Generation erzieht die andere» (ebd.). «Der Mensch kann nur Mensch werden durch Erziehung. Er ist nichts, als was Erziehung aus ihm macht» (ebd., S. 699).

Kant entwirft ein utopisches Potenzial von Erziehung:

> «Vielleicht, dass die Erziehung immer besser werden, und dass jede folgende Generation einen Schritt näher tun wird zur Vervollkommnung der Menschheit; denn hinter der Edukation steckt das große Geheimnis der Vollkommenheit der menschlichen Natur» (ebd., S. 700).

Er bekräftigt dieses Ideal, obwohl Hindernisse der Ausführung eintreten. «Eine Idee ist nichts anderes, als der Begriff von einer Vollkommenheit, die sich in der Erfahrung noch nicht vorfindet» (ebd., S. 700 f.). Erziehung hat demgemäß keine affirmativen, sondern perspektivische Intentionen:

> «Kinder sollen nicht dem gegenwärtigen, sondern dem zukünftig möglich bessern Zustande des menschlichen Geschlechts, das ist: der Idee der Menschheit, und deren ganzer Bestimmung angemessen, erzogen werden» (ebd., S. 704).

Kant stößt dabei auf die Kernfrage jeder Erziehung:

> «Eines der größesten Probleme der Erziehung ist, wie man die Unterwerfung unter den gesetzlichen Zwang mit der Fähigkeit, sich seiner Freiheit zu bedienen, vereinigen könne. Denn Zwang ist nötig! Wie kultiviere ich die Freiheit mit dem Zwange?» (ebd., S. 711).

Auf diese Frage hat die Erziehungs- und Bildungswissenschaft immer wieder neue Antworten gegeben, sich in Paradoxien verfangen oder durch Dialektik befreit: Kant selbst schlägt vor:

> «1.) dass man das Kind, von der ersten Kindheit an, in allen Stücken frei sein lasse (ausgenommen in den Dingen, wo es sich selbst schadet, ... 2.) Muss man ihm zeigen, dass es seine Zwecke nicht anders erreichen könne, als dadurch, dass es andere ihre Zwecke auch erreichen lasse; ... 3.) Muss man ihm beweisen, dass man ihm einen Zwang auflegt, der es zum Gebrauche seiner eigenen Freiheit führt» (ebd., S. 711).

Es bleibt aber ein Dilemma, das die Pädagogik der Aufklärung weiter umtreibt, inwieweit bei der «Erziehung die Vollkommenheit des Einzelnen seiner Brauchbarkeit aufzuopfern sei» (Peter Villaume, 1746–1806). Mündigkeit und Nützlichkeit sind unter bestehenden gesellschaftlichen Verhältnissen nicht bruchlos vereinbar. Wenn das lernende Subjekt in den Mittelpunkt der Erziehung gestellt wird, bleibt das Problem, einerseits erziehen zu müssen, andererseits nicht manipulieren und dressieren zu dürfen.

Erziehung ist ein Interaktionsprozess bei der gemeinsamen Arbeit von Lernenden und Lehrenden an einer Thematik. Man kann sagen: Sozialisation wird durch Intentionalität gestaltet. Erziehung ist ein wechselseitiges Geschehen, nicht nur, weil die erzieherischen Absichten Erwachsener auf Kinder bzw. Jugendliche treffen, die selbst eigene Ziele und Wünsche haben. Es geht – im gelingenden Fall – um die gemeinsame Reflexion von Lebensentwürfen im Spannungsfeld von Aneignung und Vermittlung. Der Adressat von Erziehung muss die Möglichkeit erhalten, eigene Urteilskraft zu entwickeln, die er benötigt, um Übergriffe abzuwehren.

Erziehung hat ein Ende: Sofern sie auf *Mündigkeit*, d. h. auf den selbstständigen Gebrauch des eigenen Verstandes zielt, besteht ihre Absicht auch darin, sich selbst überflüssig zu machen. Erziehung ist zu Ende, wenn ihr Ziel, dass die «Zöglinge» über ihr eigenes Leben verfügen, erreicht und sie deshalb nicht mehr notwendig ist. Insofern ist Erziehung nicht nur ein endliches Geschehen, sondern sie beinhaltet, sich selbst aufzuheben. Daraus ergibt sich eine offene Perspektive nicht-affirmativer Erziehung.

2.1.4 Bildung

Dies stellt den Anschluss her zu «Bildung» als einem der ehrwürdigsten Begriffe deutscher geistesgeschichtlicher Tradition (vgl. Kap. 3.1). Im Unterschied zu Erziehung ist sie gekennzeichnet durch ihre Kontinuität über die Lebensspanne. In Wilhelm von Humboldts (1767–1835) immer noch wirkmächtiger Formel ist der Gebildete derjenige, der «soviel Welt als möglich zu ergreifen, und so eng, als er nur kann, mit sich zu verbinden» (1980 Band I, S. 235) sucht.

> «Der wahre Zweck des Menschen – nicht der, welchen die wechselnden Neigungen, sondern welchen die ewig unveränderliche Vernunft ihm vorschreibt – ist die höchste und proportionierlichste Bildung seiner Kräfte zu einem Ganzen» (ebd., S. 64).

Bildung ist demnach weniger ein Umgang mit Wissensbeständen, sondern eine Lebensform.

Der Begriff Bildung ist allerdings in die Jahre gekommen; er scheint von Überalterung und Auszehrung bedroht; er wird sogar von vielen Erziehungswissenschaftlern nur noch als «Container-Wort», das beliebig gefüllt werden kann, oder als «Wärme-Metapher», bei der man sich wohl fühlt, angesehen und diffamiert. Einige legen nahe, auf den Bildungsbegriff in der wissenschaftlichen Diskussion zu verzichten oder ihn zu ersetzen. Dieter Lenzen (*1947), von 1994 bis 1998 Vorsitzender der DGfE, fragt systemtheoretisch, modernistisch: «Lösen die Begriffe

Selbstorganisation, Autopoiesis und Emergenz den Bildungsbegriff ab?» (1997, S. 949).

Zu den wenigen Ausnahmen hartnäckigen Widerstandes gegen den Niedergang bildungstheoretischen Problembewusstseins, die in unserer Gegenwart wirksam sind, gehört das Denken Heinz-Joachim Heydorns (1916–1974). Fast alles, was Heydorn, Mitbegründer des Sozialistischen Deutschen Studentenbundes (SDS), Synodaler der evangelischen Kirche, zuletzt Professor für Pädagogik an der TU Darmstadt, zwischen 1945 und 1974 geschrieben hat, dreht sich um die Frage nach den Möglichkeiten des Menschen. Sein Denken ist zutiefst in der humanistischen Tradition des Abendlandes verwurzelt:

- angefangen bei Sokrates und der Entdeckung des Menschen,
- der jüdisch-christlichen Verheißungsgewissheit,
- über Comenius, der alle alles lernen lassen wollte, und die Aufklärung,
- über den deutschen Idealismus von Kant bis Hegel,
- bis hin zu der Wendung bei Marx, der die realen Prämissen von individueller Entfaltung und kollektiver Befreiung aufdeckte.

In seiner Sicht einer Dialektik von Vernunft und Wirklichkeit intendiert der Begriff der Bildung die Überwindung aller Verhältnisse, die den Menschen unterdrücken, entmündigen und verstümmeln. Ausgangspunkt des Nachdenkens sind die Menschen, nicht ihre Qualifikation, oder die Produktion oder gar der Profit. Gegen die beliebige Verfügbarkeit und Funktionalität stellt Heydorn den Eigensinn von Bildung. Fragestellung ist, wie sich die Menschen entfalten können in einer einschränkenden Wirklichkeit. Zielsetzung und zentrale Kategorie ist Mündigkeit als Fähigkeit, sich selbst zu bestimmen. In diesem Zusammenhang ist Bildung die individuelle Voraussetzung der Befreiung. Sie intendiert die Überwindung aller Verhältnisse, welche die Entfaltung des Menschen verhindern.

> «Über die Erkenntnis der Fremdbeauftragung gewinnt die Bildung ihr eigenes Verständnis als Selbstbeauftragung des Menschen. Sie wandelt die fremde Beauftragung in Eigenbeauftragung um. Der Mensch nimmt seine Sache in die eigene Hand, wird Täter seiner Taten» (Heydorn 1970, S. 23).

Bildung impliziert die Abschaffung von Herrschaft, zunächst der Herrschaft der Natur, dann der Herrschaft des Menschen über den Menschen. Immanenter Entwurf ist, wie der Titel von Heydorns Hauptwerk lautet, die Auflösung des *«Widerspruchs von Bildung und Herrschaft»* (Heydorn 1970).

Diese hoch gesteckte Idee von Bildung stößt auf eine Wirklichkeit, welche als übermächtig, als erniedrigend, als entfremdet, als undurchschaubar erfahren wird. Wenn also «Bildung» nicht verkommen soll zu einer abstrakten und wirkungslosen Idee oder gar zur Legitimationsfloskel, muss sie bezogen werden auf den historischen Kontext, die gegenwärtige Situation und zukünftige Perspektiven. Heydorn verklammert die Bildungsidee mit dem realen Geschichtsprozess und den tatsächlichen Prämissen als Verwirklichungsvoraussetzungen der Entfaltungsmöglichkeiten.

Der Aufbau von Bildung ist ein lebensgeschichtlicher Vorgang, in dessen Verlauf die Individuen versuchen, Identität herzustellen. Sie eignen sich Kultur an und entfalten dabei ihre Persönlichkeit. Aus diesem Prozess entsteht die individuelle Biographie. Bildung in diesem Sinn kann es nur geben in modernen Gesellschaften, in denen der Ort, die Stellung und der Lebenslauf der Einzelnen nicht festgelegt sind. Am deutlichsten hat Wolfgang Klafki (*1927), emeritierter Professor für Pädagogik an der Universität Marburg und von 1986 bis 1988 Vorsitzender der DGfE, versucht, den Begriff Bildung zu aktualisieren, um ihn als zentrale Kategorie angesichts bestehender Zukunftsaufgaben zu begründen:

> «Bildung muss in diesem Sinn zentral als Selbstbestimmungs- und Mitbestimmungsfähigkeit des Einzelnen und als Solidaritätsfähigkeit verstanden werden» (1985, S. 17).

Die Inhalte einer solchen Bildung bestimmen sich nicht aus einem zeitlosen Kanon, sondern historisch konkret angesichts der gegenwärtig sich stellenden Probleme. Bildung heißt demnach, diejenigen Kompetenzen zu erwerben, um Probleme zu verstehen, die eigene Position dazu zu finden, entsprechende Entscheidungen zu treffen und handelnd einwirken zu können. Das zentrale Bildungsproblem, die Perspektive der

Entfaltung von Persönlichkeit, ist demnach gebunden an die Gewinnung von Souveränität für das eigene Leben, das heißt auch von Lernchancen.

Dies trifft allerdings auf den fortbestehenden Widerspruch zwischen Mündigkeit und Brauchbarkeit, auf den schon die Pädagogik der Aufklärung gestoßen war. Nach wie vor ist Arbeitstätigkeit in der kapitalistischen Wirtschaft geprägt durch Ein- und Unterordnung. Gleichzeitig ist es Grundlage der bürgerlichen Gesellschaft, ausgehend von demokratischen Postulaten nach Gleichheit und Freiheit, die Entfaltung aller zu ermöglichen. Diesen Widerspruch spiegeln die Bildungstheorien in ihren verschiedenen Ausformungen. Die gegensätzlichen Anforderungen haben in der theoretischen Diskussion – weil die Grundlagen nicht aufgedeckt oder nicht aufhebbar waren – zu vielfältig verkehrten, verzerrten Argumentationen geführt. So vermischen sich aufgrund begrifflicher Unklarheiten oft verschiedene Dimensionen der «Desintegration»: das Verhältnis von Identität und Funktionalität; die Frage nach grundlegenden und aufbauenden Inhalten; der Zusammenhang von universellen und speziellen Kompetenzen sowie das Problem der allgemeinen, d. h. für alle notwendigen, und der beruflichen, d. h. besonderen Bildung.

Die alte Trennung von Allgemeinbildung und Berufsbildung ist schon lange fragwürdig geworden. Wenn die Diskussion um das *Verhältnis von allgemeiner und beruflicher Bildung* überhaupt einen Sinn haben kann, so deshalb, weil Individuen in unterschiedlichen Bezügen stehen, je nachdem, ob es um den Einsatz des möglichen Arbeitsvermögens geht oder um das Herstellen gesellschaftlicher Zusammenhänge. Es verbinden sich die Anforderungen und Notwendigkeiten von Aufklärung und Gestaltungsfähigkeit. Es geht um die Klärung von Interessenpositionen und um die Entwicklung von Handlungsmöglichkeiten.

Eine «Rekonstruktion der Bildungstheorie unter den Bedingungen der gegenwärtigen Gesellschaft» (Hansmann/Marotzki 1988) kann, wenn sie weiter tragen soll, sich nicht begnügen mit dem Entwurf einer Idee, sondern muss die konkreten Prozesse individueller und gesellschaftlicher Entwicklung prüfen an ihren Möglichkeiten. Grundlinie sind dabei die Transformation der Erwerbsgesellschaft und der Einbezug der Individuen hinsichtlich ihrer Gestaltungschancen. In diesem Kontext kann der Begriff Bildung als kritische, nicht als deskriptive Kategorie weiter orientieren. Er muss abgestützt werden durch einen Begriff von Lernen, der instrumentelle Reduktionen abstreift, und einen Begriff von Sozialisation, der nicht auf externe Determination abstellt; es muss vielmehr das Wechselverhältnis von Individuum und Gesellschaft betrachtet werden. Wir finden einen solchen Lernbegriff bei Klaus Holzkamp und einen entsprechenden, anschlussfähigen Sozialisationsbegriff bei Pierre Bourdieu. Diese Ansätze können weitergetrieben werden. Dann sind auch die Begriffe Erziehung und Bildung nicht mehr nur als normative Postulate zu gebrauchen. In der emphatischen Sprache von Heinz Joachim Heydorn geht es um die «fortschreitende Befreiung des Menschen zu sich selbst». Dies ist aber nur möglich in der konkret historischen Situation und ihrer ökonomischen und technologischen Konstellation.

> «Die dringlichste Bildungsaufgabe besteht darin, das Bewusstsein des Menschen von sich selber auf die Höhe der technologischen Revolution zu bringen» (Heydorn 1972, S. 122).

2.2 Grundformen pädagogischen Handelns

Nachdem die Grundbegriffe Lernen, Sozialisation, Erziehung und Bildung vorgestellt sind und dabei der Blick vor allem auf die Entwicklung des Individuums und auf dessen aktive *Aneignung* von Welt gerichtet wurde, geht es in diesem Kapitel in einem Perspektivenwechsel um die Seite der *Vermittlung*. Kern pädagogischer Tätigkeit ist für uns die Unterstützung der Lernenden bei ihrer Aneignung von Welt, das heißt, es geht um die Vermittlung zwischen den Intentionen der Lernenden und den Themen ihres Lernens. Das Problem ist also: Was können und sollen pädagogisch professionell Tätige leisten?

Überlegt man, welche Tätigkeiten Pädagoginnen und Pädagogen ausüben, so fällt einem vermutlich als Erstes – mit Blick auf Lehrerinnen und Lehrer – *Unterrichten* ein. Zugleich erinnert man sich – gern oder ungern – aus eigner Schulerfahrung daran, dass eine Bewertung durch Noten vorgenommen wurde, Lehrerinnen und Lehrer also die Lernerfolge als

Leistungen *beurteilen.* Weitet man das pädagogische Feld auf die Kinder- und Jugendarbeit aus, so denkt man vor allem bei Kindern an *Erziehen*, bei Jugendlichen vielleicht eher an *Planen* – z. B. Freizeiten – oder auch an *Beraten.* Planung und Beratung machen auch gewichtige Anteile der Arbeit in der Erwachsenenbildung aus. Insgesamt gehören diese Tätigkeiten in allen Handlungsfeldern (vgl. Kap. 4) zum Spektrum dessen, was von den dort Arbeitenden – den Professionellen – erwartet wird.

Die Lernenden in ihren Aneignungsprozessen unterstützen heißt auch, dass die professionell pädagogisch Tätigen ihnen in unterschiedlichen Lebenslagen helfen. Wir halten Hilfe aber nicht für eine primär pädagogische, sondern für eine soziale und politische oder therapeutische Aufgabe. Dies ist sicherlich umstritten, weil hier offene Grenzen zwischen den Disziplinen Psychologie, Sozialarbeit und Erziehungswissenschaft einerseits sowie zwischen Therapie, Politik und Pädagogik andererseits liegen und weil es zwischen den Arbeitsfeldern sehr wohl Überschneidungen gibt.

Was aber macht Erziehen, Unterrichten, Beraten, Beurteilen und Planen – neben der Tatsache, dass wir sie im Handlungsfeld von Erziehung und Bildung finden – zu einem mit dem Etikett *«Grundformen pädagogischen Handelns»* zu versehenden Tun? Wo liegen Gemeinsamkeiten dieser unterschiedlichen Handlungsformen?

- Zunächst fällt auf, dass pädagogisches Handeln eine Form sozialen Handelns ist, indem es sich immer am Handeln anderer orientiert. Die erfolgende Interaktion kann in direkten personalen Konstellationen oder auch vermittelt über Medien stattfinden.
- Die Interaktionspartner übernehmen unterschiedliche Rollen, geprägt durch Grade von Ungleichheit und Gefälle von Macht. Die Zuweisung der Positionen erfolgt in sozialen und institutionellen Kontexten.
- Die Lehrenden (Lernvermittelnden) haben die Aufgabe, den Prozess der Aneignung der Lerngegenstände durch die Lernenden zu unterstützen.
- Sie kontrollieren explizit oder implizit die Lernerfolge und legitimieren damit die Allokation der Lernenden auf betriebliche und gesellschaftliche Positionen.

- Professionelles pädagogisches Handeln verfügt über Konzepte, Ressourcen und Methoden, um Lernen zu fördern – nicht über Instrumente und Rezepte zum Herstellen von Lernen.

Diese Kernaspekte pädagogischen Handelns und seine fünf Grundformen liefern in Lerninstitutionen (vgl. Kap. 3.3) vom Kindergarten bis zur Weiterbildung das «offizielle Programm», wobei allerdings immer auch andere Interaktionen – das «hidden curriculum», der «heimliche Lehrplan» – mitlaufen. Zu unterscheiden sind intentionales und inzidentelles sowie institutionelles und informelles Lernen. Im Alltag vermischt sich pädagogisches Handeln mit anders ausgerichteten Tätigkeiten wie Arbeiten, Spielen, Unterhalten usw.

Arno Combe (*1940) und Werner Helsper (*1953) fassen auf der Basis der Kernstruktur des Pädagogischen als «Vermittlung» die Gemeinsamkeit pädagogischen Handelns folgendermaßen zusammen:

> «Immer bewegt sich pädagogische Interaktion an der Schnittstelle von psychischen, interaktionellen und kulturellen Bedingungen. Und jeweils ist das Ziel dieser Handlungspraxis in irgendeiner Weise die Sicherung der Bedingung der Möglichkeit lebenspraktischer Autonomie, und zwar die Sicherung der Autonomie eines physischen wie in seiner sozialen und psychisch-individuellen Existenz versehrbaren (und zerstörbaren) ‹Selbst›» (Combe/Helsper 2002, S. 39).

Was aber bestimmt dies als *professionelles pädagogisches Handeln*?

Die Ausübung professioneller Handlungen erfordert Kompetenzen, beruhend auf einem wissenschaftlich fundierten Berufswissen, das über eigene Erfahrung und Alltagswissen hinausgeht. Gelungen pädagogisch Handelnde verfügen über *Expertise*, wenn sie fähig sind, wissenschaftliches Wissen in konkreten Situationen umzusetzen. Dies macht den Kern ihrer Professionalität aus.

Allerdings wäre es ein naives, technizistisches Verständnis von pädagogischen Prozessen, würde man unterstellen, es gäbe einen klaren und eindeutigen Ursache-Wirkungs-Zusammenhang zwischen professionellen Handlungsintentionen und -strategien und Erfolgen beim «Zögling» bzw. den Lernenden. Angeregt durch die behavioristische Psychologie bzw. die Unterstellung konditionierbaren Verhaltens, hat man geglaubt, Reiz-Reaktions-Ketten herstellen zu können (vgl. Kap. 2.1.1). So sollten

Grundschulkinder durch kleine Belohnungen wie Spielmarken zu besserem Heftführen erzogen werden. Die Erfahrung zeigte: Einige Kinder nutzten die Marken, um eine Bank zu gründen und eifrig Handel zu treiben; andere gründeten eine Bande und raubten die Marken der «guten» Kinder. Die Vorstellung einer *Instrumentalität*, man könne durch Lehrpläne, Unterricht und didaktische Strategien Lernen einlinig herstellen, erweist sich als Illusion, die zu Recht von Klaus Holzkamp, von der Position subjektorientierter Theorie, als Lehrlernkurzschluss kritisiert worden ist (1996, S. 204). Außerdem ist zu unterscheiden zwischen dem Handlungsentwurf, den Pädagoginnen und Pädagogen für ihre Arbeit erstellen, und ihrem tatsächlichen Handeln, dessen Ergebnis sie keineswegs allein bestimmen können, weil es in komplexen sozialen Situationen und zusammen mit anderen, ebenfalls handelnden Akteuren geschieht (Hörster 1995, S. 38). Die Realisierung von pädagogischen Handlungsentwürfen beinhaltet also immer ein Wagnis, das zwar bedacht, aber nicht ausgeschlossen werden kann. Was also kennzeichnet Handeln als professionell?

Die Professionalisierungsfrage stellt sich selbstverständlich nicht nur im Feld von Erziehung und Bildung, sondern allgemein im Kontext der Entwicklung gesellschaftlicher Arbeitsteilung und Differenzierungen der Moderne und der damit verbundenen Notwendigkeit von Spezialisierungen, d.h. der Herausbildung von Expertise. *Professionen* sind also zunächst an die wissenschaftliche Ausbildung ihrer Mitglieder gebunden. Daneben gibt es weitere Merkmale: Üblicherweise geht z.B. bei Ärzten und Juristen deren Erwerbstätigkeit mit einer freiberuflichen Stellung einher. Es erfolgt eine Kontrolle durch berufsständische Organisationen, die für die Artikulation einer Professionsethik wie auch für die Einhaltung von Qualitätsstandards verantwortlich ist. Schließlich bildet der Personenbezug ein entscheidendes Merkmal, die Tatsache nämlich, dass sich die Ziele der Lehrenden nur im Aufbau einer gelingenden Beziehung zu den Lernenden realisieren lassen.

Pädagogische Tätigkeit ist allerdings nur in einigen Fällen freiberuflich; auch werden die Ausbildung der künftigen Lehrerinnen und Lehrer ebenso wie ihre Beschäftigung staatlich kontrolliert; für Kinder- und Jugendarbeit sowie Erwachsenenbildung gilt dies zum Teil ebenfalls. Insofern muss man weiter fragen, wieso pädagogisches Handeln dennoch als professionelles gefasst werden kann, was insbesondere die professionelle Ethik dieses Handelns ausmacht. Combe und Helsper bestimmen dies als Anerkennung.

> «Die entscheidende kommunikative Leistung von PädagogInnen scheint demnach gegenwärtig zu sein, ihre (vermeintliche) Überlegenheitsposition preiszugeben und mit ihren jeweiligen Adressaten in Verhandlungen über den Sinn und die Geltung kultureller Sachverhalte einzutreten» (2002b, S. 43).

Aber das kann aufgrund der «kontaminierten Lernverhältnisse» (vgl. Kap. 3.3) in Institutionen nur bedingt gelingen, sodass pädagogisches Handeln immer mit widersprüchlichen Anforderungen konfrontiert wird. Professionalität besteht dann darin, handlungsfähig zu bleiben.

Kennzeichnend für professionelles Handeln im Bereich von Erziehung und Bildung sind Expertise, Personenbezug und eine Ethik der Anerkennung. Für professionelle Pädagoginnen und Pädagogen ist es deshalb unerlässlich, Theorien und Modelle zu kennen, die sie befähigen, Handlungsentwürfe zu entwickeln. Zugleich gehört zur Expertise, sich der Vorläufigkeit eigener Handlungsentwürfe bewusst und in der Lage zu sein, die Folgen pädagogischen Handelns zu reflektieren und in erneuerte Entwürfe einzubringen. Hier liegt ein entscheidender Unterschied zwischen Theorie und Praxis: Mit Theorie ist ein systematisierender Blick angesprochen, der Versuch, eine Situation zu begreifen. In der Praxis ist man gezwungen, unmittelbar zu handeln; denn hier fehlt meist die Möglichkeit, sich zurückzulehnen und zunächst eine Analyse der Situation und ihre theoretische Einordnung vorzunehmen. Professionelle Ethik kann Kriterien für die Auswahl von Handlungsmöglichkeiten entwickeln. Oft kann aber erst nach erfolgter Handlung eine Reflexion erfolgen. Gute Praxis baut daher Routinen auf, indem theoretisch fundierte Handlungsentwürfe konzipiert und realisiert werden und aus ihrer Umsetzung reflektierend weitergelernt wird. Deshalb sollen Praxisanteile während eines Studiums ermöglichen, durch Beobachtung und Erprobung das angeeignete theoretische Wissen zu prüfen und in Handlungsroutinen umzusetzen. Es geht darum, Erfahrung zu gewinnen, welche die Anwendung wissenschaftlichen Wissens prüft. Ausgebaut werden kann dies selbstverständlich erst in der eigenen Berufstätigkeit.

2.2.1 Erziehen

Erziehen gilt traditionell vorrangig als Aufgabe der *Eltern* durch Einwirkung auf die Kinder. Lange Zeit herrschte hierüber Konsens: Kinder sollen gemäß affirmativer Vorstellungen von Erziehung (vgl. Kap. 2.1.3) in den ersten Lebensjahren in der Familie an geregelte Routinen, Normen und Rituale gewöhnt werden: So galt lange für Säuglinge ein Vier-Stunden-Rhythmus für das «Füttern». Möglichst frühzeitig sollten Mütter es schaffen, ihre Babys zum «Durchschlafen» zu bringen. Kinder sollten «sauber» sein – d. h. keine Windeln mehr benötigen –, bevor sie in den Kindergarten gehen durften. Sie mussten «schulreif» sein, was u. a. bedeutete, nicht mehr «verspielt» zu sein, um die Grundschule besuchen zu können.

Erziehung war in autoritären Kontexten einerseits ein Ignorieren der Bedürfnisse der Kinder. So wurde kolportiert, wenn Babys schrien, stärke das ihre Lunge – statt zu erkennen, dass sie Hunger oder andere Schwierigkeiten hatten. Andererseits bestand Erziehen in der Anwendung von Sanktionen, nicht selten in Form von Züchtigungen – was bis zum Jahr 2000 den Eltern gesetzlich erlaubt war.[1] Das stufenweise Zulassen von mehr Freiräumen, beispielsweise die Ausdehnung der Zeit, bevor man ins Bett musste, galt erst dem «Größerwerden» angemessen.

Einwirkungen der Eltern auf ihre Kinder durch Erziehung sind in traditionalen Gesellschaften mit *Initiationsriten* verbunden. Pierre Bourdieu beschreibt in seinem Band «Die männliche Herrschaft», wie Jungen in der algerischen Kabylei am Tag der «Trennung» zwischen dem 6. und 10. Lebensjahr in die Welt der Männer eingeführt wurden:

1 BGB § 1631 Abs. 2 S. 1 lautet seit November 2000: «Kinder haben ein Recht auf gewaltfreie Erziehung. Körperliche Bestrafungen, seelische Verletzungen und andere entwürdigende Maßnahmen sind unzulässig.»

> «Der Junge, neu eingekleidet und mit einem Seidenband im Haar geschmückt, erhält einen Dolch, ein Vorhängeschloss und einen Spiegel, während seine Mutter ein frisches Ei in die Kapuze seines Burnus legt. Am Tor zum Markt zerbricht er das Ei, öffnet das Schloss und schaut sich nach diesen männlichen Deflorationsakten im Spiegel an, der wie die Schwelle ein Umkehrungsoperator ist. Sein Vater führt ihn auf den Markt, der exklusiv männlichen Welt, und stellt ihn den anderen Männern vor. Auf dem Rückweg kaufen sie einen Ochsenkopf, ein seiner Hörner wegen phallisches, mit dem *nif* assoziiertes Symbol» (2005, S. 50 f.).

Solche Initiationsriten beinhalten Unterscheidungen, vor allem zwischen jenen, die noch nicht oder niemals zu denen gehören, die in einen neuen Stand versetzt werden – hier die kleineren Jungen oder eben alle Mädchen und Frauen. Sie tragen aber auch symbolische Bedeutungen, die keineswegs explizit gemacht werden müssen, dennoch ihre erzieherische Wirkung nicht verfehlen.

Einweihen in «Erwachsenenwissen» bzw. «-geheimnisse» stellt auch in europäischen Ländern immer noch eine Form dar, wie durch Erziehen Differenzen zwischen kleineren und größeren Kindern hergestellt werden: Kleine sollen noch nicht wissen, dass es keinen Nikolaus, Weihnachtsmann oder Osterhasen gibt; sexuelle Aufklärung ist den Großen im Jugendalter vorbehalten.

Die Selbstverständlichkeit der Initiationsriten traditionaler Gemeinschaften wurde aber in modernen Gesellschaften zunehmend brüchig. Ein fortwirkender Modernisierungsschub erfolgte z. B. durch die 1968er Studentenbewegung. Mit der propagierten «antiautoritären Erziehung» sind viele der bis dahin geltenden Selbstverständlichkeiten des Erziehens massiv in Frage gestellt und Rituale abgeschafft worden. In der «antiautoritären Erziehung» sollte die Akzeptanz der Bedürfnisse der Kinder leitend für das Handeln der Eltern bzw. der Erwachsenen sein. «Autoritäre Erziehung» durch Anordnungen, Befehle, Verbote und Sanktionen galt als verpönt und Ausdruck von Versagen. Verunsicherungen und Überforderungen waren die Folge. Die Umstrukturierung des Generationenverhältnisses zwischen Eltern und Kindern vom *«Befehlshaushalt»* zum *«Verhandlungshaushalt»* (du Bois-Reymond 1994) hat auf Seiten der Eltern vielfach zur Folge, dass geklärte Verhandlungspositionen fehlen.

Entsprechend finden *Erziehungsratgeber* einen großen Markt: Man findet Titel wie «Der kleine Erziehungsberater», «Der große Erziehungsberater», «Das Geheimnis glücklicher Kinder», «Das Erziehungsbuch» oder «Jungen! Wie sie glücklich heranwachsen», weiterhin «Jedes Kind kann Regeln lernen». Besonderer Beliebtheit erfreuen sich Titel wie «Eltern setzen Grenzen» oder Fernsehsendungen wie die «Supernanny», in denen es darum geht, vor allem zu verdeutlichen, dass überforderte Eltern versagt haben, ihre Autorität zu nutzen und den Kindern über Rituale Grenzen zu setzen.

Ratgeber sind dann brauchbar, wenn sie anstoßen, über das eigene Handeln nachzudenken. «Echte» Ratgeber zu finden setzt bereits eine erhebliche Kompetenz voraus, nämlich jene Reflexionsfähigkeit, die es ermöglicht, wissenschaftliche «Resultate» hinsichtlich ihrer Reichweite und Tragfähigkeit einschätzen zu können und scheinbar allgemein gültige «Rezepte» als ungeeignete Mittel pädagogischen Handelns zu durchschauen. Die scheinbare Lösung von Erziehungsfragen auf einfache Ratschläge dagegen ist immer problematisch und wenig hilfreich. Richtig ist: Beim Erziehen geht es vor allem darum, der jüngeren Generation durch die ältere Generation Orientierung und Unterstützung zu geben, sich in der Gesellschaft und Kultur, der sie zugehören, zurechtzufinden (vgl. Kap. 2.1.3). Erziehen heißt also, jene Verhaltensweisen und Handlungsmöglichkeiten zu vermitteln, die zur Teilhabe an sozialen Kontexten befähigen. Dazu muss man sich einlassen auf den einzelnen Fall des jeweiligen Kindes oder Jugendlichen.

Betrachten wir Erziehen im Kontext der Familie näher: Das von Peter Büchner (*1941) geleitete Forschungsprojekt «Familiale Bildungsstrategien als Mehrgenerationenprojekt» kann als empirischer Zugang zur Frage herangezogen werden, wie Großeltern und Eltern ihre Kinder erziehen. Neben dem Interesse daran, «was» weitergegeben wird, interessiert das Forschungsteam auch, «wie» dies geschieht; das Projekt will «familiale Formen und Strategien der Weitergabe von Bildung und Kultur» rekonstruieren. In Interviews mit Großeltern und Eltern von 16- bis 17-jährigen Jugendlichen ist dem nachgegangen worden. An zwei Fallbeispielen kann verdeutlicht werden, wie unterschiedlich Erziehen heute aussehen kann:

In der «Familie Wolfsheimer» werden die Kinder bewusst so erzogen, wie man selbst erzogen wurde. Das impliziert sowohl die Weitergabe des «kulturellen und sozialen Erbes» der Familie als auch die Richtung der Weitergabe, nämlich von den Großeltern zu den Eltern zu den Kindern. Die Projektmitarbeiterinnen sprechen von einer «intentionalen Ausgestaltung», einer «Transmission zum Identischen» und einem «one-way-process» (Brake/Kunze 2004). Gemeinsame Wanderausflüge am Wochenende z. B. dienen dazu, Pflanzen und Steine kennen zu lernen, was zum wertgeschätzten Kenntnisstand und Hobby der Großeltern gehört. Nicht familienbezogene Wochenendaktivitäten werden wenig akzeptiert. Das bedeutet allerdings keineswegs eine autoritäre Verfügung über die Freizeit der Kinder, sondern impliziert Überlegungen, was für sie motivierend und geeignet sein könnte. Hobbys werden über die Generationen hinweg geteilt – neben dem geologischen Sammeln gehört Musizieren dazu. Klar ist dabei immer, dass die Älteren den Jüngeren etwas zu geben haben, nicht umgekehrt.

«Familie Meier» pflegt dagegen eine andere Form des Erziehens: Hier findet sich ein offeneres Transmissionsgeschehen, ein intergenerationaler Austausch in beide Richtungen. Die Mutter versteht sich als Beraterin, die zwar z. B. sportliche Betätigung ihrer Kinder erwartet, ihnen aber freistellt, welche Sportart sie wählen wollen. Da die Mutter ihre eigene Erziehung als einengend empfunden hat, lässt sie ihren Kindern mehr Entscheidungsspielräume und fordert für sich ebenfalls eigene Räume. Auch die Großmutter akzeptiert das veränderte Erziehungsverhalten und entdeckt dabei Möglichkeiten, von den Enkeln zu lernen.

Erziehen ist folglich bei der «Familie Wolfsheimer» ein bewusst gesteuertes Handeln, bei dem Resultate nachdrücklich eingefordert werden. Ein solches Erziehen erfordert die Planung geeigneter Handlungen, um von den «Zu-Erziehenden» auch akzeptiert zu werden. Bei «Familie Meier» handelt es sich eher um eine «En-passant-Übertragung von Grundhaltung und Fähigkeiten», die beiläufig – wenngleich keineswegs beliebig – passiert. Erziehen heißt positiv also, Mittel und Wege bereitzustellen, mit denen Kinder sich kulturelle Traditionen aneignen können – bezogen auf geltende Normen, wie auch im Blick auf weitergegebenes Wissen. In beiden Familien wird von den Eltern pädagogisch gehandelt.

Es wird aber nicht professionell gehandelt, d. h. auf der Grundlage einer spezifischen, wissenschaftlich legitimierten Expertise. Nichtsdestoweniger gibt es gelingende pädagogische Interaktion. Dies aber ist nicht in allen Familien der Fall. Die Aufgabe des Erziehens verlagert sich u. a. deshalb auf professionelles Personal und in spezifische Institutionen. Was beinhaltet aber nun heutzutage Erziehen als professionelle pädagogische Handlungsform?

In pädagogischen Institutionen stellt sich die Frage danach, wie erzogen werden soll, zunächst – wenn man dem Lebenslauf folgt – in Kindertagesstätten, verweist doch hier die Berufsbezeichnung «Erzieherin» explizit auf diese professionelle Handlungsform. Im Kindergarten sollen die Erzieherinnen darauf vorbereitet sein, intentional mit den verschiedenen Situationen des Erziehens umzugehen. Sie sollen Kompetenzen haben, mit den Kindern Verhaltensweisen gezielt einzuüben und zu vermitteln, dass Regeln eingehalten werden müssen – auch beim Spielen. Einüben von Ritualen dient dazu, Verhaltensroutinen zu erwerben. So kann in morgendlichen Stuhlkreisrunden gelernt werden, einander zuzuhören; im gemeinsamen Gang zum Händewaschen vor den Mahlzeiten und zum Zähneputzen danach werden Hygienestandards zur selbstverständlichen Routine.

Zugleich ist nicht immer klar, wie reflektiertes Handeln aussehen kann, wie sich z. B. beim Eingreifen von Erzieherinnen ins Verhältnis von Mädchen und Jungen zeigt. In den letzten Jahren ist erhebliche Unsicherheit bei Fragen der geschlechtsbezogenen Erziehung entstanden, da zum einen von Seiten der Frauenbewegung auf Einengungen und Benachteiligungen von Mädchen aufmerksam gemacht worden ist, zum anderen Jungen zunehmend als Störenfriede, als «Täter», angesehen wurden. Gefordert wurde, Jungen Grenzen aufzuzeigen, sie in die Schranken zu verweisen oder – positiv gewendet – ihnen angemessenes Verhalten «beizubringen». Was aber helfen solche Ratschläge?

Am Beispiel eines von Uta Meier-Gräwe (*1952) geleiteten Projekts zur «Geschlechtsspezifischen Gewaltprävention in Kindertagesstätten» kann gezeigt werden, wie ohne Reflexion Erziehen Geschlechterstereotypen eher verfestigt. Es wird berichtet: Jasper kommt an seinem Geburtstag in den Kindergarten, obwohl er noch etwas krank ist. Er hat sich aber seit Wochen so auf die Geburtstagsfeier im Kindergarten gefreut, dass die Mutter ihn für die Zeit der Feier dort hinbringt. Vor der Feier muss das Geburtstagskind zusammen mit seinem Freund Theo und seiner Freundin Sabine auf dem Flur warten. Jaspers Aufgeregtheit steckt die beiden anderen an:

> «Auf dem Flur scheint es schon hoch her zu gehen. Der Geräuschpegel steigt. Endlich, auf ein Zeichen hin darf er mit seinen FreundInnen wieder reinkommen. Es ist dunkel, die Geburtstagskerzen leuchten und alle Kinder singen. Jasper ist außer sich vor Freude, und die Auserwählten, die nun neben ihm und in seiner Nähe sitzen dürfen, werden auch immer aufgeregter. Es wird immer lauter und übermütiger. Bald fliegen die Brötchen, das Ketchup und die Tetrapacks durch die Luft. In erster Linie sind es Jasper und Theo, die werfen. Die Erzieherin beschäftigt sich ausschließlich mit den beiden Jungen. Doch genauere Beobachtungen zeigen auf, dass Simone und ihre Freundin Elena die Idee zu dem Regelbruch hatten, eine entsprechende Aufforderung formulierten, die Bestätigung gaben und ihre Freude an dem Tohuwabohu hatten» (Meier/Ohrem 2003, S. 16).

Die Reaktion der Erzieherin dagegen entspricht dem üblichen Schema, wonach die Jungen die Aktiven und diejenigen sind, die gegen Regeln verstoßen. Sie werden entsprechend sanktioniert. Der Part der Mädchen bleibt unerkannt, sie gelten weiterhin als die Braven.

> «Eine solche Reaktion beendet den akuten Konflikt, verstärkt jedoch geschlechtskonformes Verhalten» (ebd.).

Reflexivität – in diesem Fall als «Gendersensibilität» – hätte erfordert, den aktiven Part beider Geschlechter an den Interaktionen wahrzunehmen, entsprechend alle beteiligten Kinder «ins Boot (zu) nehmen» (ebd.), d. h. mit ihnen die Situation zu besprechen. Solches professionell pädagogisches Handeln kann gelernt werden.

Wenn wir den Prozess des Heranwachsens weiter verfolgen, gibt es in der Schule für die Tätigkeit von Lehrerinnen und Lehrern Diskussionen darüber, ob Erziehen überhaupt zu ihren Aufgaben gehöre. Die Qualifikation vor allem der Gymnasiallehrkräfte konzentriert sich im Studium nach wie vor fast ausschließlich auf die fachliche Vermittlung von Wissen in den Unterrichtsfächern, betont also Unterrichten unter weitgehender Vernachlässigung von Aspekten des Erziehens. Dabei ging ein obrigkeitsbezogenes Verständnis von Schule nichtsdestoweniger immer davon aus, Kinder seien zu erziehen, und verstand darunter vor allem die strikte Einhaltung von Ordnung sowie das disziplinierte Befolgen der Anordnungen der Lehrkräfte. Hier hat die Wende zum «Verhandlungshaushalt» in den Familien ebenfalls Änderungen bewirkt, indem auch Lehrkräfte nicht mehr unhinterfragte Autorität genießen. Aus entgegengerichteter Sichtweise betonten reformpädagogische Konzepte schon immer die Bedeutung von Schule als «Lebens- und Erfahrungsraum» (vgl. Hentig 1993).

Im öffentlichen Diskurs sind Lehrerinnen und Lehrer in eine schwierige Lage hinsichtlich ihrer Erziehungsaufgaben geraten: Einerseits wird von ihnen gefordert, angesichts des vermeintlichen Versagens von Eltern deren Rolle mindestens zum Teil mit zu übernehmen. Die Wiedereinführung von «Kopfnoten», d.h. Beurteilungen von Verhalten im schulischen Kontext, soll ihnen dabei helfen. Andererseits gibt es Widerstand gegen solche Ansinnen: Als scharfer Kritiker reformpädagogischer Vorstellungen und als Gegner einer «Sozialpädagogisierung» von Schule ist z.B. 1998 der emeritierte Göttinger Erziehungswissenschaftler Hermann Giesecke (*1932) aufgetreten. Statt das Augenmerk zu sehr auf die Gestaltung des «Lebens- und Erfahrungsraums» zu richten, forderte er eine Konzentration auf den Fachunterricht und dessen didaktische Gestaltung (Giesecke 1998).

Emotionale und moralische Aspekte von Erziehung greifen aber unabdingbar auch in der Schule. Selbst wenn Lehrkräfte glauben, sich auf bloßes Unterrichten zurückziehen zu können und keine Erziehungsaufgaben wahrnehmen zu wollen, bleibt auch ihr Unterrichten eingebettet in ein «Erzieher-Zögling-Verhältnis». Werteerziehung kann allerdings nur gelingen, wenn dies glaubwürdig in der Schulkultur verankert ist. Partizipation von Schülerinnen und Schülern und damit Abgabe von Macht durch Lehrerinnen und Lehrer sind Grundvoraussetzungen dafür – Formen, die in den vorherrschenden Schulstrukturen schwer umzusetzen sind (vgl. Kap. 3.3).

2.2.2 Unterrichten

Im Unterschied zu Erziehen ist unbestritten, dass Unterrichten zur selbstverständlichen Aufgabe von «Lehrkräften» gehört. Man kann Unterricht als die gezielte Gestaltung von Lehr-Lern-Prozessen begreifen. Dies wird strukturiert in den verschiedenen Modellen der Didaktik, die sich – mit unterschiedlichem Akzent – mit Entscheidungen über Themen, Intentionen und Methoden des Lehrens und Lernens befassen (zusammenfassend immer noch Blankertz 1969/2000 oder Jank/Meyer 1991).

Erziehungswissenschaft unterscheidet üblicherweise zwischen einer allgemeinen Didaktik und den Fachdidaktiken. Dabei beansprucht die *allgemeine Didaktik* – entsprechend ihrer Bezeichnung – die Bereitstellung von allgemeinen, d. h. für alle zu vermittelnde Inhalte geltenden Prinzipien und Kategorien, während die *Fachdidaktiken* sich den konkreteren Fragen der Vermittlung des jeweiligen fachlichen Wissens oder Könnens zuwenden – also beispielsweise: Wie vermittelt man Werke der Literatur im Deutschunterricht? Oder: Wie vermittelt man die Relativitätstheorie im Physikunterricht?

Es gibt kein einheitlich akzeptiertes didaktisches Konzept, sondern verschiedene, konkurrierende *didaktische Modelle*. So nennt eine der neueren Einführungen in die Didaktik sieben verschiedene Ansätze: bildungstheoretische, lerntheoretische, unterrichtsanalytische, kritisch-kommunikative, projektorientierte, dialektisch orientierte und konstruktivistische Ansätze (Tulodziecki/Herzig/Blömeke 2004). Die Modelle unterscheiden sich hauptsächlich nach ihren lerntheoretischen Prämissen und darin, inwieweit sie intentionale, thematische oder aber methodische Aspekte von Lehrstrategien in den Vordergrund stellen. Wir behandeln im Folgenden zwei Beispiele: den Ansatz von Wolfgang Klafki, der den thematischen Aspekt betont, und die «Hamburger Didaktik» von Wolfgang Schulz, welche methodische Aspekte der Interaktion im Unterricht modelliert.

Wolfgang Klafki (*1927; vgl. Kap. 2.1.4) hat Anregungen für sein Konzept einer *«bildungstheoretischen Didaktik»* sicherlich auch im Konflikt um die hessischen Rahmenrichtlinien für die Unterrichtsfächer Deutsch und Gesellschaftslehre Anfang der 1970er Jahre erhalten. Die

Fragen «Was sollen Schüler lernen?» (Köhler/Reuter 1973) und «Wem soll die Schule nützen?» (Köhler 1974) wurden zu heiß umkämpften Streitfeldern zwischen Lehrern, Schülervertretern, Elternverbänden, Gewerkschaften und Unternehmerverbänden. Solche Richtlinien und Lehrpläne bestimmen Intentionen und Themen in den Schulen und legen fest, warum was wann vermittelt werden soll. Diese Vorgaben werden dem jeweiligen historischen und gesellschaftlichen Kontext des Bildungssystems – das machte der Streit um die Rahmenrichtlinien klar – im jeweiligen ökonomischen und politischen Rahmen entsprechend ausgehandelt (vgl. Kap. 3.1). Sie sollen Lernaufgaben und -angebote eröffnen und zugleich festlegen; konkret müssen sie in der einzelnen Schule umgesetzt werden.

Der erste Schwerpunkt bei der Gestaltung von Lehr-Lern-Prozessen liegt deshalb auf der Klärung der Auswahl, dem Aufbau und der Anordnung von Lehr- und Lerninhalten. Bildungstheoretiker wie Klafki haben Konzepte vorgelegt, mit denen die zu vermittelnden Inhalte begründet werden sollen. Entscheidend ist für Klafki, ob die Inhalte zu Bildung beitragen, ob sie einen «Bildungsgehalt» aufweisen. Dies ist für ihn gegeben, wenn der einzelne Lerninhalt «stellvertretend für viele Kulturinhalte steht; immer soll ein Bildungsinhalt Grundprobleme, Grundverhältnisse, Grundmöglichkeiten, allgemeine Prinzipien, Gesetze, Werte, Methoden sichtbar machen. Jene Momente nun, die eine solche Erschließung des Allgemeinen im Besonderen oder am Besonderen bewirken, meint der Begriff des Bildungs*gehaltes*» (Klafki 1996, S. 14). Klafki nennt als Ziele von Bildung die Vermittlung von Selbstbestimmungs-, Mitbestimmungs- und Solidaritätsfähigkeit. Sein Verständnis von Bildung umfasst, «ein geschichtlich vermitteltes Bewusstsein von zentralen Problemen der gemeinsamen Gegenwart und der voraussehbaren Zukunft gewonnen zu haben, Einsicht in die Mitverantwortlichkeit *aller* angesichts solcher Probleme und Bereitschaft, sich ihnen zu stellen und am Bemühen um ihre Bewältigung teilzunehmen» (Klafki 1985, S. 20). Die Probleme, um die es dabei gehen soll, nennt er *«epochaltypische Schlüsselprobleme»*. Sie sind nicht beliebig, aber zugleich nicht ewig gültig. Klafki listet 18 Probleme auf, die mit einigen Verschiebungen nach wie vor als aktuell gelten können:

«Die Friedensfrage und das Ost-West-Verhältnis; die Umweltfrage; Möglichkeiten und Gefahren des naturwissenschaftlichen, technischen und ökonomischen Fortschritts; sog. ‹entwickelte Länder› und ‹Entwicklungsländer› sowie das Nord-Süd-Gefälle; soziale Ungleichheit und ökonomisch-gesellschaftliche Machtpositionen; Demokratisierung als *generelles* Orientierungsprinzip der Gestaltung unserer gemeinsamen Angelegenheiten, also z. B. auch der Wirtschaft, oder Begrenzung auf Teilbereiche?; Arbeit und Arbeitslosigkeit in ihrer ökonomisch-gesellschaftlich-politischen Bedeutung und in ihrer Bedeutung für die individuelle und soziale Identität des einzelnen; Arbeit und Freizeit – sind wir wirklich auf dem Weg zu einer Freizeitgesellschaft?; Freiheitsspielraum und Mitbestimmungsanspruch des einzelnen und kleiner sozialer Gruppen einerseits und das System der großen Organisationen und Bürokratien andererseits; das Verhältnis der Generationen zueinander; die menschliche Sexualität und das Verhältnis der Geschlechter zueinander; traditionelle und alternative Lebensformen; individueller Glücksanspruch und zwischenmenschliche Verantwortlichkeit; Recht und Grenzen nationaler Identitätsbestimmung angesichts der Unabdingbarkeit universaler Verantwortung; Deutsche und Ausländer in Deutschland; Behinderte und Nichtbehinderte; Möglichkeiten und Problematiken der Massenmedien und ihrer Wirkung; die wissenschaftliche Wirklichkeitsbetrachtung, die sog. ‹Verwissenschaftlichung› der modernen Welt und das alltägliche Verhältnis von Mensch und Wirklichkeit» (ebd., S. 21).

Klafki vertritt, indem er diese «Schlüsselprobleme» als Themen des Unterrichts besonders akzentuiert, eine «bildungstheoretische Didaktik».

Andere didaktische Modelle entwickeln auf die Fragen nach Intentionen, Themenauswahl, Methodenselektion und Organisation des Unterrichts Antworten, die stärker Prozessaspekte des Unterrichtsablaufs betonen. Eines der u. E. komplexesten Modelle ist die aus der «Berliner Didaktik» von Paul Heimann (1901–1967), Gunter Otto (1927–1999) und Wolfgang Schulz (1929–1993) hervorgegangene *«Hamburger Didaktik»*. Es wird versucht, die verschiedenen, vielfältigen Aspekte des «didaktischen Handlungsfeldes» in einen systematischen Zusammenhang zu setzen. Paul Heimann, Gunter Otto und Wolfgang Schulz waren Dozenten an der Pädagogischen Hochschule Berlin. Sie gelten als Begründer der «lerntheoretischen Didaktik» – gemeint war damit vor allem die Bezugnahme auf die Ausgangsbedingungen der Lerngruppe. Gunter Otto ebenso wie Wolfgang Schulz wechselten an die Hamburger Universität, wo sie jeweils bis zu ihrem Tod lehrten. Gunter Otto und Gerda Luscher-Schulz haben nach dem Tod von Wolfgang Schulz posthum seine Didaktik unter dem Titel «Anstiftung zum didaktischen Denken» herausgegeben. Grundlegend ist die Einbettung des Unterrichtens in gesellschaftliche Rahmenbedingungen einerseits und einen Bildungsanspruch andererseits. Unterricht kann nicht als vom Lehrer oder der Lehrerin geplanter Ablauf begriffen werden, weil «Lernziele» nur von den Lernenden entwickelt werden können, ohne deren Beteiligung insbesondere kein «bildender Lernprozess» erfolgen kann (vgl. Kap. 2.1). Die Bedeutungsanordnung von Lernen kann nur vom Lernenden selbst hergestellt werden. Darunter versteht Schulz Folgendes:

> «*Bildend* ist in meinem Verständnis ein Lernprozess und sein Ergebnis dann, wenn die Person sich bewusst wird: Ich bin nicht zwangsläufig nur das Ergebnis aller Einflüsse, die auf mich wirken, auch nicht alles dessen, was ich von meinen Lehrern übernehme; ich kann die Geschichtlichkeit und damit auch die historische Überholbarkeit dieser Einflüsse und Lernangebote wahrnehmen; ich kann sie als interessenbestimmt, als aspekthaft erkennen, als widersprüchlich; ich kann sie unter dem Gesichtspunkt prüfen, ob sie mir und der gesamten Gemeinschaft der Menschen und des Lebendigen überhaupt zuträglich sind. Ich bestehe darauf, dieses mein Prüfungsrecht als unverwechselbare Person wahrzunehmen, für mich zu sprechen, wie ich will, dass alle für sich sprechen; eine Person, jede Person ist nicht nur Mittel, nützlich für sich und andere; sie ist selbst ein Zweck» (Schulz 1996, S. 44 f.).

Das «didaktische Handlungsfeld» (vgl. Abbildung 3) macht diesen Anspruch deutlich: «Lehrende und Lernende haben sich über Ziele und Wege, Ausgangspunkt und Kontrolle zu verständigen!» (ebd., S. 97). Die gesellschaftlichen Bedingungen bilden dabei durchaus widersprüchliche Voraussetzungen (vgl. Kap. 3). Sie legen die Regelungen des Zugangs zu Bildungseinrichtungen und die Auslese in ihnen fest – bestimmen also die Rekrutierung für einen konkreten Unterricht. Sie geben die Inhalte und die Organisationsformen durch das Curriculum weitgehend vor und sorgen über die finanziellen Mittel und die Aufsicht für die jeweilige Ausstattung der Schulen.

Schulz betont, dass die Lehrenden die Vorgaben aktiv interpretieren und damit Intentionen und Themen in den Unterricht – bzw. zunächst in den Dialog mit den Lernenden – einbringen können. Wenngleich die Hamburger Didaktik die Frage der Lerninhalte nicht in den Kern ihres Modells stellt, sondern sie nur vermittelt über das Curriculum als vorgegebene Rahmenbedingung und über die Aushandlungsprozesse zwischen den Akteuren um Ziele, Ausgangsbedingungen, Vermittlungsmethoden und Erfolgskontrollen anspricht, lässt sich eine Verbindung zur bildungstheoretischen Didaktik herstellen: Die «epochalen Schlüsselprobleme» (Klafki 1985) beispielsweise könnten leitend für die genannten Vorgaben sein.

Abbildung 3: Das didaktische Handlungsfeld

L = Lehrer } als Partner unterrichtsbezogener Planung
Sch = Schüler }
UZ = Unterrichtsziele
AL = Ausgangslagen der Lernenden und Lehrenden
VV = Vermittlungsvariablen wie Methoden, Medien, schulorganisatorische Hilfen
EK = Erfolgskontrolle: Selbstkontrolle der Schüler und Lehrer

Quelle: Schulz 1996, S. 97

Unterrichten wird als Grundform pädagogischen Handelns vorrangig den Lehrerinnen und Lehrern in der Schule zugeordnet, eventuell noch als angemessene Form in einigen Bereichen der Erwachsenenbildung angesehen. Die außerschulische Kinder- und Jugendbildung wird häufig geradezu reziprok zu Schule gesehen, und folglich gilt Unterricht dort als inadäquate Handlungsform. Belehren als Weitergabe von «Stoff» ist in Verruf geraten. Tatsächlich aber findet in Bereichen politischer ebenso wie kultureller Bildung sehr wohl auch Unterricht statt. Er wird seltener frontal belehrend sein und unterliegt auch weniger schulischen Zwängen wie etwa durch Prüfungen, dennoch kann man ihn als eine Planung, Organisation und Gestaltung von Lehr-Lern-Prozessen betrachten. Es käme für alle pädagogischen Bereiche darauf an, sich von verkürzten Unterrichtsmodellen und *Herstellungsillusionen* zu lösen und Unterrichten als pädagogische Handlungsform umfassender zu begreifen (vgl. Kap. 2.2.5). Außerdem ist Lernvermitteln keineswegs allein auf diese pädagogische Handlungsform begrenzt.

2.2.3 Beraten

Je mehr die Selbsttätigkeit der Lernenden betont wird und je weniger ein fester Kanon der Themen besteht, desto mehr ist Lernvermitteln weniger Belehren und stärker Beraten. Dies stellt eine weitere pädagogische Handlungsform dar (ein Überblick über das vielfältige und weite Feld findet sich bei Nestmann/Frank/Sickendiek 2004). Wenn man an Beratung denkt, fallen einem allerdings nicht unbedingt als Erstes pädagogische Interaktionen ein, sondern etablierte Institutionen wie Berufsberatung oder psychologische Beratungsstellen. Von Ersteren erwartet man Information über Berufsmöglichkeiten. Letztere werden in Anspruch genommen, wenn persönliche Probleme auftreten, die man nicht mehr allein ohne professionelle Hilfe lösen kann. Häufig führen sie zu einer Therapie.

Was aber kennzeichnet dann eine pädagogische Beratung? Sie ist einzuordnen *im Spektrum von Information und Therapie.* Das in den 1970er/1980er Jahren in der Sozialpädagogik entwickelte Verständnis von Beratung wurde explizit gebunden an erweiterte Partizipation der Ratsuchenden. Es grenzt sich scharf gegen einen «Therapismus in der Beratung» ab, dem ein ausschließlich an individuellen Symptomen orientiertes Vorgehen unterstellt wird. Therapeutischen Konzepten seien, so kritisiert Katharina Gröning (*1957), «die Hinwendung zum Ich des Ratsuchenden, die Abstraktion von seinen sozialen Problemen, die Umdefinition von sozialen und ökonomischen Mängeln zum Erleben, zum Umgang, zur Lebensgeschichte, zum Trauma» zu Eigen (1993, S. 234). Damit aber würden solche therapeutischen Ansätze gerade nicht die aufklärenden Aufgaben von Beratung erfüllen. Diese ruhten – so Katharina Gröning – auf «drei Säulen beraterischer Ethik»: «Akzeptanz, Vermittlung von Sachkompetenz und Realisierung partizipativer Strategien» (ebd., S. 233). Wir unterscheiden, um das Spektrum der Beratungsanlässe zu öffnen, drei *Beratungskonzepte*:

- Informationskonzept: Dieses Konzept ist beschränkt auf die Bereitstellung von relevanten Informationen. Im Bereich von Erziehung und Bildung findet sich eine solche Form von Beratung z. B. bei Fragen nach verfügbaren Bildungsangeboten, seien es Schulen, Berufsausbildungen oder Kurse für Erwachsenenbildung. Im sozialpädagogischen Kontext können dies Informationen zu Hilfen zum Unterhalt oder Ähnliches sein. «Pädagogisch» ist diese Beratung dann durch ihren inhaltlichen Bezug auf Bildung.
- Therapiekonzept: Hier stehen die persönlichen Probleme der Ratsuchenden im Vordergrund. Ein solches Konzept stellt in der Regel eine Überforderung für pädagogische Beratung dar, da Pädagogen – zumindest wenn sie keine entsprechenden Zusatzqualifikationen erworben haben – keine ausgebildeten Therapeuten sind.
- Problemzentriertes Konzept: Ergänzend zur Informationsbereitstellung des ersten Ansatzes, geht es hier um eine mittlere Reichweite, nämlich die Bezugnahme auf die Rat suchende Person, allerdings ohne therapeutisch einzugreifen. Diese Form von Beratung erfordert pädagogische Kompetenzen, denn es geht um eine Verbindung von Informationen mit der Vermittlung eines (neuen) Handlungssinns für die Person.

Übergreifend ergeben sich daraus vier Bestimmungsmomente für Beraten:

- Vorbereitung: Beratung dient der Entscheidungsvorbereitung, sie trifft keine Entscheidung, sondern zeigt Möglichkeiten auf.
- Zurückhaltung: Es ist nicht Aufgabe der Beratenden, Anweisungen zu geben oder Vorschriften zu machen. Vielmehr kommt es auf das Zuhören an. Diese «Abstinenz» entspricht dem Grundgedanken des «Empowerments», der Befähigung der Ratsuchenden, sich die Angebote zunutze zu machen. Daraus ergeben sich auch die beiden weiteren Bestimmungsmomente.
- Unterstützung: Beratung soll sich als Hilfe zur Selbsthilfe verstehen.
- Reflexive Distanz: Selbsthilfe soll erreicht werden, indem dem Ratsuchenden eine kritische Selbstaufklärung ermöglicht wird, d.h. eine Distanznahme zu den eigenen Problemen und eine veränderte Perspektive.
- Solche Beratungskonzepte und ihre Bestimmungsmomente gelten auch für den Bereich der *Bildungsberatung*. Deren *Reichweite* von Beratung kann sehr unterschiedlich sein. Sie geht von der Bereitstellung von Informationen – vor allem durch Herstellen von Transparenz über die vorhandenen Lernmöglichkeiten – über die Beurteilung der Qualität verschiedener Lernangebote, der Motivierung der Lernenden wie der Profilierung der Angebote bis zur Beteiligung an kommunaler und regionaler Strukturpolitik. Wir unterscheiden entsprechend sechs *Ebenen* von Bildungsberatung: Lernberatung, Kursberatung, Programmberatung, Bildungslaufbahnberatung, Institutionenberatung und Systemberatung.

Ein entsprechender typischer Beratungsverlauf folgt einer logischen Phasenstruktur, deren Verlauf im konkreten Beratungsgespräch durchaus variieren kann:

- Herausarbeiten von Interessen und Motiven, Konkretisierung von Lernproblematiken
- Klärung der Voraussetzungen und Bedingungen zur Entscheidungsfindung und der individuellen Situation
- Entwickeln von Wegen und Mitteln, um die Lerninteressen zu erreichen

- Überprüfen der Lernerwartungen im Verhältnis zu den individuellen Entwicklungsmöglichkeiten
- Konkretisierung der Schritte zu Handlungsmöglichkeiten.

Fasst man die Ansätze aus der Sozialpädagogik und der Weiterbildung zusammen, so ist professionelle pädagogische Beratung durch einen Themenfokus gekennzeichnet, das heißt, die Beratenden zeigen den Ratsuchenden mögliche Variationen der Problemsicht bzw. verschiedene Handlungsalternativen auf, wobei die sozialen Aspekte explizit als Gegenstand der Beratung angesprochen werden. Als Kompetenz müssen Beratende folglich über «Wissen über die für soziale Gruppen typischen Problemsituationen und die in sozialen Milieus anerkennungsfähigen Muster des Umgangs mit lebenspraktischen Problemen» verfügen (Dewe 1995, S. 125).

Auch im schulischen Kontext ist pädagogische Beratung eine angemessene Handlungsform zur Unterstützung des Lernens von Kindern und Jugendlichen. Sie bezieht sich vorrangig auf Lernberatung als Hilfestellungen bei der Auswahl der Aneignungsmethoden, der geeigneten Materialien und insbesondere auf das Beurteilen durch Diagnose und Feedback über erreichte Kompetenzen und die Möglichkeiten ihrer Erweiterung. Sie ist damit aber auch unabdingbar eingespannt in den Prozess schulischer Auslese.

2.2.4 Beurteilen

Für Lehrerinnen und Lehrer gehört es zu ihrem Aufgabenbereich, Schülerinnen und Schüler zu beurteilen. Damit stehen sie vor einem unlösbaren Problem: Einerseits geht es in Lerninstitutionen darum, die Lernenden zu fördern, andererseits wird durch Auslese die soziale Ungleichheit legitimiert (Überblick bei Grünig u.a. 1999). Die Beteiligung von Schule an der Zuweisung von sozialem Status und damit an Selektion geschieht über Beurteilungen. Die Funktion *pädagogischer Diagnostik* bewegt sich im Spannungsfeld von *Fördern und Auslesen.* Dies ist nicht bruchlos harmonisierbar.

In der Regel werden auf Hausarbeiten, Klausuren sowie für mündliche Beteiligung Noten gegeben und münden in einer Gesamtnote für das jeweilige Fach im Zeugnis. Für eine Beurteilung braucht man mindestens zweierlei, nämlich ein Kriterium, an dem etwas gemessen werden kann, und einen Maßstab, der angibt, wie es gemessen wird. Für *Lernleistungen* gibt es drei mögliche Verfahren:

- *Thematisch*: Zum einen kann man versuchen, Standards festzulegen, was gekonnt oder gewusst werden soll, und prüfen, wie gut der Lerngegenstand beherrscht wird.
- *Individuell*: Zweitens kann man den Leistungsstand eines Schülers zu Beginn einer Lernsequenz als Ausgangspunkt nehmen und daran feststellen, wie weit er gekommen ist.
- *Sozial*: Schließlich kann man die Leistungen einer Schülerin mit denen ihrer Mitschüler und -schülerinnen vergleichen und damit den relativen Leistungsstand angeben.

Die ersten beiden Verfahren können eine Rückmeldung über den erreichten Lernerfolg geben und damit primär eine Beratungsfunktion und weniger eine Selektionsfunktion erfüllen. Beide Kriterien stellen hohe, theoretisch und empirisch höchstens ansatzweise zu lösende Anforderungen (vgl. Kap. 5). Im ersten Fall müsste der Lerngegenstand überhaupt messbar sein. Unter dem Stichwort Pädagogische Diagnostik gibt es seit langem Versuche, lehrzielorientierte Tests zu entwickeln. Die Schwierigkeiten liegen hier in der angemessenen Beschreibung und Messung komplexer Sachverhalte.

Im zweiten, individuell orientierten Fall der Leistungsbestimmung bedarf es einer Ausgangserhebung, um Veränderung erkennen zu können. Die lehrzielorientierten Tests müssten dann in der Lage sein, nicht nur einen Lernstand zu erfassen, sondern auch dessen Veränderung. Wenn man nämlich den gleichen Test einsetzt, ist ein verbessertes Ergebnis möglicherweise Folge der Vertrautheit mit dem Test. Setzt man einen anderen Test ein, misst der unter Umständen etwas anderes.

Die Umsetzung der Leistungsbewertung in eine Note folgt in der Regel dem oben genannten dritten Verfahren, nämlich der Orientierung am Schnitt der Klasse. Dabei wird meist unterstellt, die Leistungen müssten sich an der Normalverteilung orientieren; d.h. das Notenspektrum «ausschöpfen» und die größte Häufigkeit beim mittleren Wert haben.

Dies kann sehr wohl ein komplexes und aufwendiges Verfahren in der Notenfindung bedeuten, d.h., es ist nicht immer so, dass Lehrkräfte es sich «leicht machen», dennoch ist die Folge der Notengebung neben der Orientierung «am Schnitt» zugleich eine «an den bislang etablierten Verteilungen und erbrachten Leistungen» (Kalthoff 1996, S. 114), womit die Mobilitätschancen der Einzelnen auf der Notenskala deutlich reduziert werden.

Das erziehungswissenschaftliche Studium qualifiziert Lehrkräfte in der Regel nicht so in pädagogischer Diagnostik, dass sie in der Lage wären, lehrzielorientierte Tests – deren Sinnhaftigkeit unterstellt – zu konstruieren. Hinzu kommt, dass der Aufwand für die Erstellung solcher Tests hoch ist. Insofern besteht die Praxis schulischer Bewertung allzu oft in einer einerseits schematischen Anwendung von willkürlich festgelegten Messkriterien – z.B. wenn jede Aufgabe einen Punkt erhält, ohne den Schwierigkeitsgrad zu beurteilen –, in einer andererseits «qualitativen» Einschätzung der Leistung – «flüssige Formulierungen», «saubere Schreibweisen» usw. vermitteln einen Eindruck guter Leistung.

Der normale Maßstab schulischer Bewertungen besteht in einer sechsstufigen *Zensurenskala*, die – z.B. in der gymnasialen Oberstufe – in 15 Punkte differenziert wird. Die einzelnen Noten werden dann zu einer Gesamtnote verrechnet, deren Wert bis auf die Stelle hinter dem Komma errechnet, was beispielsweise bei der Bewerbung um einen Studienplatz mit Numerus Clausus über mehrere Semester Wartezeit entscheiden kann. In solche Berechnungen gehen mathematische Voramahmen ein, deren Reflexion oft genug unterbleibt. Was heißt das?

In der Statistik werden vier verschiedene *Skalenniveaus* mit jeweils unterschiedlichen Anforderungen an die eingehenden Kriterien unterschieden: Nominalskalen, Ordinalskalen, Intervallskalen und Verhältnisskalen. Nominalskalen weisen ein sehr niedriges Messniveau auf. Merkmalen gleicher Art werden dabei der gleiche, solchen verschiedener Art andere Werte zugeordnet, z.B. weiblich = 1, männlich = 2. Auf der nächsthöheren Messniveaustufe stehen Ordinalskalen, da sie ermöglichen, ein «Mehr oder Weniger» angeben zu können etwa bei Fragen zur Schulbildung, bei denen die Antwortalternativen eine Rangreihenfolge (z.B. Hauptschule, Realschule, Gymnasium, Fachhochschule) bilden. Intervallskalen haben ein noch höheres Messniveau, indem sie gleiche Abstände der Intervallmesspunkte voraussetzen, wie dies etwa bei Celsiustemperaturen der Fall ist. Für die Notengebung von 1 (sehr gut) bis 5 (mangelhaft) wird dieses Skalenniveau aufgrund der Fehlerzahl angenommen. Dabei lässt sich allerdings darüber streiten, ob ein Rechtschreibfehler den gleichen Wert wie ein Grammatikfehler oder ein inhaltlicher Fehler hat – also der Abstand zwischen ihnen gleich groß ist. Auf dem höchsten Messniveau liegen Verhältnisskalen (Ratioskalen), die zusätzlich zur Gleichabständigkeit der Intervallmesspunkte auch noch einen natürlichen Nullpunkt besitzen, z. B. bei Messungen von Entfernungen, vom Lebensalter oder dem Einkommen. Berechnungen kann man erst mit Skalen ab dem Intervallskalniveau anstellen: So leuchtet es sofort ein, dass der Durchschnitt zwischen 1 = weiblich und 2 = männlich nicht 1,5 sein kann. Auch ein Mittelwert aus Hauptschule (= 1), Realschule (= 2) und Gymnasium (= 3) ist nicht 2 und damit die Realschule. Mit Intervallskalen kann man zwar schon einen Durchschnitt bilden, aber noch keine Verhältnisse angeben: So ist die durchschnittliche Temperatur zur Mittagszeit aus drei Tagen, wenn sie am ersten 10, am zweiten 15 und am dritten Tag 20 Grad betrug, 15 Grad Celsius. Man kann aber nicht sagen, es war am dritten Tag doppelt so heiß wie am ersten. Solche Relationen ließen sich nur herstellen, wenn man die Temperaturangaben in Kelvin vornehmen würde, für die es bekanntermaßen einen absoluten Nullpunkt gibt.

Die Bewertung von schulischen Leistungen in Noten entspricht messtechnisch gesehen dem Ordinalskalniveau – es ist im Allgemeinen möglich, ein Mehr oder Weniger der Leistungen verschiedener Lernender anzugeben. Als Rückmeldung für einzelne Schülerinnen und Schüler und damit als Beratung im Lernprozess würde dies durchaus genügen, gäbe es doch Hinweise auf Stärken wie auf Schwächen, auf bereits Erreichtes wie auf noch bestehende Lücken, und würde damit ihren Lernprozess unterstützen. Die Umsetzung in numerische Werte ist jedoch problematisch, genügen sie doch normalerweise eben nicht dem Intervallskalniveau. Ihre Verrechnung in Abiturdurchschnittsnoten ist geradezu fahrlässig. Die numerischen Operationen mit schulischen Noten «könnten einen bei erstem Hinsehen schon einigermaßen fassungslos machen: Warum sagt denn keiner was dagegen, wo doch mindestens viele wissen (müssten), was hier geschieht?» (Holzkamp 1993, S. 378.) Die Tatsache, dass dies dennoch nicht nur legitimierte, sondern geforderte Praxis ist, hängt mit der erzwungenen Selektion in der Schule zusammen (vgl. Kap. 3). Für die pädagogisch Tätigen bleibt dies ein unlösbarer Widerspruch:

> «Der Lehrer muß damit fertig werden, daß er einerseits gemäß seinem pädagogischen Auftrag möglichst *alle* Kinder in der Klasse zu guten Leistungen bringen, aber andererseits durch die administrativ geforderte ‹Normalisierung› der Bewertungen den Kindern *unterschiedliche*, d. h. stets einem Teil von ihnen *schlechte* Noten geben muß» (Holzkamp 1993, S. 375).

Vor allem in den Grundschulen gibt es seit längerem Alternativen in Form von Berichtszeugnissen (vgl. Jürgens 2001). Auch reformpädagogisch orientierte Bemühungen setzen auf solch veränderte Rückmeldungen über Lernprozesse, z. B. die Bielefelder Laborschule, die bis zum Ende des 8. Schuljahres auf Noten verzichtet und ihren Schülerinnen und Schülern Rückmeldungen in Form von Berichten gibt (Thurn 1997). Allgemein durchgesetzt haben sie sich jedoch nicht, obwohl «die Pädagogisierung der Leistungsbeurteilung durch Formen verbaler Beurteilung direkt zu einer positiv verstandenen Leistungserziehung» beitragen könnte (Beutel 2005, S. 115). Bemerkenswerterweise sind vor allem Schülerinnen und Schüler selbst an Notenzeugnissen interessiert und nicht an Berichtszeugnissen. Zwar bevorzugen sie Notenzeugnisse, die ergänzende Kommentare enthalten, von der größeren Gerechtigkeit von Noten gegenüber verbalen Berichten sind sie jedoch – noch stärker als die Eltern und die Lehrkräfte – überzeugt (Vollstädt 2004). Die bisherigen Erfahrungen mit Berichtszeugnissen zeigen, dass sie von Grundschulkindern «eher als Literatur und weniger als Zeugnisse verstanden werden» (Beutel 2005, S. 190). Die Ziffernnoten dagegen profitieren davon, durch Tradition und Übereinkunft unhinterfragt «verstanden» zu werden und damit Gültigkeit und Vergleichbarkeit zugesprochen zu bekommen. Berichtszeugnisse dagegen benötigen auf Seiten der Lehrkräfte mehr Professionalität, auf Seiten der Lernenden Kompetenzen, die Leistungseinschätzungen zu verstehen, und gemeinsam die Ausbildung einer Kommunikationskultur über Leistungsbeurteilungen. Solange allerdings Auslese gegenüber Beraten Vorrang bei der Beurteilung hat, werden auch die Schülerinnen und Schüler Noten eher als Tauschwert zum Aufstieg betrachten und nicht als Gebrauchswert für angeregte Weltverfügung (vgl. Nüberlin 2002).

Ungeklärt ist auch die Frage, ob zukünftig eine Professionalisierung lernförderlicher Leistungsbeurteilung möglich wird oder ob die Ergebnisse pädagogischen Handelns durch die Festlegung von *«Bildungsstandards»* und vergleichende «Zentraltests» gemessen werden sollen. Dies ist zunächst eine Forschungsperspektive. Mit den Studien zum internationalen Leistungsvergleich PISA (Programme for International Student Assessment) ist ein Versuch verbunden, Kompetenzen zu bestimmen und messbar zu machen, die dann Basis für die Entwicklung von Bildungsstandards werden sollen. PISA prüft Lesekompetenzen, mathematische und naturwissenschaftliche Kompetenzen sowie Problemlösefähigkeit. Leistungsfähigkeit wird bei einem solchen Verfahren als das Erreichen einer der definierten Kompetenzstufen zu bestimmen versucht. Damit wird auch ein veränderter Regulationsmodus für die Entwicklung von Lernsystemen herangezogen: Statt curricularer, ressourcieller und organisatorischer Vorgaben werden Verfahren der Evaluation und der Qualitätssicherung, bezogen auf den «output», gemessen in erreichten Kompetenzen, durchgeführt. Resultierende Bildungsstandards liefern damit durchaus problematische Ausgangsfeststellungen für die Planung von Entwicklungsprozessen von Lerninstitutionen (vgl. Kap. 3.2).

2.2.5 Planen

Hatten wir schon bei der Frage danach, was Unterrichten ausmacht, auf die Notwendigkeit, Unterricht zu planen und zu organisieren, verwiesen, so lässt sich allgemeiner festhalten, dass Planen als professionelles pädagogisches Handeln in intentionale Interaktionen eingebunden ist, in denen Wissen vermittelt und durch Lernen angeeignet wird. Planendes Handeln umfasst disponierende Tätigkeiten, mit denen Vorentscheidungen für Lernmöglichkeiten getroffen werden. Es findet auf verschiedenen Ebenen statt und umfasst sowohl die politischen und institutionellen Rahmenbedingungen als auch die konkreten Lernbereiche, Veranstaltungen und Lern-/Lehrvorgänge.

Wichtig ist, die vertikale Integration der Planungsebenen zu berücksichtigen, d.h. mitzudenken, dass konkrete Lehr-/Lernprozesse abhängen vom institutionellen und sozialen Kontext und seiner Gestaltung. Beim Planen werden Strategien als Wege erwünschter Entwicklung entworfen, welche sozialen und organisatorischen Wandel und entsprechendes Lernen eröffnen. Allerdings sind dabei die kontextuellen, institutionellen und individuellen Prämissen zu reflektieren und eine permanente Revision zu antizipieren. Die gegangenen Wege sind nachträglich betrachtet immer andere als die geplanten. Dies vorausgesetzt kann man ein *Prozessmodell* der Planung für Programme und Kurse entwerfen. Planung umfasst dabei den sich wiederholenden Zyklus von Bedarfsklärung, Vorbereitung, Durchführung, Transfer und Kontrolle. Planen muss abstellen auf seine Umsetzungsbedingungen und deshalb Planungsvorgaben immer wieder überprüfen und ändern. Dazu muss man technische Bedarfskonstrukte, didaktische Herstellungsillusionen, methodische Rezeptvorstellungen, mechanische Transferhoffnungen und überzogene Evaluationsansätze aufgeben.

- *Bedarfsentwicklung:* Die Hoffnung, es gäbe einen eindeutig bestimmbaren Lernbedarf, der aus einem Soll-ist-Abgleich ableitbar wäre, hat sich als technokratisches Phantom erwiesen. Möglich sind aber innerhalb gegebener Rahmenbedingungen interessenorientierte Entwicklungen von Bedeutsamkeit für die Lernenden.
- *Programmvorbereitung:* Es ist unklar, ob die Adressaten tatsächlich erreicht werden oder ob nicht andere Gruppen in die Programme kommen.
- *Programmdurchführung:* Die erreichte Zielgruppe ist möglicherweise anders zusammengesetzt und verfolgt andere Lernziele.
- *Transfer:* Naive Annahmen einer Übertragung aus dem Lernfeld in Anwendungszusammenhänge sind theoretisch nicht haltbar und praktisch nicht durchführbar. Anzustreben ist aber, im Lernen schon Möglichkeiten der Anwendung zu berücksichtigen.
- *Controlling und Evaluation:* Rigide Kosten-Nutzen-Modelle laufen

schon angesichts der Asymmetrie von «harten», kurzfristig feststellbaren Ausgaben und «weichen», nur langfristig abschätzbaren Erträgen in eine Sackgasse. Möglich und sinnvoll sind aber adäquate Evaluationsmethoden, welche die Ergebnisse und Lernerfolge überprüfen und absichern.

Solche Planungsfragen gelten auch für Ansätze der Entwicklung pädagogischer Institutionen, besonders der *Schulentwicklung*. Die – z. B. durch PISA nachgewiesenen – unterschiedlichen Lernleistungen in verschiedenen Schulen führen dazu, Fragen der Schulentwicklung, d. h. des Planens von Institutionen des Lernens, stärkeres Gewicht zu geben (vgl. Kap. 3.3). Allerdings sind Bemühungen um Schulentwicklungen nicht erst nach PISA entstanden, sondern Ansätze einer Organisationsentwicklung von Schule finden sich bereits in den späten 1970er und beginnenden 1980er Jahren. Sie waren in gewisser Weise die Konsequenz des Scheiterns der Hoffnung auf eine umfassende Bildungsreform, die durch die Gesamtschule als Kern neue Strukturen aufweisen sollte (vgl. Kap. 2.3 und Kap. 3.2). Das Augenmerk richtete sich danach darauf, dass Lernen in einzelnen, je verschiedenen Organisationen stattfindet, die sachlich, zeitlich, sozial und örtlich strukturierte Lernensembles bereitstellen – mit anderen Worten: Die Qualität der Einzelschule soll verbessert, ihre Schulkultur gestaltet werden.

Hans-Günter Rolff (*1939), langjähriger Leiter des Instituts für Schulentwicklungsforschung der Universität Dortmund, und Per Dalin (*1936), langjähriger Leiter von IMTEC (International Movement towards Educational Change) in Oslo, haben gemeinsam mit Herbert Buchen, dem ehemaligen Referatsleiter für Schulmanagement im Landesinstitut für Schule und Weiterbildung in Soest, 1990 erstmals einen umfassenden Ansatz für eine «Institutionelle Schulentwicklung» in Deutschland vorgestellt, der auf Erfahrungen in Holland, Norwegen und England basierte und für deutsche Verhältnisse in Nordrhein-Westfalen weiterentwickelt wurde (Dalin/Rolff/Buchen 1990). Es geht dabei zum einen um die Möglichkeit einer Schule, sich zur «Problemlöseschule» zu entwickeln, zum anderen um die Unterstützungssysteme, die dafür auf verschiedenen Ebenen notwendig sind. Dies betrifft die Planungsprozesse, die innerhalb einer Schule auf verschiedenen Ebenen bzw. mit verschiedenen Schwerpunkten erfolgen sollen und um Möglichkeiten von Hochschulen, Landesinstituten oder externen Schulentwicklungsberatern, diese Prozesse zu initiieren, zu begleiten und zu evaluieren. Rolff nennt drei zentrale Regeln für Organisationsentwicklungsprozesse (1993, S. 160 ff.):

1. Regel: Organisationsentwicklung ist *Programmplanung*.

Hintergrund dieser Regel ist die in Bürokratien übliche Trennung von Mitteln und Zielen, die es zu überwinden gilt. Für Schulgestaltungen fordert Rolff stattdessen, «umfassende Programme zu entwickeln, die Analysen der Ausgangssituation mit Voraussagen, Zwecksetzungen, Mittelzuordnungen und Nebenfolgenabschätzungen verbinden» (ebd., S. 162). Ablaufdiagramme stellen das technische Hilfsmittel dafür dar.

2. Regel: Programmplanung ist *kooperative Planung*.

Im institutionellen Schulentwicklungsprogramm werden vier Phasen des Organisationswandels unterschieden, die in der konkreten Umsetzung jedoch ausdifferenziert werden und je nach Verlauf kürzer oder länger sein können. Die erste Phase kennzeichnet die Initiation und den Einstieg. Der Wunsch nach Veränderung, das Aufkommen eines Problems können initiierend für eine Veränderung sein. Die Einsetzung einer Steuergruppe ist hier der entscheidende Schritt. Sie nimmt die zweite Phase in Angriff, nämlich die gemeinsame Analyse und Diagnose. Externe Hilfe kann dafür wichtig sein, um Daten zu sammeln, sie rückzumelden und auf ihrer Basis eine Zielvereinbarung zu treffen. Die dritte Phase betrifft die Aktionsplanung. Die Ziele werden in konkrete Aktionen umgesetzt und diese implementiert und institutionalisiert. Als vierte Phase folgt die Evaluation, die Überprüfung des Erreichten. Sie kann gegebenenfalls zu einem erneuten Entwicklungsprozess führen. Rolff betont die Wichtigkeit von Kooperation und Teambildung, da positive Veränderungen in einer Organisation kaum gegen Widerstände der Beteiligten erreicht werden können. Auch sollten Planung und Ausführung so dicht wie möglich gemeinsam erfolgen.

3. Regel: Die *Implementation* entscheidet über das Ergebnis.

Aus vielfältigen Erfahrungen mit Organisationsentwicklung ist bekannt, dass die Implementation die wichtigste Phase der Planung darstellt, denn: «Nichts wird so realisiert, wie es einmal geplant war» (ebd.,

S. 170). «Implementationstreue» ist folglich eine wichtige Grundlage für Planungen. Sie kann erhöht werden, wenn die Ziele gemeinsam mit den Beteiligten und Betroffenen geklärt und vereinbart werden. Konflikte sollen frühzeitig bearbeitet werden. Der Prozess soll so explizit wie möglich erfolgen und die Komplexität des Geschehens transparent machen.

Die Entwicklungsansätze lassen die interne Organisation der «Lernstätten» und die Partizipationschancen ihrer Mitglieder als Problem der *Strukturplanung* deutlich werden. Auf pädagogische Organisationen werden hier organisationswissenschaftliche Analysen und planungstheoretische Konzepte angewandt – und nicht mehr nur bloße Bürokratievorwürfe erhoben. Diese betrafen in pädagogischen Feldern meist direktive Führungsformen. Zunehmend wird die Umsetzung von integrativen bzw. partizipativen Leitungsmodellen versucht. Um Planungskompetenz zu erwerben und auszuüben, muss dafür neben der fachlichen Kompetenz als Lehrkräfte stärker auf Personalführung und Managementaufgaben vorbereitet werden (vgl. Kap. 4.4.2). Vermittlungsaufgaben, welche die Handlungsfelder Erziehen, Unterrichten, Beraten, Beurteilen und Planen umfassen, brauchen sowohl pädagogische als auch verwaltungs- und betriebswirtschaftliche Kompetenzen.

2.3 Theorien der Erziehungs- und Bildungswissenschaft

Nachdem über Grundformen pädagogischen Handelns informiert wurde, geht es darum, erneut einen Perspektivwechsel vorzunehmen. Welche Handlungsperspektiven man als Pädagoge/ Pädagogin entwickelt, hängt wesentlich vom eigenen wissenschaftlichen Selbstverständnis ab. Deshalb ist es wichtig, zu klären, was Wissenschaft überhaupt ausmacht, was wissenschaftliches Wissen von anderem, z. B. Alltagswissen, unterscheidet.

Wissenschaft ist kein ein für alle Mal feststehender Wissensvorrat, keine einfache Abbildung von Realität oder pure Darstellung von Fakten. Die Produktion von Wissenschaft ist immer auch ein soziales Handeln.

Dies findet in gesellschaftlichen Kontexten und geschichtlichen Konstellationen statt und wird von Personen realisiert. Es gibt also verschiedene und konkurrierende wissenschaftliche Positionen, weil Wissenschaftlerinnen und Wissenschaftler unterschiedliche Erkenntnisinteressen haben. Dabei lassen sich bei aller immanenten Verschiedenheit Grundpositionen bestimmen. Was kennzeichnet diese?

Zum einen gibt es Gemeinsamkeiten im Blick auf das Verständnis von Wirklichkeit. Damit einher gehen z.B. Fragen, wie überhaupt Erziehung oder Lernen bestimmt werden, wie man Bildung begreift, wie man Lernende versteht. Zum anderen kann man historisch Theorieentwicklungen ausmachen und dabei feststellen, dass es für verschiedene Epochen meist jeweils vorherrschende Positionen gibt. «Außenseiterpositionen» kommen im Wissenschaftsbetrieb zwar immer wieder vor – und treiben auf diese Weise auch Entwicklungen voran –, haben es aber schwer. Theoriebewegungen spiegeln den Wandel des Zeitgeistes wider. Wissenschaftliche Sätze sind keine zeitlosen Resultate, sondern auch abhängig von den in sie einfließenden Interessen. Zugleich knüpfen sie immer wieder an bereits entwickelte Theorien an, sodass bei allen Differenzen auch Kontinuitäten erkennbar werden.

Nun könnte man solche Theorieentwicklungen beginnend mit der Antike aufzeigen. Wir konzentrieren uns aber auf die hauptsächlich weiter wirksamen Theorien, wie sie in der Bundesrepublik Deutschland für die Bildungs- und Erziehungswissenschaft relevant geworden sind. Wir fassen dies zusammen in fünf Grundpositionen, nämlich Geisteswissenschaftliche Pädagogik (Kap. 2.3.1), Analytisch-empirische Erziehungswissenschaft (Kap. 2.3.2), Kritische Theorie (Kap. 2.3.3), konstruktivistische (Kap. 2.3.4) und pragmatistische (Kap. 2.3.5) Ansätze. Wir entwickeln diese Konzepte weiter in Richtung auf eine kritisch-pragmatistische Position (Kap. 2.3.6). In der folgenden Übersicht wird stichwortartig der jeweilige Ansatz schematisch charakterisiert, in der Darstellung versuchen wir, diesen Punkten jeweils zu folgen.

Tabelle 1: Erziehungswissenschaftliche Grundpositionen

	Geistes-wissen-schaftliche Pädagogik	Analytische Empirie	Kritische Theorie	Konstruk-tivismus	Pragmatis-mus
Vorherr-schen	Nach-kriegszeit bis Mitte der 1960er Jahre	Mitte der 1960er Jahre	1970er Jahre	seit den 1980er Jahren	fortwirkend seit 1916
Vertreter	Nohl, Spranger, Litt, Weniger, Flitner	Roth, Brezinka	Heydorn, Blankertz, Mollen-hauer, Gamm	Kösel, Kade, Lenzen	Dewey Oelkers
Wissen-schafts-theore-tische Position Methode Gegen-stand	Hermeneu-tik Erziehungs-lehren	Positivismus, Kritischer Rationalismus Empirie Institutionelle Realität der Erziehung als Forschungs-objekt	Dialektik der Aufklä-rung Ideologie-kritik Emanzipa-tion	Autopoiesis Viabilität Selbstrefe-rentialität	Brauch-barkeit Handeln
Begrün-der Philoso-phie	Dilthey	Carnap, Popper	Hork-heimer, Adorno, Habermas	Maturana, Varela, von Glasersfeld, Luhmann	Pierce, Dewey

2.3.1 Geisteswissenschaftliche Pädagogik

In einer ersten Phase der Entwicklung der Bundesrepublik Deutschland wirkte die durch den Nationalsozialismus unterbrochene Tradition der Debatten aus der Weimarer Republik fort. Die dominante Linie bildungstheoretischen Denkens im Nachkriegsdeutschland bis in die Mitte der 1960er Jahre wurde repräsentiert durch die geisteswissenschaftliche

Pädagogik. Ihre Vertreter veröffentlichten die meisten Publikationen, produzierten die zahlreichsten Promotionen, besetzten fast alle Lehrstühle und beherrschten die Lehrerbildung. Herman Nohl (1873–1960), Eduard Spranger (1882–1963) und Theodor Litt (1880–1962) waren zentrale Repräsentanten sowie unter deren, vor allem Nohls, zahlreichen Promovenden Erich Weniger (1894–1961) und Wilhelm Flitner (1889–1990). Nohl und Spranger selbst waren «Schüler» des «Ahnvaters der Geisteswissenschaften» Wilhelm Dilthey (1833–1911).

Erkenntnistheoretisch schloss Dilthey an bereits vorliegende Lehren vom *Verstehen* an. Dieses *Hermeneutik* genannte Verfahren der Interpretation – von Hermes: Botschafter oder Herold – hat eine lange Tradition; Dilthey bezog sich vor allem auf Friedrich Schleiermacher (1768–1834), über dessen Werk er promovierte. Schleiermacher hatte in der Einleitung zu «Hermeneutik und Kritik» 1838 ein Verfahren der Textinterpretation beschrieben, bei dem es um Auslegung und Verstehen von Bedeutungen geht (vgl. Kap. 3.1.2). Dabei stößt man zwangsläufig auf den *«hermeneutischen Zirkel»*: Das Einzelne kann nur aus dem Ganzen verstanden werden, das sich wiederum aus dem Einzelnen zusammensetzt. Dies scheint ein Zirkel. Tatsächlich wird aber eine höhere Ebene der Erkenntnis erreicht. Der Zirkel öffnet sich – um im Bild zu bleiben – zur Spirale. Es bleibt aber immer eine letzte, unaufhebbare «hermeneutische Differenz» zwischen Verstehen und Welt.

Dilthey verband solche Denktraditionen der philosophischen Hermeneutik mit denen der Lebensphilosophie. Seine zentralen Kategorien waren Verstehen und *Leben*. Die Grundlage des Verstehens von Lebenszusammenhängen beruht auf der Tatsache, an ihnen selbst teilzuhaben. Hermeneutik ist also ein sich ständig erneuernder Prozess des Hineinversetzens, Nachbildens und Nacherlebens (Dilthey 1970, S. 263). Man versteht das Leben anderer, weil man in der Lage ist, es aufgrund der eigenen Lebenserfahrungen nachzuempfinden.

Geisteswissenschaftliche Pädagogik beansprucht, eine Reflexionstheorie für die Praxis zu sein. Ihr Ansatzpunkt ist es, die Lebens- bzw. Erziehungswirklichkeit als komplexes Geschehen von Wirkzusammenhängen zu verstehen, die nicht auf einzelne Faktoren zu reduzieren seien. In der Tradition Diltheys steht der Vorrang des Lebenszusammenhangs und der Erziehungswirklichkeit vor systematisch-konstruierender Theorie. Das *«Erzieher-Zögling-Verhältnis»* ist gekennzeichnet durch die Komplexität des jeweiligen Falles, der sich nicht in einzelne Variablen der Kommunikation auflöst wie Zahl oder Dauer der Interaktionen, Sprachverhalten u. Ä. Gegenstand geisteswissenschaftlicher Pädagogik sind «Erziehungslehren», die aus einer «engagierten Reflexion» heraus, d. h. von erfahrenen Praktikern, entwickelt werden. Pädagogen sollen sich als Anwalt des Kindes verstehen, die zwar die Forderungen der Gesellschaft repräsentieren, aber stellvertretend für die Interessen des Kindes im pädagogischen Bezug beides – sowohl kulturelle Notwendigkeiten wie individuelle Bedürfnisse – zusammenbringen. Erkenntnistheoretisch geht es nicht vorrangig um «Wahrheit», sondern um die Erfüllung der pädagogischen Aufgabe. Herman Nohl hat das in seiner Darstellung «Die pädagogische Bewegung in Deutschland und ihre Theorie» formuliert:

> «In der Einstellung auf das subjektive Leben des Zöglings liegt das pädagogische Kriterium: was immer an Ansprüchen aus der objektiven Kultur und den sozialen Bezügen an das Kind herantreten mag, es muss sich eine Umformung gefallen lassen, die aus der Frage hervorgeht: Welchen Sinn bekommt diese Forderung im Zusammenhang des Lebens dieses Kindes für seinen Aufbau und die Steigerung seiner Kräfte und welche Mittel hat dieses Kind, um sie zu bewältigen?» (1970, S. 127).

Wissenschaftliches Wissen entsteht «als stellvertretende Besinnung, als Läuterung der in der Praxis angelegten Theorien, als bewusste Vorbesinnung und bewusste nachträgliche Klärung» (Weniger 1952, S. 19). Dieser Ansatz bleibt aber, obwohl er aus der konkreten Erziehungswirklichkeit entwickelt werden sollte, merkwürdig abstrakt. Wilhelm Flitner beginnt seine 1950 veröffentlichte, 1997 (!) in 15. Aufl. (!) erschienene «Allgemeine Pädagogik»:

> «Das Nachdenken über Erziehung und Bildung ist mit dem Nachdenken über den Menschen und sein Wirken überhaupt verknüpft und von diesem nicht zu trennen» (1997, S. 11). Und er schränkt ein: «Von einer Vorherrschaft der wissenschaftlichen Theorie über die Praxis kann keine Rede sein, die Praxis behält ihre eigenen Quellgründe» (ebd., S. 20).

Diese metaphernreiche, unscharfe, lebensphilosophisch inspirierte Sprechweise setzt sich fort. Lernen und Lehren werden hauptsächlich als Erziehung begriffen, die Bildung hervorbringt:

> «Unter dem Bildungsprozeß sei das Ganze der Vorgänge im ‹Zögling› verstanden, durch den er jene innere ‹Gestalt› gewinnt, die als seine ‹Bildung› bezeichnet wird» (ebd., S. 153).

Gegenüber den Lernenden als «Zöglingen» wird – trotz aller Betonung von positiver Unterstützung – für die Lehrenden, die Pädagogen, eine «wissende» Position beansprucht, die den Lernenden letztendlich eine abhängige Rolle zuweist.

> «Vom Standort des Erziehers aus, der auf jenen Prozeß Einfluß nimmt, handelt es sich um den pädagogischen Weg, der dem Zögling gebahnt wird, und auf dem er seinem Ziele zuschreitet» (ebd., S. 134).

Der selbst geforderte Praxisbezug bleibt modellhaft abstrahiert. Geisteswissenschaftliche Pädagogik löst sich ab von konkreten gesellschaftlichen Verhältnissen. Ein kulturkritischer Pessimismus beschwor den Untergang des Abendlandes; die wissenschaftlich technische Revolution wurde als Bedrohung empfunden, ihre Konsequenzen als «Massengesellschaft» problematisiert. So erwies sich das Konzept im Kontext eines hoch industrialisierten Kapitalismus als wenig verteidigungsfähig gegenüber einer sich in den 1960er Jahren durchsetzenden, sich auf aktuelle Tendenzen beziehenden, empirisch fundierten Psychologie und Soziologie.

2.3.2 Empirismus und Kritischer Rationalismus

Das Bildungssystem war Mitte der 1960er Jahre massiv in die Kritik geraten. Zum einen entsprach es nicht den proklamierten Anforderungen der technologischen Entwicklung – festgemacht am «Sputnikschock», d. h. dem öffentlichkeitswirksam verbreiteten Schreck in der westlichen Welt, dass die Sowjetunion als erste Nation den Weltraum zu erobern begann. Zum anderen gewährleistete es nicht die gleichzeitig geforderte Ausschöpfung der «Begabungsreserven» – festgemacht am «katholischen Arbeitermädchen vom Lande», d.h. der Chancenungleichheit von Kindern unterschiedlicher Herkunft (vgl. Kap. 3.2). Der geisteswissenschaftlichen Pädagogik wurde vorgeworfen, diesen gesellschaftlichen Herausforderungen nicht gerecht werden zu können. Gegen eine als Spekulation und «Metaphysik» diffamierte Begriffsbildung – die ihr unterstellt wurde – sollten die «Tatsachen», also das, was «Wirklichkeit» darstellt, gesetzt werden. Hauptvertreter in der Erziehungswissenschaft waren Heinrich Roth (1906–1983) und Wolfgang Brezinka (*1928).

Wissenschafts- und erkenntnistheoretisch knüpfte die neue dominant werdende, sich empirisch fundierende Erziehungswissenschaft wiederum an philosophische Vorarbeiten an. Als einen Begründer und Exponenten einer *analytisch-empirischen* Position kann man Rudolf Carnap (1891–1970) sehen, der wie kein anderer versucht hat, eine Reinigung der Erkenntnistheorie von «Scheinproblemen» und eine Überwindung der Metaphysik durch logische Analyse der Sprache vorzunehmen. Dies begann Carnap (1928) in seinem ersten Hauptwerk «Der logische Aufbau der Welt». Darin stellte er die These auf, dass Wahrnehmungserlebnisse die Basis aller Wirklichkeitserkenntnis ausmachen. Demgemäß müssen sich alle wissenschaftlichen Aussagen rückführen lassen auf Basissätze über einfache raum-zeitliche Phänomene. Theorien sollen einer rationalen Überprüfung genügen, in der durch logische Regeln als beste Theorie diejenige herausgearbeitet wird, die am meisten erklärt und der Wahrheit am nächsten kommt. Dieser Grundgedanke wurde fortgeführt im *«Kritischen Rationalismus»*, wie er vor allem von Karl-Raimund Popper (1902–1994) vertreten wurde. Popper bezog weiter gehend die Position, dass Hypothesen nie endgültig zu bestätigen, sondern nur kritisch zu widerlegen seien. Kern der «Logik der Forschung» (Popper 1935/1982) ist die Forderung nach Falsifizierbarkeit sinnvoller Aussagen. An dem berühmten «Schwanenbeispiel» lässt sich das verdeutlichen: Es ist unmöglich, die Aussage, «Schwäne sind weiß», zu verifizieren, da man niemals sicher sein kann, alle Schwäne der Welt gesehen zu haben. Man kann sie jedoch in dem Moment falsifizieren, indem man nur einen schwarzen Schwan sichtet.

Ein solcher «Empirismus» bzw. «Kritischer Rationalismus» wurde zum dominanten Legitimationsmuster von Wissenschaft. Nicht nur die Naturwissenschaften, auch die Gesellschaftswissenschaften versuchten ihre Theoriekonzepte und vor allem ihre Methoden an dieser Position zu schärfen. Als geeignete Herangehensweise galt nun nicht mehr Verstehen wie in der geisteswissenschaftlichen Pädagogik; dies wurde bestenfalls als heuristisches Verfahren zur Generierung von Hypothesen, d. h. als Suchstrategie für Vorannahmen, akzeptiert. Stattdessen wurde ein empirisches, auf Beobachten und Messen abgestelltes Methodenarsenal dominant (vgl. Kap. 5). Der Forschungsgegenstand war nicht mehr pädagogische Praxis, sondern die faktische Realität des Lehrens und Lernens.

Heinrich Roth (1906–1983) hat als Professor der Erziehungswissenschaft in Göttingen und – ausgerechnet – Nachfolger des «geisteswissenschaftlichen Pädagogen» Erich Weniger 1962 in seiner Antrittsvorlesung «Die realistische Wendung in der Pädagogischen Forschung» propagiert. Er plädierte mit Verweis auf Erfolge der Soziologie und Psychologie für den «Schritt zu einer gegenstandsangemessenen Versicherung der Erfahrung» (Roth 1962, S. 481). Und er fragt weiter:

> «Hat sich die Lage der Pädagogik als Wissenschaft so verändert, dass sie eine realistische Wendung im Sinne der Hinwendung zu erfahrungswissenschaftlich gesicherten Methoden vollziehen kann?» (ebd.).

Dazu gibt er, nachdem er sich positiv auf Dilthey, Nohl und Weniger bezogen hat, eine eher moderate, ausgleichende Antwort:

> «Es geht heute beim fortschreitenden wissenschaftlichen Ausbau dieses Fundaments und Auftrags um den Ausbau der *erfahrungswissenschaftlichen Methoden* zur Vergewisserung, Kontrolle, Kritik und Steuerung dieser Wirklichkeit durch Erfassen und Abklärung des ständigen Kreislaufs zwischen Idee und Wirklichkeit, Normen und Tatsachen, Utopien und Erfahrungen, Maßnahmen und ihren Folgen» (ebd., S. 484).

Besonders Wolfgang Brezinka (*1928), mittlerweile emeritierter Professor der Universität Konstanz, hat Poppers kritisch-rationalistischen Ansatz als «Weg von der Pädagogik zur Erziehungswissenschaft» (Brezinka

1971), d. h. als Schritt zur *Realwissenschaft* aufgezeigt. Unter einer realwissenschaftlichen Theorie versteht er ein logisch geordnetes System von mehr oder weniger gut bestätigten Aussagen über einen Wirklichkeitsbereich.

> «Wer Wissenschaft betreibt, will Erkenntnisse gewinnen, nicht die Welt gestalten oder Menschen beeinflussen. Er verhält sich theoretisch, nicht praktisch. Das Ziel der Wissenschaft sind Erkenntnisse, das Ziel der Realwissenschaft dementsprechend Erkenntnisse über die Wirklichkeit» (ebd., S. 21).

Auf der Grundlage überprüfbarer Hypothesen über konkrete Sachverhalte kann – so Brezinka – nichtsdestoweniger eine *erziehungswissenschaftliche Technologie* entwickelt werden, welche Erziehung zweckrational verfügbar macht.

Die Entwicklung der Erziehungswissenschaft war Ende der 1960er/Anfang der 1970er Jahre gekennzeichnet durch eine starke Expansion von Professuren und eine Fülle an empirischen Untersuchungen, z. B. zum Lehrer-Schüler-Verhältnis, zur Lehrerrolle, zu Leistungsmotivation, Schulleistungen, Schulvergleichen, Elternhaus, sozialer Herkunft und Schulerfolg, Sozialisationseffekten (vgl. Ingenkamp u. a. 1992). Dabei entstand jedoch einerseits eine erhebliche Diskrepanz zwischen der Gestaltung des Bildungssystems und der Erklärungskraft der einzelnen Befunde. Das empirisch erzeugte wissenschaftliche Wissen begründete nur bedingt reflektierte Praxis, zielte, wie die Aussage von Brezinka nahe legt, auch nicht primär darauf hin. Andererseits ermöglichen empirische Ergebnisse sehr wohl eine Kritik an der bestehenden pädagogischen Realität – indem sie z. B. aufzeigen, in welcher Weise das Bildungssystem zur Reproduktion sozialer Ungleichheit beiträgt. Die entstehende Theorie-Praxis-Distanz wird von Brezinka zugunsten der Theorie aufgelöst: Wissenschaft soll gesicherte «Resultate» bringen, nicht mehr Reflexion im Hinblick auf Praxis. Diese wird reduziert auf Technik. Der Lehr-Lern-Prozess wird im empiristisch-rationalistischen Verständnis als Instruktionsprozess modelliert. Lernen ist Reaktion auf stimulierende Reize und Lehren instrumentelle Technologie. Einen übergreifenden Begriff von Bildung im Sinne von Entfaltung findet man hier nicht.

2.3.3 Kritische Theorie

Die Hochwelle empirisch-analytischer Forschung in der Erziehungswissenschaft wurde gebrochen durch die einsetzende gesellschaftlich-kulturelle Erneuerung, deren Spitze die Studenten-Bewegung war. In der Phase der Konfrontationen in den sechziger Jahren, die mit der Studentenbewegung 1968/69 ihren Höhepunkt erreichte, ging es auch um die *Rolle von Wissenschaft in der Gesellschaft.* In der Auseinandersetzung mit den Grundlagenbegründungen der noch wirkmächtigen «Hermeneutik» in den Geisteswissenschaften und dem mittlerweile dominanten Empirismus des «Kritischen Rationalismus» wurde als Alternative die «Kritische Theorie» nicht nur in der Erziehungswissenschaft zur grundlegenden Position. Als Hauptvertreter einer der Kritischen Theorie verpflichteten Erziehungswissenschaft lassen sich insbesondere Heinz-Joachim Heydorn (1916–1974), Hans-Jochen Gamm (*1925), Klaus Mollenhauer (1928–1998) und Herwig Blankertz (1927–1983) nennen.

«Kritische Theorie» ist als gemeinsame, selbstverständlich auch differenzierte Position entwickelt worden im Institut für Sozialforschung an der Johann Wolfgang Goethe-Universität und erhielt deshalb nachträglich den Namen «Frankfurter Schule». Max Horkheimer (1895–1973) war von 1931 bis zur Schließung des Instituts durch die Nationalsozialisten 1933 Direktor des Instituts, das er nach seiner Rückkehr aus dem Exil ab 1950 ebenfalls wieder leitete. Sein wichtigster Mitarbeiter war Theodor W. Adorno (1903–1969), der von 1953 an Co-Direktor des Instituts und ab 1958 bis zu seinem Tod dessen Leiter war. Als Hauptvertreter der «zweiten Generation» der Frankfurter Schule gilt Jürgen Habermas (*1929), der von 1956 bis 1959 Forschungsassistent von Adorno war. Ab 1965 war er Nachfolger auf der Professur von Horkheimer.

Die Bezeichnung «Kritische Theorie» ist einem im Exil geschriebenen Aufsatz von Max Horkheimer aus dem Jahre 1937 entlehnt: «Traditionelle und kritische Theorie». Dieser Text diente der Selbstverständigung und war zugleich eine Kampfansage an den traditionellen «Wissenschaftsbetrieb». Als *«Traditionelle Theorie»* kennzeichnete Horkheimer eine Auffassung von «Theorie» als ein in sich geschlossenes Sätzesystem einer Wissenschaft (1937, S. 13). In dieser traditionellen Auffassung wird

Theorie als losgelöst vom wissenschaftlichen Betrieb angesehen. Horkheimer kritisierte das daraus resultierende Selbstbewusstsein, in dem unbegriffen bleibt, dass wissenschaftliche Tätigkeit ein Moment gesellschaftlicher Arbeit, der geschichtlichen Aktivität der Menschen und insofern selbst auch Aspekt gesellschaftlicher Praxis ist. Ergebnisse von Wissenschaft bilden insofern immer eine Kombination von Interesse und Vernunft. Sie haben eminent praktische Konsequenzen. Deshalb soll sich *kritische Theorie* nicht nur auf die Faktizität des Bestehenden, sondern auf *Potenziale des Möglichen* beziehen. Dies kennzeichnet auch die Aufgaben der Wissenschaft. Horkheimer aktiviert die «Idee einer vernünftigen, der Allgemeinheit entsprechenden gesellschaftlichen Organisation» (ebd., S. 32). Die «Idee einer künftigen Gesellschaft als der Gemeinschaft freier Menschen» (ebd., S. 36) soll Grundlage für die kritisches Denken leitenden Interessen sein.

Die Verbindung von Wissenschafts- und Gesellschaftskritik wurde nach den Erfahrungen mit Faschismus, Stalinismus und US-Kapitalismus zugespitzt in der «Dialektik der Aufklärung», die Horkheimer gemeinsam mit Adorno 1944 im amerikanischen Exil verfasst hat. Kerngedanke der Reflexion ist eine *Kritik der instrumentellen Vernunft*, welche sich an einer technischen Rationalität orientiert, die in der Geschichte immer nur beschränkten, partiellen Zwecken gedient hat. Die mit ihr einhergehende, immer effizientere Ausbeutung der Natur und des Menschen hat Horkheimer und Adorno zufolge einen Grad erreicht, der das Leben der Gattung selbst bedroht.

Diese Kritik der instrumentellen Vernunft wurde aufgenommen von Jürgen Habermas in den 1968 erschienenen Arbeiten «Technik und Wissenschaft als Ideologie» und «Erkenntnis und Interesse». Habermas bestimmte damit wesentlich die Debatte um die Rolle der Wissenschaft, wie sie in der Studentenbewegung und in der Auseinandersetzung um die Hochschulreform geführt worden ist. Bereits in seiner Antrittsvorlesung an der Universität Frankfurt am 28. 6. 1965 hatte Jürgen Habermas das Thema der Scheidung zwischen Theorie in Bezug auf Tradition und Theorie im Sinne von Kritik, die Max Horkheimer aufgeworfen hatte, fortgeführt. Gegen den Schein «reiner Theorie» betonte er den Zusammenhang von Erkenntnis und Interesse (1968a, S. 154): Wenn wissenschaftliche Aussagen relativ zu den vorgängig mitgesetzten Bezugssystemen verstanden werden, «zerfällt der objektivistische Schein und gibt den Blick auf ein erkenntnisleitendes Interesse frei» (ebd., S. 155). In den unterschiedlichen Herangehensweisen verpflichteten Wissenschaften gibt es eine erkennbare Verbindung zwischen den logisch-methodischen Regeln der Forschung und den erkenntnisleitenden Interessen. Dies aufzudecken ist Aufgabe kritischer Wissenschaftstheorie:

> «In den Ansatz der empirisch-analytischen Wissenschaft geht ein technisches, in den Ansatz der historisch-hermeneutischen Wissenschaften ein praktisches und in den Ansatz kritisch orientierter Wissenschaften jenes emanzipatorische Erkenntnisinteresse ein» (ebd.).

Eine kritisch orientierte Wissenschaft beruht demnach auf Selbstreflexion und einem Interesse an Mündigkeit. Reflexion der Interessen ist Voraussetzung von Wissenschaft.

> «Die Einstellung auf technische Verfügung, auf lebenspraktische Verständigung und auf Emanzipation von naturwüchsigem Zwang legt nämlich die spezifischen Gesichtspunkte fest, unter denen wir Realität als solche erst auffassen können» (ebd., S. 160).

Der Anspruch der «Kritischen Theorie» besteht also darin, wissenschaftliches Wissen in den Dienst der Selbstaufklärung der Gesellschaft zu stellen. Dazu wurde das Verfahren der *Ideologiekritik* entwickelt, mit der «falsches Bewusstsein» aufgeklärt werden soll.

Von der Pädagogik wird erwartet, zur *Emanzipation* der Einzelnen beizutragen. Dies impliziert eine Politisierung der Erziehungswissenschaft, da alles Handeln vor dem Hintergrund dieser Ansprüche zu reflektieren ist. In der Konsequenz beinhaltet «Kritische Theorie» also eine radikale Kritik der pädagogischen Praxis, die eingebunden bleibt in die gesellschaftliche Reproduktion und damit auch in herrschaftsstabilisierende Strukturen.

Das Verhältnis von Bildung und Herrschaft war Hauptgegenstand des Denkens von Heinz-Joachim Heydorn (1916–1974, vgl. Kap. 2.1.4). Er hat eine eigenständige Fassung einer kritischen Bildungstheorie gefunden, indem er sie auf die Frage zuspitzte, wie die Menschen in einer immer einschränkenden Wirklichkeit *Mündigkeit* entfalten können. Heydorn knüpfte an die Herkunft des Begriffs in der Geschichte des bürgerlichen Aufstiegs an, in dem Bildung zu einem organisierten Instrument der Befreiung wurde. Angesichts von erneuten Bedrohungen und Verkehrungen von Freiheit argumentierte er widerständig:

> «Es wird darauf ankommen, die gegenwärtige Möglichkeit zu erfassen, sie einer vermutbaren Tendenz zu verbinden. Bildung ist der große Versuch mit den Menschen, Versuch, den Menschen zum Menschen zu begaben; er muss nicht gelingen» (1970, S. 316).

In dieser Traditionslinie argumentierte auch Hans-Jochen Gamm (*1925). Gegenüber einem elitären Gesellschaftsmodell und einer konservativen Denkweise wollte er anregen, «die geschichtliche Perspektive und die emanzipatorische Funktion wahrzunehmen, die erzieherischer Arbeit innewohnen kann» (1978, S. 11).

Einflussreich wurde besonders in der Sozialpädagogik Klaus Mollenhauer (1928–1998) mit seiner Schrift «Erziehung und Emanzipation» (1968). Mollenhauer promovierte nach einer Tätigkeit als Volksschullehrer in Bremen 1959 bei Erich Weniger in Göttingen über «Die Ursprünge der Sozialpädagogik in der industriellen Gesellschaft». Nach Professuren in Berlin und Kiel wurde er von 1972 bis zu seiner Pensionierung 1996 Professor für allgemeine Pädagogik und Sozialpädagogik in Göttingen. Mit seinen in den sechziger Jahren verfassten «Polemischen Skizzen» bezieht er Stellung zu den bildungspolitischen Brennpunkten: Kindertagesstätten, Schülerbewegung, Studentenrevolte, Lehrerberuf und politischer Bildung. Mollenhauer formuliert:

> «Für die Erziehungswissenschaft konstitutiv ist das Prinzip, das besagt, daß Erziehung und Bildung ihren Zweck in der Mündigkeit des Subjekts haben; dem korrespondiert, daß das erkenntnisleitende Interesse der Erziehungswissenschaft das Interesse an Emanzipation ist» (ebd., S. 10).

Meinungsführend besonders in der Berufspädagogik wurde Herwig Blankertz (1927–1983). Nachdem er auf dem Zweiten Bildungsweg die

Allgemeine Hochschulreife erlangt hatte, promovierte Blankertz 1958 bei Erich Weniger in Göttingen (wie Mollenhauer). Nach Zwischenstationen hatte er ab 1969 schließlich einen Lehrstuhl für Pädagogik und Philosophie an der Westfälischen Wilhelms-Universität in Münster inne. Seit 1972 leitete er die Wissenschaftliche Begleitung der Kollegstufe Nordrhein-Westfalen, einen groß angelegten Versuch zur Verbindung von allgemeiner und beruflicher Bildung. Von 1974 bis 1978 war er Vorsitzender der DGfE. Auf der letzten Seite seiner «Geschichte der Pädagogik» schreibt Blankertz:

> «Wer pädagogische Verantwortung übernimmt, steht im Kontext der jeweils gegebenen historischen Bedingungen unter dem Anspruch des unbedingten Zweckes menschlicher Mündigkeit – ob er das will, glaubt oder nicht, ist sekundär. Die Erziehungswissenschaft aber arbeitet eben dieses als das Primäre heraus: Sie rekonstruiert die Erziehung als den Prozeß der Emanzipation, d. h. der Befreiung des Mensch zu sich selbst» (1982, S. 307).

Bildungstheoretisch erhält der Begriff Emanzipation zentralen Stellenwert. Bildungspolitisch ging die Bezugnahme auf «Kritische Theorie» mit den Reformansätzen der Gesamtschule, den Diskussionen um die Rahmenrichtlinien vor allem in Hessen (vgl. Köhler/Reuter 1973; Köhler 1974) sowie dem Modellversuch Kollegstufe in NRW einher. Bildung sollte orientiert werden an einem emphatischen, aber auch abstrakten Begriff von «Emanzipation». Die Lernenden wurden gekennzeichnet durch ihre «Klassenlage». Dabei gerieten die engagierten Pädagogen und Pädagoginnen ebenso wie die Wissenschaftlerinnen und Wissenschaftler in ungelöste Theorie-Praxis-Probleme: Praxis ist angewiesen auf routiniertes Handeln – Ideologiekritik fordert jedoch die permanente Hinterfragung aller Handlungen. Insofern erreichten die Ansätze der «Kritischen Theorie» sehr wohl eine Sensibilisierung für herrschaftsstabilisierende Momente bildungspolitischer wie pädagogischer Praxis, konnten jedoch die Kluft zwischen beiden Bereichen nicht aufheben.

2.3.4 Radikaler Konstruktivismus und Theorie selbstreferentieller Systeme

Schon Anfang der 1970er Jahre wurde der «Abschied von Reformillusionen» (Baethge 1972) verkündet. Die Gesamtschule war nicht flächendeckend eingeführt worden, die Rahmenrichtliniendiskussion war abgebrochen, die Berufsbildungsreform ausgeblieben. Gegenüber technokratischen Planungshoffnungen verbreitete sich die Einsicht, dass soziale Systeme nicht instrumentell handhabbar sind. Außerdem wuchs die allgemeinere Skepsis gegenüber dem «technischen Fortschritt» angesichts ökologischer Probleme. Damit wurde das Konzept der Moderne fragwürdig. «Postmoderne» Entwicklungen, die auf eine Gesamtsicht von Geschichte und Gesellschaft bewusst verzichteten, gewannen im kulturellen wie im gesellschaftlichen Rahmen an Einfluss und Gewicht. Wieder oder neu entdeckt wurden «Selbst» und Individualität bis hin zu einer wissenschaftstheoretisch proklamierten Beliebigkeit eines «anything goes» (Feyerabend 1986, S. 21). Verkündet wurde das Ende der emanzipatorischen Pädagogik.

Aufschwung erhielten Spielarten konstruktivistischer Positionen. Hauptvertreter sind in einer radikalkonstruktivistischen Variante Edmund Kösel (*1935) und in einer systemtheoretischen Variante Jochen Kade (*1943) und Dieter Lenzen (*1947).

Erkenntnistheoretisch greifen die genannten Varianten des Konstruktivismus das Problem auf, wie das komplexe Zusammenspiel zwischen Wahrnehmung und Ordnung des Wahrgenommenen gefasst werden kann. Sie lösen es, indem sie Wissen entweder als von isolierten Subjekten hergestellt oder als intern in Systemen ausgetauscht begreifen.

Wissenschaftshistorisch liegen die Wurzeln dieser Konstruktivismus-Varianten bei den chilenischen Biologen Humberto R. Maturana und Francisco Varela. Sie haben im «Baum der Erkenntnis» die «biologischen Wurzeln des menschlichen Erkennens» (zuerst 1984, deutsch 1987) untersucht. Leben konstituiert sich demnach durch *Autopoiesis* (Selbsterzeugung), indem sich Lebewesen mittels ihrer eigenen Dynamik von der Umwelt differenzieren. Sie werden dann als autonom gekennzeichnet (Maturana/Varela 1987, S. 55). Dafür ist «eigentümlich, dass das einzige Produkt ihrer Organisation sie selbst sind, das heißt, es gibt keine Trennung zwischen Erzeuger und Erzeugnis» (ebd., S. 56). So führen sie an, eine Körperzelle grenze sich durch Membranen gegenüber dem umgebenden Milieu ab und erhalte ihre innere Struktur und ihre Dynamik dadurch, dass nur ein stabilisierender molekularer Austausch zugelassen würde. Diese Grundidee der Autopoiesis hat sich in verschiedenen Wissenschaftsdisziplinen verbreitet und wird auch auf nicht-biologische Bereiche angewandt.

Eine theoretische Auseinandersetzung wird erschwert dadurch, dass es keinen einheitlichen «Konstruktivismus», sondern vielfältige Spielarten gibt (vgl. Knorr-Cetina 1989). Zwei Varianten sollen im Folgenden aufgegriffen werden, nämlich der «radikale Konstruktivismus» nach Glasersfeld und die Luhmann'sche Systemtheorie.

Der *«radikale Konstruktivismus»* stellt die Extremvariante dar. Als ein Hauptvertreter lässt sich Ernst von Glasersfeld (*1917) nennen. Er verbringt als Sohn eines österreichischen Diplomatenehepaars seine Kindheit und Jugend in verschiedenen Ländern und wächst in unterschiedlichen Sprachen auf. Ein ebenfalls bewegtes Berufsleben – nach einem begonnenen Studium der Mathematik arbeitete er als Skilehrer, Farmer, Übersetzer, Journalist und Forschungsassistent –, in dem er die Anfänge der Kybernetik miterlebt und gestaltet, führt von Glasersfeld 1969 als Professor an die University of Georgia – zunächst in der Computerabteilung, dann in der Psychologie. Seit seiner Emeritierung 1987 arbeitet er an der University of Massachusetts in Amherst.

Von Glasersfeld bekennt sich dazu, «der Konstruktivismus wolle einen ... großen Teil der herkömmlichen Weltanschauung untergraben» (1997, S. 16), dies kennzeichnet er als seinen «engagierten Gesichtspunkt». Als Antwort auf seine Hauptfrage «Wie läuft Erkennen tatsächlich ab?» formuliert er: Wissen soll nicht als Widerspiegelung oder Repräsentation einer vom Erlebenden unabhängigen, bereits rational strukturierten Welt betrachtet werden, sondern unter allen Umständen als interne Konstruktion eines aktiven, denkenden Subjekts. Hier spiegelt sich die Vielfalt seiner biographischen Erfahrung in unterschiedlichen Kulturen und Disziplinen wider. Erkennen ist jedoch nicht beliebig, sondern bildet sich im Verlauf des Lebens mit Hilfe von Erfahrung und Sprache heraus. Entscheidendes Moment ist die *Viabilität*, die Gangbarkeit beim Gebrauch eines Begriffs:

> «Die ersten Assoziationen von Wortlauten und Erfahrungsgegenständen, die das Kleinkind bildet, sind vom Standpunkt der Erwachsenen oft fehlerhaft oder ungenau. Erst im Lauf der Verwendung lernt es, sie an den gängigen Sprachgebrauch anzupassen – nicht durch Vereinbarung, sondern dadurch, dass idiosynkratische Wörter den erwarteten Dienst nicht leisten und eben nicht ‹viabel› sind (z. B. wenn es ‹Tisch› sagt, weil es etwas von dem Käse haben möchte, der in seiner bisherigen Erfahrung stets auf dem Esstisch stand, und dann nichts bekommt, das seinem Wunsch entspricht)» (Glasersfeld o. J.).

Der Begriff der Viabilität kommt ebenfalls aus der Biologie. Man kann ihn als Gangbarkeit übersetzen, er zielt auf Überlebensfähigkeit. «Handlungen, Begriffe und begriffliche Operationen sind dann viabel, wenn sie zu den Zwecken oder Beschreibungen passen, für die wir sie benutzen» (Glasersfeld 1997, S. 43). Glasersfeld selbst stellt für seine Theorie auch eine deutliche Beziehung zum Behaviorismus her, indem er als Kriterium für die Viabilität das Verstärkungsprinzip (Law of Effect) angibt. Anders als für den Behaviorismus allerdings spielen für Glasersfeld Bewusstsein und Gedächtnis eine zentrale Rolle. Er beharrt darauf, dass die Begrifflichkeiten des Einzelnen nur für diesen selbst eine präzise Bedeutung haben, in der Kommunikation jedoch immer nur eine Annäherung erfahren.

> «Gleichgültig, wie groß die Zahl der Zustimmenden auch sein mag, das Begriffsgebäude, das ihnen gemeinsamer Besitz zu sein scheint, ist nicht die Beschreibung einer ‹objektiven› Sachlage, sondern ein Komplex von individuellen Interpretationen, der im Laufe von Diskussionen, gegenseitiger Kritik und anderen Unterhandlungen schließlich für alle Beteiligten eine gewisse Viabilität gewonnen hat» (Glasersfeld o. J.).

Gesellschaft reduziert sich in dieser Variante auf die Kommunikation zwischen Individuen, während weder Strukturen noch Machtverhältnisse erfasst werden können.

Als pädagogischen Vertreter einer radikaltheoretischen Position des Konstruktivismus lässt sich – auch wegen seiner exaltierten Begrifflichkeit immer wieder zitiert – Edmund Kösel (*1935), ehemals Professor für Schulpädagogik und Gruppenpädagogik an der Pädagogischen Hochschule in Freiburg im Breisgau, nennen. Er entwirft eine «subjektive Didaktik» als Perspektive für dic Entwicklung postmoderner Lernkulturen. Mit der «Modellierung von Lernwelten» (Kösel 1995) lehnt er kausal-lineare, steuerbare Denkwege ab. Eine «Vereinbarungsdidaktik» soll einheitlich, prozess-, handlungs- und normorientiert sein. Selbsterhaltung, Selbstdifferenzierung und Selbstreferentialität bezeichnet Kösel als Steuerungskomponenten des Lernenden. Lernen vollzieht sich als «Chreoden» (selbst gesuchte Entwicklungswege) auf «Morphemen» (Bedeutungseinheiten). Bis in die Wortwahl hinein wird hier die Verfremdungsstrategie radikal-konstruktivistischer Denkweise deutlich.

Die zweifellos differenzierteste Ausarbeitung der *systemtheoretischen Variante* des Konstruktivismuskonzepts hat mit seinen wissenschaftstheoretischen Folgen und Perspektiven Niklas Luhmann (1927–1998) vorgelegt, der von 1968 ab an der neu gegründeten Universität Bielefeld als Professor für Soziologie an einer «Theorie der Gesellschaft» arbeitete. Erkenntnis ist demgemäß «Konstruktion eines Unterschiedes, wobei das, was den Unterschied ausmacht, in der Realität keine Entsprechung hat. Realität als solche (d.h. ohne Beziehung auf Erkenntnis) ist unerkennbar» (Luhmann 1990, S. 698). In einem Interview mit der «Frankfurter Rundschau» erläuterte Luhmann dies folgendermaßen:

> «Systeme entspringen aus Differenzen, Unterscheidungen. Man kann von Systemen nur sprechen, wenn man zugleich eine Umwelt davon abgrenzt» (FR vom 9. 12. 1992).

Die Ausdifferenzierung von Systemen kommt durch *Selbstreferenz* zustande, d.h. dadurch, dass die Systeme bei der Konstitution ihrer Elemente und ihrer Operationen auf sich selbst Bezug nehmen (Luhmann 1984, S. 25). Hier wird angeschlossen an die Vorstellung von Autopoiesis. Jedes System verfügt entsprechend über einen nur für es konstitutiven spezifischen Code: Politik – Macht; Ökonomie – Geld; Wissenschaft – Wissen. Kennzeichnend ist dafür ein Spiel mit Paradoxien in den Formeln «Offenheit durch Geschlossenheit, selbstreferentielle Reproduktion, Autonomie, binär kodierte Autopoiesis durch Konstruktion von Differenzen» (Luhmann 1990, S. 617, 618). Dies meint die Abkoppelung der Eigendynamik von Systemen von Bedingungen und Interessen ihrer gesellschaftlichen Umwelt.

Erschwert wird die Klärung vor allem dadurch, dass Luhmann das Verhältnis von Individuum und Gesellschaft durch die erstaunliche Variante löst, psychische Systeme radikal von sozialen Systemen abzutrennen und «Person» als spezifische «Form» und als «Umwelt» für Gesellschaft zu begreifen (Luhmann 1991). Während in der radikalkonstruktivistischen Sicht von Glasersfelds das Verhältnis von Individuum und Gesellschaft nach der Seite der isolierten Individuen hin gelöst wird, springt Luhmann in die Abstraktion sozialer Systeme.

Wie dann eine Intersystemkommunikation – also beispielsweise Wissenschaftstransfer oder auch Bildung – überhaupt möglich ist, bleibt unklar und wird von Luhmann formelhaft überspielt. Inwieweit Bildung ein einheitliches Funktionssystem darstellt, ist ebenfalls nicht abschließend geklärt (vgl. Lenzen/Luhmann 1997, S. 7). Vorgeschlagen wird, Jochen Kade (*1943) zu folgen und einen Code «vermittelbar/ nichtvermittelbar», bezogen auf das Medium «Wissen», zu unterstellen (ebd., S. 8). In der systemtheoretischen Konstruktion des Pädagogischen durch Kade markiert dieser Code «Grenzen innerhalb des in der Gesellschaft unterschiedslos zirkulierenden Wissensstroms» (1997, S. 38 f.).

Dieter Lenzen (*1947) nennt als großen Verdienst des Konstruktivismus die Absage an die Auffassung, «es sei möglich, mit Hilfe von Unterricht bestimmte Lernziele beim Lernenden durchzusetzen» (Lenzen 1999, S. 156).

Gegenüber instrumentellen Steuerungsmodellen liefert «Konstruktivistische Pädagogik» eine offenere Perspektive von Lernen und den Lernenden: Da den Individuen eine je subjektive Weltinterpretation zugeschrieben wird, besteht Lernen in der Aushandlung «viabler» Übereinkünfte, bleibt der einzelne Lernende «autopoietisch». Damit aber entfällt die Möglichkeit von Bildung als Entfaltung in einem gemeinsamen Entwurf von Welt. Hierbei helfen weder radikale Individualisierungen noch systemtheoretische Auflösungen der Lernenden, sondern es bedarf einer *Theorie sozialer Konstruktion*, in der mit dem Begriff Tätigkeit und der Kategorie Praxis die Wirklichkeit als historisch-gesellschaftliche gefasst wird.

2.3.5 Pragmatismus

In der Wiederentdeckung des Dewey'schen Pragmatismus bietet sich hier eine erziehungs- und bildungswissenschaftliche Perspektive. John Dewey (1859–1952) verstand sich selbst in erster Linie als Pädagoge. Der amerikanische Pragmatismus stieß um die Wende zum 20. Jahrhundert zunächst auch in Deutschland auf großes Interesse, wurde aber auf einem Philosophiekongress in Heidelberg 1908 derart diffamiert, dass es insbesondere in der Pädagogik lange Zeit dauerte, bis solche Ansätze wieder diskutiert werden konnten (Oelkers 2004, S. 4). Eduard Spranger (1882–1962) z.B. belegte den Begriff «Pragmatist» während des Ersten Weltkriegs aggressiv mit dem Vorurteil eines «Küchen- und Handwerksutilitarismus» (ausführlich zur Rezeption Bittner 2001, Oelkers 2000).

Die neue Welle der Rezeption pragmatistischer Ansätze fand nach dem Ende des Nationalsozialismus und dem entstandenen theoretischen Vakuum statt. Die amerikanische Besatzungsmacht griff bei der re-education-Strategie auf ihre eigene Tradition von *«Demokratie und Erziehung»* (Dewey 1916) zurück. 1951 wurde in Frankfurt/M. die Hochschule für Internationale Pädagogische Forschung mit erheblichen amerikanischen Geldern als Stiftung des Landes Hessen gegründet. Die deutsche Pädagogik sollte empirisch und international vergleichend ausgerichtet und mit dem amerikanischen Pragmatismus konfrontiert werden (Oelkers 2004).

Gegenüber Geisteswissenschaft, Empirismus und auch «radikalem Konstruktivismus», die in dem bereits von der griechischen Philosophie hergestellten abendländischen Dualismus von Denken und Sein verharren, beansprucht der Pragmatismus, eine alternative Strategie des Umgangs mit Wahrheit zu begründen. Er propagiert eine Umkehr aus der Weltflucht der Kontemplation zum innerweltlichen Engagement. Ausgangspunkt ist eine «Destruktion der Barrieren, die Theorie und Praxis getrennt haben». Die Folgerung, die der Pragmatismus zieht, ist, «die

Suche nach Sicherheit durch praktische Mittel an die Stelle der Suche nach absoluter Gewissheit durch kognitive Mittel zu setzen» (Dewey 1998, S. 29).

Gemeinsam ist der pragmatistischen Bewegung eine handlungsbezogene Auffassung von Erkenntnis und «Wahrheit». Das griechische Wort *Pragma* bedeutet so viel wie *«Handlung»*. In der Alltagssprache versteht man unter einem Pragmatiker jemanden, der den Umständen und den Erfordernissen einer konkreten Situation gemäß handelt. Ausschlaggebend sind nicht allgemeine Gesetze oder Grundsätze, sondern die Erfordernisse der Lage.

Ein kleiner Text von Charles Sanders Peirce (1839–1914), der 1878 erschienen ist, wird als «Geburtsurkunde» des Pragmatismus angesehen. Er trägt den bezeichnenden Titel «How to make our ideas clear». Es geht um den Prozess des Begründens von Wahrheit. Denken hat eine Aufgabe im Lebenszusammenhang. Es erzeugt Meinungen und Überzeugungen. Ein bestimmtes *«Fürwahrhalten»* (believe) ist bewusst, es beschwichtigt Zweifel und legt Regeln des Handelns fest. Fürwahrhalten mit unterschiedlicher Sicherheit ist Ausgangs- und Endpunkt des Denkens, das selbst eine Form des Handelns ist. Geschlossene Systeme verwandeln sich in offene Hypothesen, und Philosophie nimmt einen experimentellen Charakter an.

Der Prozesscharakter des Denkens und Handelns ist auch Ausgangspunkt bei John Dewey, der zu einer Schlüsselfigur der amerikanischen und auch der europäischen Reformpädagogik (vgl. Kap. 3.1) wurde. Verbunden sind mit seinem Namen die *«Projektmethode»* im Unterricht, und auch der Begriff «des *lebenslangen Lernens*» (permanent learning) stammt von ihm. Mit einer Gruppe von Eltern und deren finanzieller Hilfe konnte er in Chicago eine Versuchsschule (Laboratory School) einrichten, die von 1896 bis 1904 arbeitete.

Deweys bekanntestes Werk heißt «Demokratie und Erziehung» (1916). Es geht um die Kontinuität zwischen philosophischen, psychologischen und pädagogischen Voraussetzungen demokratischen Zusammenlebens. In der «Erneuerung der Philosophie» (1926/1989) und der «Suche nach Gewissheit» (1929, deutsch 1998) stellt Dewey die Philosophie in den kulturellen Kontext der Gattungsgeschichte. Dies gilt zum einen strukturell: «Philosophie erwächst aus Problemen des menschlichen Daseins und bleibt bewusst darauf bezogen» (Dewey 1989, S. 15). Zum andern bedeutet Wissen «für die experimentellen Wissenschaften eine bestimmte Art des intelligent vollzogenen Handelns; es hört auf, kontemplativ zu sein, und wird im wahren Sinne praktisch» (ebd., S. 167). Es vollzieht sich ein Wandel von kontemplativer, nachdenkender zu operativer, handelnder Erkenntnis. Die Annahme eines lediglich betrachtenden Geistes wird ersetzt durch die handelnder Menschen, und es vollzieht sich «ein radikaler Wechsel vom kontemplativen zum aktiven Wissenschaftsbegriff» (ebd., S. 170).

Die pragmatistische Pädagogik betonte den interaktiven Charakter von Bildung, ohne den demokratische Entwicklung nicht möglich sei.

> «In diesem Sinne werden Schule und Unterricht *schöpferisch* verstanden. Lehrer und Schüler bringen etwas hervor und ahmen nicht lediglich nach, was in den Lehrbüchern steht. Dafür reicht es nicht aus, den Lehrkräften Methodenfreiheit zuzugestehen; Freiheit und Demokratie müssen zu ihrer *Lebensform* werden» (Oelkers 2004, S. 11).

Für John Dewey steht die Frage der Bildung im Zentrum, weil sie, wie er meint, «mit dem moralischen Prozess vollkommen in eins fällt, da letzterer ein kontinuierlicher Übergang der Erfahrung vom Schlechteren zum Besseren ist» (1989, S. 227). Dewey wendet sich gegen die traditionelle Sichtweise von Erziehung:

> «Erziehung ist traditioneller Weise als Vorbereitung gedacht worden: Als das Erlernen, Erwerben gewisser Dinge, weil sie später einmal nützlich sein werden. Das Ziel ist fern und die Erziehung ist ein Sich-Vorbereiten, ist das Vorspiel für etwas Wichtigeres, das später einmal geschehen soll. Kindheit ist nur eine Vorbereitung für das Erwachsenenleben und das Erwachsenenleben für ein anderes Leben. Als das Bedeutsame der Erziehung galt immer nur die Zukunft, niemals die Gegenwart» (ebd., S. 227).

Denkt man Bildung aber als unabgeschlossenes und unabschließbares Projekt, dann wird der Gegensatz zwischen einer Periode der Erziehung als sozialer Abhängigkeit und einer Phase der Reife als Unabhängigkeit unsinnig und schädlich. Im Zentrum des Pragmatismus stehen deshalb das Individuum und seine Möglichkeiten, eingebettet in eine strukturelle Demokratie. Die Lernenden selbst werden als Handelnde begriffen. Den Konflikt zwischen Freiheit und Egalität, der jeder Demokratie innewohnt, hat auch die pragmatistische Pädagogik nicht aufgelöst (Oelkers 2004, S. 21). Der konkrete gesellschaftliche Kontext wird in seinen strukturellen Dimensionen nicht aufgegriffen. Wenn aber Handeln nur individualistisch betrachtet wird, droht gesellschaftliche Brauchbarkeit zu purer, utilitaristischer Nützlichkeit zu verkommen. Nichtsdestoweniger bietet u. E. ein kritisch erweiterter Pragmatismus eine geeignete Grundlage für bildungswissenschaftliche Theorieentwicklung.

2.3.6 Kritischer Pragmatismus als bildungswissenschaftliche Theorie

Der Durchgang durch die Konzepte und Konstrukte theoretischer Interpretationen des Wissenschaftsbetriebs sollte dazu führen, Rezeptillusionen zu vermeiden. Die Vorstellung, Wissenschaft habe fertige Antworten auf gesellschaftliche Fragen, erweist sich als Illusion. Wissenschaft stellt selbst die Fragen, auf welche sie Antworten sucht. Wahrheit wird nicht als Resultat vorgefunden, sondern im Prozess hergestellt. Dies kann man vom Konstruktivismus lernen. Entsprechend muss das immer noch vor allem in den Naturwissenschaften vorherrschende szientistische Modell von Wissenschaft, das glaubt, Wirklichkeit abschließend in Wissen abbilden zu können, ersetzt werden durch ein kritisches Konzept, das die historische Genese und die Interessenspezifität wissenschaftlicher Aktivitäten reflektiert. Will man dabei nicht in Relativismus abgleiten, kommt es darauf an, die Möglichkeit von Wahrheit als aktive Annäherung an Wirklichkeit weiterzudenken. Dies betrifft die verschiedenen Dimensionen von Leistungen, welche Wissenschaft entwickeln kann: technische Instrumente und Methoden, reflexive Theorien sowie Qualifikationen und Kompetenzen.

Ein kritisch-pragmatisch geklärtes Konzept von Wissenschaft und Bildung steht vor der Aufgabe, alle drei Dimensionen – die technische, die reflexive und die praktische – in ihr *Entwicklungsprogramm* aufzunehmen – zumindest dann, wenn sich die Akteure nicht dem Vorwurf aussetzen wollen, dass sie nicht wissen, was sie tun. Die vorgenommene Sichtung der wissenschaftstheoretischen Grundkonzepte und deren Rezeption zeigen die unterschiedlichen Perspektiven im Spektrum von Begriff und Erfahrung, von Gegenstand und Methode und von Theorie und Praxis. Dabei ist Grundlage der Kritik die jeweilige Verkürztheit.

- Das phänomenologisch-hermeneutische Modell, das der geisteswissenschaftlichen Pädagogik unterliegt, akzentuiert Historizität und Sprachlichkeit von Wissenschaft, abstrahiert aber von den konkreten historischen Konstellationen.
- Das empirisch-analytische Modell betont die Rückbezüge auf Beobachtung und Erfahrung. In methodischer Rigidität erreicht es aber nur einen engen Ausschnitt von Wirklichkeit.
- Die Kritische Theorie öffnet über Faktizität hinausgehende Möglichkeiten der Entwicklung. In ihrem ideologiekritischen Akzent hat sie es versäumt, das «technische Interesse» aufzunehmen.
- Eine konstruktivistische Sichtweise hilft, einen naiven Objektivismus zu vermeiden. Zum Radikalkonstruktivismus übersteigert, gerät sie aber in die Paradoxien einer Trennung isolierter Individuen und sozialer Systeme.
- Der Pragmatismus kann das dualistische Subjekt-Objekt-Schema mit einem Bezug auf Handeln übergreifen. In einer verkürzten Variante leistet er aber der Tendenz zu Utilitarismus und Individualismus Vorschub.

Um die Verkürztheiten zu vermeiden, kommt es darauf an, sich auf ein Theoriekonzept zu besinnen, das die Schieflagen aufhebt. Ein solcher bereichsspezifischer Theorieansatz könnte als *kritisch-pragmatisch* entwickelt werden.

Folgt man dem Impuls «Kritischer Theorie», dann ist auszugehen von untrennbaren, wechselseitigen Verflechtungen von Denken und Sein, von Theorie und Praxis. Wirklichkeit wird wahrgenommen und immer auch schon hergestellt. Die Differenzen werden dadurch nicht beseitigt, sondern reflexiv vermittelt. Kritik als Antrieb von Theorie macht einen Unterschied zwischen dem Wirklichen und dem Möglichen. Sie wendet sich gegen einen Szientismus von Wissenschaft als Beschreiben und

Feststellen einer Faktizität, die als vorgegeben hingenommen werden muss. Vielmehr geht sie aus von dem Potenzial vernünftiger Zustände in der begriffenen Wirklichkeit.

> «Nur dem, der Gesellschaft als eine andere denken kann denn die existierende, wird sie ... zum Problem; nur durch das, was sie nicht ist, wird sie sich enthüllen als das, was sie ist» (Adorno 1969, S. 142).

Kritische Theorie bezieht sich negativ auf bestehende Unmenschlichkeit. Sie ist, wie Karl Marx (1818–1883) sagt, «radikal». Die Kritik gipfelt in der «Lehre, das der Mensch das höchste Wesen für den Menschen sei, also mit dem kategorischen Imperativ, alle Verhältnisse umzuwerfen, in denen der Mensch ein erniedrigtes, ein geknechtetes, ein verlassenes, ein verächtliches Wesen ist» (Marx 1969, S. 385).

Einer darauf begründeten Kritisch-pragmatischen Theorie geht es nicht darum, die Wirklichkeit zu be- oder zu verurteilen. Kritik dient dazu, die Wissenschaft eines Gegenstandes auf den Kern zu bringen und so die Wirklichkeit und die Möglichkeit, die in ihr stecken, zu begreifen.

Nun ist damit lediglich eine Denkrichtung angegeben, keine fertige Lösung. Praxis ist immer konkret auf Situationen in historischen Konstellationen bezogen, d. h., die praktische Relevanz von Theorie muss immer wieder neu und immer wieder gegenstandsbezogen hergestellt werden. Wenn man den kritisch-pragmatischen Ansatz ernst nimmt, sind Theorien eben nicht nur begründete Sätze z. B. über den Gegenstand Bildung im Lebenslauf. Sie sind vielmehr immer schon bezogen auf *Verstehen und Anleiten des Handelns* in einer Praxis konkreter Lernsituationen.

Dabei bewegt sich Denken innerhalb der Sprache als einer symbolischen Struktur, welche ermöglicht, sich Wirklichkeit anzueignen. Sprachlich formulierte Überzeugungen liegen auf unterschiedlichen Ebenen theoretischer Abstraktion von routinisierter Praxis. Bezogen auf das Verhältnis von Theorie und Praxis in Erziehung und Bildung, ist zu unterscheiden zwischen unausgesprochenen Voreinstellungen, Handlungswissen, wissenschaftlichen Theorien und reflexiver Bezugnahme auf das Verhältnis von Theorie und Praxis. Wenn man diesen Grundgedanken aufnimmt, sind vier Abstraktionsebenen von Bildungstheorien zu unterscheiden:

- Erfahrungen und Einstellungen im alltäglichen Handlungszusammenhang des Lernens,
- Handlungswissen der Experten und Expertinnen des Lernvermittelns,
- wissenschaftlich fundierte Theorien über Interessen, Gegenstände und Methoden,
- erkenntnistheoretische Reflexionen der Theoriebegründungen.

Diese verschiedenen Wissensbasen stehen im Zusammenhang. In den Routinen des Lernens und des Lernvermittelns sind Erfahrungswissen und wissenschaftliche Begründungen, welche Metatheorien voraussetzen, verflochten in Expertise. Dazwischen gibt es keinen bruchlosen Ableitungszusammenhang. Konkretes Handeln muss die Komplexität von Situationen bewältigen, welche im abstrakten Denken nie vollständig interpretiert und systematisiert werden können. Wissenschaftliche Theorien erarbeiten für die Praxis von Bildung empirische Begründungen, anwendbare Instrumente und reflexive Überzeugungen.

Fatal sind Positionen, welche diese Komplexität zertrennen. Oft stößt man auf Theoriefeindlichkeit der so genannten Praktiker, welche wissenschaftliche Reflexion für überflüssig, unbrauchbar oder sogar schädlich ansehen. Gleichzeitig findet man eine Praxisverachtung so genannter Theoretiker, welche aus Unableitbarkeit und fehlenden Letztbegründungen von Instrumenten einen Rückzug gegenüber Handlungsanforderungen empfehlen. Theoriefeindlichkeit und Praxisverachtung resultieren beide in einer Affirmation des Bestehenden, weil der kritische Impuls wissenschaftlichen Denkens verfehlt wird. Ohne die Anstöße kritischer Theorie verkürzt sich Bildungswissenschaft entweder auf Rezeptologie, oder sie verliert Handlungsfähigkeit.

Ein kritisch und pragmatisch geklärtes Konzept verbindet instrumentelle, interpretative und reflexive Horizonte. Aus dem Zusammenhang zwischen Erkenntnisinteresse, Gegenstandskonstitution und methodischen Ansätzen resultieren unterschiedliche Gestaltungskonzepte für das Lern- und Lehrgeschehen durch Didaktik und Methodik und die Rahmensetzungen durch Institutionen und Politik.

Ein solcher Ansatz kann davor bewahren, entweder bloß «empiristisch» «Erziehungstatsachen» belegen zu wollen, oder aber nur «normativ» Bildungsziele zu verfolgen. Es wird eine reflexive Perspektive bezogen auf gesellschaftliche, politische und rechtliche Bedingungen (Kap. 3), und es werden die Arbeitsfelder von Erziehung und Bildung (Kap. 4) eingenommen.

3. Studienmodule: Gesellschaftliche, politische und rechtliche Bedingungen von Bildung

Die einheimischen Begriffe (vgl. Kap. 2.1), die feldbezogenen Handlungsformen (vgl. Kap. 2.2) und die theoretischen Grundlagen von Erziehung und Bildung (vgl. Kap. 2.3) sind nicht einer quasi naturwüchsigen internen Logik des Handlungsfeldes entsprungen, sondern einzuordnen in den Kontext historischer Entwicklung (Kap. 3.1), einwirkender politischer, juristischer und ökonomischer Impulse (Kap. 3.2) und institutioneller Bezüge (Kap. 3.3). Zugleich verstärken sich Einflüsse internationaler und multikultureller Konstellationen (Kap. 3.4).

Nur so – im historischen und systematischen Kontext – können die Struktur des Bildungssystems, seine Effekte und die intern ablaufenden Interaktionen begriffen werden, wobei es hier nicht um eine umfassende geschichtliche Darstellung, nicht um entfaltete Gesellschaftstheorie und auch nicht um die Vielfalt gestaltender Impulse, sondern «nur» um Grundlinien von Entwicklungen und Strukturen geht. Wir versuchen eine integrierte, Aspekte der *Ideen-, Personen-, Institutionen-, Disziplin- und Sozialgeschichte* verbindende Kurzdarstellung der Bildungsgeschichte (Kap. 3.1) und verweisen auf die umfassenden sechs Bände des von Christa Berg u. a. herausgegebenen «Handbuchs der deutschen Bildungsgeschichte» (1987–2005) oder – eine Nummer kleiner, in je einem Band – auf Günther u. a. (1971), Blankertz (1982) oder Tenorth (2000), die sehr unterschiedliche historische Perspektiven einnehmen. Wir pointieren die wesentlichen Gestaltungsmomente der gegenwärtigen *Struktur des Bildungssystems* in Deutschland und die dahinter wirkenden Interessenkonstellationen (Kap. 3.2). Ausführlicheres, besonders zu *politischen Konstellationen*, findet man bei Hans-Werner Fuchs und Lutz R. Reuter (2000), bei Joachim Münch (2002) sowie in dem Sammelband, herausgegeben von Peter Massing (2003). Bezogen auf die «Funktionen» des Bildungssystems (Kap. 3.3), nehmen wir eine interessen- und institutionentheoretische Position ein, welche Veränderungsmöglichkeiten hervorhebt und strukturalistische Verfestigungen und systemtheoretische Überverallgemeinerungen vermeidet.

3.1 Erziehung und Bildung: ein geschichtlicher Abriss

Was bringt die Beschäftigung mit Bildungsgeschichte? Eine Auseinandersetzung dient keineswegs nur der wärmenden oder aber fröstelnden Rückerinnerung, «wie es damals war». Vielmehr geht es darum, Entwicklungslinien aus der Vergangenheit aufzunehmen, um Probleme der Gegenwarts- und Zukunftsbewältigung zu bearbeiten. Das heißt aber keineswegs, dass «Lehren aus der Geschichte» bruchlos auf «Entscheidungen für morgen» übersetzt werden können. Durch die Einschätzung früherer Konstellationen kann eine angemessene, einordnende Sicht gegenwärtiger Fragen gewonnen werden. Dabei wird auch das eigene Selbstverständnis infrage gestellt und gleichzeitig verortet.

Zugänge zur Geschichte der Erziehungs- und Bildungswissenschaft verfolgen unterschiedliche Ansätze: Oft überwiegt eine Ideengeschichte der Disziplin (Moog 1967) oder eine biographiebezogene Darstellung großer Persönlichkeiten (Reble 1981, Tenorth 2003). Oder die Geschichte der Erziehung und Bildung wird eingebettet in Sozial- und Kulturgeschichte (Blankertz 1982, Tenorth 2000). Selbst eine scheinbar nur «sachliche» Chronologie muss immer auswählen, weglassen und pointieren. Die Unterscheidung einzelner Perioden und selbstverständlich auch ausgewählter Themen trifft immer auf Interpretationsprobleme. Eine auf die Geschichte der Mädchen- und Frauenbildung bezogene Darstellung (Opitz/Kleinau 1996, S. 17) erfordert z. B. andere Einteilungen als eine Wissenschaftsgeschichte der Disziplin. Geschichte ist nicht einfach da, sondern sie wird je nach Positionen und Interessen rückwirkend konstruiert. In der hermeneutischen Tradition (Dilthey 1970) wird versucht, diese Verbindung zwischen Personen, Ideen, Institutionen und historischen Konstellationen herzustellen, zu verstehen und deren Weiterwirken einzuordnen. Wir verfolgen also die Fragen:

- Wie lassen sich geschichtliche *Etappen*, bezogen auf Erziehung und Bildung (seit Beginn der Neuzeit), kennzeichnen?
- Auf welche zentralen *Probleme* von Bildung und Erziehung kann die jeweilige Epoche fokussiert werden?
- Wer waren die wichtigsten *Akteure* in der jeweiligen Zeit?

Unserem Versuch entsprechend, integrierende Grundlinien aufzuzeigen, werden im Folgenden fünf Epochen skizziert, wobei jeweils ein Zentralproblem von Erziehung und Bildung hervorgehoben wird – und deshalb nicht eine lückenlose Chronologie im Vordergrund steht: 1. der Beginn neuzeitlicher Pädagogik und Didaktik bei Comenius; 2. von der Aufklärung zum Bildungsproblem als Spannung zwischen Individuum und Gesellschaft im Neuhumanismus; 3. Mädchen- und Frauenbildung im 19. Jahrhundert, die entstehende Genderperspektive und Differenzkonzepte; 4. Versuche der Wiederherstellung der Verbindung von Lernen und Leben in der Reformpädagogik nach der Wende zum 20. Jahrhundert; 5. Reorganisationsnotwendigkeiten in der Bundesrepublik Deutschland in der Auseinandersetzung um die Bildungsreform.

Selbstverständlich gab es immer schon Erziehung, solange es Menschen gibt. Aus der Offenheit psychischer Entwicklung der Menschen ergibt sich die Notwendigkeit kultureller Aneignung. Der theoretische Umgang mit Erziehungsfragen reicht zurück mindestens bis in die Antike (Dolch 1971, S. 27–98; Günther 1971, S. 13–49). Auch ein Bildungsstreben für und von Frauen gab es spätestens seit der Renaissance (vgl. Kleinau/Opitz 1996, Bd. 1). Der Beginn der Neuzeit markiert allerdings den Anfang eines neuen Denkens über Probleme der Erziehung und Bildung nach dem Zusammenbruch der Ordnung des Mittelalters in den Glaubenskämpfen des 16. und 17. Jahrhunderts, von denen der «Dreißigjährige Krieg» 1618 bis 1648 nur der verheerendste war.

3.1.1 Frühe neuzeitliche Pädagogik: Didaktik

Johann Amos Comenius (1592–1670) hat die Grausamkeit des Dreißigjährigen Kriegs selbst erlebt. Er hat Familie, Habe und Heimat verloren. Dies trieb ihn in eine tiefe Sehnsucht nach einer herzustellenden Ordnung des Friedens und der Liebe unter den Menschen. Sein leidenschaftliches Streben nach einer neuen Lebensgestaltung begründet seine Hochschätzung von Bildung, von der er glaubt, dass sie durch Entfaltung der Kräfte der Vernunft die Vervollkommnung der Menschen erreichen könne: «Der Same dieser drei Dinge: Bildung, guter Sitten und Frömmigkeit wohnt uns von Natur inne» (1947, S. 11).

Comenius steht an der Schwellenzeit zwischen Mittelalter und Beginn der Neuzeit. Der größte Teil seines Lebens fiel in das Zeitalter der Glaubenskämpfe. Geboren wurde er am 28. März 1592 als Sohn eines angesehenen Bürgers in der ostmährischen Ortschaft Nivnice. Als Waisenkind, das mit zehn Jahren seinen Vater, mit elf seine Mutter verlor, wurde er von einer Tante aufgenommen. Dort besuchte er eine Schule der Unität der böhmischen Brüder, einer protestantischen Sekte. Die Kirchen waren zur damaligen Zeit stark an der Entwicklung eines Elementarschulwesens für Jungen wie für Mädchen beteiligt – für Letztere entstanden die Entwürfe einer «Jungfraw Schule» (Conrad 1996). Im Vordergrund stand eine Ausbreitung des christlichen Glaubens und weniger eine allgemeine Volksbildung. Dennoch gingen von den Elementarschulen wesentliche Anstöße zur Alphabetisierung aus.

Comenius war 19 Jahre alt, als er seine Heimat verließ, um an den reformierten Hochschulen zu Herborn (1611–1613) und Heidelberg (1613–1614) zu studieren. Damals vollzog sich in den Hochschulen eine Abkehr vom «Verbalismus» eines ausschließlichen Sprach- bzw. Philosophie- und Theologieunterrichts hin zum «Realismus», beruhend auf naturwissenschaftlichem Wissen. Enzyklopädische Projekte wurden entworfen, um die Fülle der neuen Erkenntnisse zu sammeln und zu ordnen. Das Frühwerk des Comenius «Theatrum universitatis rerum» (1627) verfolgte den Plan eines «Schauplatzes der Gesamtheit aller Dinge». Mit dieser Leitlinie ging er in seine Heimat zurück, wurde Lehrer und Seelsorger, musste immer wieder vor der habsburgisch-katholisch-feudalen Reaktion flüchten, lebte lange Zeit im Ausland und starb schließlich am 15. November 1670 in Amsterdam.

Comenius gilt als der Klassiker neuzeitlicher Pädagogik, die Deutsche Comenius Gesellschaft fördert die Forschung und Verbreitung seines Werks. In zahlreichen Veröffentlichungen (z. B. von Heydorn 1971 oder von Schaller 1973) wird seine Arbeit gewürdigt. Er legte auf einmalige Weise ein umfassendes pädagogisches System vor: die *Pampaedia* (Allerziehung). Sie beruht auf einem philosophischen System, der *Pansophie* (Allweisheit), in dem Comenius die unterschiedlichen Bereiche seines Denkens und Handelns im Dreieck Gott – Mensch – Natur zusammenfasste. Die göttliche Weisheit und der Leitgedanke des Friedens sind die

Bezugsgrößen. Diese ordnen die erstaunliche Vielfalt seiner über 250 Schriften, in denen er sich mit theologischen, pädagogischen, aber auch sprachwissenschaftlichen, naturwissenschaftlichen, politischen und philosophischen Themen auseinander setzte. Gleichzeitig war er engagierter Lehrer und Schulreformer. Er verfolgte einen umfassenden Begriff von Didaktik, der organisatorische, thematische und methodische Aspekte beinhaltet (vgl. Kap. 2.2.2). In der *«Großen Didaktik»* (1638) gab Comenius die erste umfassende wissenschaftliche Darstellung seiner Pädagogik. Er entwarf ein Einheitsschulsystem mit vier Stufen zu je sechs Jahren: Mutterschule, Muttersprachschule, Lateinschule und als Abschluss Akademien.

Das Titelblatt dieser «Didactica magna» fasst die Intentionen, Themen und Methoden zusammen:

> «Große Didaktik
> Die vollständige Kunst, alle Menschen alles zu lehren
> oder
> Sicher und vorzüglich Art und Weise, in allen Gemeinden, Stätten und Dörfern, eines jeden christlichen Landes Schulen zu errichten, in denen die gesamte Jugend beiderlei Geschlechts ohne jede Ausnahme rasch, angenehm und gründlich in den Wissenschaften gebildet, zu guten Sitten geführt, mit Frömmigkeit erfüllt und auf diese Weise in den Jugendjahren zu allem, was für dieses und das künftige Leben nötig ist, angeleitet werden kann; worin von allem, wozu wir raten, die Grundlage in der Natur der Sache selbst gezeigt, die Wahrheit durch Vergleichsbeispiele aus den mechanischen Künsten dargetan, die Reihenfolge nach Jahren, Monaten, Tagen und Stunden festgelegt und schließlich der Weg gewiesen wird, auf dem sich alles leicht und mit Sicherheit erreichen lässt.
> Erstes und letztes Ziel unserer Didaktik soll sein, die Unterrichtsweise aufzuspüren und zu ergründen, bei welcher die Lehrer weniger zu lehren brauchen, die Schüler dennoch mehr lernen; in den Schulen weniger Lärm, Überdruss und unnützige Mühe herrsche, in der Christenheit weniger Finsternis, Verwirrung und Streit, dafür aber Licht, Ordnung, Friede und Ruhe» (1954, 2000, S. 9).

Mit der Forderung, *alle Menschen alles allumfassend* zu lehren, verwirft Comenius die feudalen Privilegien und gibt den Interessen des aufkommenden Bürgertums Ausdruck. Zwar ist dies religiös fundiert in den Erziehungszielen Sittlichkeit und Frömmigkeit. Es stellt sich aber den

Anforderungen des Diesseits, die entstehende moderne Welt zu ordnen und zu meistern. Eingebunden ist die Didaktik in den umfassenden Entwurf der «Pampaedia» (Comenius 2001, S. 16):

> «Wir wollen, daß alle Menschen Pansophoi werden (daß alle das wahre Wissen vom Ganzen erlernen), d.h.: I. daß sie Einsicht gewinnen in die Gliederung der Sachwelt, der Gedanken und der Rede; II. daß sie die Ziele, die Mittel und die Vollzugsweisen der eigenen und fremden Handlung verstehen; und III. daß sie das Wesentliche vom Beiläufigen, das Gleichgültige vom Schädlichen unterscheiden können, wenn ihre Handlungen, Gedanken und Reden mannigfaltig sich ausbreiten und verschlingen; und weiter, daß sie ein Abschweifen der eigenen und der fremden Gedanken, Reden und Taten erkennen und diese immer und überall auf den rechten Weg zurückzuführen verstehen.»

Zusammengefasst wird dies in der Formel: *Omnes – omnia – omnino* (Alle – alles – allumfassend; ebd., S. 12):

- Omnes: «Alle Menschen sollen zur Vollkommenheit ihrer menschlichen Natur geführt werden; das ist notwendig, ... möglich, ... und leicht auszuführen ...» (ebd., S. 18).
- Omnia: «..., daß der Mensch durch das Ganze, welches (allein) die menschliche Natur zu vollenden vermag, zur Vollkommenheit geführt wird ...» (ebd., S. 38).
- Omnino: «... das ganze Menschengeschlecht, durch das Ganze von Grund auf vervollkommnen» (ebd., S. 67).

Damit nimmt Comenius entschieden Stellung zur Grundfrage des Umgangs mit Wissen und legt gleichzeitig die Basis für ein umfassendes System «lebenslangen Lernens». Er entwirft ein gestuftes Konzept von der Schule der frühen Kindheit bis hin zur Schule des Todes. Comenius schließt die Pampaedia selbstbewusst:

> «Ich denke, wir sind uns jetzt darin einig, daß
> I. eine am Ganzen orientierte vervollkommnende Pflege des Menschen heilbringend für die Welt ist, daß eine solche Wartung
> II. durch die im Vorstehenden aufgezeigten Mittel erwirkt werden kann und daß
> III. eine derartige Anwendungsweise dieser Mittel gefunden worden ist, die ihre Verwendung ebenso leicht wie angenehm macht und daß infolgedessen eine solche instandsetzende Behandlung (cultura) für das Menschengeschlecht ein unverschlossenes Paradies der Freuden sein wird» (ebd., S. 298).

Comenius entwirft ein Menschenbild umfassender Lernfähigkeit, ein Gesellschaftsbild vollständiger Gleichheit und hoher Gestaltbarkeit, wonach «es keinen wirksameren Weg zur Besserung der menschlichen Gebrechen gibt, als die rechte Unterweisung der Jugend» (ebd., S. 13). Gegenüber einem solchen, angesichts finsterer Kriegszeiten faszinierenden Optimismus ist man heute skeptischer geworden. Die von ihm unter dem Stichwort Didaktik aufgeworfenen Fragen nach der Organisation, den Themen, Intentionen und Methoden des Lernens und des Lehrens werden aber weiter diskutiert. Insbesondere bleibt sein Anspruch, allen alles allumfassend zu vermitteln, angesichts der Selektivität des heutigen Bildungssystems nach wie vor höchst virulent.

3.1.2 Von der «Aufklärungsidee» zum «Bildungsidealismus»

Mit der beginnenden Entfaltung des Kapitalismus wuchs das Interesse an der Erziehung der Untertanen zur *Brauchbarkeit*: Entsprechend entwickelte sich das Schulwesen, und bis Ende des 18. Jahrhunderts gab es in fast allen deutschen Staaten eine allgemeine Schulpflicht. Vorreiter waren die kleinen, aber ökonomisch fortgeschrittenen Fürstentümer Mitteldeutschlands. Eine der ersten Ordnungen ist der «Gothaer Schulmodus» von 1642:

> «Spezial- und sonderbarer Bericht, wie nächst göttlicher Verleihung die Knaben und Mägdlein auf den Dorfschaften und in den Städten die unter dem untersten Haufen der Schuljugend begriffenen Kinder im Fürstentum Gotha kurz und nützlich unterrichtet werden können und sollen» (zitiert bei Günther 1971, S. 139).

Nützlichkeit steht im Vordergrund und setzt sich fort in den im 18. Jahrhundert entstehenden Arbeits- und Industrieschulen, die für Jungen, für Mädchen, aber auch für beide Geschlechter eingerichtet wurden (vgl. Mayer 1996). Erziehung zur *«Industriosität»* war Ziel der Industrieschulpädagogen Friedrich Eberhard von Rochow (1734–1805), Heinrich Philipp Sextro (1746–1836), aber auch der Philanthropen August Hermann Francke (1663–1727), Johann Bernhard Basedow (1724–1790), Joachim

Heinrich Campe (1746–1818) bis zu Johann Heinrich Pestalozzi (1746–1827). Gemeinsam waren die grundlegende Idee der Aufklärung und das Bemühen, Wirtschaftsentwicklung durch Erziehung aus den Fesseln der feudalen Ordnung zu befreien.

Mit ihrer Orientierung an Vernunft wird Aufklärung zu einer Reformbewegung, die alle Lebensgebiete erfasst. Am schärfsten wirkt die Kritik der Religion, wobei der Protestantismus der Entfaltung des Aufklärungsdenkens günstigere Voraussetzungen bietet als der Katholizismus mit seiner hierarchischen und dogmatischen Geschlossenheit. Religiöse Toleranz wird zum Ideal der Zeit, die alle Dogmen des Christentums und der Religionen der Kritik unterwirft. Bekannt ist Voltaires (1694–1778) Kampf gegen den katholischen Klerus im «Traktat über die Toleranz».

Das «Paradigma moderner europäischer Pädagogik» (Blankertz 1982, S. 69) entwirft Jean-Jacques Rousseau (1712–1778). Er war Mitarbeiter der «Enzyklopädie» von Denis Diderot (1713–1784), Wegbereiter der Französischen Revolution und Vertreter der Aufklärung, zugleich aber Vorbereiter der Romantik. Diese Widersprüche und Spannungen durchziehen auch seinen Bestseller «Emile oder Über die Erziehung» (1762, deutsche Fassung hrsg. von Adalbert Rang 1970).

In Deutschland hat die entschiedenste und berühmteste *«Beantwortung der Frage: Was ist Aufklärung?»* Immanuel Kant (1724–1804) in der «Berlinischen Monatsschrift» vom 5. Dezember 1783 gegeben:

> «Aufklärung ist der Ausgang des Menschen aus seiner selbstverschuldeten Unmündigkeit. Unmündigkeit ist das Unvermögen, sich seines Verstandes ohne Leitung eines anderen zu bedienen. Selbstverschuldet ist diese Unmündigkeit, wenn die Ursache derselben nicht am Mangel des Verstandes, sondern der Entschließung und des Mutes liegt, sich seiner ohne Leitung eines anderen zu bedienen. Sapere aude! Habe Mut, dich deines eigenen Verstandes zu bedienen! ist also der Wahlspruch der Aufklärung» (1964, XI, S. 53).

Es geht um die Freiheit, «von seiner Vernunft in allen Stücken öffentlichen Gebrauch zu machen» (ebd., S. 55). Das Wissen soll allen gehören. Deshalb – das ist die ökonomische Konsequenz – darf es keine Zünfte mehr geben.

Das wirkt sich zunächst im Schulwesen aus – in der Einführung der allgemeinen *Volksschulpflicht*, im Ausbau der humanistisch bestimmten höheren Schule für die männliche Jugend, im Entstehen eines *Mädchenschulwesens*, in Ansätzen einer den Realien zugewandten Erziehungsweise. Auch die *Universitätsgründungen* in Halle (1684) und Göttingen (1737) folgen dem Geist der Aufklärung. Wichtig wird *Erwachsenenbildung*: Alle Schichten sollen Anteil an den Errungenschaften der Zeit und Zugang zum Wissen haben. Schon die «Volksaufklärung» schränkt dies allerdings ein auf das Nützliche.

Auch die Stellung der Frau wird neu bestimmt. Ihre Beschränkung auf Hauswirtschaft und Kinderpflege soll gelockert, ein Anschluss an die geistigen Bestrebungen gefördert werden. Ohne Zweifel hatten Frauen selbst einen erheblichen Anteil an der Verbreiterung des Lesepublikums und an einer aufklärerischen Gefühls- und Geschmackskultur (vgl. Felden 1991). Auch organisierten sie «Salons», in denen die zeitgenössische Literatur und auch die sich verbreitenden «Moralischen Wochenschriften» (vgl. Weckel 1996) präsentiert und diskutiert wurden.

Besonders die deutsche Aufklärung war durchdrungen von pädagogischen Impulsen (Herrmann 1981). Sie setzte sich ab gegenüber politischen Aktivitäten. Die Obrigkeit galt für sie als Garant der Ordnung. So kam es darauf an, durch evolutionäre Pädagogik eine politische Revolution zu verhindern. Die Entwicklung von *Mündigkeit* sollte gestützt werden durch aufgeklärte Obrigkeit. Gleichzeitig ging es um Vorbereitung für die sich entwickelnde Industrie und die notwendige Tüchtigkeit. Bei kaum einem der deutschen Aufklärer ist diese Ausgangslage so deutlich wie bei Johann Heinrich Campe (1746–1818), der u.a. von 1769 bis 1776 Hauslehrer der Familie von Humboldt war und die Erziehung von Alexander (1769–1859) und Wilhelm (1767–1835) übernahm. 1786 verfasste er die pädagogisch-politische Streitschrift «Über einige verkannte, wenigstens ungenützte Mittel zur Beförderung der Industrie, der Bevölkerung und des öffentlichen Wohlstandes». Diese Schrift enthielt eine umfassende Konzeption der Veränderung der Bildungswirklichkeit im Sinne der Aufklärung. Campe legte ein ganzes Strategiebündel vor, das von der Verwandlung der Volksschulen in *Industrieschulen* bis zur Erziehung der Töchter reichte (1786).

Mit dem Konzept der Gründung von Schulen für die Industrie wird dem Prinzip der Qualifizierung für die entstehende kapitalistische Wirtschaft Rechnung getragen. Dies wird durch die Forderung nach einer «Patriotischen Gesellschaft» einbezogen in eine Strategie der Wirtschaftsförderung. Hier zeigt sich der für die Pädagogik der Aufklärung typische Widerspruch von Mündigkeit und Tüchtigkeit.

Einflussreich unter den Pädagogen des «Pädagogischen Zeitalters» (Herrmann 1981) war der bis heute in den Schulen nachwirkende Johann Heinrich Pestalozzi (1746–1827), der aber weniger durch theoretisch-programmatische Entwürfe als durch praktische und literarische Beispiele wirkte.

Nach dem ersten Aufbruch der Aufklärung, spätestens aber nach der Französischen Revolution 1789, verstärkten sich wieder die Bindungen an die alte Ordnung und erfolgten Verengungen der Entwürfe für Bildung. Die Bürger rechtfertigten ihren Reichtum gegenüber dem Volk durch in Arbeit angewendetes vernunftbegründetes Wissen, durch Leistung erworben. Gesichert werden sollte die Ordnung des bestehenden Staates. Schon die Aufklärungspädagogik hatte sich zum Teil mit der feudalen Herrschaft arrangiert, indem sie die Menschen zwar zum freien Glied der Gesellschaft, aber gleichzeitig zum Rädchen im Arbeitsmarkt der entstehenden industriellen Maschinerie machen wollte. Der preußische Staat hatte eine Unterrichtspflicht eingeführt und das Gymnasium zu einer Institution für die Ausbildung der Funktionselite geschaffen. Ein privates höheres Mädchenschulwesen entstand. Die frühbürgerliche Wissenschaftsgläubigkeit wurde aufgefangen im Modell des deutschen Bildungsidealismus, wie es etwa Wilhelm von Humboldt (1767–1835), Johann Gottlieb Fichte (1762–1814), Georg Wilhelm Friedrich Hegel (1770–1831) und Friedrich Daniel Schleiermacher (1768–1834) emphatisch formuliert haben.

Umfassend und tiefgründig für die Theorie der Bildung in der «klassischen deutschen Philosophie» waren die Beiträge von Friedrich Daniel Schleiermacher (vgl. Kap. 2.3.1). Neben seinen theologischen sind es vor allem methodologische Ansätze, die ihn für die Theorie von Erziehung und Bildung wichtig machen. Hauptstichwort ist *Hermeneutik*: das Verstehen singulärer Erscheinungen vor dem Hintergrund systematischer

Begriffsbildung. Die Mannigfaltigkeit der Erziehungswirklichkeit ordnet und verschränkt Schleiermacher in Gegensatzpaaren: Gewährenlassen und Behüten, Unterstützung und Gegenwirkung, Bildung des Gewissens und Entwicklung von Fertigkeiten (so in der Vorlesung «Grundzüge der Erziehungskunst» 1826; 2000, Bd. II). Die «Entwicklung der persönlichen Eigentümlichkeiten» soll Ziel der Bildung für beide Geschlechter sein, das «Tüchtigmachen für die größere Lebensgemeinschaft» allerdings ist nur für die Jungen Aufgabe des staatlichen Bildungswesens. Für die Mädchen soll dies nach wie vor in der Familie geleistet werden. Insgesamt steht das Verstehen des Einzelfalls vor aller Systematik: «Die Dignität der Praxis ist unabhängig von der Theorie, die Praxis wird mit der Theorie eine bewußtere» (ebd., S. 11). Hermeneutisch reflektierte Unterrichtspraxis wird so gewichtiger als Schulpolitik und -organisation.

Einflussreich für die Politik seiner Zeit und für die spätere Rezeption war vor allem Wilhelm von Humboldt, der 1792 in einem Bruchstück eine «Theorie der Bildung» skizziert hat. Er diskutiert das Problem, welche Fähigkeiten «die verschiedenen Fächer der menschlichen Erkenntnis zu ihrer glücklichen Erweiterung voraussetzen; den ächten Geist, in dem sie einzeln bearbeitet, und die Verbindung, in die sie alle miteinander gesetzt werden müssen, um die Ausbildung der Menschheit, als ein Ganzes, zu vollenden» (Humboldt 1980, Bd. I, S. 234).

Wenn die Auswahl der Fächer dem Zufall oder untergeordneten Absichten überlassen bleibt, so erscheint das Wissen unnütz und unfruchtbar für den Geist.

> «Im Mittelpunkt aller besonderen Arten der Thätigkeit nemlich steht der Mensch, der ohne alle auf irgend etwas Einzelnes gerichtete Absicht, nur die Kräfte seiner Natur stärken und erhöhen, seinem Wesen Werth und Dauer verschaffen will. … Rein und in seiner Endabsicht betrachtet ist sein Denken immer nur ein Versuch seines Geistes, vor sich selbst verständlich, sein Handeln ein Versuch seines Willens, in sich frei und unabhängig zu werden, seine Geschäftigkeit überhaupt nur ein Streben, nicht müssig zu bleiben. Bloss weil beides, sein Denken und sein Handeln nicht anders, als nur vermöge eines Dritten, nur vermöge des Vorstellens und Bearbeitens von etwas möglich ist, dessen eigentlich unterscheidendes Merkmal es ist, Nicht-Mensch, d. i. Welt zu seyn, sucht er, soviel Welt als möglich zu ergreifen, und so eng, als er nur kann, mit sich selbst zu verbinden» (ebd., S. 235).

Perspektive war die harmonisch *allseitig sich entwickelnde Persönlichkeit*, ein Ich, das so viel Welt als möglich mit sich verband. In diesem Prozess kam einem emphatischen Begriff von Wissenschaft als Geist, der sich in einzelnen «Geschäften» ausprägt, aber über sie hinausgeht, eine zentrale Rolle zu. Wissenschaft wurde in der Einheit der spekulativen Philosophie des deutschen Idealismus gedacht. Sie soll durch das entdeckte und systematisierte Wissen die Einsicht in die inneren Prinzipien und die strukturellen Zusammenhänge der Welt, von Natur und Gesellschaft eröffnen.

Fraglos ist in dieser Idee von Bildung durch Wissenschaft individuelle Freiheit jenseits von gesellschaftlichem Stand angelegt. Indem aber sich Bildung von der Kritik der Macht ablöst und sich im Bestehenden einrichtet, nimmt sie apologetische Elemente in sich auf. Sowohl im Persönlichkeitsideal als auch im Wissenschaftsverständnis scheinen also problematische Aspekte auf: Zum einen bereitet ein universaler Individualismus einen Rückzug auf Innerlichkeit vor. Zum anderen verführt die spekulative Vernunft zu einem quasireligiösen Glauben an die Möglichkeit absoluter Erkenntnis. In der Ambivalenz des idealistischen Bildungsbegriffs spiegelt sich der Widerspruch von Erkenntnis und Interesse (vgl. Kap. 2.3.3). So wird einerseits der Versuch unternommen, Politik durch Bildung zu ersetzen bzw. Gesellschaftspolitik durch den Bildungsprozess zu unterlaufen. Andererseits steht dahinter die nicht artikulierte Position, dass eine politische Lösung der gesellschaftlichen Probleme der Zeit angesichts der Machtverhältnisse aussichtslos war. «Bildung» bot deshalb die Möglichkeit geistigen Widerstandes an und gleichzeitig die Aussicht, die Menschen mit antizipatorischer Kraft für die Zukunft auszurüsten.

Hintergrund für diese theoretische Ambivalenz war der spezifisch preußische Klassenkompromiss zwischen Bürgertum, Junkertum und Monarchie. Der Versuch einer Erneuerung des Bildungswesens stand im Kontext der nach der Niederlage der Preußen gegen das französische Heer bei Jena und Auerstedt (1806) notwendigen Veränderung der feudalabsolutistischen Ordnung und der Reorganisation des Staatsapparats. Um die Position der Allgemeinheit zu vertreten, war eine Loslösung von besonderen Interessen nötig. Damit wurde die *Trennung der Allgemein-*

bildung von der Berufsbildung zum Strukturprinzip neuhumanistischer Bildungspolitik.

> «Alle Schulen aber, deren sich nicht ein einzelner Stand, sondern die ganze Nation, oder der Staat für diese annimmt, müssen nur allgemeine Menschenbildung bezwecken. – Was das Bedürfniss des Lebens oder eines einzelnen seiner Gewerbe erheischt, muss abgesondert, und nach vollendetem allgemeinen Unterricht erworben werden. Wird beides vermischt, so wird die Bildung unrein, und man erhält weder vollständige Menschen, noch vollständige Bürger einzelner Klassen» (Humboldt 1980, Bd. IV, S. 188).

Obwohl Humboldt, nachdem er 1809 zum Geheimen Staatsrat und Direktor der Sektion Kultus und Unterricht im Preußischen Innenministerium berufen worden war, diese Position nur 16 Monate innehatte, sind seine Thesen zu Leitlinien der Bildungspolitik in Deutschland bis heute geworden. Die für die deutsche Bildungstheorie spezifische Trennung von «allgemeiner» Bildung einerseits und «beruflicher» Bildung andererseits spiegelt eine Aufteilung des gesellschaftlichen Lebens in einen öffentlichen Raum, der politischen Entscheidungen und Gestaltungen unterliegt, und die Arbeitswelt, die scheinbar von sachlichen – ökonomischen und technischen – Gesetzen beherrscht wird. Immer noch trennt dieses Strukturprinzip die Institutionen zwischen Gymnasien und Berufschulen. Daran arbeitet sich bis heute das Postulat der «Integration allgemeiner und beruflicher Bildung» ab.

Indem der Mensch nur abstrakt gefasst bleibt, wird die Ungleichheit der konkreten Individuen in ihrer ökonomischen Situation festgeschrieben. Dies stellt den Preis der Anpassung an die bestehenden Herrschaftsbedingungen dar. Dazu liefert Theodor W. Adorno nachträglich die Einschätzung:

> «Die Besitzenden verfügten über das Bildungsmonopol auch in einer Gesellschaft formal Gleicher; die Entmenschlichung durch den kapitalistischen Produktionsprozeß verweigerte den Arbeitenden alle Voraussetzungen von Bildung, vorab Muße. Versuche zur pädagogischen Abhilfe mißrieten zur Karikatur. Alle sogenannte Volksbildung – mittlerweile ist man hellhörig genug, das Wort zu umgehen – krankte an dem Wahn, den gesellschaftlich diktierten Ausschluß des Proletariats von der Bildung durch bloße Bildung revozieren zu können» (1962, S. 173).

Für das liberale Bürgertum erschien das «soziale Problem» als Bildungsfrage. Deshalb waren eine Popularisierung von Wissenschaft und die Öffnung für interessierte Laien in vielfältigen Vereinen konsequent. Zahlreiche Handwerker- und Arbeitervereine sind oft unter Mitwirkung bürgerlicher Intellektueller und Gewerbetreibender gegründet worden. Schon damals musste dies verteidigt werden gegen die feudal-klerikale Reaktion, die dann verstärkt unter dem Ministerium von Altenstein (1817–1840) in den 20er Jahren des 19. Jahrhunderts in Verfügungen und Verordnungen vor «verderblicher Überbildung» und vor «schädlichem Halbwissen», vor «Verflachung» und «Verwirrung» warnte.

Damit wurde der Schlussstrich gezogen unter die Reformperiode. Der von Staatsrat Süvern in der Nachfolge Humboldts noch 1819 vorgelegte «Entwurf eines allgemeinen Gesetzes über die Verfassung des Schulwesens im Preußischen Staat» (in: Michael/Schepp 1973, Band 1, S. 214–226) wurde nach Intervention der Ratgeber des Königs zu den Akten gelegt. Die von der Ministerkonferenz der deutschen Bundesstaaten im August 1819 gefassten «Karlsbader Beschlüsse gegen Universitäten, Preßfreiheit und politische Betätigung» erstickten durch Verbote und Zensur den 1806 begonnenen Aufbruch. In der nach den «Befreiungskriegen» (1813–1815) gegen Napoleon durch den Wiener Kongress 1814/15 wiederhergestellten alten politischen Ordnung griffen zunehmend Vereinheitlichung und Bürokratisierung.

3.1.3 Mädchen- und Frauenbildung im 19. Jahrhundert: Differenzkonzepte

Die Kategorie Geschlecht ist der neuzeitlichen Pädagogik fremd geblieben. In der Geschichte hat es sicherlich immer auch gebildete Frauen gegeben, die jedoch sowohl ihr Wissen im privaten – und nicht im institutionellen – Bereich erworben hatten als auch überwiegend in privaten Kreisen wirkten (vgl. Kleinau/Opitz 1996, Kleinau/Mayer 1996). Die pädagogischen Konzepte von einflussreichen Männern wie Jean-Jacques Rousseau im «Emile», Johann Heinrich Pestalozzi in «Lienhardt und Gertrud» oder Johann Heinrich Campe in «Väterlicher Rath für meine

Tochter» zielten auf die besondere Bestimmung von Frauen im Gegensatz zur Bestimmung der Männer.

Dem Muttersein als zentraler Perspektive wurde allerdings auch von den Frauen, die sich seit der Aufklärung um weibliche Erziehung und Bildung kümmerten, eine besondere Rolle zugeschrieben – sei dies Mary Wollstonecraft (1759–1797), die sich radikal für die Rechte von Frauen einsetzte, sei es Betty Gleim (1781–1827) in ihrer 1810 veröffentlichten Schrift «Erziehung und Unterricht des weiblichen Geschlechts», Henriette Schrader-Breymann (1827–1899) oder Helene Lange (1848–1930), die beide die «Mütterlichkeit» als ethische Verpflichtung wie als Privileg von Frauen ansahen. Die Orientierung der weiblichen Bildung an der Rolle der Frau als Hausfrau, Mutter und Gattin für die Bürgerinnen bzw. als Hausfrau, Mutter und lohnabhängige Arbeiterin für die Proletarierinnen war bestimmend für die Bildungskonzeptionen der Mitte des 19. Jahrhunderts sich verstärkenden «ersten» Frauenbewegung. Dies meinte allerdings keineswegs Unterordnung der Frauen unter die Männer, sondern implizierte die Forderung nach geistiger Selbständigkeit für Frauen. Damit war eine hohe Wertschätzung der Leistungen von Frauen verbunden.

Zwei Linien bestimmten die Auseinandersetzungen um die weibliche Bildung: Zum einen gab es die unterschiedlichen Debatten um die konzeptionellen Entwürfe für die Erziehung und Ausbildung von Mädchen und Frauen. Zum anderen bestimmte der Kampf um Erwerbsmöglichkeiten für unverheiratet gebliebene bürgerliche Frauen bzw. der Kampf um die Verbesserung der Arbeitsbedingungen der Proletarierinnen die Fragen nach konkreten Bildungsangeboten.

Bereits im Vormärz zwischen 1830 und 1848 sowie vor allem im Umfeld der 1848er März-Revolution gab es zahlreiche Frauenvereine und Aktivitäten, um für Frauen aus allen sozialen Klassen «geistige Selbständigkeit» zu fordern und Arbeits- und Ausbildungsmöglichkeiten insbesondere für «Mütter für das Volk», d. h. vor allem für Dienstmädchen und Erzieherinnen, zu ermöglichen (vgl. Stammler 1996).

Die *Kindergartenbewegung* entstand ebenfalls in dieser Zeit. Friedrich Fröbel (1782–1852) rief 1840 anlässlich des Jubiläums zur Erfindung der Gutenberg'schen Druckerpresse zur Gründung eines Kindergartenseminars und einer Kindergartengruppe auf (Allen 1996, S. 24). Fröbel selbst richtete in den folgenden Jahren entsprechende Institute zur Ausbildung von Erzieherinnen ein. Nach dem Scheitern der Revolution wurde der Fröbel'sche Kindergarten jedoch verboten, bis Prinz Wilhelm von Preußen (der 1861 König Wilhelm I. wurde) 1860 das Verbot wieder aufhob. Henriette Schrader-Breymann, eine Großnichte und Schülerin Fröbels, gründete 1872 in Berlin das Pestalozzi-Fröbel-Haus, eine Stätte der Institutionalisierung weiblicher (Berufs-)Bildung. In diesen Kontexten wurde 1850 auch ein früher Versuch zur Hochschulbildung von Frauen gestartet: Der 1846 von Emilie Wüstenfeld (1817–1875) und Bertha Traun (1818–1863) gegründete «Frauenverein zur Unterstützung der Deutsch-Katholiken» eröffnete am 1.1.1850 in Hamburg eine «Hochschule für das weibliche Geschlecht», die allerdings bereits am 1.4.1852 wieder geschlossen werden musste. Emilie Wüstenfeld begründete das Scheitern mit fehlender grundlegender Bildung der jungen Frauen, da es zu dieser Zeit überhaupt erst vereinzelte private höhere Mädchenschulen gab: «Wir wollten die Spitze bauen, ehe ein ordentlicher Grund gelegt war» (Kleinau 1996, Bd. 2, S. 82).

1865 gründeten Auguste Schmidt (1833–1902) und Louise Otto-Peters (1819–1895) den «Allgemeinen Deutschen Frauenverein» (ADF), was als Geburtsstunde der bürgerlichen Frauenbewegung gilt. Louise Otto stammte aus wohlhabender Familie in Meißen, der Vater war Justizrat. Mit 17 Jahren wurde sie Vollwaise, lebte zunächst mit ihren Schwestern weiter im Elternhaus, nach deren Heirat allein mit einer Tante. Sie schrieb schon früh Gedichte und Romane – ihr Roman «Schloss und Fabrik» wie aber auch etliche ihrer Gedichte verarbeiteten die Not von Fabrikarbeitern und Heimarbeiterinnen. Sie arbeitete seit 1843 als Journalistin für verschiedene politische Zeitschriften – zunächst unter dem Pseudonym Otto Stern, gründete 1849 ihre eigene «Frauen-Zeitung» unter dem Motto: «Dem Reich der Freiheit werb' ich Bürgerinnen!» 1858 hatte sie Otto Peters geheiratet und fortan den Doppelnamen Otto-Peters benutzt. Bereits 1864 starb Peters an den Folgen gesundheitlicher Schädigungen aus einer Gefängnishaft wegen Teilnahme an den revolutionären Aktivitäten. Louise Otto-Peters arbeitete bis zu ihrem Tod als Herausgeberin der Zeitschrift des ADF «Neue Bahnen» und engagierte sich für die Etablierung von Mädchenschulen, Arbeiterbildungsvereinen und Kindergärtnerinnenseminaren. Ein Jahr nach der Gründung des ADF entstand 1866 in Berlin der «Lette-Verein». In ihm wurden Aus- und Fortbildungsangebote für Frauen realisiert, die ihnen qualifizierte Erwerbsmöglichkeiten bieten sollten.

Die Schulpolitik in Preußen stand seit der Durchsetzung der Einhaltung der allgemeinen Schulpflicht 1839 vor der Aufgabe, die Elementarschulen flächendeckend bereitzustellen. In der Regel waren es Schulen für Mädchen und Jungen gemeinsam, da dies aus Kostengründen am effektivsten erschien. Ideologisch allerdings war man der Meinung, es sei besser, die Geschlechter getrennt zu erziehen. In größeren Städten wurden entsprechend getrennte Schulen eingerichtet. Im letzten Drittel des 19. Jahrhunderts wurden mädchenspezifische Fächer wie Handarbeits- und Hauswirtschaftsunterricht, Säuglingspflege, kaufmännisches Rechnen und Mädchenturnen eingeführt (Gernert 1996, S. 87). Die bürgerliche Frauenbewegung setzte sich vor allem für den Ausbau und die Verbesserung der weiterführenden Mädchenbildung ein. Es gab zwar inzwischen eine Reihe von privaten *höheren Mädchenschulen*, jedoch keine Berechtigungen wie etwa die Zulassung zur Universität.

Die Aktivitäten der Frauenbewegung richteten sich auch auf die Sicherung und den Ausbau von Arbeitsmöglichkeiten für Lehrerinnen. Sie befürworteten deshalb nicht *Koedukation*, d. h. die gemeinsame Erziehung beider Geschlechter. Lehrerinnen durften nämlich an Jungenschulen nicht unterrichten, dieses Verbot wäre auf koedukative Schulen ausgeweitet worden, das heißt, es wäre ihnen nicht mehr erlaubt gewesen, weiter als Lehrerinnen zu arbeiten. Zugleich vertraten sie aber auch das Konzept einer eigenständigen Mädchenbildung.

Wortführerin in diesen Debatten war Helene Lange. Sie wurde am 9.4.1848 als Tochter eines Kaufmanns in Oldenburg geboren. Als sie sieben Jahre alt war, starb ihre Mutter, als sie 16 war, auch ihr Vater. Die Waise kam in ein süddeutsches Pfarrhaus. 1871 ging sie nach Berlin, um sich auf das Lehrerinnenexamen vorzubereiten. Nachdem ihre ersten Tätigkeiten die einer Hauslehrerin waren, konnte sie ab 1874 an höheren Mädchenschulen unterrichten. Sie trat dem Verein deutscher Lehrerinnen und Erzieherinnen bei und engagierte sich auch beim Aufbau eines

Lehrerinnenseminars. 1887 richtete sie gemeinsam mit anderen – wie Karl Schrader und Henriette Schrader-Breymann – eine Petition an das preußische Unterrichtsministerium und das preußische Abgeordnetenhaus, begleitet von ihrer Schrift über «Die höhere Mädchenschule und ihre Bestimmung», der so genannten «Gelben Broschüre» (vgl. Kleinau/Mayer 1996, Bd. 2, S. 112–116). Die Petition bezog sich auf zwei Forderungen:

> «1. dass dem weiblichen Element eine größere Beteiligung an dem wissenschaftlichen Unterricht auf Mittel- und Oberstufe der öffentlichen höheren Mädchenschulen gegeben und namentlich Religion und Deutsch in Frauenhand gelegt werden.
> 2. dass von Staatswegen Anstalten zur Ausbildung wissenschaftlicher Lehrerinnen für die Oberklassen der höheren Mädchenschulen mögen errichtet werden» (ebd., S. 115).

Die Petition wurde zwar abgelehnt, sorgte aber für viele politische Diskussionen. 1890 gründete Helene Lange den «Allgemeinen Deutschen Lehrerinnenverein» (ADLV) und gemeinsam mit Gertrud Bäumer 1893 die Zeitschrift «Die Frau». Helene Lange beriet die preußische Kultusverwaltung bei der 1908 erfolgenden *Mädchenschulreform*. Von 1898 bis 1930 lebte sie mit Gertrud Bäumer in Berlin zusammen – mit einer Zwischenphase von 1917 bis 1920, in der beide nach Hamburg übergesiedelt waren. Lange wurde, nachdem Frauen 1919 das Wahlrecht erkämpft hatten, in die Hamburger Bürgerschaft gewählt und eröffnete als Alterspräsidentin 1919 deren Legislaturperiode. 1920 gingen beide Frauen zurück nach Berlin, wo Lange, nachdem sie weiterhin publizistisch tätig gewesen war, am 13.5.1930 starb.

Helene Lange vertrat ein Konzept der *«geistigen Mütterlichkeit»*, da sie die Frau zur Mutterschaft bestimmt sah und dies ihre psychische Eigenart hervorbrächte. Die Mütterlichkeit sollte allerdings aus dem häuslichen auf den außerhäuslichen Bereich ausgeweitet werden und als *«Kulturaufgabe der Frau»* zur Erfüllung kommen. Die Mädchenbildung könne folglich auch gar nicht von Männern geleistet werden. Mit dieser Argumentation suchten Frauen sich das Arbeitsfeld der Mädchenschulen zu sichern. Zugleich bestätigten sie damit die bis heute wirkende Auffassung von der *Differenz der Geschlechter*, nach der Frauen und Männer gleichwertige, aber unterschiedliche Bestimmungen hätten, die sich auch in unterschiedlichen Befähigungen ausdrückten.

Es gab allerdings am Ende des 19. und zu Beginn des 20. Jahrhunderts nicht nur die bürgerliche Frauenbewegung, sondern auch andere Fraktionen wie die proletarische Frauenbewegung mit Clara Zetkin (1857–1933) sowie die radikale Frauenbewegung mit Hedwig Dohm (1831–1919) als profiliertesten Vertreterinnen. Auch Zetkin übernahm einige der bürgerlichen Geschlechtscharakter-Auffassungen, ihr Wirken zielte aber vor allem auf die Sicherung der Frauenerwerbstätigkeit. Hedwig Dohm setzte sich für *«Einheitsschule und Koedukation»* ein, denn sie wollte weder eine Aufteilung nach Klassen noch nach Geschlechtern im Bildungssystem. Ihre Vorstellungen beinhalteten auch Elemente der späteren Reformpädagogik, die allerdings in Bezug auf die Geschlechterfrage weniger ihre auf Gleichheit und Gleichstellung zielenden Aspekte übernahm, sondern dem Differenzgedanken verhaftet blieb. Die aktuelle Koedukationsdebatte wird noch immer bestimmt von der Frage danach, ob Geschlechterdifferenzen bestimmend für die Bildungsbedürfnisse von Mädchen und Jungen und ob neben nicht mehr in Frage stehender allgemeiner Koedukation auch geschlechtsgetrennte Aktivitäten notwendig seien (vgl. Faulstich-Wieland 1991, 2004a; vgl. Kap. 4.1.2 und Kap. 4.2.2).

3.1.4 Kulturkritik und Reformpädagogik: Schule und Leben

Die zunehmende Erstarrung der Schule im Dienste der herrschenden Ordnung führte zu vielfältigen Widerständen. Die Produktion des «Untertanen», wie sie Heinrich Mann (1871–1950) beschrieben hat, entsprach der Dumpfheit des wilhelminischen Deutschland und erzeugte deshalb auch viele Gegenbewegungen. Diese waren nicht nur ein deutsches, sondern ein internationales Phänomen. Die schwedische Frauenrechtlerin Ellen Key (1846–1926) proklamierte das «Jahrhundert des Kindes». Die Italienerin Maria Montessori (1870–1952) entwickelte die Idee einer neuen Erziehung; in den Vereinigten Staaten entwickelten John Dewey

(1859–1952) und sein Schüler William Heard Kilpatrick (1871–1965) die Ideen progressiver Erziehung und die Projektmethode.

Die entstehende Kulturkritik setzte sich fort in vielfältigen «Bewegungen» als Lebensreform, Schulreform, Frauenbewegung, soziale Reform, Kunsterziehungsbewegung und vor allem in der Jugendbewegung. Diese vielfältigen und widersprüchlichen Strömungen im Umbruch des Jahrhunderts stehen in einem Spannungsfeld von Kontinuität und Diskontinuität, bezogen auf die gesellschaftlichen und kulturellen Verhältnisse des wilhelminischen Zeitalters. Sie wendeten sich gegen die Lebensformen dieser Epoche, tradierten aber zugleich vieles.

Die reformpädagogische Bewegung (Flitner/Kudritzki 1961, Scheibe 1971, Oelkers 1996) richtete sich gegen die Vorherrschaft des Herbartismus (vgl. Herbart 1806/1984; Benner 1993). Ihre grundlegenden Intentionen gründen auf einer Kritik der «alten Schule», womit der Methodenformalismus gemeint war, die intellektualistische Verengung und Vernachlässigung des Ästhetischen, der autoritäre Lern- und Unterrichtsstil und die Kluft zwischen Schule und Leben. Die Hinwendung zu den Kindern und Jugendlichen sollte in den Mittelpunkt der Erziehung rücken. Natürlichkeit und «Wachsenlassen» wurden zu orientierenden Prinzipien. Auszugehen sei «vom Kinde aus». Angeknüpft werden sollte an der in den Kindern und Jugendlichen angelegten Spontaneität und Aktivität. Selbsttätigkeit und Selbständigkeit wurden vor allem in der «Arbeitsschule» in den Mittelpunkt gerückt. Das eigene Erarbeiten von Themen, die Vielfalt von Methoden und eine «Nicht-Direktivität» kennzeichneten die Didaktik der Reformpädagogik. Methodische Stichwörter sind: Projektmethode, Werkstätten, szenisches und künstlerisches Gestalten.

Die *Jugendbewegung* stellte sich gegen die Welt der Erwachsenen und ihre Ordnung. Sie suchten nach neuen, der Jugend gemäßen Lebensformen beim Wandern und auf Fahrten. Die Jugend richtete sich gegen den Zwang in Schule und Elternhaus. Die Wandervögel suchten in der Natur die Alternative zur Großstadt in einem Streben nach dem Natürlichen, Volkstümlichen, Einfachen und Reinen. Dies ergriff weite Teile der Gymnasiasten und Studenten. Zum 100. Jahrestag der «Völkerschlacht» bei Leipzig versammelten sich im Oktober 1913 auf dem Hohen Meißner bei Kassel mehr als zweitausend junge Menschen. Sie beschlossen die berühmte «Meißner Formel», nach der die Jugend «aus eigener Bestimmung vor eigener Verantwortung mit innerer Wahrhaftigkeit ihr Leben gestalten» (Mogge 1988, S. 52) soll.

Die tragende Begeisterung wurde allerdings benutzt sowohl für die Vorbereitung auf die industrielle Produktion, wie sie in der *Arbeitsschulbewegung* ihren Ausdruck fand, als auch später und mit katastrophalen Folgen für den imperialistischen Weltkrieg.

Die Arbeitsschulidee erhielt unterschiedlichste Varianten, von Hudo Gaudig (1860–1923), der eine freie, geistige Schularbeit forderte, über Anton Semenowitsch Makarenko (1888–1939), der die Verbindung von Arbeiten und Lernen als Mittel der kollektiven Erziehung einsetzte, bis hin zur schulorganisatorisch einflussreichen Konzeption von Georg Kerschensteiner (1854–1932).

> «Immer ist der Hauptpunkt: die Schulerziehung muss zu einer arbeitenden Gemeinschaft umgeformt werden, in welcher das Lernen mit Betätigung einhergeht» (Flitner/Kudritzki 1961, S. 27).

Georg Kerschensteiner war seit 1883 als Handelsschul- und Gymnasiallehrer in Nürnberg, Schweinfurt und München tätig, bevor er 1895 Stadtschulrat von München wurde. Die Gestaltung der Volksschule als «Arbeitsschule» und das Berufsschulwesen standen im Mittelpunkt seiner Aktivitäten. Er beteiligte sich an der von der königlichen Akademie gemeinnütziger Wissenschaften zu Erfurt 1899 gestellten Preisaufgabe: «Wie ist unsere männliche Jugend von der Entlassung aus der Volksschule bis zum Eintritt in den Heeresdienst am zweckmäßigsten für die bürgerliche Gesellschaft zu erziehen?» Für seine Antwort, die 1901 unter dem Titel «Staatsbürgerliche Erziehung der deutschen Jugend» veröffentlicht wurde, erhielt er den ersten Preis. Nicht mehr der Unterricht in Religion, sondern die «konsequente Erziehung zu fleißiger, gewissenhafter gründlicher, sauberer Arbeit», die «stetige Gewöhnung von unbedingtem Gehorsam und treuer Pflichterfüllung» sollten sicherstellen, dass sich die Mehrheit der Bevölkerung in die bestehende Ordnung einfügte. In diese Erziehungsaufgabe wurde auch die Arbeitsschule eingeordnet.

«Der Sinn der Arbeitsschule ist, mit einem Minimum von Wissensstoff ein Maximum von Fertigkeiten, Fähigkeiten und Arbeitsfreude im Dienste staatsbürgerlicher Gesinnungen auszulösen» (Kerschensteiner (1911) 1913, S. 79).

Dies ist die Fortsetzung und zugleich die Verkehrung von Prinzipien wie Anwendungsbezug und Anschaulichkeit, wie sie die Reformpädagogik vorantrieb. Einerseits setzte Kerschensteiner gegen die Buchschule eigenständige geistige Arbeit der Lernenden und Handarbeit. Immer wieder zitiertes Beispiel ist der Bau eines Starenkastens: «Ein Lehrling soll aus einem Brett von gegebener Länge und Breite mit geringstem Holzabfall ein möglichst geräumiges Starenhaus herstellen, dessen Dachplatte zur Bodenplatte im Verhältnis 1:2 geneigt ist und etwa 8 cm über die Vorderseite des Hauses hinausragt» (1968, S. 49). Dazu muss das benötigte Holz vermessen, markiert, bearbeitet und zusammengefügt werden, gleichzeitig braucht man dafür mathematisches Wissen, Anschauung und motorische Fertigkeiten. Hier werden wichtige Prinzipien seiner Pädagogik vereinigt: Selbsttätigkeit, eigene geistige Leistung, Lernen am Gegenstand, eigene Erfolgskontrolle sowie Umsetzungen in praktisches Handeln. Dies läuft zusammen in der *«Projektmethode»*, wobei Kerschensteiner an Dewey (vgl. Kap. 2.3.5) und Kilpatrick anschließt. Andererseits legte Kerschensteiner großen Wert auf Disziplin, Selbstüberwindung und Ausdauer und die Formung des Charakters. Seine ambivalente Position zwischen Selbsttätigkeit und Selbstüberwindung verweist auf ungelöste Probleme der Reformpädagogik. Mit der Verbindung von Leben und Lernen, der Arbeitsschule, der Projektmethode und dem Einbezug ästhetischer Elemente entwickelte die Reformpädagogik fortwirkende Konzepte für eine Ablösung der Pauk- und Disziplinarschule. Sie setzte damit Maßstäbe für die heute wieder aktuelle Frage: *Was ist gute Schule?*

Impulse dazu wurden auch gegeben durch die Universitätsübungsschule von Peter Petersen (1881–1952), die er nach der Arbeit als Gymnasiallehrer und Leiter der Lichtwark-Schule in Hamburg nach seiner Berufung auf den Lehrstuhl für Pädagogik an der Universität Jena ab 1923 als Jenaplan-Schule ausbaute. «Der kleine Jena-Plan» (Petersen 1927/2001) verfolgt die Idee der Schulgemeinschaft und einige einfache Prinzipien: die Jahrgangsklassen durch altersübergreifende Lerngruppen, Schulbänke durch Tische und Stühle, den Unterricht im Klassenverband durch Gruppenunterricht, die Fachsystematik durch ein Kurssystem zu ersetzen. Diese heute zum Teil selbstverständlich erscheinenden Konzepte wurden als neuartig aufgegriffen und haben zu einer Jena-Plan-Bewegung geführt, die sich auch nach 1945 z. B. in Hessen fortgesetzt hat.

In einer schulorganisatorischen Normalität und sozialen Wirklichkeit, die durch große Spannungen, Unterdrückung und zunehmende Widersprüche gekennzeichnet war, konnte die Reformpädagogik aber keine umfassende Alternative bieten. Die Verbindung von Schule und Leben fand ihre Grenze auch während der Weimarer Republik in dem Fortbestehen traditioneller, an Auslese und Disziplin orientierter Erziehungsvorstellungen. Für die Mehrzahl der Jugendlichen blieb dies die dominante Schulform, und die reformpädagogischen Institutionen blieben auf Schulversuche begrenzt. Aufgenommen wurden die Anstöße hauptsächlich in Landerziehungsheimen wie der Odenwaldschule, in Internaten wie Salem und in den Waldorfschulen. Die Impulse wirkten weiter in der Gesamtschuldiskussion (vgl. Kap. 3.1.5) und setzten sich fort in den Schulentwicklungsbemühungen (vgl. Kap. 4.1.4) sowie in der Debatte um die Ganztagsschulen (vgl. Kap. 4.2.3).

Mit ihrer zumindest teilweise gefühlsbezogenen und romantisierenden Grundkonzeption leistete die Reformpädagogik allerdings auch antirationalistischen Strömungen Vorschub. Sie war zumindest in einigen Aspekten – ebenso wie die Jugendbewegung – Teil einer Entwicklung, welche in den Nationalsozialismus trieb.

Die Erziehung im nationalsozialistischen Staat, die menschenverachtende militaristische Erziehung für die «Buben» und die ausschließlich auf Mutterschaft gerichtete Erziehung für die «Mädels» nutzte die Gemeinschaftsbedürfnisse und Lebensbezüge brutal aus und wendete sie zu Wehrertüchtigung und Gebärfähigkeit. Die nationalsozialistische Pädagogik grenzte dann zunehmend reformpädagogische Positionen – ebenso wie geisteswissenschaftliche Konzepte – als individualistisch aus. Die Volksgemeinschaft, das Führerprinzip und die Rassenideologie wurden zu Kernpositionen. Die Begriffe «Erziehung» und «Bildung» wurden abgelöst durch «Formung» und «Prägung». Ernst Krieck (1882–1947), 1934 Rektor der Universität Heidelberg, begriff Pädagogik als Teil von Biopolitik (vgl. Giesecke 1999). Adolf Hitler (1889–1945) selbst hat in «Mein Kampf» die Leidenschaft des nationalen Stolzes als oberstes Erziehungsziel vorgegeben. Dies endete in dem totalen Zusammenbruch.

3.1.5 Zwischen Wirtschaftswachstum und Chancengleichheit: Bildungsreform

Die militärische Niederlage Deutschlands und die Befreiung nach dem 8. Mai 1945 führten nicht zu einer umfassenden Reform, sondern mündeten in ökonomischer und politischer Restauration. Neuordnungsvorstellungen versandeten in der Erstarrung und mit der Rehabilitation belasteter Positionen im Adenauerstaat. Dieser schuf in der Phase des «Kalten Krieges» mit einer Wiedereinrichtung des *dreigliedrigen Schulsystems* die Bildungsgänge, welche eine Stabilisierung der sozialen Schichten sicherten. Devise war: Drei Sorten Mensch braucht die Industrie. Entsprechend wurde wieder getrennt zwischen Volks-, Mittel- und Gymnasialschulen. So wurde z.B. von dem besonders in der Arbeitsverwaltung einflussreichen Psychologen Albert Huth (1892–1956) eine Parallelität zwischen Begabungspotenzial, Arbeitsplatzniveau und Schulstruktur behauptet:

> «Die Wünsche der Wirtschaft an die Schulorganisation decken sich restlos mit den Ergebnissen der Pädagogischen Psychologie» (1952, S. 135).

Die bis heute im Kern fortbestehende Grundstruktur des Bildungssystems wurde problematisiert durch die Erfahrung nachlassenden Wirtschaftswachstums (vgl. Kap. 2.3.2). Besonders die internationale Systemkonkurrenz war Auslöser einer weltweiten Bildungsdebatte. Im Zusammenhang des «Sputnik-Schocks» 1959, als es der UdSSR gelungen war, den ersten Satelliten auf eine Erdumlaufbahn zu schicken, wurde eine nachlassende technologische Innovation im Westen – also auch der Bundesrepublik – zurückgeführt auf fehlende Qualifikationspotenziale. In einem einfachen, aber auch eingängigen Erklärungsmuster wurde geschlossen, dass ein höheres technisches Niveau der Arbeitsplätze ein höheres Qualifikationsniveau erfordere. Entsprechend sollte eine breite

Mobilisierung der «Bildungsreserven» in Gang gesetzt werden. Aufrüttelnd rief 1965 in einer Artikelserie in «Christ und Welt» der Heidelberger Religionsphilosoph Georg Picht (1913–1982) «Die deutsche Bildungskatastrophe» aus:

> «Bildungsnotstand heißt wirtschaftlicher Notstand. Der bisherige wirtschaftliche Aufschwung wird ein rasches Ende nehmen, wenn uns die qualifizierten Nachwuchskräfte fehlen, ohne die im technischen Zeitalter kein Produktionssystem etwas leisten kann. Wenn das Bildungswesen versagt, ist die ganze Gesellschaft bedroht» (1965, S. 9/10).

Entsprechend wurde eine breitere *Bildungsteilhabe* als notwendig begründet. Dabei wurde die Bildungsbenachteiligung von sozialen Gruppen aufgedeckt. Zur Kennzeichnung dieser Gruppen diente die Kurzformel von der «katholischen Arbeitertochter vom Lande», bei der sich alle negativ diskriminierenden Sozialisationsfaktoren – Religion, Klasse, Geschlecht und Region – bündeln (Peisert 1967). Gleichzeitig wurde in der Begabungsforschung eine biologische Erklärung sozialer Ungleichheit als nicht tragfähig aufgedeckt. Theoretischen Hintergrund dafür lieferte der Deutsche Bildungsrat, vor allem der von Heinrich Roth herausgegebene Gutachtenband «Begabung und Lernen» (1969). Die Beiträge stellten eine Vorstellung naturgegebener Begabung infrage und wiesen auf die Möglichkeit hin, Lernfähigkeit und resultierende Leistung breit zu entwickeln.

Dies öffnete bildungspolitischen Spielraum und lieferte den Hintergrund für die *Bildungsreformdiskussion* in den 1960er und 1970er Jahren, welche alle Bereiche des Bildungs- und Hochschulsystems umfasste (vgl. Kap. 3.2). Die Diskussion um die Gesamtschule war getragen durch die Notwendigkeit, eine neue Legitimation für Bildungsauslese und -aufstieg zu finden. Dies setzte sich fort bis zur Diskussion um die Gesamthochschule. Der Reformkonsens beruhte auf der scheinbar harmonischen Kopplung von stärkerem Wirtschaftswachstum und höherer Chancengleichheit. Die Expansion weiterführender Bildungsgänge wurde gleichzeitig als Faktor zur Verbesserung volkswirtschaftlicher Konkurrenzfähigkeit angesehen. Angesichts von «Wachstumsstörungen» des Industriekapitalismus und «Unterentwicklung» in der «Dritten Welt» wurde der *Bildungsexpansion* die Rolle eines Schlüsselfaktors für Wirtschaftswachstum zugewiesen. Es ging darum, eine Reformprogrammatik für das Bildungswesen zu begründen, um es für ökonomische Potenziale zu aktivieren.

Allerdings hat der weitere Verlauf der Reformdiskussion aufgezeigt, dass die einfachen Hoffnungen so nicht gegriffen haben. Die Erwerbslosigkeit auch von Akademikern und das relativ stabile Fortbestehen sozialer Ungleichheiten liefern eine «reale Kritik» der Reformillusionen.

Dies betrifft zunächst die *Wachstumshoffnungen*: «Bildung» ist in dieser Perspektive Investition in «Humankapital» und nicht mehr nur Ressourcen verbrauchender Konsum. Investitionen in Bildung schaffen demgemäß Humankapital, dieses wiederum steigert die Produktionsmöglichkeiten und Wachstumspotenziale einer Volkswirtschaft. Vorreiter dieser Sichtweise war Friedrich Edding (1909–2002), der als Begründer der *Bildungsökonomie* in der Bundesrepublik Deutschland genannt wird. In seinem Grundwerk «Ökonomie des Bildungswesens. Lehren und Lernen als Haushalt und Investition» (1963) kennzeichnet er die «Qualität des Nachwuchses als bestimmenden Faktor unseres künftigen wirtschaftlichen Leistungsniveaus» (ebd., S. 13). Im internationalen Vergleich ist der Zusammenhang von Bildungsausgaben und Volkseinkommen durch Korrelationen belegbar.

> «Das Wachsen der Weltwirtschaft und die stetige Anpassung der gesellschaftlichen Ordnungen im Prozeß der Industrialisierung sind nicht ohne ständig erweiterte und verbesserte Einrichtungen des Bildungswesens denkbar» (ebd., S. 81).

Entwickelt werden Prognosen des Arbeitskräftebedarfs (man-power-approach) als Versuche, eine Komplementarität zwischen Arbeitseinsatz und Qualifikationsstrukturen herzustellen. Ausgangspunkt ist die These, dass Mangel an qualifiziertem Personal als restringierender Faktor für das wirtschaftliche Wachstum wirke und dass ferner die Unterschiedlichkeit der Leistung der Arbeitskräfte durch Unterschiede beim Lernen bedingt sei. Das vierstufige Grundschema ist ebenso simpel wie abstrakt: wirtschaftliches Wachstum – Produktivitätsentwicklung

– Qualifikationsnotwendigkeiten – Bildungsanforderungen. Damit wird eine Parallelität von Beschäftigungs- und Bildungssystem postuliert und das Interesse an Bildung mit der Forderung nach Einsetzbarkeit schlicht gleichgesetzt.

Bei genauerem Hinsehen erweist sich der Bedarfsansatz als unterkomplex. Zwischen das Beschäftigungssystem und das Bildungssystem schieben sich Arbeitsmarkt und Spielräume des betrieblichen Arbeitskräfteeinsatzes. Insofern ist ein Ableitungsmodell, das von technischen und organisatorischen Ausstattungen der Arbeitsplätze auf die Qualifikationen des eingesetzten Personals schließt, zu einfach. Zwischen Technik-, Organisation- und Personaleinsatz bestehen fraglos erhebliche Spielräume, die nicht deterministisch geschlossen werden, sondern interessenpolitisch aktiv gestaltbar sind.

Auch die *Aufstiegs- und Gerechtigkeitshoffnung* hat sich nicht erfüllt. Ralf Dahrendorf (*1929), Soziologe, Politiker und Publizist, hatte bereits frühzeitig vor einem «statistischen Determinismus» gewarnt und betont: «so einfach und scheinbar handfest lässt sich eine aktive Bildungspolitik nicht begründen» (Dahrendorf 1965, S. 17/18). Sein «Plädoyer für eine aktive Bildungspolitik» betont demgegenüber ein «Bürgerrecht auf Bildung».

> «Das Bürgerrecht auf Bildung ist zunächst ein soziales Grundrecht aller Bürger, das gleichsam den Fußboden absteckt, auf dem jeder Staatsbürger stehen darf und muß, um als solcher tätig zu werden. ...
> Der zweite Aspekt des Bürgerrechts auf Bildung betrifft die Chancengleichheit in einem rechtlichen Sinne, in dem dieser Begriff zumeist gemeint ist. Es darf keine systematische Bevorzugung oder Benachteiligung bestimmter Gruppen auf Grund leistungsfremder Merkmale wie Herkunft oder wirtschaftlicher Lage geben. ...
> Aber die umwälzende Kraft des Bürgerrechts auf Bildung liegt in seinem dritten Aspekt. Rechtliche Chancengleichheit bleibt ja eine Fiktion, wenn Menschen auf Grund ihrer sozialen Verflechtungen und Verpflichtungen nicht in der Lage sind, von ihren Rechten Gebrauch zu machen. ... Das Recht aller Bürger auf Bildung bliebe daher unvollständig ohne das Zerbrechen aller ungefragten Bindungen, also den Schritt in eine moderne Welt aufgeklärter Rationalität» (ebd., S. 23/24).

Die Kombination von Bildungsökonomie- und Chancengleichheitsargumenten hat in der sozial-liberalen Konstellation Ende der 1960er

Jahre erhebliche Durchsetzungskraft erhalten. Resultat der Bildungsreform war auf alle Fälle eine breite Bildungsexpansion, welche eine höhere Bildungsbeteiligung ermöglichte (vgl. Kap. 3.2). Die Öffnung weiter führender Bildungsgänge hat zu einer Ausweitung der Bildungschancen geführt. Es besuchen immer mehr Schülerinnen und Schüler weiter führende Schulen und gehen so immer länger zur Schule. Insgesamt haben die Kinder aller gesellschaftlichen Gruppen davon profitiert. Allerdings blieb das Verhältnis der sozialen Milieus untereinander weitgehend stabil (Vester 2004), und strukturelle Effekte sind zumeist ausgeblieben. Nach wie vor ist Bildungsungleichheit nach gesellschaftlicher Herkunft stark ausgeprägt – zuletzt wieder durch PISA drastisch belegt: Soziale Herkunft bestimmt noch immer die Bildungs- und damit auch die Lebenschancen.

Man stößt also auf die Paradoxie der im Bildungsbegriff implizierten Gleichheit der Individuen einerseits, der Legitimation einer Ungleichheit der sozialen Positionen über Leistung und Abschlüsse im Bildungswesen andererseits. Gegenüber traditionalen zeichnen sich moderne, ungleiche Positionen formal durch *Bildungsmeritokratie* verteilende Gesellschaften dadurch aus, dass nicht mehr Herkunft oder Geschlecht, sondern die für Lernabschlüsse erbrachten Leistungen als Voraussetzungen für den Zugang zu Erwerbsmöglichkeiten und damit für die Erlangung von Einkommen, Einfluss und Ansehen gelten. So wird ein individualisiertes Leistungsprinzip zur Legitimationsgrundlage sozialer Ungleichheit. Hier greift das Konzept der *Chancengleichheit*, nach dem Unterschiede des Zugangs zu sozialen Positionen, die mit einer Ungleichverteilung von Macht, Einfluss, Ansehen und Einkommen verbunden sind, nur unter der Voraussetzung zulässig sein sollen, dass alle gesellschaftlichen Stellungen allen aufgrund von Lernleistungen offen stehen.

Prinzipiell gerät aber ein Lern- von Lebenschancen trennendes Denken in eine unlösbare Paradoxie: Einerseits werden durch Bildung die Prämissen hergestellt, um soziale Egalitätsansprüche zu stellen. Andererseits werden bestehende Hierarchien sozialer Ungleichheit legitimiert. Die Bildungserfolge von Mädchen und Frauen haben z. B. nicht dazu geführt, dass ihre Berufsmöglichkeiten entsprechend gestiegen sind. Unterhalb der formalen Berechtigungsniveaus ergeben sich neue

Abdrängungsprozesse. Erhöhte Bildungschancen brechen sich an verminderten Berufs- und dann auch Einkommenschancen. In der Folge ergeben sich Erosionsprozesse, bezogen auf die Tragfähigkeit des bildungsmeritokratischen Zuweisungsmodells, wenn Lernanstrengungen in der Gefahr schweben, ins Leere zu laufen.

Man kann die konstatierte Selektivität der Bildungsteilnahme als einen Beleg fortbestehender sozialer Ungerechtigkeit verstehen. Diskriminierung wird im Bildungswesen durch formale *Gleichbehandlung* nicht kompensiert, sondern setzt sich fort: Auslese wird verschärft und Ungleichheit verstärkt. Für die Bildungsreform der 1960er und 1970er Jahre wurde dies unter dem Begriff «kompensatorische Erziehung» gefasst, um gerade für die Diskriminierten mehr zu sorgen: Ungleiches ungleich zu behandeln. Orientiert an der Idee einer gerechten Gesellschaft, müssten mehr Ungelernte, mehr Arbeiterkinder, mehr Migranten Lernchancen wahrnehmen. Das Gegenteil ist der Fall.

Angesichts der als ungerecht wahrgenommenen und bewerteten ungleichen Teilhabe – diskriminierender Bildungsarmut – greift die Idee korrektiver Gerechtigkeit. Die Lernchancen in einer Gesellschaft sind so gerecht wie deren Lebenskonstellationen generell. Somit wendet sich das Postulat der Chancengleichheit, wenn man damit nicht nur Handlungsmöglichkeiten fasst, sondern die strukturellen Prämissen mitdenkt, kritisch gegen Ungleichheiten der sozialen Lage – also auf faktische *Gleichstellung*.

Dabei ist ein erster Schritt, aufzudecken, dass das Leistungsprinzip fortbestehende Zugangs- und Teilhabeprivilegien aufgrund von Eigentum und Macht kaschiert und so die «Illusion der Chancengleichheit» (Bourdieu/Passeron 1971) zementiert:

> «Dadurch dass das Bildungssystem eine Kultur und die gebildete Einstellung zur Kultur einübt und bestätigt, sorgt es für die Weitervererbung des kulturellen Kapitals und erfüllt gleichzeitig mit seiner sozialen Funktion der Reproduktion der Klassenbeziehungen seine ideologische Funktion der Verschleierung dieser Reproduktionsfunktion, indem es die Illusion der absoluten Autonomie hervorbringt» (ebd., S. 215).

Resultat unserer Einschätzung der Bildungsreformdiskussion ist also, dass die schon von Rousseau problematisierte, von Campe integrierte und von Humboldt kompensierte Einschränkung menschlicher Möglichkeiten durch Vorbereitung auf vergesellschaftetes Leben fortbesteht und zu widersprüchlichen Resultaten führt. In den Brüchen scheinbarer Harmonie entstehen aber auch Offenheit und Gestaltbarkeit. In der Vielfalt der Interessenkonstellationen und Institutionen ist die Hoffnung des Comenius, «alle alles umfassend zu lehren», weiterlebend und als konkrete Utopie wirksam.

3.2 Bildungsorganisation, -politik, -recht und -ökonomie

Die Grundlinien der historischen Entwicklung finden ihr Resultat in der aktuellen Struktur des Bildungssystems. Wie also sehen die institutionellen Formen und die politischen, rechtlichen und wirtschaftlichen Rahmenbedingungen aus? Eine systematische Darstellung des deutschen Bildungssystems erfordert – nimmt man den Bericht des Max-Planck-Instituts für Bildungsforschung aus dem Jahr 2003 zum Maßstab (Cortina u. a. 2003) – mindestens 900 Seiten. Wir schaffen das – diese Ironie sei erlaubt – auf 20 Seiten, geben allerdings nur einen Überblick über die wichtigsten Aspekte der Organisation des Bildungswesens und seiner politischen, juristischen und ökonomischen Regulierung. Dazu werden vor dem Hintergrund der historischen Entwicklung (vgl. Kap. 3.1) zunächst die daraus entstandenen aktuellen Strukturen skizziert (Kap. 3.2.1), dann die relevanten bildungspolitischen Entscheidungs- und Beratungsinstitutionen gezeigt (Kap. 3.2.2) und anschließend wesentliche Aspekte des Bildungsrechts (Kap. 3.2.3) und der Bildungsfinanzen sowie -ökonomie (Kap. 3.2.4) erörtert.

3.2.1 Struktur des Bildungssystems: Gliederung und Laufbahnen

Was also sind die Grundstrukturen des Bildungssystems in Deutschland? Stellt man die heutige Struktur des Bildungssystems (vgl. Abbildung 4), wie sie nach der deutschen Vereinigung etabliert wurde, dar, so spiegelt sie einerseits den prinzipiellen Aufbau; andererseits stimmen die tatsächlichen Organisationsformen in den einzelnen Bundesländern nur zum Teil damit überein. Die Verfasser des von der Kultusministerkonferenz in Auftrag gegebenen «Bildungsberichts für Deutschland» konstatieren: «In der Vielfalt schulstruktureller Ausprägungen in den deutschen Ländern noch ein deutsches Schulsystem zu erkennen fällt schwer» (Avenarius u. a. 2003, S. 5). Grund dafür ist die grundgesetzlich festgeschriebene Kulturhoheit der einzelnen Länder – aus Sicht eines sich vereinheitlichenden Europa eine Skurrilität, jedenfalls solange nicht eine gemeinsame Einheit in der Vielfalt gesichert wird.

Bei allen Abweichungen lässt sich das Bildungssystem zunächst in fünf *Hauptstufen* einteilen: den Elementar-, den Primar-, den Sekundarbereich I, den Sekundarbereich II und den tertiären Bereich, woran sich die Weiterbildung anschließt. Der Umfang des Bildungssektors ist erheblich. Rechnet man die Zahl der Schülerinnen und Schüler, der Auszubildenden, der Studierenden und der Weiterbildungsteilnehmenden (vgl. Kap. 4.3) sowie die der Lehrkräfte an Schulen und an Hochschulen zusammen, so kommt man auf 16 bis 17 Millionen Personen und damit auf eine Größenordnung, die besagt, dass deutlich mehr als $^1/_5$ der Bevölkerung an Lehr-Lern-Institutionen gebunden ist.

Im *Elementarbereich* sind die vorschulischen Einrichtungen angesiedelt, wobei diese Bezeichnung schon darauf hindeutet, dass der Bereich nicht Bestandteil des staatlichen Bildungssystems ist. In der Regel findet man hier die Kindertageseinrichtungen für Kinder von null bis sechs Jahren, mit einem Schwerpunkt bei den Drei- bis Sechsjährigen (vgl. Kap. 4.2.1). Der *Primarbereich* umfasst die Grundschule, die mit Ausnahme von besonderen Einrichtungen für spezielle Behinderungen die einzige Schulform ist, die im Prinzip alle Kinder gemeinsam besuchen. Sie dauert in 14 der 16 Bundesländer vier Schuljahre, in Berlin und Brandenburg umfassen die Grundschulen sechs Schuljahre.

GRUNDSTRUKTUR DES BILDUNGSWESENS IN DER BUNDESREPUBLIK DEUTSCHLAND

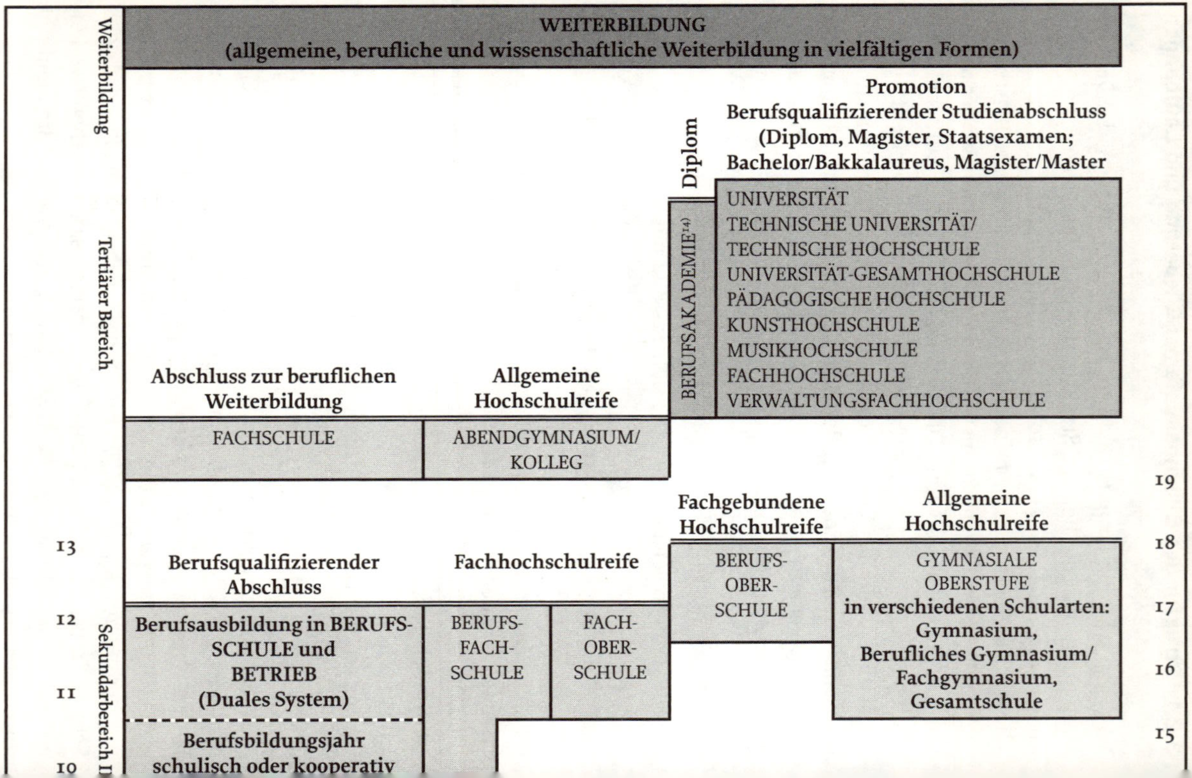

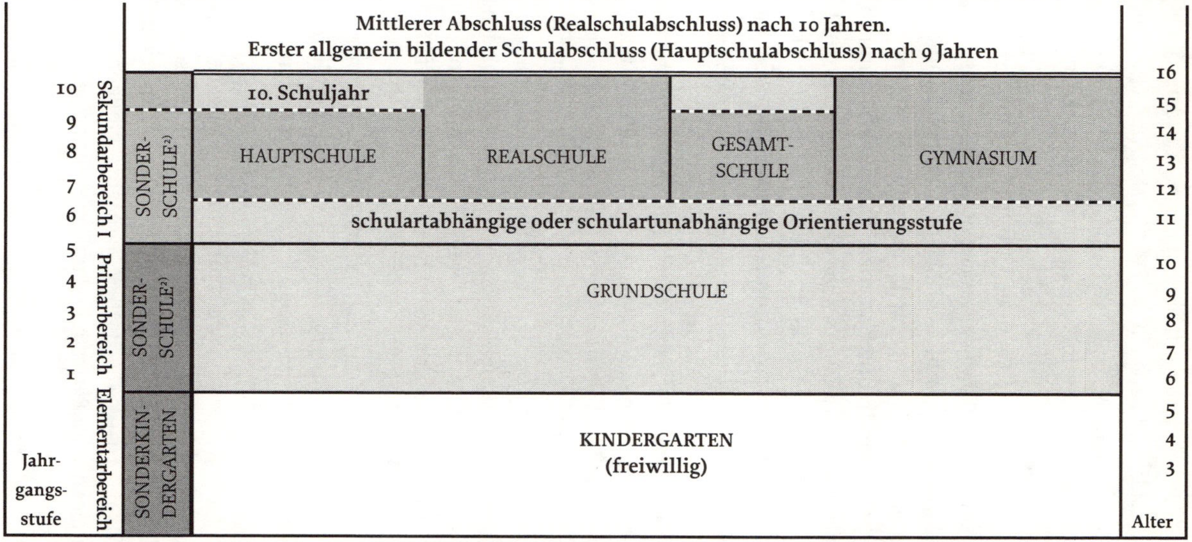

Quelle: Sekretariat der Ständigen Konferenz der Kulturminister der Länder in der Bundesrepublik Deutschland, Dokumentations- und Bildungsinformationsdienst, Lennéstr. 6, 53113 Bonn, Tel.: 0228 501-0. © KMK 2001

Abbildung 4: Aufbau des Bildungssystems

Mit dem Übergang von der vierten zur fünften Klasse, d. h. dem Wechsel in die *Sekundarstufe I*, differenziert sich das Schulsystem aus. Hier gibt es eine Fülle von möglichen Schulwegen, die ein Kind – je nach Land und Region – einschlagen kann. «Das Gesamtbild der schulstrukturellen Konzeption für die Klassen 5 und 6 ist diffus und kaum stabil» (Bellenberg/Böttcher/Klemm 2001, S. 103). Eine Reihe von Ländern organisiert den fünften und sechsten Jahrgang als Förderstufe oder als Orientierungsstufe. In diesen Fällen haben wir es organisatorisch noch mit «Einheitsschulen» zu tun. Einige Länder beginnen jedoch bereits im fünften Schuljahr mit der Differenzierung der Kinder in drei bzw. vier Schulformen, nämlich in Hauptschulen, Realschulen und Gymnasien sowie zusätzlich Gesamtschulen. Der Besuch der Schulen, welche die traditionelle Dreigliedrigkeit fortsetzen, erfolgt auf der Basis einer Empfehlung der abgebenden Schule – bei Abweichung des Elternwillens kann eine Prüfung stattfinden, in jedem Fall schließt sich dann ein Probehalbjahr in den Realschulen und Gymnasien an. Gesamtschulen, die ursprünglich gedacht waren, um die Dreigliedrigkeit aufzuheben, können, falls vorhanden, von allen Kindern besucht werden. In den Ländern mit sechsjähriger Grundschule, Förderstufe oder Orientierungsstufe erfolgt ansonsten eine Aufteilung erst im 7. Jahrgang. Parallel zu allen Schulformen gibt es Sonderschulen, die für Kinder mit Behinderungen unterschiedlichster Art eingerichtet wurden. Einige Länder haben Schularten mit mehreren Bildungsgängen, wie Hamburg, wo es integrierte Haupt- und Realschulen gibt. Die Vielfalt in den Bundesländern ist verwirrend.

Die Schülerzahlen im 8. Schuljahrgang, nachdem die Übergänge in die Sekundarstufe I erfolgt und alle Jugendlichen noch schulpflichtig sind, belegen die *Selektivität* der Schulwege im «allgemein bildenden» Schulwesen. Knapp ein Viertel der Schülerinnen und Schüler besucht die Hauptschule, ein gutes Viertel die Realschule, etwa 32% gehen auf das Gymnasium, und jeweils knapp 10% besuchen eine Gesamtschule oder eine Schule mit mehreren Bildungsgängen (genaue Daten jeweils in den Grund- und Strukturdaten des BMBF). Die Hauptschule ist – in einigen Regionen – eher zu einer Restschule, das Gymnasium fast überall zum stärksten Schulzweig geworden.

Der Besuch der unterschiedlichen Schulformen in der Sekundarstufe I ist mit unterschiedlichen Fortsetzungen in der *Sekundarstufe II* verbunden. Während die Gymnasien als Normalfall den Übergang ihrer Schülerinnen und Schüler in die gymnasiale Oberstufe vorsehen, ist dies für die Schülerinnen und Schüler der anderen Schulformen nur als Ausnahmefall möglich. Einige Gesamtschulen haben zwar ebenfalls gymnasiale Oberstufen, und einige Gymnasiastinnen und Gymnasiasten wechseln nach der 10. Klasse in eine berufliche Ausbildung, vom Prinzip her zielen die unterschiedlichen Schulformen jedoch nach wie vor auf unterschiedliche Berechtigungen.

Der Sekundarbereich II gliedert sich in einen gymnasialen Teil, der mit dem Abitur und damit der Studienberechtigung abschließt, und einen beruflichen Teil, der zu einem Berufsabschluss führt. Die Berufsausbildung kann im dualen System, d.h. parallel in einem Betrieb und einer Berufsschule, oder ausschließlich in einer Vollzeit-Berufsschule absolviert werden, z. B. in Berufsfachschulen oder Fachoberschulen.

Betrachtet man den Verbleib der 16-Jährigen, sind gravierende Verschiebungen der Anteile seit 1960 festzustellen (vgl. Tabelle 2). Die Gewichte haben sich gedreht. Während 1960 mehr als zwei Drittel der Jugendlichen des Altersjahrgangs die Berufsschule besuchten, sind nunmehr zwei Drittel in «allgemein bildenden Schulen» zu finden. Nur noch ein gutes Fünftel besucht die der dualen Ausbildung zugeordnete Berufsschule.

Auch zwischen den allgemein bildenden Schularten sind erhebliche Gewichtsverschiebungen festzustellen. 1960 waren 20,7 % in der Hauptschule und nur 13 % im Gymnasium. 2000 gingen nur noch 15,1 % der 16-Jährigen zur Hauptschule, aber 27,5 % zum Gymnasium. Der Anteil in der Realschule ist von 7,1 % auf 17,9 % angewachsen. Weibliche Jugendliche waren schon 1960 etwas schwächer in der Berufsbildung vertreten. Seit 1980 haben sie anteilig, bezogen auf den Altersjahrgang, die Jungen in den «allgemein bildenden Schulen» überholt, am stärksten im Gymnasium. Während 1960 nur 10 % der 16-jährigen Mädchen auf ein Gymnasium gingen, waren es 2000 31,5 %.

Durch das Anwachsen des gymnasialen Anteils an den Schülerströmen steigt auch permanent die Zahl der Studienbewerberinnen und -bewerber, die auf die Hochschulen zukommen. Der *tertiäre Bereich* umfasst

Tabelle 2: Die Verteilung der 16-jährigen Schülerinnen und Schüler auf die Bildungswege im allgemein und berufsbildenden Schulsystem 1960 – 2000

Jahr	Gesamt			Hauptschule			Realschule			Gymnasium			Berufsschule			Berufsfachschule			Gesamt		
	w.	m.	ges.	w.	m.	ges.	w.	m.	ges.	w.	m.	ges.	w.	m.	ges.	w.	m.	ges.	w.	m.	ges.
1960	18,7	22,8	20,7	0,5	0,6	0,5	7,2	7,0	7,1	10,9	15,1	13,0	64,9	70,5	67,8	6,4	2,8	4,5	71,3	73,3	72,3
1970	23,0	28,7	25,9	1,2	1,8	1,5	6,8	8,4	7,6	14,7	18,0	16,4	57,9	61,6	60,6	8,9	5,4	7,1	67,7	69,7	68,7
1980	47,7	46,7	47,2	7,0	8,3	7,7	14,4	13,2	13,8	22,8	21,0	21,9	32,4	42,6	37,7	14,6	6,6	10,4	48,4	50,5	49,3
1990	62,4	61,5	62,1	11,4	13,9	12,7	18,0	16,7	17,4	27,6	24,0	25,8	21,4	28,0	24,8	10,5	6,2	8,3	33,6	35,7	34,7
2000	69,5	54,5	66,9	13,6	16,5	15,1	18,3	17,5	17,9	31,5	23,8	27,5	16,9	25,4	21,3	8,8	5,4	7,1	28,2	32,6	30,5

weiter im allgemein bildenden System

Übergang ins berufsbildende System

alle Sechzehnjährigen

«Gesamt» im allgemein bildenden Schulsystem umfasst Gymnasium, Realschule, Hauptschule und außerdem Freie Waldorfschule, Gesamtschule und Sonderschule; Gesamt im berufsbildenden Schulsystem umfasst Berufsschulen, Berufsfachschulen (die auch für einige Zeit die Kollegstufe NRW mitbeinhalten) sowie Fachoberschulen und Fachgymnasien.

1960 bis 1990 bezieht sich auf die alten Bundesländer, 2000 auf alle 16 Bundesländer

Quelle: Grund- und Strukturdaten 1982/83, S. 36 ff., für die Jahre 1960 bis 1980; 1992/93, S. 28/29, für 1990, 2001/2002, S. 32/33, für 2000

die akademische Ausbildung an Universitäten sowie die Qualifizierung an Fachhochschulen. Bildungswege setzen sich fort in der *Weiterbildung* nach abgeschlossenen Erstausbildungen (vgl. Kap. 4.3). Dieser Bereich – ebenso wie die Kinder- und Jugendbildung außerhalb von Schulen (vgl. Kap. 4.2.2) – geht auch über in wenig institutionalisierte Lernformen, was zu einer «Entgrenzung» des formalen Bildungssystems geführt hat. Insgesamt sind Lern- und Lehraufgaben in andere gesellschaftliche Bereiche wie Wirtschaft, Politik, Kultur und Medien eingedrungen (vgl. Kap. 4.4). Sie binden viele Personen, gewichtige Ressourcen und werden so zu einem bedeutungsvollen Fokus politischer Gestaltung und ökonomischer Verteilung. In der Diskussion über die Notwendigkeit *«Lebenslangen Lernens»* wird das Gewicht der Bildungsbemühungen im Rahmen gesellschaftlicher Prioritäten noch zunehmen.

3.2.2 Bildungspolitische Entwicklungen von 1949 bis heute: Gremien und Institutionen

Ausgehend von den historisch entstandenen Grundstrukturen, liefen die Entwicklungen in der alten «Bundesrepublik Deutschland» und der «Deutschen Demokratischen Republik» in verschiedene Richtungen. Zwar gab es im Februar 1948 noch eine erste Konferenz der deutschen Erziehungsminister, an der die Kultusminister aller Länder teilnahmen. Mit der Währungsreform und der damit entschiedenen separaten Staatsentwicklung in den westlichen Ländern endete jedoch die gemeinsame Bildungspolitik.

In der Sowjetischen Besatzungszone und der im Herbst 1949 gegründeten Deutschen Demokratischen Republik verstand sich deren politische Führung als Erbe des Widerstands während des Faschismus und als Garant eines Neuanfangs, der radikal mit den nationalsozialistischen Traditionen brechen und an die kommunistischen Programme der Weimarer Republik anknüpfen sollte. Dem Bildungssystem kam dabei eine wesentliche Rolle zu. Durch eine «sozialistische Einheitsschule» sollten die Ausleseeffekte der traditionellen Schulstruktur verhindert werden. Durch die Einrichtung von Arbeiter- und Bauernfakultäten sollte der

Hochschulzugang dieser Gruppen gestärkt werden. Schließlich wurde das Curriculum schwerpunktmäßig auf Naturwissenschaften und Technik sowie auf das «‹nationale Kulturerbe› mit den sozialistischen Traditionen des Kampfes für Gleichheit und Gleichberechtigung» ausgerichtet (Arbeitsgruppe Bildungsbericht 1994, S. 27). Bis 1959 gab es eine achtjährige Einheitsschule sowie eine vierjährige, zum Abitur führende Erweiterte Oberschule, daneben eine zehnjährige Mittelschule. Ab 1959 gab es dann nur noch die Polytechnische Oberschule als zehnjährige Einheitsschule. Auf ihr bauten die zweijährige Erweiterte Oberschule bzw. die Berufsschulen auf. Dieses System existierte bis zum Zusammenbruch der DDR 1989, der danach erfolgenden Gründung der neuen Bundesrepublik Deutschland bzw. der dazu gegründeten fünf «neuen Länder» auf dem Gebiet der ehemaligen DDR.

In den westlichen Ländern dagegen hatten die Alliierten nach 1945 zwar auch eine demokratische Erneuerung des Bildungssystems angestrebt – «re-education» war ein Versuch, mit dem sie hofften, die Deutschen zur Demokratie erziehen zu können. Wegen der Zuspitzung des Ost-West-Konflikts, der zur Gründung der Bundesrepublik Deutschland im Frühjahr 1949 führte, musste das Bildungssystem jedoch ein erkennbarer Gegenentwurf zur sozialistischen Einheitsschule werden. Dieser bestand vor allem in der föderalistischen Zuständigkeit, die den Ländern Kulturhoheit über die Schulen ermöglichte. Angeknüpft wurde auch hier an Positionen aus der Weimarer Republik – im westlichen Fall allerdings an die Dreigliedrigkeit der weiterführenden Schulen nach der gemeinsamen Grundschule.

Im Oktober 1949 fand die konstituierende Sitzung der *«Ständigen Konferenz der Kultusminister der Länder in der Bundesrepublik Deutschland»*, der KMK, statt. Ihre Aufgabe – festgelegt in der Präambel der Geschäftsordnung – ist es, «Angelegenheiten der Kulturpolitik von überregionaler Bedeutung mit dem Ziel einer gemeinsamen Willensbildung und zur Vertretung gemeinsamer Anliegen» zu behandeln. Die KMK unterhält ein Sekretariat in Bonn; das Plenum, in dem jedes Bundesland eine Stimme hat, tagt regelmäßig. In Ausschüssen und Unterausschüssen werden die Beschlüsse der KMK vorbereitet, diese müssen einstimmig gefasst werden. Damit wird ein Konsens in Sachfragen der Bildungspolitik notwendig. Dies kann zu zeitraubenden Verhandlungen, zur Vertagung von umstrittenen Themen oder zu einem hohen Allgemeinheitsgrad von Vereinbarungen führen. Insgesamt aber beruht die Grundstruktur der organisatorischen wie auch der curricularen Gestaltung des Bildungssystems auf Empfehlungen der KMK, die dann als Abkommen der Ministerpräsidenten der Bundesländer verabschiedet werden. So wurden im Düsseldorfer «Abkommen zwischen den Ländern der Bundesrepublik zur Vereinheitlichung auf dem Gebiete des Schulwesens» von 1955 (Inkrafttreten: 1.4.1957) Schuljahresbeginn, Gesamtdauer der Ferien und Zeitraum für die Sommerferien, Bezeichnungen, Organisationsformen und Schultypen der Mittelschule und der Gymnasien (mit Regelung der Fremdsprachenfolge), Anerkennung der Prüfungen und Bezeichnung der Notenstufen, darüber hinaus Härtefallklauseln für den Schulwechsel von Land zu Land bei Oberstufenschülern festgelegt. Damit konnte das bisherige «Schulchaos», in dessen Folge Umzüge von einem Bundesland in ein anderes häufig mit Schuljahreswiederholungen für die Kinder verbunden waren, gemindert werden.

Obwohl durch die Kulturhoheit der Länder die schulpolitischen Entscheidungen Sache der Länder bleiben und die KMK das zuständige Organ für die Koordinierung darstellt, gab es bereits Anfang der 1950er Jahre Bestrebungen des damals zuständigen Bundesinnenministeriums, durch Einrichtung eines Bundesbeirats die Vereinheitlichung des Bildungswesens voranzutreiben. Die Länder leisteten dagegen Widerstand, und als Kompromiss wurde 1953 der *Deutsche Ausschuss für das Erziehungs- und Bildungswesen (DA)* als Beratungsgremium für Bund und Länder gegründet (vgl. Leschinsky 2003, S. 167 f.). Aufgabe des DA war es, «die Entwicklung des deutschen Erziehungs- und Bildungswesens zu beobachten und durch Rat und Empfehlungen zu fördern». Als Mitglieder des DA wurden Persönlichkeiten bestimmt, die pädagogische Expertise aufwiesen, jedoch nicht als Vertreter organisierter Interessenverbände auftraten. Faktisch allerdings waren die Personen durchaus nicht frei von Interessenvertretungen. Der Deutsche Ausschuss verabschiedete bis zu seiner Auflösung 1965 eine Vielzahl von Empfehlungen und Gutachten. Als wichtigste sind der «Rahmenplan zur Umgestaltung und Vereinheitlichung des allgemein bildenden und öffentlichen Schulwesens» von 1959 und die «Empfehlung zum Aufbau der Hauptschule» von 1964 zu nennen. Vorher gab es achtjährige Volksschulen, die von der Mehrheit der Kinder besucht wurden. Die Reform sah nunmehr eine vierjährige (in Westberlin, das noch einen politischen Sonderstatus hatte, sechsjährige) Grundschule sowie eine anschließende vierjährige Hauptschule vor. Die Mittelschule wurde umbenannt in Realschule. Dies waren erste Maßnahmen aufgrund der in den 1960er Jahren – nach dem Ende der «Ära Adenauer» – einsetzenden massiven Kritik am bestehenden Bildungssystem. 1965 wurde von den Ministerpräsidenten der Länder mit dem Hamburger Abkommen eine Aktualisierung des Düsseldorfer Abkommens vorgenommen, die auf diese veränderte Schulstruktur reagierte. 1965 endete auch das Mandat der Ausschussmitglieder des DA, das Gremium wurde aufgelöst.

Dennoch blieb insbesondere die Koordinationsnotwendigkeit im Bildungsbereich bestehen, und die einschlägigen Bundesministerien waren an einer Beteiligung an der Bildungspolitik interessiert. Als Nachfolgeorgan für den Deutschen Ausschuss wurde deshalb durch ein Abkommen zwischen Bund und Ländern 1965 der *Deutsche Bildungsrat* eingerichtet. Er war als Zweikammernsystem organisiert, das heißt, es gab eine Bildungskommission, die aus Wissenschaftlern und Persönlichkeiten des öffentlichen Lebens (bis 1969 waren es 16, ab 1970 17 Männer und zwei bzw. eine Frau) bestand und die eigentliche Beratungsaufgabe in Form von Vorschlägen wahrnahm, und eine Regierungskommission, in der Vertreter der Kultusminister, der Bundesregierung und der kommunalen Spitzenverbände saßen. Auch der Deutsche Bildungsrat verfügte nur über einen kleinen organisatorischen Apparat, er schuf aber eine Reihe von Unterausschüssen, die seine Empfehlungen und Gutachten vorbereiteten. Diese Unterausschüsse – so Achim Leschinsky (*1944) vom Max-Planck-Institut für Bildungsforschung – erfüllten «faktisch auch bedeutsame Entwicklungsaufgaben für die Disziplin der Erziehungswissenschaft» (2003, S. 169). Insbesondere in den Gutachten kamen renommierte Erziehungswissenschaftler zu Wort und konnten wissenschaftlich Akzente setzen – z. B. durch das Gutachten «Begabung und Lernen» unter Federführung von Heinrich Roth (vgl. Kap. 2.3.2), mit dem eine Abkehr vom bisherigen statischen und biologistischen Begabungsbegriff hin zu einem dynamischen Förderkonzept erreicht wurde (Roth 1969, s. auch Herrlitz 2001). Der Bildungsrat veröffentlichte in seiner insgesamt zehnjährigen Amtszeit 18 Empfehlungen und über 50 Gutachten. In diese Zeit fielen auch zentrale Reformen des Bildungssystems (vgl. Kap. 3.1.5). Mit Schlagworten wie «Bildungskatastrophe» oder «Bildungsnotstand» wurden sie in Angriff genommen. Ihr Ziel sollte eine erhebliche Steigerung der höheren Schulabschlüsse – insbesondere des Abiturs – sein, zugleich ein Abbau von sozialer Benachteiligung. Die «Empfehlung zur Einrichtung eines Experimentalprogramms mit Gesamtschulen» von 1969 ermöglichte die dafür als grundlegend angesehene Gesamtschulreform. Im 1970 veröffentlichten *«Strukturplan für das Bildungswesen»* war sie als ablösende Schulform für die bisherige Dreigliedrigkeit konzipiert, durchsetzen konnte sie sich jedoch nur als vierte Schulform. Mit dem Strukturplan wurde ein umfassendes Konzept der Neuordnung des Bildungswesens vorgelegt, das vom Kindergarten bis zur Weiterbildung reichte.1969 erfolgten Grundgesetzänderungen, die den Bund stärker in die Mitgestaltung von Gemeinschaftsaufgaben einbezogen. Dazu gehörten nach dem neuen Artikel 91b GG die Bildungsplanung und Förderung der wissenschaftlichen Forschung. Auf dieser Grundlage wurde einerseits das *Bundesministerium für Bildung und Wissenschaft (BMBW)* eingerichtet, andererseits 1970 die *Bund-Länder-Kommission für Bildungsplanung und Forschungsförderung (BLK)* ins Leben gerufen. In der BLK kommen Vertreter aller Bundesländer – zunächst elf, nach der Vereinigung der beiden deutschen Staaten 16 – und zunächst sieben, inzwischen acht Vertreter des Bundes zusammen. Faktisch gilt hier wie auch in der KMK, dass Einstimmigkeit notwendig ist, wenn die Länder die Beschlüsse umsetzen sollen. Ursprünglich sollte die BLK einen langfristigen Rahmenplan für das gesamte Bildungssystem vorlegen und anhand von Teilplänen Vorschläge für die Finanzierung erarbeiten. Tatsächlich gab es nur 1973 einmalig einen «Bildungsgesamtplan», der jedoch weder umgesetzt noch fortgeschrieben wurde. Schwerpunkte der Arbeit der BLK war die Modellversuchsförderung, die ein wesentliches Instrument für die Unterstützung von Innovationsvorhaben darstellte und Entscheidungshilfen für die Weiterentwicklung des Bildungssystems geben sollte; ihre Hauptfunktion bestand in der Herstellung eines veränderungsfreundlichen Klimas (Leschinsky 2003, S. 167). Zu den Modellvorhaben gehören Programme wie «Demokratie lernen und leben», «Wissenschaftliche Weiterbildung» oder auch «Förderung von Kindern und Jugendlichen mit Migrationshintergrund». Ein Überblick über die seit 1998 geförderten Programme und Einzelvorhaben findet sich auf dem Bildungsserver (http://dbs.schule.de/pdf/blk_98.pdf).

Mit der «Förderalismus-Reform» 2006 wurden die Einflussmöglichkeiten des Bundes jedoch beschnitten (vgl. Kap. 3.2.3).

Einzelne Bundesländer versuchen Weiterentwicklungen ihrer Bildungssysteme durch Beratungsgremien – *Bildungskommissionen auf Landesebene* – zu initiieren. So hat 1992 der damalige Ministerpräsident des Landes Nordrhein-Westfalen, Johannes Rau (1931–2006), eine Bildungskommission «Zukunft der Bildung – Schule der Zukunft» (Rau-Kommission) einberufen, die 1995 eine viel beachtete Denkschrift vorgelegt hat. Sie empfahl darin einen Paradigmenwechsel vom Lehren zum Lernen und entwickelte entsprechend die Konzeption eines «Hauses des Lernens» (Bildungskommission NRW 1995). Von 1999 bis 2002 gab es einen Bildungsrat beim Ministerpräsidenten des Landes Niedersachsen, der verschiedene Empfehlungen (z. B. Regionen des Lernens – Förderung regionaler Bildungskonferenzen; Empfehlungen für eine neue Finanzierung und Organisation des Schulsystems) verabschiedete (Niedersächsische Staatskanzlei 2002). Von Anfang 2001 bis Mitte 2003 gab es eine Bildungskommission der Länder Berlin und Brandenburg, die im August 2003 einen Bericht «Bildung und Schule in Berlin und Brandenburg. Herausforderungen und gemeinsame Entwicklungsperspektiven» vorlegte. Auffällig bei den Bildungskommissionen in Länderkompetenz ist, dass sie Strukturprobleme – also die Frage nach der Dreigliedrigkeit versus Gesamtschule – ausblenden, offen lassen oder gar nicht behandeln und sich den inneren Veränderungen bzw. der Qualitätssteigerung der professionellen Arbeit widmen.

Bund und Länder haben 1999 einen weiteren gemeinsamen Anlauf unternommen, indem sie das *«Forum Bildung»* einberiefen. Es wurden zahlreiche Empfehlungen erarbeitet und auf Fachtagungen vorgestellt (vgl. http://bildungplus.forum-bildung.de/templates/forumbildung1.php – 27.2.2006). Als Konsequenzen lassen sich zwei Entwicklungsschwerpunkte festhalten (vgl. Kap. 4.2): Zum einen hat die Forderung nach einer frühen Förderung von Kindern zu einer verstärkten Diskussion um die Kindertageseinrichtungen geführt. Hier geht es einmal um die Frage, inwieweit diese Einrichtungen verstärkt Bildungsaufgaben wahrnehmen sollen und können, was zugleich zum Problem der Kompetenzen der Erzieherinnen führt. Ein zweiter Schwerpunkt betrifft die international gesehen geringe tägliche Zeitdauer, die Schülerinnen und Schüler in der Schule verbringen. Hier hat die Bundesregierung in der Folge ein Ganztagsschulprogramm initiiert (Investitionsprogramm «Zukunft Bildung und Betreuung» – http://www.bmbf.de/de/1125.php – 27.2.2006), bei dem es zugleich um konzeptionelle Entwicklungen einer pädagogisch sinnvollen Ganztagsbetreuung geht.

In der Konsequenz der vertikalen Gliederung zwischen internationalen Gremien (vgl. Kap. 3.4), Bundeszuständigkeiten, Kulturhoheit der Länder und kommunaler Verwaltung einerseits und der horizontalen Verteilung zwischen Bildungs- und Berufsrecht andererseits haben sich komplizierte Entscheidungsstrukturen herausgebildet, welche die Einflussmechanismen im Bildungssystem enorm intransparent machen.

3.2.3 Bildungsrecht: Zuständigkeitsfragen und Gestaltungsnotwendigkeiten

In der Nachzeichnung der Strukturen des Bildungssystems wie auch der bildungspolitischen Entwicklung ergeben sich oft Probleme der Zuständigkeiten und rechtlichen Regelungen. Wie sehen die Grundzüge des Bildungsrechts in Deutschland aus?

Das Grundgesetz der Bundesrepublik Deutschland legt in seinem Artikel 30 einen bundesstaatlichen *Föderalismus* fest, indem es «die Ausübung der staatlichen Befugnisse und die Erfüllung der staatlichen Aufgaben» zur Sache der Länder macht – «soweit das Grundgesetz keine andere Regelung trifft oder zulässt». Solche Regelungen, die dem Bund weitgehende Kompetenzen verschaffen, gibt es in den Artikeln 70 bis 75 GG vielfältig. Der Bildungsbereich jedoch gehört kaum dazu, hier gilt die *«Kulturhoheit der Länder»*. Ausnahmen betreffen die außerschulische Berufsausbildung und die Forschungsförderung (Art. 74 Nr. 11 und 13 GG), die Sache des

Bundes sind. Weiterhin steht dem Bund zu, Rahmenvorschriften für das öffentliche Dienstrecht und die Besoldung der öffentlich Bediensteten zu machen. Mit der Ende der 1960er/Anfang der 1970er Jahre erfolgten Grundgesetzänderung wurden die Kompetenzen des Bundes erweitert. Die Vergabe von Ausbildungsbeihilfen fällt nun in seine Zuständigkeit, was sich im Bundesausbildungsförderungsgesetz (Bafög) 1970 niederschlug. Ebenfalls erhielt der Bund eine Rahmenkompetenz für die Hochschulen, Bildungsplanung und Forschungsförderung im Rahmen der Gemeinschaftsaufgabe von Bund und Ländern. Eine Rücknahme der Bundeszuständigkeiten wurde 2006 durch die Föderalismusreform vorgenommen.

Die KMK-Vereinbarungen (vgl. Kap. 3.2.1) müssen jeweils in Ländergesetze umgesetzt werden. Kulturhoheit der Länder bedeutet außerdem, dass die Schulaufsicht bei den Ländern liegt. Dazu gehören Planung, Organisation, Leitung und Beaufsichtigung des Schulwesens, einschließlich der Regelungen der Lehrerbildung sowie Verwaltung des Lehrpersonals in Schulen und anderen Bildungseinrichtungen – wie Hochschulen. In Form von *Rechts- und Verwaltungsvorschriften* wird eine Steuerung der Inhalte, der Laufbahnen und der Organisation des Bildungssystems gewährleistet. Für die Schulen gehören – erstens – die Stundentafeln zu den wichtigen Steuerungsinstrumenten, weil mit ihnen Vorentscheidungen über die Bedeutung von *Lehrinhalten* getroffen werden – welches Fach erhält in welchem Jahrgang welchen Anteil am Gesamtstundenvolumen. Die weitere zentrale Festlegung der Inhalte geschieht über die Lehr- oder Rahmenpläne, mit denen explizit Einfluss darauf genommen wird, was gelehrt wird. Ein zweites Bündel von Vorgaben besteht aus Regeln zu Vorschriften über Klassenarbeiten, Notengebung, Versetzungen, Prüfungen und Übergänge in andere Schulformen, womit Entscheidungen über individuelle *Schullaufbahnen* getroffen werden. Der dritte wichtige Regelungskomplex betrifft die Konsequenzen von Vorschriften für die *Unterrichtsorganisation* – sie wird beeinflusst über die Festlegung von Klassenfrequenzen, Lehrerzuweisungen und damit Differenzierungschancen.

Die *Schulaufsicht* betrifft nicht nur die Dienst- und Rechtsaufsicht, sondern auch die Fachaufsicht. D.h., die «Schulaufsichtsbeamten betreuen die Schulen und fördern ihre pädagogische Qualität, indem sie darüber wachen, dass die Rechts- und Verwaltungsvorschriften eingehalten werden und dass Unterricht und Erziehung den fachlich-inhaltlichen und fachdidaktischen Anforderungen entsprechen» (Avenarius/Heckel 2000, S. 151 f.). Ursprünglich war die Schulaufsicht einbezogen in die Hierarchie- und Kontrollmechanismen obrigkeitlicher Herrschaftsausübung in den Schulen. Viele sarkastische Szenen in Romanen und Filmen illustrieren die Ängste und Hilflosigkeit der sonst so selbstherrlichen Schulmeister, wenn «der Schulrat kommt». Fast jeder kennt die Verwirrtheit des – von Heinz Rühmann (1902–1994) gespielten – Lehrers in der «Feuerzangenbowle».

Zunehmend soll *Qualitätssicherung* als Beratung für die Schule wahrgenommen werden und nicht als Kontrolle einzelner Lehrkräfte. Diese Schwerpunktverlagerung steht im Einklang mit Versuchen, den Schulen stärkere Selbstgestaltungsmöglichkeiten zu gewähren (vgl. Kap. 2.2.5). Eine «relative Autonomie» soll sicherstellen, dass die Schulen ihre Ressourcen so einsetzen können, wie es ihren konkreten Bedingungen entspricht. Die Überprüfung der Leistungsfähigkeit der einzelnen Schule sollte dann auf zwei Wegen erfolgen: Zum einen wird eine interne Evaluation notwendig, das heißt, die Schule dokumentiert ihre Anstrengungen und ihre Lösungswege, die sie eingeschlagen hat, um eine Förderung der Schülerinnen und Schüler zu gewährleisten. Es bedarf aber auch einer externen Evaluation, durch die Vergleichsdaten zu anderen Schulen sichergestellt werden. Die bisherige Form der Kontrolle durch die Schulaufsicht birgt dagegen die Gefahr, dass schwierige Bedingungen einer Schule und damit einhergehende geringere Leistungen ihrer Schülerinnen und Schüler ungern offenbart werden, weil eher Sanktionen befürchtet als Unterstützungen erwartet werden.

Eine Besonderheit des deutschen Bildungssystems ist die aus der handwerklichen Lehrlingsausbildung entstandene Berufsausbildung im *«dualen System»* von Betrieb und Berufsschule. Hier sind die rechtlichen Kompetenzen verteilt zwischen dem Bund als zuständig für das Arbeitsrecht und insofern für die betrieblichen Anteile und die Ausbildungsordnungen einerseits und den Ländern, welche andererseits die Lehrpläne für die (Teilzeit-)Berufsschulen regeln. Das Berufsbildungsgesetz (BBiG) liefert als Bundesgesetz die wichtigste Rechtsgrundlage.

Die Zuständigkeiten sind in der *Weiterbildung* noch komplizierter verteilt. Gesetzliche Regelungen existieren z. B. zur beruflichen Fortbildung und Umschulung, zur finanziellen Förderung von Teilnehmenden und Weiterbildungsträgern, aber auch zur Teilnahme an Weiterbildungsfreistellung. Die wichtigsten Bestimmungen finden sich auf Bundesebene im Berufsbildungsgesetz (BBiG), dem Arbeitsförderungsgesetz (AFG), das ins Sozialgesetzbuch III (SGB III) einbezogen wurde, dem Hochschulrahmengesetz (HRG) sowie den Erwachsenenbildungs- und Bildungsfreistellungsgesetzen der Länder. Weitere Rechtsgrundlagen finden sich im Gewerbe- und Verwaltungsrecht, im Beamtenrecht, dem Soldatengesetz und im Tarifrecht. Bisher gibt es keine Rahmenordnung zur Weiterbildung auf Bundesebene, wie sie von verschiedenen Positionen aus gefordert worden ist (Faulstich 2002).

Die Unübersichtlichkeit und Zersplitterung der rechtlichen Zuständigkeiten und Regelungen in Deutschland tragen dazu bei, dass eine einheitliche, zukunftsfähige Gestaltung erschwert wird, obwohl der Ressourcenbedarf im Kontext «Lebenslangen Lernens» steigt und weitgehend unbestritten Kompetenzentwicklung einen wesentlichen Beitrag zum wirtschaftlichen Wachstum und gesellschaftlichen Reichtum leistet.

3.2.4 Bildungsfinanzen und -ökonomie: Ressourcenknappheit

Verstärkt seit dem PISA-Schock und den Ländervergleichen der «Organisation for Economic Co-operation and Development» (OECD) über Bildungsausgaben (OECD 2005) wird immer lauter vor Unterinvestitionen im Bildungssystem gewarnt. Die auf Beschluss des Deutschen Bundestags 2001 eingesetzte «Expertenkommission Finanzierung Lebenslangen Lernens» betont in ihrem Schlussbericht:

> «Die Investitionen in das Humankapital und in Forschung und Entwicklung stagnieren in ihrer relativen Bedeutung seit 1989. ... Der Anteil der Bildungsausgaben für Schule und Erstausbildung liegt deutlich unter dem OECD-Durchschnitt» (2004, S. 43/44).

Es ist nicht zu leugnen, dass so etwas «Hochgeistiges» wie Bildung so etwas «Niedriges» wie Geld braucht. Die Notwendigkeit zusätzlich und gezielt eingesetzter Ressourcen für Lernmöglichkeiten wird, wenn gleichzeitig «Lebenslanges Lernen» postuliert wird, immer deutlicher. Die sich verschärfende Ressourcenproblematik bringt den Bildungsbereich in den Horizont von Wirtschaftlichkeit. Es geht um die Erbringung und Verteilung gesellschaftlichen Reichtums hinsichtlich monetärer, aber auch temporaler Ressourcen, also um Lernzeiten (Faulstich 2002) und Lerngelder (Faulstich/Bayer 2005).

Die *finanziellen Aufwendungen*, die jährlich für Bildung aufgebracht werden, sind erheblich. Ohne die Ausgaben für Museen und Bibliotheken sowie für Forschung und Entwicklung waren es 2002 aus den öffentlichen Haushalten 103 Mrd. Euro. Das sind nach den Berechnungen der OECD 4,4 Prozent des Bruttoinlandsprodukts, allerdings eben niedriger als der Durchschnitt aller OECD-Länder, der bei 5,1 Prozent liegt. Unter Berücksichtigung der Aufwendungen von Unternehmen, nichtöffentlichen Institutionen sowie von Teilnehmenden und ihren Familien – ohne die schwer erfassbaren Ausgaben für den Lebensunterhalt – weist das Statistische Bundesamt für 2002 ein Budget für Bildung, Forschung und Wissenschaft von insgesamt 193 Mrd. Euro aus (http://www.destatis.de/download/d/biwiku/budget2003.pdf).

Klaus Klemm (*1942), Professor für Bildungsplanung und Bildungsforschung an der Universität Essen und Spezialist für Statistik und Finanzen im Bildungsbereich, rechnet vor:

> «In Deutschland wird jeder zehnte Euro, der erwirtschaftet wird, für Bildung, Forschung und Wissenschaft ausgegeben» (2005, S. 10).

Die Debatte um «Lebenslanges Lernen» ist angesichts des hohen Aufwands zwangsläufig mit Problemen alternativer Finanzstrategien verbunden. Nach lang dauernder Unterinvestition steht die Frage an, wie Ressourcen für Bildung aktiviert und, da die privaten Aufwendungen nicht ausreichen, wie öffentliche Verantwortung und Gewährleistungen mobilisiert werden können. Dabei spielen wirtschaftswissenschaftliche, konkret bildungsökonomische Argumente eine wesentliche Rolle.

Einer der Ausgangsgedanken der *Bildungsökonomie* (Überblick in Faulstich/Bayer 2005) besteht darin, Bildungsausgaben nicht nur als Konsum, sondern als Investition zu begreifen, also den kurzfristigen Kosten den langfristigen Nutzen gegenüberzustellen. Dies wird gefasst mit dem zwiespältigen Begriff *«Human-Kapital»*. Belegt werden soll, dass der Aufwand sich «lohnt». Während aber die monetären Kosten von Lernangeboten direkt anfallen und hart belegbar sind, sind die Effekte, bezogen auf Nutzen, eher indirekt und weich – kaum zu erfassen. Diese Asymmetrie der ökonomischen Effekte von Bildung versetzt alle Programme in eine Zwickmühle.

Was kann belegt werden von den immer wieder behaupteten Beiträgen von Bildung zum gesellschaftlichen Reichtum? Mittlerweile ist unbestritten, wenn auch keineswegs empirisch genau erfasst (erneute Versuche bei Ewerhart 2001), dass der Umfang und die Art der Lernprozesse, welche Arbeitskräfte durchlaufen haben, erhebliche Konsequenzen für die Erzeugung und Bereitstellung von Gütern und Leistungen besitzen. Aufgrund von immer noch ungeklärten Theorie-, Empirie- und auch Datenproblemen argumentiert das «Human-Kapital-Konzept» zwar weitgehend mit Plausibilitätsannahmen, denen jedoch valide Belege und auch fundierte Begriffe fehlen. Es lassen sich aber immerhin einige Indikatoren zusammentragen, bezogen auf Wachstumsraten, Innovationspotenziale und Arbeitsproduktivität. Individuelle Erfolge könnten sich prüfen lassen an Einkommenseffekten, Arbeitsplatzsicherheit oder Erhöhung des betrieblichen Status. Dazu sind mit aller Vorsicht einige Aussagen über die Erträge höherer Bildung möglich:

- Längere Qualifikationswege erhöhen die Einkommenschancen. Ein zusätzliches Bildungsjahr führt in Deutschland zu einem Einkommenszuwachs von bis zu sieben Prozent (Büchtemann/Vogler-Ludwig 1997, S. 17).
- Die Gefahr, entlassen zu werden oder länger erwerbslos zu bleiben, ist umso geringer, je höher die Qualifikation der Betroffenen ist (Bosch 2000, S. 232). Die qualifikationsspezifischen Erwerbslosenquoten sind dafür ein Beleg.
- Zertifizierte Weiterbildung eröffnet Zugang zu höheren betrieblichen Statuspositionen (DIHK 2004).

Es ist also auch aus ökonomischer Perspektive langfristig legitim, den Anteil der Bildungsaufwendungen zu erhöhen. Kurzfristig verschenkt und verhindert aber die Haushaltspolitik ein Anwachsen perspektivisch notwendiger, verfügbarer Mittel, indem sie Bildungsaufwendungen an die jeweils aktuellen unternehmerischen Verwertungsbedingungen und die staatliche Haushaltslage bindet und diesen nachordnet. Das Bildungsbudget gerät unter den Druck der Haushaltskonsolidierung. Scheinbar neutral wird von Sparen geredet, was als Tugend erscheint. Tatsächlich geht es um Kürzen der Aufwandsanteile der Unternehmen und des Staates. Der Teil des gesellschaftlichen Reichtums, den die «Öffentliche Hand» kurzfristig für Bildungsmöglichkeiten aufzuwenden vermag, ist gegenüber den langfristigen finanziellen Anforderungen chronisch unterproportional.

Die Sicherung von Lernmöglichkeiten ist aber auch bei angespannter Haushaltslage von Bund, Ländern und Kommunen eine öffentliche Aufgabe von höchster Priorität. Die Aufbringung und Verteilung von Ressourcen für Lernmöglichkeiten müssen sich messen lassen am erreichten Grad distributiver und korrektiver Gerechtigkeit im konkreten ökonomischen, politischen und sozialen Kontext. Der Ressourcenzugang für Lernchancen in einer Gesellschaft ist so gerecht wie deren Lebenskonstellationen generell.

Dabei ist auch die Verteilung der Ressourcen auf die einzelnen Bildungsbereiche zu betrachten, da zwischen Kinderkrippen, Schulen, Hochschulen und Weiterbildung, zwischen Gymnasien und Hauptschulen die Unterschiede der Finanzvolumen, bezogen auf eigene Aufbringung oder öffentliche Unterstützung, verschiedene soziale Milieus stark sozial selektiv betreffen (vgl. Kap. 3.1.5). Belegbar sind «beachtliche Privilegien der ‹höheren› Bildungswege durch die öffentlichen Bildungsausgaben» (Klemm 2003, S. 242) bis in die Hochschulen hinein. Klaus Klemm errechnet die öffentlichen Ausgaben alternativer Bildungswege und kommt zu dem Ergebnis, dass 1998/99 für einen Hochschulabsolventen im Durchschnitt 193 000 DM und für eine Absolventin einer privaten Vollzeitschule (z.B. einer Chemisch-Technischen Assistentin) insgesamt 80 000 DM bis zum Abschluss aus öffentlichen Mitteln aufgebracht worden sind (ebd.). Die Verteilungseffekte der Bildungsfinanzen und ihrer unterschiedlichen privaten und öffentlichen Aufbringung stabilisieren die Selektion in den Lerninstitutionen und das Fortbestehen von Bildungsprivilegien.

Eine Reduktion der öffentlichen Haushalte überlässt die Ressourcen für Bildung der monetären Marktregulierung. Dies führt zu einer Unterausstattung des Bildungsbereichs. Die Besonderheiten des «Gutes» Bildung wirken sich unter ökonomischer Perspektive, bezogen auf seine Markgängigkeit, aus in nicht eingrenzbaren externen Effekten, Informationsdefiziten auf den Märkten, nicht kalkulierbaren Konsequenzen, Risikoaversion wegen unüberschaubarer Kosten-Nutzen-Relationen, und es resultieren Unterversorgungsrisiken und wachsende Chancenungleichheit. Eine Politik, die – wie in den Konzepten des Neoliberalismus – den Bildungsbereich dem Markt überlässt, gefährdet die Kontinuität der Lerninstitutionen, die gleichzeitig für zukünftige gesellschaftliche Perspektiven immer größeres Gewicht bekommen.

3.3 Lernen vermitteln in Institutionen: «Funktionen» und Effekte

Die Institutionen der Erziehung und Bildung sind, gemessen an benötigten Finanzen, eingesetztem Personal und einbezogenen «Insassen», zu gewichtigen Organisationen herangewachsen. Das Erziehungs- und Bildungswesen spielt selbst eine wichtige Rolle in allen nationalen Ökonomien und auf dem Arbeitsmarkt. Das Ausmaß ist gewaltig, wie die Londoner Erziehungswissenschaftlerin und Bildungsökonomin Alison Wolf, bezogen auf die Frage «Does Education Matter?», konstatiert: «We are starting a new century (and a new millennium) with no fewer than 1 in 5 of the globe's inhabitants inscribed as a student in formal education» (2002, S. 1). Die modernen Lernsysteme umfassen «Armeen» von Schülerinnen und Schülern, Studierenden und Lehrenden, die in riesigen und regelgeleiteten Organisationen arbeiten. Die UNESCO gibt die Zahl der Lernenden mit über einer Milliarde an (ebd., S. 2) – nahezu eine Verdoppelung seit 1970. Ihnen steht – wieder nach den Zahlen im Statistischen

Jahrbuch der UNESCO – eine Lehrerschaft (teaching profession) von 54 Millionen weltweit (ebd., S. 4) gegenüber. Der Umfang der Lernaktivitäten und die darin einfließenden Aufwendungen sind also enorm. Was rechtfertigt diesen riesigen Komplex, und was sind seine Leistungen für die Gesellschaft? Wie «funktioniert» das Bildungssystem?

Die Leistungen des Bildungssystems für die Gesellschaft werden oft in eine abstrakte, systembezogene Perspektive eingeordnet. Gemäß dieser Sichtweise, wie sie zuerst von dem amerikanischen Soziologen Talcot Parsons (1902–1979) formuliert wurde, erfüllt das Bildungssystem als gesellschaftliches Partialsystem «Funktionen», bezogen auf ein gesamtgesellschaftliches «System». Es ging Parsons insgesamt darum, eine universelle Theorie für alle sozialen Vorgänge in einer Gesellschaft zu entwickeln, d. h. eine Theorie, die zu jeder geschichtlichen Zeit und für jede Gesellschaft gültig sein soll. Grundlegende Prämisse ist die Annahme, jede Gesellschaft strebe nach einem störungsfreien Gleichgewicht. Alle Teile (Partialsysteme) einer Gesellschaft hätten die Funktion, den Erhalt der gesamten Systemstruktur zu gewährleisten.

In der Theoriekonstruktion von Parsons erfüllt das Bildungssystem als Teil des kulturellen Systems unterschiedliche Teilfunktionen: Lernen dient zunächst der Aneignung von Wissen und Normen sowie damit dem Aufbau von Kompetenzen. Dies kann man als *Qualifikationsfunktion* und *Integrationsfunktion* begreifen. Zugleich aber finden Selektion, Auslese und Zuweisen auf gesellschaftliche Positionen statt. Lernerfolge begründen über das Leistungsprinzip gesellschaftliche Ungleichheit. Dies kann man als *Allokationsfunktion* auffassen.

Die systemtheoretische Terminologie des Strukturfunktionalismus öffnet universalistische Perspektiven, indem sie abstrakte Gemeinsamkeiten betont. Zugleich vernachlässigt sie damit historische und spezifische Kontexte.

Wir vertreten deshalb ein interessentheoretisches Konzept, das zwischen Strukturen und Intentionen vermittelt (Giddens 1988). Ins Zentrum der Diskussion rückt dann ein Blick auf *Institutionen*, welcher soziale Strukturen und individuelles Handeln zusammenbringt. Institutionen sind demgemäß sowohl Resultat als auch Prämisse von Handeln. Diese Perspektive öffnet den Blick auf Folgen von Institutionen, die sich nicht aus den Intentionen der in ihnen Handelnden – der Lernenden, der Lehrenden, der Administrierenden, der politischen Akteure – ergeben, sondern diesen zum Teil zuwiderlaufen oder sogar Gegenteiliges bewirken. Auch gutwillige Lehrende werden zu Verhaltensweisen gezwungen, über deren Unsinnigkeit sie selbst Bescheid wissen. Es gibt institutionelle Strukturen – Schulaufbau, Bildungsangebote, Versetzungsregelungen, Anwesenheitspflichten –, die Effekte erzeugen, welche weitgehend unabhängig sind von den angestrebten Absichten der handelnden Personen. Die Intention, Lernende zu fördern, bricht sich an dem strukturellen Zwang, zu prüfen, Zeugnisse zu erteilen, Lernerfolge zu zertifizieren. Haben die Lerninstitutionen also immer problematische Folgen für Lernchancen?

Zunächst stehen die Ungleichwertigkeiten institutionalisierten Lernens, gemessen an der Forderung nach Gleichheit der Lernmöglichkeiten, in einem unaufhebbaren Widerspruch. Luhmann formuliert das in seiner Systemterminologie: «Das Erziehungssystem behandelt Ungleiches gleich, um die Auflösung dieser Paradoxie, die Erzeugung schulleistungsbedingter Ungleichheiten, sich selbst zurechnen zu können» (1996, S. 25). Wir fragen im Folgenden: Sind also Lernen in Lerninstitutionen und mit Lehrpersonal und «expansives Lernen» (vgl. Kap. 2.1.1) ein unaufhebbarer Gegensatz?

3.3.1 Kritik der Lerninstitutionen

Aus den durch Prüfungen und Auslese geprägten Strukturvorgaben der Lerninstitutionen entstehen *kontaminierte Lernverhältnisse* – wo Entfaltung gefördert werden soll, werden Einpassung und Unterordnung erzwungen – mit fatalen Konsequenzen: Generation nach Generation leidet an der Schule. Schulschwänzer drücken sich vorm Unterricht. Studierende fliehen die Universität. Weiterbildungsteilnehmende entwickeln Lernwiderstände. Sind das alles nur vermeidbare Fehlentwicklungen? Oder sind nicht Lehreinrichtungen grundsätzlich in Frage zu stellen? Eine radikale Kritik der Härte der Institutionen des Lernens gibt die Band «Pink Floyd» mit ihrer Aufforderung: «Hey, teachers, leave us kids alone. ... All in all you're just another brick in the wall.»

Sicherlich schwingen in der Diskussion um Institutionenkritik und Antipädagogik immer eigene negative Lernerfahrungen und resultierende Lehrerschelte sowie ein antiinstitutioneller Affekt mit. Wer lange genug an der Schule gelitten hat, wird der These, dass «expansives», d. h. die Weltverfügung der Lernenden erweiterndes, und «institutionelles», an Einrichtungen und Lehrende gebundenes Lernen, Gegensätze sind, viel Sympathie entgegenbringen. Zu oft sind Erinnerungen an die eigene Schulzeit verbunden mit negativen Erfahrungen und Erinnerungen an Frustration, Leerlauf oder Demütigung.

Wenn aber die Kontroverse über Polemik hinaus klärend wirken soll, geht es u. a. um den Stellenwert der Institutionen und des Personals beim Lernen. Die Frage ist dann genauer zu stellen: Welche Voraussetzungen müssen erfüllt sein, um Chancen für expansives Lernen zu ergreifen?

Zunächst trifft die Institutionenkritik zu, wenn man sich gegenwärtige Zustände in Schulen, im «Dualen System», in Hochschulen oder Weiterbildungseinrichtungen vor Augen hält: Die *Disziplinaranlagen* des Lernens – deren Prototyp die Schule ist, deren Zwangscharakter sich aber zum Beispiel in «Maßnahmen» beruflicher Weiterbildung sogar noch potenziert – kontrollieren die Lernenden, indem sie diese in Zeit und Raum fixieren. Ein Gleichlauf von Lernzeiten und Lerngeschwindigkeiten wird vorgegeben, um Ordnungen durch Dressur zu erzwingen; Schulungsräume und Trainingszentren erzeugen Klausur und Isolation, indem sie Lernen und Anwenden trennen; zwischen Unterrichtenden und Lernenden besteht eine Hierarchie durch Vorwissen und Status; Noten bezwecken Selektion.

> «Diese Methoden, welche die peinliche Kontrolle der Körpertätigkeiten und die dauerhafte Unterwerfung ihrer Kräfte ermöglichen und sie gelehrig/nützlich machen, kann man die ‹Disziplinen› nennen» (Foucault 1977, S. 175).

Für den französischen Philosophen Michel Foucault (1926–1984) sind dies Beispiele für «eine Mikrophysik der Macht, die von den Apparaten und Institutionen eingesetzt wird» (ebd., S. 38). Deren Wirksamkeit ist nach Foucault nicht gebunden an ein angebbares Machtzentrum, noch an beschreibbare Klassenstrukturen und auch nicht an identifizierbare einzelne Akteure. Es resultiert vielmehr ein komplexes Netz a-personaler Macht multipler Herkunft, das bis in die Poren die Disziplinargesellschaft formiert. Zweifellos sind Wirkungen und Konsequenzen der Disziplinaranlagen – um auf Lernstätten zurückzukommen – vielfach defensives Lernen und begründete *Lernwiderstände*: Institutionen formieren kontaminierte Lernverhältnisse.

Dies liefert zwar eine Kritikfolie, welche Reformillusionen der Bildungsdebatte ebenso platzen lässt, wie sie individuelle Schuldzuschreibungen an einzelne Lehrende relativiert. Riskant wird allerdings – jedenfalls, wenn nach Handlungsmöglichkeiten gefragt wird – ein strukturalistischer Fehlschluss, der alle gesellschaftlichen Verhältnisse bis ins Detail unerbittlich von der Machtökonomie durchdrungen sieht. Dem korrespondiert eine Sichtweise, bei der die Widersprüchlichkeiten und Spielräume der «mittleren Ebene» – der Institutionen– nicht hinreichend gefasst werden.

«Kontaminierte Lernverhältnisse» in der Paukschule – gesteigert noch in der Rekrutenanstalt und die Vergewaltigung des Einzelnen durch das System, wie sie Robert Musil (1880–1942) in «Die Verwirrungen des Zöglings Törleß» darstellt (Musil 1959) – haben vielfältige reformpädagogische Gegenentwürfe, die den Zusammenhang von Lernen und Leben betonen, provoziert. In der Geschichte der modernen Pädagogik etwa von Comenius über Pestalozzi, Schleiermacher bis hin zu Dewey und Kerschensteiner (vgl. Kap. 3.1) wurde immer schon versucht, Arbeitsbedingungen und Kommunikationsformen zu schaffen, innerhalb deren die Lerninteressen der Beteiligten geäußert und berücksichtigt werden können.

Im Gegensatz zu der überzogen kritischen, strukturalistischen Argumentation bei Foucault, die konkrete Handlungsmöglichkeiten zur Umgestaltung des Bildungswesens verliert und so Hilflosigkeit ausbreitet, werden in der aktuellen Debatte um *«Selbstorganisiertes Lernen»* und *«Neue Lernkulturen»* alte reformpädagogische Prinzipien reaktiviert. In diesem Kontext erleben Strategien, die eine Re-Integration von Lernen und Arbeiten betreiben, eine erneute Hochkonjunktur. Es werden informelle Lernformen präferiert, welche die Differenz zwischen Lernen und Arbeiten aufheben und sich von den institutionellen Vorgaben lösen wollen (z. B. durchzieht solche Konzepte eine Reihe der Empfehlungen und Expertenberichte des Forum Bildung – Arbeitsstab Forum Bildung 2002). Um dies einordnen zu können, muss man noch einmal grundsätzlicher fragen: Was sind eigentlich Institutionen, warum gibt es sie, was leisten sie?

3.3.2 Lob der Lernensembles

Der Begriff Institution wird meistens unscharf gebraucht. Allgemein kann er verwendet werden, um Ordnungen von Handlungszusammenhängen zu bezeichnen. Der Soziologe Klaus Eder (*1946) antwortet:

> «Das Problem, das Institutionen lösen, ist die Herstellung eines über Zeit stabilen sozialen Handlungszusammenhangs. Institutionen tun dies, indem sie ein gemeinsam geteiltes Wissen verkörpern, auf das sich die Beteiligten eines Handlungszusammenhangs beziehen können» (2001, S. 19).

Institutionen vermitteln also zwischen Individuen und Gesellschaft. Sie sind demgemäß ein Typ sozialer Interaktionen, der durch relative Stabilität ausgezeichnet ist. Sie weisen also eine «verfasste» Gleichartigkeit und Regelmäßigkeit auf, die stabilisiert werden durch rechtliche Regelungen, organisatorische Strukturen, wertbegründete Normen sowie Kommunikationsstrukturen. Institutionen reduzieren eine übergroße Komplexität von Handlungsmöglichkeiten auf einer mittleren Ebene; sie entlasten durch Herstellen von Üblichkeiten und Verlässlichkeiten; sie bewahren die Individuen davor, sich selbst und ihre Welt täglich neu erfinden oder entdecken zu müssen. Man geht in ein Gebäude, findet dort seine Lerngruppe, trifft meistens die gleichen Leute, erinnert sich (hoffentlich) an das gestern Gelernte, erwartet unterschiedliche Rollen bei den hinzukommenden Lehrenden usw.

Ein Auflösen oder gar ein Ende der Institutionen des Lernens, der Schulen, Hochschulen, Weiterbildungseinrichtungen etc. und ein Überflüssigwerden des Personals, d. h. der Lehrenden, sind, wenn man weiter denkt, kaum vorstellbar, wie zu zeigen sein wird, auch wenig sinnvoll und schon gar nicht wünschenswert. Zu deutlich ist uns bewusst, dass ohne ein institutionalisiertes Bildungssystem Sozialisationsleistungen und Kompetenzentwicklung nicht stattfinden würden.

Eine Ehrenrettung «institutionellen Lernens» unternehmen Achim Leschinsky und Kai Cortina (*1964) im Bericht des Max-Planck-Instituts zum «Bildungswesen in der Bundesrepublik Deutschland»: «Bildungsprozesse folgen nicht einfach pädagogischen Ideen, sondern bedürfen der Institutionen» (2003, S. 28). Fast kontrastiv zur Foucault'schen Institutionenkritik singen sie deren Lob, indem sie zehn Merkmale entfalten:

1. Universalismus und Spezifität
   Es steht nicht die «ganze Person» im Blick, sondern nur in der Perspektive als Lernende. Dies ermöglicht soziale Vergleiche etwa bei der Leistungsbeurteilung, ohne damit (vermeintlich) die Person insgesamt (ab) zu qualifizieren. «Die Schule ordnet ihre Mitglieder nach bestimmten Kategorien (vornehmlich nach Alter, Leistung und Interesse), aber sie behandelt sie nicht als persönliche Sonderfälle» (ebd., S. 30).
2. Versachlichung
   Es erfolgt eine sachliche Konfrontation mit schulischen Aufgabenstellungen und keine emotional geprägte Beziehung, wie sie im familialen Kontext üblich ist.
3. Interessenartikulation
   Die Schule bietet ein Diskussionsforum für die Artikulation von Standpunkten. Eine effektive Schule würde bei Wertkonflikten das Aushandeln ermöglichen, sie ist also nicht konfliktfrei, sondern konfliktregulierend.
4. Raum für freie Interaktionen
   Die Schule bietet Interaktionschancen und damit Freiräume zur psychosozialen Entwicklung in der Interaktion mit Gleichaltrigen.
5. Individuelle Leistung
   In der Schule lernen die Schülerinnen und Schüler den Umgang mit Erfolg wie mit Scheitern. Schule vermittelt die Erfahrung, «dass der eigene Status nach der individuellen Leistung vergeben wird aufgrund von Kriterien, die auf fairem Wettbewerb und somit auf dem Postulat zumindest der formalen Gleichheit beruhen» (ebd., S. 32).

6. Stimulation sozialer Vergleiche
   Die Schule macht individuelle Unterschiede auf vielfältige Weise sichtbar.
7. Reflexive Distanz
   Die Schule bietet Raum für offene Lernanstrengungen und gemeinsames Erkenntnisstreben. Sie schafft eine Reflexionskultur mit der Chance zur offenen Problematisierung von Realitätsbezügen.
8. Primat simulierter und pädagogisch aufbereiteter Erfahrungen
   Die Schule ermöglicht Zugänge zu Welten, die über die zeitlichen und räumlichen Grenzen des unmittelbar Erfahrbaren hinausgehen.
9. Organisatorische Unabhängigkeit
   Die Schule verfügt über eine partielle Unabhängigkeit, d. h. über Freiheitsspielräume gegenüber der gesellschaftlichen Umwelt. So haben Eltern z. B. nur bedingt Einfluss auf das Curriculum.
10. Professionalität der Lehrenden
    Die Lehrkräfte genießen eine relative Autonomie, die einhergeht mit Selbstverpflichtung und kollegialer Einbindung.

Kontrastiv zu erzwingenden Disziplinaranlagen könnten – folgt man Leschinsky/Cortina – unterstützende Lernensembles die Bedeutsamkeit der Themen vermitteln, Zeitsouveränität herstellen und eine Partizipation der Lernenden bei der Planung, Durchführung und Auswertung von Lernaktivitäten ermöglichen.

Allerdings ist ihr Loblied auf die Institutionen, wenn man die Realität in den Lehr-Lern-Prozessen sieht, doch deutlich zu laut. Die radikale Institutionenkritik von Foucault, die Klaus Holzkamp aufgreift (vgl. Kap. 2.1.1), gibt sicherlich vielfältige Anstöße, eingefahrene Routinen aufzubrechen und über zugrunde liegende Konzepte neu nachzudenken. Was in den Lehrinstitutionen gelernt wird, ist nicht gleichzusetzen mit dem, was gelehrt wird. Zentrales Problem bleibt also: Gibt es ein tragfähiges Konzept von Lehre in Institutionen jenseits des Lehr-Lern-Kurzschlusses?

3.3.3 Lerninstitutionen als Vermittlungsstrukturen

Ein entsprechender Versuch muss den einengenden Disziplinaranlagen die Idee eines entfaltenden Lernsystems gegenüberstellen. Dies gilt nicht nur für Schule, sondern für alle Lernbereiche (Faulstich 2003, S. 230–236). Wenn man allerdings nicht auf naive Reformillusionen zurückfallen will, muss man das Diskursniveau einer reflexiven Institutionenkritik durchhalten. Noch einmal holzschnittartig zusammengefasst, produzieren Disziplinaranlagen lernverhindernde Konsequenzen:

- Klausur/Isolation, indem Lernen und Handeln auseinander fallen und Lernorte von Arbeitsorten und Lebenswelt räumlich getrennt werden;
- Hierarchie durch die Unterordnung der Lernenden unter die Lehrenden;
- Dressur durch Training vorgegebener Kompetenzen ohne Bezug auf Anwendungsmöglichkeiten;
- Zeitökonomie durch die Vorgaben meist zu knapp bemessener Lernzeiten und durch einen Gleichlauf der Lerngeschwindigkeiten;
- Selektion/Zertifikate zur Herstellung von Rangordnungen und Auslese;
- Kontrolle durch die Disziplin der Institutionen.

Diese disziplinierenden Aspekte erzeugen aber auch Widerstandspotenziale und Gestaltungsoptionen. Das Kontrastprogramm geht davon aus, expansives Lernen zu unterstützen. Dies setzt allerdings voraus, die Denkfigur instrumenteller Lernformierung durch ein höheres Diskursniveau, das die kontaminierenden Strukturen der Bewertungsuniversalität und disziplinärer Unterdrückung bedenkt und sie nicht als beliebig verfügbar unterstellt, zu überschreiten. Reflexive Aspekte unterstützender Lernensembles sind kontrastiv zu Disziplinaranlagen – ebenso holzschnittartig noch einmal zusammengefasst:

- Bedeutsamkeit der Lernthemen für die Lebensinteressen der Lernenden;
- Möglichkeiten kooperativen und partizipativen Lernens;
- Herstellung von Zeitsouveränität;
- Zertifikate nicht als Kontrolle, sondern als Belege für Lernfortschritte;

- Partizipation der Lernenden an der Planung, Durchführung und Auswertung von Kursen und Programmen.

Reflexive Lernensembles sind aber nicht herzustellen oder in den Griff zu bekommen, sondern setzen die Beteiligung der Lernenden selbst voraus. Der Grad der Selbstbestimmtheit, d. h. das Ausmaß, in dem die Individuen Initiative, Organisation und Kontrolle für ihr eigenes Lernen sowie den Aneignungsprozess haben, ist ausschlaggebend für die Erfolgschancen expansiven Lernens.

Es geht darum, *«Supportstrukturen»* (Faulstich u.a. 1991) für Lernen bereitzustellen. «Expansives» und «institutionalisiertes» Lernen sind dann, wenn man dieser Argumentation folgt, keineswegs ein Gegensatz. Institutionen im Bildungswesen können Lernorte als Lernmöglichkeiten zur Verfügung stellen.

Um die gegenwärtige Grundstruktur des Lernsystems zu verstehen, ist daran zu erinnern, dass über Hunderttausende von Jahren Lernen «natürlich», d. h. als das alltägliche Leben begleitend und darin eingeschlossen – als Mitlernen –, erfolgte. Institutionalisierung von gesonderten Lernzusammenhängen wurde erst erforderlich durch die diversifizierten Funktionen gesellschaftlicher Arbeitsteilung und durch die Abspaltung verfügbaren Wissens vom Tätigkeitsvollzug. Erst dann konnte und musste ein gesondertes Bildungssystem entstehen.

Kennzeichnend für Lernen in Institutionen ist die Ablösung von unmittelbaren Arbeits- oder anderen Alltagsroutinen. Dies hat zwei Aspekte: Zum einen muss überhaupt ein Freiraum geschaffen werden, ein Moratorium zum Lernen bereitgestellt werden. Die Durchsetzung der Schulpflicht geschah auch gegen diejenigen, die ein Interesse an der Kinderarbeit hatten, weil sie die Arbeitskraft oder den Lohn der Kinder benötigten (vgl. Zinnecker 2000). Zum anderen bietet der Alltag keineswegs für alle die gleiche Chance zum Lernen: So konnte Ivan Illich (1926–2002) als Sohn betuchter und gebildeter Eltern ohne institutionelle Strukturen unter dem Schreibtisch seines Vaters lesen und schreiben lernen, während Klaus Jürgen Tillmann (*1944) als Sohn eines Bergarbeiters ohne die Möglichkeit, eine Schule zu besuchen, es niemals bis zum Professor für Erziehungswissenschaft hätte bringen können – den Vergleich dieser beiden Lebensgeschichten hat Tillmann in einem Vortrag auf dem DGfE-Kongress in Frankfurt/Main im März 2006 sehr eindrücklich verdeutlicht.

Institutionen im Bildungswesen sind, wenn man dem folgt, organisierte Handlungszusammenhänge, um intentionales Lernen zu unterstützen. Durch Ablösung vom unmittelbaren Handlungsdruck kann eine Entlastung der Lerntätigkeit erreicht werden. Dies ist ein Vorteil gegenüber einem Lernen in unmittelbaren Tätigkeitsvollzügen, das gefährdet ist, zufällig, unsystematisch und situationsverengt abzulaufen. Ein Nachteil ist die Trennung von unmittelbaren Anwendungs-, Interessen- und Problembezügen. Diese müssen eigens hergestellt werden. Eine Perspektive der Vermittlung gesellschaftlichen Wissens bedeutet aber, dass Lerninstitutionen und Lehrpersonen die Aufgabe haben, Zentren der Bildung als Stätten von Aneignung und Begegnung zu gestalten und dafür Orte und Zeiten bereitzustellen. Der alte Impetus von Bildung in Richtung auf Persönlichkeitsentfaltung könnte dann durch professionelles Personal und unterstützende Institutionen weitergetrieben werden, indem Möglichkeiten expansiven Lernens entwickelt und unterstützt werden. Dies erfordert gleichzeitig eine Reorganisation der Institutionen- und Professionsprofile, welche die reflexive Institutionenkritik aufnimmt und weitertreibt. Gleichzeitig werden andere Aktivitäten in pädagogischen Institutionen stabilisiert. Die *Komplexität der Institutionen* ist immer höher, als dass sie einer rigiden systemtheoretischen Differenz, z. B. vermittelbar/nicht-vermittelbar, zuzuweisen wären (vgl. Kap. 2.3.4). Die Interaktionen in pädagogischen Institutionen sind vielfältiger und beinhalten unterschiedliche Akzente:

- In Kindergärten sind Aufbewahren, Entlasten der Eltern, Interaktion mit Gleichaltrigen wichtige Leistungen.
- In Schulen geht es ebenfalls um Einbezug in peer groups, aber auch um das Einüben von Ritualen und von Disziplin, und um die Unterwerfung unter das Leistungsprinzip.
- Hochschulen dienen auch dem Herstellen von Netzwerken, Seilschaften sowie als Heiratsmarkt.
- Erwachsenenbildung dient auch dazu, nette Leute zu treffen, Kommunikation zu ermöglichen oder auch nur sinnvollen Tätigkeiten nachzugehen.

Die Vielfalt der Interaktionen in Lerninstitutionen entzieht sich einer abstrakten Systemsicht. Die Institutionenperspektive dagegen macht deutlich, was Lernensembles leisten bzw. wo sie durch kontaminierte Lernverhältnisse problematisch werden. Im Spannungsfeld von spezifischer Institutionalisierung und Bezügen zu den Lebenswelten der Lernenden gibt es ein Hin- und Herschwingen an den Grenzen des Lernsystems. Institutionalisiertes Lernen löst sich ab vom unmittelbaren Alltag, bleibt aber gleichzeitig darauf bezogen. «Entgrenzung» verweist darauf, das Institutionen des Lernens selbst in einem dynamischen Prozess der Stabilisierung und Entstabilisierung stehen. Diese Tendenz einer universalistischen Institutionalisierung der Organisation des Lernens verstärkt sich international und zeigt, dass die institutionalisierten Lernsysteme weltweit zu einem generellen Modell der Vermittlung des Wissens geworden sind.

3.4 International vergleichende Erziehungswissenschaft und interkulturelle Bildung

Die internationale Leistungsstudie PISA hat das Interesse an vergleichender Erziehungswissenschaft erheblich gesteigert. Die Medien waren voll von Berichten vor allem über das finnische Bildungssystem, nachdem Finnland die Spitze der Länder hinsichtlich der Leistungen seiner Schülerinnen und Schüler anführt (vgl. Kap. 4.1.1). Was kann ein solcher Vergleich tatsächlich leisten?

Innerhalb der Erziehungswissenschaft gibt es schon seit langem eine Teildisziplin, die sich mit vergleichender Bildungsforschung befasst. Dabei lassen sich drei Sichtweisen unterscheiden: Zum einen geht es um die Frage, inwieweit Bildungssysteme international gesehen ähnliche oder unterschiedliche Entwicklungen durchlaufen (Kap. 3.4.1). Gibt es eine Universalisierung von Schule (Adick 2004)? Anders gefragt: Kann man die Bildungsentwicklung als Ausdruck einer supranationalen Bewegung (Lenhardt 2004) begreifen? Zum zweiten werden Erziehung und Bildung in verschiedenen Gesellschaften, einzelnen Staaten oder auch Regionen erforscht, um Unterschiede herauszuarbeiten bzw. auch um Modernisierungsstrategien durchzusetzen (Kap. 3.4.2): Welchen Stellenwert haben Erziehung und Bildung für die gesellschaftliche, besonders ökonomische, aber auch kulturelle Entwicklung in verschiedenen Ländern? Schließlich muss gefragt werden, welchen Beitrag Bildung zur interkulturellen Verständigung auch im eigenen Land leisten kann und soll (Kap. 3.4.3).

3.4.1 Universalisierung von Schule und Bildung in der Weltgesellschaft

Gero Lenhardt (*1941) vom Max Planck-Institut für Bildungsforschung in Berlin benennt drei unterschiedliche Erklärungsansätze der vergleichenden Bildungsforschung, mit denen die internationalen Entwicklungen von Bildungssystemen analysiert werden können. Wir können sie als Differenzansatz, als bildungsökonomischen Ansatz und als Universalisierungsansatz bezeichnen.

Der erste Ansatz unterstellt, die nationalen Bildungsentwicklungen entsprächen jeweiligen Besonderheiten in den Nationen, das heißt, die *Differenzen* zwischen nationalen Bildungssystemen seien entscheidender als ihre Übereinstimmungen. Dies ist jedoch empirisch nicht nachzuweisen, jedenfalls wenn man vergleichend überprüft, ob sich Urbanisierung, Religion, nationale Unabhängigkeit, gesetzliche Schulpflicht oder auch ethnische Zusammensetzung der Bevölkerung auf die Quoten der Schülerpopulationen in den Schulen auswirken. Bei aller Vorsicht hinsichtlich der Datenzuverlässigkeit dieser Indikatoren lässt sich sagen: «Die genannten Spezifika der untersuchten Länder sind für deren Schulentwicklung kaum von Bedeutung» (Lenhardt 2004, S. 974). Die Gemeinsamkeiten sind größer als die Unterschiede.

Ein zweiter Ansatz geht von einem *«bildungsökonomischen Materialismus»* – wie Lenhardt ihn nennt – aus, d. h. von der Annahme, die Entwicklung der Bildungssysteme folge Sachzwängen der wirtschaftlich-technischen Entwicklung. Wenn sich die Anforderungen des Arbeitsmarkts verändern, die Weiterentwicklung von Technologien beispielsweise andere Qualifikationen erfordert, dann würde das Bildungssystem mit einer entsprechenden Veränderung sich diesen Bedingungen anpassen. Auch dieser Ansatz ist jedoch weder historisch noch aktuell empirisch belegbar. Er bleibt auch deshalb unbefriedigend, weil die wirtschaftlich-technischen Entwicklungen gar nicht «objektiv» und losgelöst von gesellschaftlichen Setzungen erfolgen, ihre Anforderungen folglich nicht ohne weiteres in Bildungskonzepte umsetzbar sind.

Der dritte – *universalistische* – Ansatz schließlich unterstellt eine Allgemeinheit von Bildung als Ausdruck normativer Ordnungsvorstellungen mit globaler Reichweite. Er trifft nach Lenhardt auf die Entwicklung von Bildungssystemen zu:

> «Das nationale Bildungssystem ist ähnlich wie der Nationalstaat zu einem institutionellen Weltmodell geworden. ... Bildung ist zum expliziten Inhalt einer supranationalen Norm geworden» (ebd., S. 975).

Historisch lässt sich diese Tendenz bereits in den entstehenden Bildungskonzeptionen ebenso wie anhand der Entwicklungsrealität der Schulen zeigen (vgl. Kap. 3.1). Einige Schlaglichter solcher universalisierenden Tendenzen: Die Erfindung der Schrift stellte schon den Ausgangspunkt für die Entwicklung von Schulen dar, später ermöglichte die Erfindung des Buchdrucks die massenweise Produktion von Schulbüchern und damit die Durchsetzung von Schulen. Schon Comenius wurde zum Verkünder der modernen Prinzipien von Pädagogik, nämlich Universalität, Rationalität und Repräsentativität. Bezogen auf die Hochschulentwicklung, stand insbesondere Wilhelm von Humboldt für die «Idee einer wissenschaftlichen Bildung in weltbürgerlicher Absicht» (ebd., S. 966). Christel Adick (*1948) beschreibt die Entwicklung der Schule zusammenfassend als Verschmelzung zweier menschheitsgeschichtlich vorhandener «Vorbilder» zu einer neuen Einheit: «die Initiation, resultierend aus der Entfaltung des Erziehungsbereichs, und die Meisterlehre als Resultat des neuen Umgangs mit Wissen im Medium – zunächst schrifthandwerklicher – symbolischer Speicherung» (2004, S. 945).

Sucht man nach weiteren Indikatoren für die Universalisierung von Bildungssystemen, so lassen sich mindestens vier benennen:

- Weltweit gibt es mittlerweile Schulpflicht, wobei zwar einerseits der Schulbesuch nach wie vor nicht in allen Ländern für alle Kinder durchgesetzt ist – die UNESCO spricht von 100 Millionen Kindern, die nicht zur Schule gehen, wobei dies vor allem Mädchen sind. Andererseits gibt es die Tendenz zu einem Schulbesuch über die Schulpflicht hinaus.
- Typischerweise sind die Schulen in den einzelnen Nationalstaaten als Einheitsschulen mit einer Orientierung am Leistungsprinzip ausgelegt.
- Bildungssysteme sind Institutionen des Staates, bzw. die Staatsschule ist Bestandteil der Nationalstaatsentwicklung.
- Schließlich gibt es eine Art Weltcurriculum mit den Elementen: muttersprachlicher Unterricht, Fremdsprachenunterricht, Mathematik, Naturwissenschaften, Geschichte und Geographie, Religions- bzw. Wertunterricht, Kunst, Sport und – in deutlich eng begrenzterem Umfang – berufsvorbereitender Unterricht.

Folglich resümiert Lenhardt, Schulen seien «Teil des kulturellen Projekts der Nationsbildung, das supranationalen Charakter hat» (2004, S. 977). Diese supranationale Entwicklung lässt sich an folgenden Punkten festmachen:

- Der Nationalstaat gilt als ein institutionelles Weltmodell. Insbesondere Verletzungen der Bürgerrechte werden entsprechend weltweit geächtet und mindestens teilweise auch geahndet.
- Bildungssysteme gelten als Grundlage individueller und gesellschaftlicher Wohlfahrt.
- Welteinrichtungen (Weltbank, UNESCO) sowie supranationale Regionaleinrichtungen (OECD) vertreten die normativen Grundlagen für Nationalstaaten, Bürgerschaft, Menschenrechte und Bildung.
- Internationale Kooperationen auch im Bildungsbereich verstärken sich.
- Migration breitet sich weltweit aus.
- Es findet sich eine Expansion von Weltkultur durch Massenmedien, Tourismus usw.

Diese Entwicklungen sind allerdings keineswegs widerspruchsfrei. Vielmehr muss man – folgt man Lenhardt – zugleich festhalten, dass

Bildungssysteme «auch Teil eines Ausbeutungs- und Unterdrückungszusammenhangs (sind), der dem bürgerlichen Versprechen der Freiheit, Gleichheit und Brüderlichkeit widerspricht» (ebd., S. 978). Insbesondere für Deutschland gelte:

> «Das deutsche Bildungsbürgertum ist an der Verallgemeinerung seiner Bildung und Kultur nur wenig interessiert, sondern begreift sich als exklusiver Stand mit Eliteansprüchen» (ebd., S. 980).

Der supranationale Charakter von Bildung zeigt sich nicht allein in Untersuchungen der vergleichenden Erziehungswissenschaft, sondern in der Verflechtung von weltpolitischen Organisationen und Bildungsforschung. *Internationale Bildungsberichte* sind Instrumente, um sowohl die vergleichenden Daten zu den Bildungssystemen bereitzustellen als auch damit normative Grundlagen für Bildung zu schaffen.

Die *UNESCO* (*U*nited *N*ations *E*ducational, *S*cientific and *C*ultural *O*rganization; Organisation der Vereinten Nationen für Bildung, Wissenschaft, Kultur und Kommunikation – www.unesco.de) richtet seit 1934 im Prinzip alle drei Jahre eine Weltbildungsministerkonferenz (ICE – International Conference on Education) aus. Mit Bildungsprogrammen stellt die UNESCO normative Grundlagen für alle Mitgliedstaaten bereit. So versucht das Programm «Bildung für alle» (Education for All – EFA) sechs Ziele umzusetzen:

- Frühe Kinderbetreuung und Vorschulunterricht,
- Jugend- und Erwachsenenbildung,
- Gleichstellung der Geschlechter,
- flächendeckende Grundschulbildung,
- Alphabetisierung,
- Qualität.

Eine zweite supranationale Organisation, die sich ebenfalls der Bildungsfrage widmet, ist die *OECD* (*O*rganisation für *E*conomic *C*o-operation and *D*evelopment – www.oecd.org), die Konferenz für wirtschaftliche Zusammenarbeit und Entwicklung. Das aktuelle OECD-Programm für Bildung benennt sechs Ziele, an denen gearbeitet wird:

- Promoting lifelong learning and improving its linkages with other socio-economic policies.

- Evaluating and improving outcomes of education.
- Promoting quality teaching.
- Rethinking tertiary education in a global economy.
- Building social cohesion through education.
- Building new futures for education.

Seit 1992 gibt die OECD jährlich einen Bildungsbericht «Education at a Glance» heraus, der auf der Basis von nationalen Berichten zentrale Informationen zusammenstellt.

Ein weiterer institutioneller Akteur in der Bildungspolitik im europäischen Rahmen findet sich mit der *Europäischen Kommission.* Sie gibt seit 1995 einen zunächst jährlichen, seit 2000 zweijährigen Bericht zu «Schlüsselzahlen zum Bildungswesen in Europa» heraus, der von Bericht zu Bericht mehr Indikatoren, mehr Länder und mehr Seiten umfasst (Rürup 2003).

Als Konsequenz der zunehmenden Versuche, indikatorengestützte internationale Bildungsberichterstattungen zu gewährleisten, finden sich vermehrte Anstrengungen, nationale Bildungsberichte zu erstellen. Während es in den USA, Kanada, England und Frankreich bereits seit langem derartige Berichte gibt, wird in der Bundesrepublik Deutschland noch an der Etablierung einer solchen Berichterstattung gearbeitet.

Die Europäische Union wird darüber hinaus zunehmend zum zentralen Akteur der Bildungspolitik. Seit den Maastricher Verträgen vom 1.11.1993 sind die allgemeine Bildung (Artikel 126 EGV; Vertrag zur Gründung der Europäischen Gemeinschaft) und die berufliche Bildung (Artikel 127 EGV) in die Zuständigkeit der Gemeinschaft einbezogen. Zwar gilt das Subsidiaritätsprinzip, dass nämlich die übergeordnete Ebene nur dann eingreifen darf, wenn die einzelnen Regionen und Nationen die notwendigen Leistungen nicht erbringen. Nichtsdestoweniger sind durch zahlreiche Förderprogramme (Sokrates, Leonardo, die Gemeinschaftsinitiative Equal) und langfristige Entwicklungsprozesse (Bologna-Prozess für die Hochschulen, Lissabon-Prozess für die berufliche Bildung) faktisch wirksame Umsetzungsstrategien entwickelt worden, die für die nationalen Bildungssysteme immer wichtiger werden.

3.4.2 Erziehung in unterschiedlichen Gesellschaften und Bildungsentwicklung in einzelnen Staaten

Wenngleich man konstatieren kann, dass internationale Entwicklungen als supranationale Bestrebungen zur Universalisierung von Schule und Bildung in Richtung auf eine Weltgesellschaft bestehen – und z. B. die Hochschulentwicklung im Bologna-Prozess in Richtung auf B/M-Strukturen zentral zu diesen Bestrebungen gehört (vgl. Kap. 1) –, bleibt ein differenzierter Blick auf einzelne Länder und ihre Bildungssysteme berechtigt. In diesem Bereich existiert bereits eine lange Tradition, die sich mit den Erziehungs- und Sozialisationsvorstellungen in unterschiedlichen Gesellschaften befasst. Es geht dabei um interkulturell vergleichende Studien. Bei diesen können drei unterschiedliche Perspektiven eingenommen werden: erstens Untersuchungen zu Sozialisationsprozessen in traditionalen im Vergleich zu modernen Gesellschaften; zweitens Studien über den Stellenwert von Erziehung im Rahmen von Modernisierungsstrategien und drittens Ansätze, welche die Eigenständigkeit der jeweiligen kulturellen Entwicklung betonen.

Am bekanntesten für Untersuchungen zur Sozialisation in traditionalen Gesellschaften sind die *ethnologischen Studien* von Margret Mead (1901–1978), die Ende der 1920er Jahre die Erziehungspraktiken in Samoa und Neu-Guinea erforschte und dabei die bisher als selbstverständlich angesehenen Geschlechterverhältnisse in Frage stellte (deutsch: Mead 1970). Die Frauen- und Geschlechterforschung entwickelte in den letzten Jahren großes Interesse an der Untersuchung von Kulturen, die entweder matrilinear ausgerichtet sind oder die mehr als zwei Geschlechter unterscheiden (vgl. z. B. Lenz/Luig 1995).

Neben solchen Studien, die grundlegend gesellschaftliche Strukturen und ihre Weitergabe an die neuen Generationen erforschen, gibt es – methodologisch ganz anders angelegt – auch eine Reihe neuerer *empirisch-vergleichender Studien*, die sich speziell auf die Organisation des Bildungssystems beziehen. Im Zusammenhang der internationalen Leistungsuntersuchung TIMSS (Third International Mathematics and Science Studies) sind neben Verfahren zur Messung des Leistungsstandes auch Videoaufnahmen vom Mathematikunterricht in Deutschland, Japan und den USA erstellt worden. Vergleichende Auswertungen konnten dabei auf unterschiedliche Strategien von Lehrkräften aufmerksam machen, die möglicherweise zu dem unterschiedlich guten bzw. schlechten Abschneiden der Schülerinnen und Schüler beitragen (vgl. http://www.mpib-berlin.mpg.de/TIMSS-Video/home-d.htm – 27. 2. 2006). Damit wurde eine Diskussion angestoßen, die sich auch nach IGLU (Internationale Grundschule-Lese-Untersuchung, vgl. Bos u. a. 2004, 2005; http://www.erzwiss.uni-hamburg.de/IGLU/home.htm – 11. 3. 2006) und PISA (http://pisa.ipn.uni-kiel.de – 11. 3. 2006) weiter fortsetzt, nämlich die Frage, welche Probleme werden in anderen Bildungssystemen anders gelöst (vgl. Kap. 4.1.1), z. B.: Wie lange bleiben die Kinder in gemeinsamen Bildungsgängen? Was ist die Rolle der Lehrkräfte? Welche Lernformen werden genutzt? Damit wird auch ein reflexiver Umgang mit der eigenen Bildungstradition gefördert und ein Erziehungsimperialismus beendet.

In der Geschichte der globalen Ausbreitung westlicher Lebensweise gab es nämlich immer schon pädagogische Ansätze, «unterentwickelte» Gesellschaften christlich oder westlich zu missionieren, also Formen von Missionspädagogik, Kolonialpädagogik oder Bildungshilfen im Rahmen von internationalen Politikprogrammen. Dies hat sich im Rahmen der Globalisierung und damit verbundener *«Modernisierungsstrategien»* verstärkt: Neben der UNESCO treten hier die Weltbank als internationaler Akteur sowie nationale regierungsamtliche und nicht-regierungsorientierte Organisationen für «Entwicklungspolitik», «Technologietransfer» oder «auswärtige Kulturpolitik» auf. Maßstab für «zukunftsfähige» Erziehung wird dabei der ökonomische Erfolg. Alle diese Maßnahmen stehen im Spannungsfeld zwischen einer angemessenen Unterstützung der jeweiligen historisch und gesellschaftlich gewachsenen Kulturen in den «Entwicklungsländern» und einer imperialistischen Universalisierung des westlichen Zivilisationstyps (vgl. Laaser 1996).

Für eine angemessene Sichtweise auf die Differenz zwischen den verschiedenen Kulturen halten wir es für sinnvoll, auszugehen von deren Eigenständigkeit. Es gilt, die Besonderheiten der jeweiligen Entwicklung zu begreifen und das *Spannungsverhältnis von Differenzierung und Universalisierung* als Ausgangssituation zu akzeptieren. Damit ist zugleich der Anspruch des dritten Ansatzes, der interkulturellen Bildung auch für

Deutschland, angesprochen, bei dem es zentral um die Auseinandersetzung mit sozialer Ungleichheit und gesellschaftlicher Differenz geht. Dies gilt mittlerweile für alle nationalen Bildungssysteme.

3.4.3 Interkulturelle Bildung

Ein Merkmal der supranationalen Entwicklungen ist die zunehmende Migration. Sie stellt die Bildungspolitik vor weit reichende Herausforderungen, da sowohl juristisch, organisatorisch wie curricular, aber auch ressourciell entschieden werden muss, wie Migranten und ihre Kinder behandelt werden sollen (zum Überblick Gogolin/Krüger-Potratz 2006).

Historisch gesehen stellen «Ausländerkinder» kein Novum in der Schulgeschichte dar, wurden doch in der Volkszählung 1925 im Deutschen Reich fast eine Million Reichsausländer gezählt. Dabei handelte es sich vorwiegend um Polen, Russen, Tschechen, aber auch um Niederländer und Österreicher. Das Schulrecht in Preußen sah für deren Kinder keine Schulpflicht vor, ermöglicht wurde jedoch dennoch fast ausnahmslos deren Schulbesuch (Krüger-Potratz 1997).

In der «alten» Bundesrepublik wurden in den 1950er Jahren Arbeitsmigranten vor allem aus südeuropäischen Ländern und aus der Türkei angeworben – bis zum Anwerbestopp 1972. Die entstehende *«Ausländerpädagogik»* kümmerte sich vor allem um Verständigungsprobleme und um die Gesundheitssituation der überwiegend männlichen Arbeitsmigranten. In den 1950er Jahren regelte ein Beschluss der Kultusministerkonferenz (vgl. auch zum Folgenden Schmahl 2004), dass in den Regionen, in denen dies erforderlich war, separate Schulklassen mit fremder Unterrichtssprache eingerichtet wurden. Nachdem viele Migranten inzwischen ihre Familien nachgeholt hatten bzw. Kinder als «zweite Generation» in Deutschland geboren worden waren, verlagerten sich die pädagogischen Anstrengungen auf die Vermittlung von Deutschkenntnissen. Zugleich sollten – so sah es eine KMK-Vereinbarung von 1971 vor – die Kinder «Ergänzungsunterricht» in ihrer Muttersprache erhalten, damit die Rückkehrfähigkeit in die Heimatländer erhalten bliebe. Deutschland weigerte sich bis weit in die 1990er Jahre hinein anzuerkennen, dass es ein Einwanderungsland ist. Die offizielle Politik ging strikt von einem bloß vorübergehenden Aufenthalt und einer Rückkehr der Arbeitsmigranten in ihre Herkunftsländer aus – gegen alle Statistiken, die aufwiesen, dass ein großer Teil dieser Personen bereits zehn und mehr Jahre in der Bundesrepublik lebte.

Erst seit der KMK-Empfehlung von 2002 stellt die juristische Staatsangehörigkeit nicht mehr das Kriterium für schulische Regelungen dar, sondern es sollen eine Differenzierung nach Zuwanderungsprozessen und eine Integration in die deutsche Gesellschaft erfolgen. Vorgeschrieben wird eine Orientierung an den Lernbedürfnissen der Kinder und nicht an ihrem formalrechtlichen Status. Entsprechend lassen sich sechs *Hauptgruppen von Migrantinnen und Migranten* unterscheiden:

- Personen aus EU-Mitgliedsstaaten, die der ansässigen Bevölkerung weitgehend gleichgestellt sind;
- Arbeitsmigranten aus der Zeit der Anwerbung sowie deren Kinder und Enkel;
- repatriierte Personen, d. h. so genannte Aussiedler vor allem aus der ehemaligen Sowjetunion;
- Flüchtlinge und Asylsuchende;
- heimat- bzw. staatenlose Personen wie Roma und Sinti und schließlich
- «Illegale», die ohne eine rechtliche Anerkennung in Deutschland leben und in keiner Statistik erfasst werden.

Kinder der Gruppen, die einen geregelten Aufenthaltsstatus haben – was für die beiden letzten Gruppen nicht gilt –, unterliegen in Deutschland der Schulpflicht.

Die «Ausländerquote» beträgt gut acht Prozent, d. h., es gibt ca. sieben Millionen ausländische Einwohnerinnen und Einwohner. In allgemein bildenden Schulen befindet sich knapp eine Million ausländische Schülerinnen und Schüler (für genaue Daten siehe die jeweils aktuellen Grund- und Strukturdaten des BMBF). Die Verteilung dieser – und der nicht mehr über die Staatsangehörigkeit ermittelbaren Kinder und Jugendlichen mit Migrationshintergrund – ist regional allerdings sehr unterschiedlich (Herwartz-Emden 2003, S. 666 f.): In Großstädten und Ballungsgebieten liegt der Anteil wesentlich höher als in ländlichen

Regionen. Aber auch in den Städten mit vielen Migrantenfamilien findet sich eine Konzentration auf Wohngebiete, die deutlich separiert sind, was zum einen durch ein vergleichsweise hohes Armutsrisiko bei Migrantinnen und Migranten, zum anderen durch die für die Bewältigung der Migrationssituation wichtige Unterstützung durch Familien, Verwandte und andere Netzwerke bedingt ist.

Aus den vorhandenen Schulstatistiken sowie aus empirischen Erhebungen lässt sich die *Bildungssituation von Migrantenkindern* folgendermaßen beschreiben (Herwartz-Emden 2003, Diefenbach 2004):

- Sie sind weniger in vorschulischen Betreuungseinrichtungen zu finden.
- Sie werden häufiger bei der Einschulung zurückgestellt.
- Sie erhalten häufiger eine Empfehlung für die Hauptschule, seltener eine Empfehlung für die Realschule oder das Gymnasium.
- Sie sind überproportional an Haupt- und Sonderschulen vertreten.
- Sie sind unterproportional an Gymnasien und gymnasialen Oberstufen vertreten.
- Sie weisen eine geringere Lesekompetenz auf als deutsche Kinder.
- Sie bleiben häufiger sitzen.
- Im Vergleich der Abschlüsse finden sich häufiger Jugendliche ohne Hauptschulabschluss, häufiger Jugendliche mit Hauptschulabschluss, seltener mit Realschulabschluss oder Fach- bzw. Hochschulreife.
- Jungen mit Migrationshintergrund schneiden schulisch schlechter ab als Mädchen mit Migrationshintergrund.
- Türkische, italienische und jugoslawische Kinder sind am schlechtesten gestellt.

Frank-Olaf Radtke (*1945) unterscheidet zwei Erklärungsansätze für das schlechte schulische Abschneiden von Migrantenkindern: Zum einen ist versucht worden, Risikofaktoren bei den Kindern und Jugendlichen bzw. in ihren Lebensumständen zu suchen und darüber sozialisationstheoretisch Bildungsbenachteiligungen zu erklären. Dieser Ansatz, der nach spezifischen Problemen nur bei den Kindern und Jugendlichen sucht, hat sich empirisch als unhaltbar herausgestellt. Zum anderen werden deshalb die Bildungsinstitution selbst und ihr Umgang mit Migrantenkindern in den Mittelpunkt gerückt. Es zeigen sich dann Zuschreibungsprozesse, die über die Konstruktion von Normalität sich zuungunsten von Migrantenkindern auswirken. Mechtild Gomolla und Frank-Olaf Radtke bezeichnen dies als «institutionelle Diskriminierung» (Gomolla/Radtke 2002, Radtke 2004, S. 640). Vor allem die Sprachfähigkeit spielt dabei eine zentrale Rolle, allerdings nicht in der Weise, dass die Kompetenzen der Migrantenkinder – ihre Zwei- und Mehrsprachigkeit – als Ressource gesehen würden, sondern ihre unterstellte Schwäche in der deutschen Sprache wird als Hindernis angesehen. Grundlage dafür ist – wie Ingrid Gogolin (*1950), 1998 bis 2002 Vorsitzende der DGfE, feststellt – der «monolinguale Habitus der multilingualen Schule» (1994).

> «Erst durch die Beachtung von Migrationsfolgen wurde dem Umstand Aufmerksamkeit zugewendet, dass das ‹allgemeine Kind›, an dessen Merkmalen und Eigenschaften die Konstruktion des öffentlichen Schulwesens sich traditionell orientiert, als monolingual in homogener Welt lebend und außerdem als sesshaft gedacht ist. Diese Merkmale aber treffen die Lebenslagen der wirklichen Schülerschaft keineswegs, weder in der Vergangenheit noch jetzt oder künftig» (1998, S. 488).

Marianne Krüger-Potratz (*1943) und Helma Lutz (*1953) arbeiteten heraus, dass die Interkulturelle Pädagogik in ihrer Entwicklung ebenfalls nicht frei von Zuschreibungen gewesen ist. An der Frage, wie Geschlecht und Ethnie miteinander verschränkt wurden, lässt sich dies verdeutlichen (Krüger-Potratz/Lutz 2004). Während die Anfänge der Interkulturellen Pädagogik – der «Ausländerpädagogik» – keinen Blick für Geschlechterfragen hatte und die Arbeitsmigranten überwiegend männlich waren, begann in den 1970er Jahren eine Diskussion über «ausländische Frauen und Mädchen». «Die Türkin» wurde zum Synonym für «Anderssein», und solche stereotypen Setzungen bestimmten die Wahrnehmung: Migrantinnen wurden vor allem als unterdrückte Hausfrauen und als Mütter gesehen – obwohl über 40 Prozent und damit mehr als die deutschen Frauen erwerbstätig waren.

In den 1980er Jahren herrschte die Annahme einer «Kulturdifferenz» und daraus resultierender Kulturkonflikte vor. Frauen wurden jetzt nicht mehr als «Verkörperung von Heimat in der Fremde» konstruiert, sondern sollten als Mütter Mittelpunkt der Familie sein und Integrationsarbeit leisten. «Der Topos der ‹Mütterlichkeit› wurde umgewertet: Statt zu beschützen, sollten Mütter nun lernen, ihre Kinder loszulassen» (ebd., S. 439). Die Kulturkonfliktthese wurde vor allem auf die Mädchensozialisation bezogen – insbesondere türkische Mädchen würden zwischen zwei Welten leben, indem sie in der Familie die Rolle der behüteten, sich nicht frei bewegen dürfenden Tochter und Schwester spielten, in der Schule jedoch mit den westlichen Emanzipationsvorstellungen konfrontiert würden.

Migrantinnen selbst – so Krüger-Potratz/Lutz – begannen, sich gegen diesen «Objektstatus» zu wehren und damit einen Paradigmenwechsel in der Interkulturellen Pädagogik einzuläuten. Seit Mitte der 1980er Jahre wurde in der interkulturellen Erziehungswissenschaft entsprechend gefordert, den Blick auf die Aufnahmegesellschaft und die Interaktion zwischen Einwanderergemeinschaft und Aufnahmegesellschaft zu richten. Dies galt jedoch primär für den Forschungsbereich, während in der Praxis nach wie vor die Kulturdifferenzhypothese vorherrschte.

Ende der 1990er Jahre verlagerte sich der Fokus auf die männlichen Migranten, vor allem im Kontext von Gewalt. Es erfolgte eine Gleichsetzung von «ausländisch = türkisch = muslimisch = gewaltbereit». «Sowohl die Kulturdifferenzhypothese (religiöse Orientierung) wie auch die Dichotomie des Geschlechter-Codes werden zu der Beschreibung problematischer Männlichkeit zusammengefügt» (ebd., S. 442). Tatsächlich sind aber die Differenzkategorien Geschlecht und Ethnie komplex und wenig trennscharf, wie exemplarisch die Studie «Herkunft (er)zählt» (Dannenbeck/Eßer/Lösch 1999) zeigt.

Krüger-Potratz und Lutz vertreten die Position, die Weiterentwicklung der interkulturellen Pädagogik müsse zu einer «Intersektionalitätsanalyse» führen, «die davon ausgeht, dass es notwendig und möglich ist, Gender, Ethnizität, Klasse, sexuelle Orientierung, Nationalität usw. in ihrem Zusammenspiel und in Bezug auf die Gleichzeitigkeit ihrer Wirkung zu untersuchen» (2004, S. 444). Für den Bereich der Schule hat Martina Weber (*1957) eine Analyse zum Zusammenhang von Ethnie und Geschlecht vorgelegt, in der sie aufzeigt, wie selbst bildungserfolgreiche Migrantinnen diskriminierende Zuschreibungen erfahren (Weber 2003).

Differenzsetzungen und die damit einhergehenden *Praktiken der Inklusion und Exklusion* sind folglich ein Ansatzpunkt für eine interkulturelle Pädagogik, deren Fragestellung generell für erziehungswissenschaftliches Handeln gilt. Hierfür Lösungen zu finden stellt sich nach wie vor als schwierig heraus; denn es scheint, als besäßen Pädagogik und die von ihr betreute Praxis «eine besonders schwach ausgeprägte Möglichkeit, auf Differenz anders zu antworten als mit dem Impetus zu ihrer Beseitigung – eben: mit dem Ziel der Homogenisierung. Darin liegt eines der mächtigsten Hindernisse dafür, auf die absehbar weiterhin zunehmende Pluralität in der Schülerschaft pädagogisch angemessen und zukunftsträchtig zu reagieren» (Gogolin 1998, S. 479).

Die Anerkennung von Pluralität ist Voraussetzung für eine angemessene interkulturelle Pädagogik. Entsprechend fordert die UN-Konvention über die *Rechte des Kindes* 1992/Art. 29 Abs. 1 lit c, dass die Bildung des Kindes darauf gerichtet sein muss, «dem Kind Achtung vor seinen Eltern, seiner kulturellen Identität, seiner Sprache und seinen kulturellen Werten, den nationalen Werten des Landes, in dem es lebt und gegebenenfalls des Landes, aus dem es stammt, sowie vor anderen Kulturen als der eigenen zu vermitteln» (zit. in Schmahl 2004, S. 25).

Notwendig sind dafür ein reflexiver Umgang mit Differenzsetzungen und eine Dekonstruktion der mit ihnen verbundenen etikettierenden Zuschreibungen.

> «So markieren Dekonstruktionen von Differenzsetzungen Orte politischer Handlungsmöglichkeiten: Positionierungen werden nicht verunmöglicht oder sinnlos, weil vermeintlich gleichgültig (in Frage gestellt wird nur eine Positionierung, die sich auf universalistische, nicht mehr auf die Bedingungen ihres Zustandekommens hinterfragbare, Glaubenskategorien gründet), sondern im Gegenteil praktisch wirksam (indem sie vermeintlich eindeutige Grenzen zwischen Gut und Böse/Schwarz und Weiß/Fremden und Eigenem neu vermessen und damit zeigen, dass beide Seiten der binären Oppositionen immer schon wechselseitig kontaminiert sind)» (Dannenbeck 2002, S. 290).

Fragt man abschließend danach, welche Konzeption angemessen für Interkulturelle Bildung ist, so kann diese sich nicht in der Kompensation vermeintlicher oder tatsächlicher Defizite von Einwandererkindern erschöpfen oder eine Bereicherung der Schule um gelegentliche folkloristische Einfärbungen des Unterrichts betreiben. Vielmehr geht es um Aufdecken und Beseitigen der Mechanismen in der Schule, die systematisch bewirken, dass Bildungschancen an ethnischen bzw. sprachlich-kulturellen Linien entlang gewährt oder verweigert werden. Eine Anerkennung der Sprachen und Kulturen der Zugewanderten ist dafür unumgänglich. Die Vermittlung der deutschen Sprache ist sicherlich eine zentrale Maßnahme, sie kann aber nicht losgelöst von den Möglichkeiten der Mehrsprachigkeit erfolgen. Ingrid Gogolin benennt drei zentrale Zielvorstellungen interkultureller Pädagogik (1998, S. 490):

- Das Leben in der Einwanderungsgesellschaft sollte von allen ihren Mitgliedern als eine Gesamtsituation begriffen werden, an deren Gestaltung sie Anteil haben und für die sie Verantwortung tragen.
- Schule sollte die nötigen Fähigkeiten zum Umgang mit Verschiedenheit entwickeln, was auch heißt: zum Aushalten von Differenz.
- Unterricht selbst sollte das Wagnis eingehen, Spannungen und Widersprüche, die Kinder und Jugendliche lebenspraktisch erfahren, zu thematisieren.

Damit das gelingt, geht es – so Ingrid Gogolin – letztlich darum, «die Fähigkeit, das eigene Handeln und Verhalten, die eigenen Gewohnheiten und Werteorientierungen an den moralischen und ethischen Standards einer modernen, pluralen, weltoffenen und demokratischen Gesellschaft auszurichten» (2003, S. 3). In dieser Perspektive öffnet Interkulturelle Pädagogik die Sichtweise auf Grundfragen aller Erziehungs- und Bildungswissenschaft und gibt eine Leitlinie für verschiedene Tätigkeitsfelder.

4. Studienmodule: Arbeitsfelder Erziehung und Bildung

Häufig wird unterstellt, ein Studium der Erziehungs- und Bildungswissenschaft ziele auf jeden Fall auf eine Lehrtätigkeit in der Schule. Dies trifft auf jene Studierende zu, die «auf Lehramt» studieren. Sie studieren neben dem erziehungswissenschaftlichen Studium meist zwei Unterrichtsfächer bzw. Lernbereiche – eigentlich wäre es angesichts der Gewichte der Anteile in den meisten Fällen richtiger zu sagen, dass sie neben ihren Unterrichtsfächern noch Erziehungswissenschaft belegen.[1] Das Verhältnis von (Unterrichts-) Fachwissenschaft und Erziehungswissenschaft ist – mindestens seit der Neuordnung der preußischen Lehrerbildung 1810 – ein lang gehegtes und zentrales Streitfeld der Studienorganisation. Wir vertreten die Position, dass Erziehungswissenschaft die auf das Berufsfeld Schule vorbereitende Disziplin ist. Dieses soll folglich genauer beleuchtet werden (Kap. 4.1).

Außerdem gibt es nicht nur für die «Hauptfachstudierenden» der Erziehungs- und Bildungswissenschaft, sondern auch für «Lehrämtler» mögliche Arbeitsfelder außerhalb von Schule. Lernen «entgrenzt» sich über «Lernanstalten» hinaus, und entsprechend öffnen sich die Tätigkeitsfelder der «Lernvermittelnden».

Begründungszusammenhänge ergeben sich auf drei Ebenen:

- bildungsorganisatorisch: Lernen vollzieht sich zunehmend auch außerhalb von Schule;
- beschäftigungsperspektivisch: Lernen zu unterstützen ist ein wachsendes Arbeitsfeld von Personen, die nicht Lehrende sind;
- wissenschaftsorientiert: Die gemeinsame Basis pädagogischer, sozialpädagogischer und andragogischer Tätigkeiten braucht ein zusammenfassendes wissenschaftliches Fundament.

1 In Nordrhein-Westfalen kann darüber hinaus eines dieser Unterrichtsfächer Pädagogik sein, da es auch als Schulfach angeboten wird.

Das Modell Schule als «geschlossene Anstalt» gerät zunehmend in Legitimationsprobleme (vgl. Kap. 3.3). Zumindest ist breit akzeptiert, dass sich Schule gegenüber ihrem gesellschaftlichen Umfeld öffnen und insofern «außerschulisches» Lernen ermöglichen, anstoßen und einbeziehen muss. Um eine Lernschule als «Haus des Lernens» (Bildungskommission NRW 1995) zukunftsfähig zu machen, darf sie nicht Schulanstalt sein. Lernen ist dann nicht «Belehrt werden».

Zu dieser Entgrenzung traditioneller pädagogischer Institutionen tritt die Tatsache hinzu, dass immer mehr Bereiche gesellschaftlicher Praxis Lernprobleme aufwerfen. Von der Vorschulerziehung über die betriebliche Weiterbildung bis zur Altenbildung sind expandierende Arbeitsfelder entstanden, welche Institutionalisierungs- und Professionalitätsformen von «Lernvermitteln» hervorgebracht haben. Lernorte sind nicht mehr nur Schulen. Erziehungswissenschaftler sind nicht mehr nur Lehrkräfte.

Grundsätzlich ist das berufliche Spektrum sehr breit. Das bedeutet zum einen eine Vielzahl an beruflichen Feldern, in die man einmünden kann (Überblick bei Böttcher 1996, Otto/Rauschenbach/Vogel 2002a). Zum anderen heißt es, dass es keine «exklusiven» Arbeitsplätze – wie für die Lehramtsabsolventinnen und -absolventen – gibt. In diesen Feldern arbeiten auch Psychologen, Soziologen u.a. Kernbereiche der Beschäftigung liegen einerseits in der sozialen Arbeit – also in Einrichtungen der Kinder- und Jugendhilfe –, andererseits in der Erwachsenenbildung. Weiterhin bietet der Hochschul- und Forschungssektor Arbeitsmöglichkeiten. Schließlich finden sich auch Beschäftigungsverhältnisse in sonder- und berufspädagogischen Feldern, in der Personalentwicklung, im Journalismus und z.B. im Tourismus. In einer mehrere Jahre umfassenden Absolventenstudie für das Hauptfach Erziehungswissenschaft fanden sich 32 % in Arbeitsfeldern der sozialen Arbeit, 20 % in den Bereichen Gesundheit/ Rehabilitation, 17 % in der Erwachsenenbildung/ Weiterbildung, 4 % im Bereich der Wissenschaft. 13 % der Absolventinnen und Absolventen waren aus dem engeren Bereich der Pädagogik «ausgewandert», 10 % sind in einer freiberuflichen oder selbständigen Beschäftigung (Rauschenbach/Züchner 2004, S. 54). Anstellungsträger sind überwiegend Wohlfahrtsverbände, kirchliche Träger, Vereine und Initiativen sowie schließlich der öffentliche Dienst.

Die Bachelor-Studienangebote an den verschiedenen Universitäten weisen unterschiedlichste Vertiefungsmöglichkeiten für die Vorbereitung auf pädagogische Arbeitsfelder aus. Wir konzentrieren uns auf die drei zentralen Arbeitsfelder Schule (Kap. 4.1), Kinder- und Jugendarbeit (Kap. 4.2) sowie Erwachsenenbildung (Kap. 4.3). Kurz skizzieren wir weitere Arbeitsfelder (Kap. 4.4). Wir charakterisieren jeweils das Feld und nennen dazu auch Zahlen der Beschäftigten und/oder der Lernenden. Zentral geht es uns um Entwicklungen und Perspektiven sowie um die grundlegenden Debatten im jeweiligen Arbeitsfeld.

Solche Tendenzen betreffen im Arbeitsfeld Schule insbesondere die Kritik an der Institution und ihren Leistungen. Sie bedeuten für die künftigen Lehrkräfte, sich nicht allein auf Unterrichten einzustellen, sondern teilzuhaben an Schulentwicklungsprozessen und mit einer Umstellung von Schulen auf Ganztagsbetrieb neue Kooperationsbezüge aufzubauen sowie Handlungschancen zu nutzen. Wie können Lehrende mit ihren über Unterricht hinausgehenden Aufgaben umgehen?

Die Kinder- und Jugendbildung ist gekennzeichnet durch Diskussionen, dieses Arbeitsfeld nicht nur als Aufbewahrungs- und Freizeitinstitution, sondern als Teil des Bildungssystems zu begreifen. Wichtiger werdendes Feld sind die frühkindliche Erziehung und Bildung – auch bezogen auf Kompetenzen der Eltern, vor allem hinsichtlich des Auf- und Ausbaus von Kindertageseinrichtungen. Jugendbildungsarbeit, auch als politische Bildung, war schon lange ein wichtiges Feld – allerdings in der Konkurrenz zur Sozialarbeit mit dem Akzent «Hilfe». Neu sind hier die Perspektiven aus dem Ausbau von Ganztagsschulen: Werden damit der Jugendarbeit die Adressaten entzogen? Oder entstehen neue Arbeitsmöglichkeiten?

Die Erwachsenenbildung ist immer noch gekennzeichnet durch höchst uneinheitliche Strukturen. Wir erleben einen krassen Gegensatz zwischen Bedeutungszuwachs und Umfangswachstum von Weiterbildung einerseits, ihrer Umsetzung und Gestaltung andererseits. Zum einen ist Teilnahme an Weiterbildung selbstverständlich geworden. Zum andern wächst Weiterbildung, ausgehend von der Situation der 1960er Jahre, wo sie ein Randphänomen darstellte, in zunehmende Intransparenz bei unüberschaubaren Institutionen und Programmen hinein: Etwa 30000 Weiterbildungsanbieter mit über 300000 Programmen werden geschätzt. Damit stellt sich hier vor allem die Frage nach der Systematisierung und Professionalisierung dieses Arbeitsfeldes. Wie kann das Handlungsfeld Erwachsenenbildung stärkere Kontinuität erhalten?

Immer mehr Arbeitsfelder werden zu erziehungs- und bildungswissenschaftlichen, weil Lernvermitteln in die verschiedensten Bereiche als Aufgabe eindringt. Deshalb stellen wir abschließend kurz weitere Arbeitsfelder vor, die zum Teil weitere Vertiefungen erfordern. Auch für die zentralen Felder gilt im Übrigen, dass sie häufig Zusatzqualifikationen aus anderen Disziplinen benötigen wie aus den Wirtschafts- und Rechtswissenschaften, aus der Psychologie und Soziologie oder aus Kunst- und Kulturwissenschaften. Angesichts der Vielfalt möglicher Arbeitsfelder muss sichergestellt werden, dass bei aller Interdisziplinarität ein erziehungs- und bildungswissenschaftliches Profil im Rückbezug auf die Grundformen pädagogischen Handelns (vgl. Kap. 2.2) erhalten bleibt.

4.1 Arbeitsfeld Schule

Schulen sind zweifellos die zentralen gesellschaftlichen Lerninstitutionen und behalten trotz aller institutionenkritischen Einwände für eine systematische Vermittlung von Wissen ihren Stellenwert (vgl. Kap. 3.3). Das Wort Schule (scholē) meinte im Griechischen zunächst «Muße» – Zeit, die man einer geistig-zweckfreien Tätigkeit widmen kann. Im Lateinischen stand das Wort aber bereits für eine Institution. Heutzutage gibt es die Bezeichnung Schule für vielfältige Einrichtungen. Als kleinsten gemeinsamen Nenner, als Minimalbestimmung, definiert Heinz-Elmar Tenorth (*1944):

> «Schulen können als Einrichtungen verstanden werden, die aus dem alltäglichen Leben zum Zweck des Lernens ausdifferenziert sind, und zwar zum Zwecke des thematisch gebundenen, nicht selten pädagogisch und professionell betreuten, individuellen oder kollektiven Lernens» (1994, S. 429).

Schulen sind also Lerninstitutionen. Darüber hinaus wird von Schulen neben der wichtigsten Aufgabe, Wissen durch Lernen zu vermitteln, gefordert, die ständige Bereitschaft, weiterzulernen, als Basis für «Lebenslanges Lernen» zu legen. Der Aufbau von Lern- und Weiterbildungsbereitschaft gehört also mit zu ihren Leistungen. Allerdings bringt die Schule die Interessen und Motivationen von Kindern und Jugendlichen nicht allein hervor, sondern verstärkt lebensweltliche, vorschulische und familiäre Erfahrungen. Sie ist eine Instanz von Sozialisation (vgl. Kap. 2.1.2) unter anderen. Außerdem gehören Erziehung wie auch Therapie und Politik zu den Tätigkeiten, die nie vollständig und endgültig gelingen können. Sisyphos, der dazu verdammt ist, den nach unten rollenden Stein immer wieder hinaufzuschieben, gilt deshalb als Symbolfigur der Pädagogen (Bernfeld 2000; vgl. Kap. 2.1.3). Wir gehen im Folgenden (Kap. 4.1.1) zunächst den Fragen nach: Welche Aufgaben stellen sich im Arbeitsfeld Schule? Welche Entwicklungen zeichnen sich dort ab? Wie sieht die Situation der Lehrkräfte aus? Dies betrifft zum einen die Debatte um eine «Feminisierung» des Großbetriebs Schule (Kap. 4.1.2), zum anderen die Arbeitsbelastung der Lehrkräfte (Kap. 4.2.3). Erweiterte Arbeitsaufgaben ergeben sich mit der Frage, welchen Beitrag das Personal zur Schulentwicklung leistet (Kap. 4.1.4).

4.1.1 Schulen nach PISA

Die internationalen Leistungsstudien wie IGLU – für die 4. Klassen der Grundschulen – und PISA – für die 15-jährigen – führen zu deutlicher Kritik an der Leistung des deutschen Schulsystems und zum Ruf nach bildungspolitischen und schulorganisatorischen Veränderungen. Neben dem im internationalen Vergleich schlechten Abschneiden bei der PISA-Untersuchung im Jahr 2000 (Deutsches PISA-Konsortium 2001) und den auch nur im Mittelfeld verbleibenden Ergebnissen aus dem Jahr 2003 (PISA-Konsortium Deutschland 2004) war vor allem starke soziale Ungleichheit erkennbar, die weit vom Anspruch der Chancengleichheit entfernt ist. Schließlich gab es – unter geschlechterbezogenen Aspekten – signifikant schlechtere Leseleistungen bei Jungen und signifikant schlechtere Mathematikleistungen bei Mädchen.

Eine Reihe Initiativen wurden dadurch angestoßen. Das Netzwerk

Bildung der Friedrich-Ebert-Stiftung hat 2005 versucht, Konsequenzen aus den PISA-Ergebnissen zu ziehen und aufzuzeigen, wie ein geändertes Schulsystem arbeiten müsse. Als Vertreter des in PISA erfolgreichen finnischen Bildungssystems berichtete Rainer Domisch (*1947) vom Zentralamt für Unterrichtswesen in Helsinki, ergänzt wurde er von der Berliner Schülerin Miranda Schiller, die kanadische Schulerfahrungen, und der Studentin Insa Wemheuer, die schwedische Erfahrungen einbrachte. Als zentralen Unterschied zwischen den Schulen in diesen Ländern und denen in Deutschland stellten alle drei die andere *«Lernkultur»* heraus: Grundprinzip sei eine «gemeinsame Schule für unterschiedliche Lerner». Dies bedeute, Ausgrenzungen von Schülerinnen und Schülern zu vermeiden, Leistung als Ansporn anzuerkennen, ein partnerschaftliches Verhältnis zwischen Schülerinnen und Schülern und Lehrkräften. «Wohlfühlen und Nichtausgrenzen» seien zentrale Begriffe des finnischen Bildungssystems. Domisch meinte, dort seien «Lehrer für die Schüler da und nicht die Schüler für die Lehrer». Die beiden Austauschschülerinnen konkretisierten, was dies nach ihren Erfahrungen meint: Die Lehrkräfte würden «hinter ihren Fächern stehen», sie motivierten die Schülerinnen und Schüler zum Lernen, indem sie u.a. jedem das Gefühl gäben, «dass man es kann». Sie achteten darauf, dass alle mitkämen, sie hätten Zeit und seien erreichbar. Zudem wäre der Unterricht praxisorientierter, die Schulen würden auch als kulturelle Zentren fungieren.

Vergleicht man diese Beschreibungen mit der deutschen Schulrealität, wie sie die Mehrzahl der Schulen kennzeichnet, dann gibt es erhebliche Diskrepanzen: Das deutsche Schulsystem ist vor allem an Selektion und Versuchen zur Herstellung von Homogenität orientiert. Dies zeigt sich bereits bei einer vorzeitigen oder verspäteten Einschulung, es gilt weiter für Sitzenbleiben oder gar «Abschulen», d.h. Schulformwechsel «nach unten», und es macht sich fest an Noten, die oft entmutigende statt ermutigende Wirkungen haben (vgl. Faulstich-Wieland 2002).

Individualisierende Unterrichtsformen, die alle Mitglieder in heterogene Lerngruppen einbeziehen, sind eher die Ausnahme. Regel ist nach wie vor Frontalunterricht, am mittleren Niveau orientiert. Die prinzipiell mögliche Vielfalt didaktischer Herangehensweisen wird wenig ausgeschöpft, wie Untersuchungen des Instituts für Schulentwicklungsforschung an der Universität Dortmund belegen (Bauer/Kanders 2000, Kanders 2000). Dies ist durchaus verständliche Folge des normalen Einsatzes von Lehrkräften: Vor allem in Realschulen und an Gymnasien sind sie primär als «Fachlehrkraft» eingesetzt und haben folglich jedes Jahr mit mehreren hundert Kindern und Jugendlichen zu tun, die sie individuell kaum kennen können.

Auch in Deutschland allerdings sind andere Formen zu finden. So berichtet auf der Netzwerk-Bildung-Sitzung der Schulleiter der 1975 gegründeten Integrierten Gesamtschule Göttingen-Geismar, Wolfgang Vogelsaenger:

> «Schüler würden wertgeschätzt, es gebe kein Sitzen bleiben und Abschulen, die Schüler würden gleichermaßen kognitiv, kreativ und handwerklich gefördert. Es gebe Eingangsanalysen in der 5. Klasse und individuelle Förderpläne. Bis zu 70 % schafften das Abitur, es gebe Evaluation, und die Lehrer übernähmen die Verantwortung für ihre Klassen von Jahrgangsstufe 5 bis 10 bzw. 13 und arbeiteten im Team. Auch die Eltern würden mit Hausbesuchen einbezogen» (Netzwerk Bildung 2005, S. 4 f.).

Vor allem durch die Einrichtung des «Team-Kleingruppen-Modells» (Brammer o. J.) gelingt dieser Schule – und durchaus auch anderen – eine veränderte Lernkultur. Für jeden Jahrgang gibt es ein Lehrerinnen- und Lehrerteam aus mindestens zwölf Personen, die für das fachliche Lernen und für die persönliche Entwicklung von sechs «Stammgruppen» mit jeweils 28 Schülerinnen und Schülern verantwortlich sind. Der Teamraum liegt räumlich möglichst nahe beim Unterrichtsbereich. Da die Lehrkräfte mit ihrer Unterrichtsverpflichtung nahezu ausschließlich in ihrem Jahrgang eingesetzt sind, lernen sie die Kinder kennen und können so auf die individuellen Bedürfnisse und Interessen eingehen.

Es ist kein Zufall, dass solche Modelle gerade in Gesamtschulen, die außerdem zugleich Ganztagsschulen sind, entwickelt wurden. Sie liefern damit Ansatzpunkte für Umgestaltungen auch in anderen Schulformen. Sie machen zugleich deutlich, dass im Arbeitsfeld Schule die Arbeit der Lehrkräfte sich nicht auf den Unterricht beschränkt, sondern Engagement in der Schulentwicklung erfordert (vgl. Kap. 2.2.5, Kap. 4.1.4).

Es ist für die einzelnen Lehrkräfte zwar durchaus möglich, guten Unterricht in den je eigenen Stunden umzusetzen, d. h. Zeit und Raum für Lernprozesse zu geben, bei allen Arbeiten auf Verständnis zu zielen und methodisch-didaktisch mit einer Vielzahl unterschiedlicher Formen zu arbeiten. Dennoch umfasst *Schulkultur* mehr als den Unterricht der einzelnen Lehrkräfte und erfordert gemeinsame Absprachen und Regelungen.

Fragen wir aber zunächst – bevor die Möglichkeiten für Veränderungen des Arbeitsfeldes weiter behandelt werden –: In welche Schulrealität werden die Absolventinnen und Absolventen des Studiums zum Lehramt kommen?

4.1.2 Schule als Großbetrieb und Arbeitsfeld für Frauen?

Das Schulsystem in Deutschland ist insgesamt mit einem Großbetrieb vergleichbar (vgl. Kap. 3.2). In den Grund- und Strukturdaten finden sich einschlägige statistische Angaben: Danach gibt es mehr als 33 000 allgemein bildende Schulen, von denen etwa die Hälfte Grundschulen sind, fast 3500 Sonderschulen und mehr als 8000 berufsbildende Schulen. Es arbeiten dort voll- oder teilzeitbeschäftigt fast 800 000 Lehrkräfte und noch weitere fast 100 000 Lehrende stundenweise.

Die Anteile, bezogen auf die Schulformen und Schulstufen, entfallen im allgemein bildenden Schulsystem (BMBF 2005) mit ca. 36 % der Stellen (ca. 159 000) auf den Primarbereich, mit ca. 51 % (ca. 227 000) auf den Sekundarbereich I und mit 13 % (ca. 59 000) auf die gymnasiale Oberstufe. Sonderschulen haben ca. 61 000 Stellen. Im beruflichen Bereich machen die Berufsschulen für die duale Ausbildung sowie Berufsvorbereitung und Berufsgrundschuljahr mit ca. 56 000 Stellen den größten Anteil aus, die Berufsfachschulen, in denen in der Regel die vollzeitschulische Berufsausbildung erfolgt, umfassen ca. 32 000 Stellen und die weiteren beruflichen Schulen knapp 25 000.

In den allgemein bildenden Schulen sind zwei Drittel der Lehrkräfte (d. h. der Personen, die vollzeit- oder teilzeitbeschäftigt sind) weiblich, in den berufsbildenden Schulen sind es bei dem hauptberuflichen Personal

40 %. In den Grund- und Hauptschulen – die in der Statistik zusammen ausgewiesen werden – sind mehr als drei Viertel der Lehrkräfte Frauen, in den Realschulen sind es fast zwei Drittel, an den Gesamtschulen knapp 60 %, während es an den Gymnasien «nur» knapp die Hälfte sind. Nach wie vor spiegelt sich in diesen Zahlen die Verbindung von Bildungshierarchie und Geschlechterhierarchie: Je kleiner die Kinder, desto eher werden sie von Frauen unterrichtet, je höher die Schulform, desto häufiger finden sich Männer im Lehrkörper (vgl. zur Tradition geisteswissenschaftlicher Begründungen hierfür Hänsel 1991, 1992).

Die Konsequenzen einer *Feminisierung des Lehrberufs* werden immer wieder neu diskutiert. Bereits in den 1970er Jahren gab es eine Feminisierungsdebatte. Damals wurde vor allem den Grundschullehrerinnen unterstellt, ihre Arbeit in erster Linie aus der Perspektive von Hausfrau und Mutter anzugehen, sowohl bezogen auf die Zeitverwendung als auch auf ihr eigenes Berufsverständnis: Die Arbeitszeit würde eine Vereinbarkeit mit eigener Familie gewährleisten; die Arbeit mit kleinen Kindern sei außerdem dem, was von den Lehrerinnen selbst im familiären Kontext gefordert würde, besonders nah. Aufgestellt wurde deshalb eine Entprofessionalisierungshypothese, nämlich die Behauptung, die Feminisierung des Lehrberufs berge wegen fehlender Identifikation mit dem Arbeitsfeld die Gefahr einer Entprofessionalisierung. Inzwischen gibt es Belege dafür, dass Frauen keineswegs den Lehrerinnenberuf als zweitrangig ansehen, sondern nicht selten mehr Arbeit und Kraft in den Beruf stecken als ihre männlichen Kollegen (für die Nachzeichnung der Debatte und die Zusammenstellung der Untersuchungen vgl. Faulstich-Wieland 1995). Vor allem aus den Studien von Karin Flaake (*1944; Flaake 1989) und Silvia Buchen (*1944; Buchen 1991) weiß man aber auch, dass die Berufsauffassung von Lehrerinnen und Lehrern unterschiedlich akzentuiert ist. Für die in den beiden Studien befragten Lehrerinnen ist die soziale Beziehung zu den Schülerinnen und Schülern wichtiger als für Lehrer. Dies entspricht den vorherrschenden Weiblichkeitskonzepten ebenso wie der nach wie vor gültigen geschlechtsspezifischen Arbeitsteilung, nach der Frauen eher für die sozialen Belange, Männer eher für die institutionellen Fragen zuständig sind. Diese Berufsauffassung stellt auch ein zentrales Element für schulische Sozialisation dar, sie entspricht dem, was Jugendliche sich von ihren Lehrkräften wünschen (Kanders 2000, S. 20). Sie ist zugleich aber für die Lehrerinnen höchst ambivalent, weil sie mit der Gefahr verbunden ist, eigene Interessen zurückzustellen. Karin Flaake bringt beides auf den Punkt:

> «So ist die für weibliche Identität kennzeichnende Tendenz, Beziehungen zu anderen eine große Bedeutung beizumessen, bei den Lehrerinnen mit der Gefahr verbunden, dass von der Wertschätzung durch die Schülerinnen und Schüler unabhängiges Eigenes – selbst für richtig und wichtig Befundenes – und die institutionelle Seite des Berufs zu kurz kommen» (1989, S. 351).

Den meisten männlichen Lehrkräften gelingt es, eine distanziertere Haltung zu den Schülerinnen und Schülern zu praktizieren, die weniger mit psychischen Belastungen einhergeht. Eine neuere Studie von Margret Kraul (*1945) und Walburga Hoff bestätigt diese Geschlechterdifferenz in der Wertschätzung sozialer Beziehungen zu Schülerinnen und Schülern auch für heutige Lehrkräfte (Kraul/Hoff 2005).

Unklar ist allerdings, ob das Geschlecht der Lehrkräfte für die Schulleistungen der Schülerinnen und Schüler von Bedeutung ist. Hierzu gibt es kaum empirisch gesicherte Daten. Gustav Adolf Lörcher (*1936) und Peter Herbert Maier (*1959) belegen einen auffallenden Befund hinsichtlich der Mathematikleistungen (Lörcher/Maier 1999): Sie haben eine landesweite Vollerhebung der Mathematik-Prüfungsergebnisse aller Realschulen in Baden-Württemberg mit rund 900 Klassen und 21 000 Schülerinnen und Schülern durchgeführt. Ein bemerkenswertes und überraschendes Ergebnis war der unterschiedliche Prüfungserfolg bei Lehrerinnen und Lehrern: Während die Anmeldenoten für die (zentrale) Prüfung und auch die Prüfungsergebnisse männlicher Schüler sich nicht danach unterschieden, ob der Unterricht von einer Lehrerin oder einem Lehrer erteilt worden war, erzielten Schülerinnen deutlich bessere Prüfungsleistungen, wenn sie eine Lehrerin gehabt hatten. Lörcher und Maier bieten als Erklärungen zwei mögliche Ursachen an: Erstens bieten Lehrerinnen vielleicht bessere Identifikationsmöglichkeiten für Schülerinnen – ebenso wie Lehrer für Schüler bessere Identifikationsmöglichkeiten erlauben (vgl. auch Ditton 2002, S. 279). Eine solche *Identifikationshypothese* würde die zunehmende Feminisierung des Lehrberufs für Jungen als problematisch erscheinen lassen. Allerdings unterstellt sie auch eine keineswegs selbstverständliche Identifikation mit dem jeweils eigenen Geschlecht und greift damit zu kurz. Zweitens meinen Lörcher und Maier, es könne sein, dass Lehrerinnen größeres Verständnis und mehr Sensibilität für Lernprobleme aufbringen, was das Lernklima positiv beeinflussen und Ängste abbauen könne (Lörcher/Maier 1999, S. 97). Eine solche *Sensibilitätshypothese* würde der Feminisierung eine positive Entwicklung zuschreiben. Sie steht einerseits im Einklang mit der größeren Wertschätzung der Beziehungsdimension bei vielen Lehrerinnen. Andererseits zeigte sich der positive Zusammenhang nur bei den Schülerinnen, nicht bei den Schülern.

Beide Annahmen beinhalten negative Konsequenzen für Jungen. Da tatsächlich die Bildungsbeteiligung von Jungen mittlerweile ungünstiger ist als die von Mädchen (vgl. Kap.3.2.1) und Jungen in der PISA-Untersuchung signifikant schlechtere Leseleistungen erbringen als Mädchen, flammt die Feminisierungsdebatte mit einer *Diskriminierungshypothese* erneut auf: Heike Diefenbach und Michael Klein erklären den höheren Anteil von Jungen an den Jugendlichen ohne Hauptschulabschluss und ihren geringeren Anteil an den Jugendlichen mit Hochschulreife als subtile Benachteiligung von Jungen durch Lehrerinnen (Diefenbach/Klein 2002). Ihre Datenbasis ist allerdings fragwürdig: Sie haben den Jungenanteil an den Schulabgängern ohne Hauptschulabschluss mit dem (geschätzten) Anteil männlicher Grundschullehrkräfte in den 16 Bundesländern korreliert und einen positiven Zusammenhang (vgl. Kap. 5) gefunden. Sie vermuten, dass Lehrerinnen einerseits ein größeres Verständnis für negatives Verhalten von Mädchen aufbringen, andererseits fehlendes Wissen von Jungen eher wahrnehmen, weil sie diese häufiger aufrufen, ohne dass sie sich gemeldet hätten – unterstellt wird dabei, dass Nicht-Melden in erster Linie erfolgt, wenn man nichts weiß. Beide Annahmen entbehren jedoch empirischer Nachweise. Dass diese Studie trotzdem in den Medien breit aufgegriffen worden ist, zeigt die Selektivität der Rezeption erziehungswissenschaftlicher Studien, gesteuert durch Klischees und Interessen.

Demnach bleibt es eine offene Frage, in welcher Weise sich sowohl das Bildungsverständnis als auch das Geschlechterverhältnis durch eine Feminisierung des Lehrberufs ändern. Dies ist nicht einlinig kausal prognostizierbar. Möglich wäre eine Veränderung des Schulklimas in Richtung auf eine größere Wertschätzung stereotyp als weiblich angesehener Verhaltensweisen – Konfliktvermeidung, Wertschätzung vor allem verbaler Anteile, Geringerschätzung von formalen und praktischen Handlungen. Jungen würden dann angesichts nach wie vor gültiger männlicher Stereotype eher in Konflikte zwischen dem erwarteten «doing student» und dem «doing gender» kommen. Aber auch Mädchen würden damit Entfaltungschancen verlieren. Allerdings sind dies erstens empirisch bisher wenig erforschte Konsequenzen der Veränderung des Arbeitsfeldes Schule, denen nachzugehen jedoch lohnenswert wäre. Zweitens unterstellen sie eine Wirkmächtigkeit stereotyper Gendervorstellungen, die keineswegs zwangsläufig ist. Dennoch erfordert die Entwicklung eine reflexive Betrachtung und ein entsprechendes Engagement aller Beteiligten.

4.1.3 Arbeitsbedingungen im Arbeitsfeld Schule

Lehrerinnen und Lehrer haben damit zu kämpfen, dass sie mit hohen Anforderungen und gleichzeitig mit vergleichsweise geringer Anerkennung konfrontiert werden. Zwar hat sich das Image der Lehrkräfte wieder deutlich verbessert, doch ist das Bild von Schule in der Öffentlichkeit insgesamt nicht besonders gut: Im «Bildungsbarometer» erhält sie nur die Note «ausreichend» (http://www.bildungsbarometer.de/download/newsletter_3_2005.pdf – 3. 3. 2006). Politiker, die Lehrer als «faule Säcke» oder Grundschullehrerinnen als «Primarstufenmäuschen» bezeichnen, finden Zustimmung und tragen zugleich zu den Schieflagen bei. In den Medien wird verbreitet, die Arbeit in der Schule sei eigentlich ein Halbtagsjob mit Ganztagsbezahlung. Um ein angemessenes Bild zu erhalten, können von verschiedenen Kultusministerien in Auftrag gegebene Arbeitszeitstudien herangezogen werden. Nordrhein-Westfalen z. B. beauftragte eine Unternehmensberatungsfirma mit der Erstellung eines entsprechenden Gutachtens. Im «Bildungsbericht 2003» werden Resultate aus dieser Studie zur Arbeitszeit pro Jahr nach Lehrämtern vorgestellt:

Danach arbeiten Lehrkräfte an Grundschulen 1750 Zeitstunden, an Hauptschulen 1791, an Realschulen 1769, an Gymnasien 1900, an Gesamtschulen 1976, an Berufsbildenden Schulen 1839 und an Sonderschulen schließlich 1828 Stunden im Jahr (Avenarius u. a. 2003, S. 303). Rechnet man diese Stunden in wöchentliche Arbeitszeiten um und nimmt dafür 46 Wochen im Jahr an, berücksichtigt also sechs Wochen Urlaub, die normalen Arbeitnehmerinnen und Arbeitnehmern zustehen, so liegt die wöchentliche Arbeitszeit zwischen 38 Stunden in der Grundschule und 43 Stunden in Gesamtschulen. Einerseits bewegt sich die Arbeitszeit von Lehrkräften damit durchaus im allgemeinen Rahmen. Andererseits verteilt sie sich anders, da im Schuljahr insgesamt 13 Wochen Schulferien sind. In dieser Zeit entfällt die direkt unterrichtsgebundene Arbeitszeit. In der Konsequenz bedeutet dies für die Lehrkräfte, dass ihr normaler Berufsalltag schwankt zwischen Phasen extrem hoher zeitlicher Beanspruchung und Zeiten mit mehr Ruhe.

In der NRW-Studie wurde auch ermittelt, auf welche *Tätigkeiten* sich die Arbeitszeiten verteilen. Unterricht und unterrichtsbezogene Aufgaben machen zwei Drittel der Zeit aus, außerunterrichtliche Aufgaben schwanken in ihrem prozentualen Anteil zwischen 14 % an Berufsbildenden Schulen und 22 % an Gesamtschulen. Verwaltungs- und Prüfungsaufgaben liegen bei etwa 6 %, in Gymnasien beträgt ihr Anteil nur 5 %, in Sonderschulen 8 % und in Grundschulen sogar 9 % (ebd.).

Nimmt man als Ausgangspunkt für die Betrachtung der Arbeitsbedingungen die Unterrichtszeit, d. h. die Pflichtstundenzahlen für Lehrkräfte, so betragen sie je nach Schulform und Bundesland zwischen 25 und 29 Schulstunden pro Woche, d. h. fünf bis sechs Stunden täglich. In einer Halbtagsschule bedeutet dies unter Umständen, jeden Tag von 8 Uhr morgens bis zwischen 13 und 13.30 Uhr mittags im Unterricht zu sein. In den Fünfminutenpausen, die zwischen erster und zweiter, dritter und vierter sowie fünfter und sechster Stunde üblich sind, bleibt kaum Zeit, von einem Klassenzimmer über das Lehrerzimmer zum nächsten Klassenzimmer zu kommen. Die etwas längeren Pausen zwischen der zweiten und dritten sowie der vierten und fünften Stunde verringern die Hetze nur geringfügig. Am Nachmittag stehen dann Vorbereitung des nächsten Schultags, Korrekturarbeiten, teilweise Konferenzen usw. an.

Auch dies zeigt also für die Zeit, in der keine Schulferien sind, eine stark verdichtete, stressige Arbeitsbelastung.

Neben den zeitlichen Belastungen im Lehrberuf kommen als Stressfaktoren die Widersprüche im *Erleben der Schulwirklichkeit* hinzu. Realität und Wunsch klaffen hier erheblich auseinander, wie eine Studie des Instituts für Schulentwicklungsforschung der Universität Dortmund gezeigt hat. Verglichen werden die Vorstellungen von Lernenden und Lehrenden über «guten» Unterricht. 1998 wurden je 2222 Schülerinnen und Schüler und 984 Lehrkräfte zum erlebten bzw. zum gewünschten Unterricht gefragt. Zwei Drittel der Jugendlichen gaben an, sehr oft Unterricht erlebt zu haben, in dem der Lehrer redet und Fragen stellt, die von einzelnen Schülerinnen und Schülern beantwortet werden. 50 % nannten auch die Form, dass die «Schüler jeder für sich an den gleichen Aufgaben arbeiten», als sehr oft vorkommend. Jeweils etwa 45 % kreuzten bei «sehr oft» die Bearbeitung von Arbeitsblättern an und «Die Schüler sitzen und hören zu, der Lehrer redet». Auch die Lehrkräfte waren zu fast 50 % der Meinung, der Unterricht, den sie sehr oft realisierten, sei entweder «Der Lehrer redet und stellt Fragen, einzelne Schüler antworten» oder «Die Schüler bearbeiten Arbeitsblätter». Über 40 % gaben an, sehr oft Unterricht praktiziert zu haben, bei dem die Schüler jeder für sich an den gleichen Aufgaben arbeiten. Deutlich mehr Lehrkräfte als Jugendliche meinten, sehr oft gemeinsame Diskussionen zu führen. In der Einschätzung der realen Anteile der verschiedenen Unterrichtsformen liegen die Befragten also nicht sehr weit auseinander. Weitgehend einig sind sich beide Gruppen auch im Wunsch nach gemeinsamen Diskussionen als vorherrschender Unterrichtsform (drei Viertel der Jugendlichen und zwei Drittel der Lehrkräfte wünschen dies «sehr oft») sowie nach Gruppenarbeit (gut 50 % beider Gruppen geben dies an). Schülerinnen und Schüler wünschen sich mehr noch, als Lehrkräfte dies für sinnvoll halten, am Computer (deutlich mehr als 50 % der Jugendlichen, aber nur gut 20 % der Lehrkräfte) sowie mit Multimedia und Internet (knapp 50 % der Jugendlichen, knapp 20 % der Lehrkräfte) zu arbeiten (Kanders 2000, Bauer/Kanders 2000, S. 313, 314). Insgesamt heißt dies: Beiden Gruppen gelingt es offenbar nicht, die Beteiligung der Schülerinnen und Schüler an Diskussionen und Gruppenarbeit zur Hauptform des Unterrichts werden zu lassen. Der fragend-entwickelnde Unterricht dominiert stattdessen nach wie vor den Unterrichtsalltag. Erlebter und gewünschter Unterricht fallen auseinander.

Ein weiterer Faktor für Arbeitsbelastung und Stress liegt in den unerfüllten und zum Teil auch nicht erfüllbaren *Anforderungen* der Schülerinnen und Schüler an ihre Lehrkräfte, da sie in den Widersprüchen des Schulsystems liegen (vgl. Kap. 3.3). So hat Michael Kanders (*1953; Kanders 2000) in der gleichen Untersuchung den Jugendlichen sieben Items vorgegeben, die sie einmal beantworten sollten hinsichtlich «Das stimmt für die meisten Lehrer meiner Schule» und einmal hinsichtlich «Das ist für einen guten Lehrer besonders wichtig». Am größten sind die Diskrepanzen bei dem Item «Die Lehrer können auch schwierige Sachverhalte gut erklären»: 78 % halten das für besonders wichtig, aber nur 21 % finden dies bei ihren Lehrkräften. Damit wird die Kompetenz der Lehrkräfte von vielen Schülerinnen und Schülern deutlich in Frage gestellt, ein Fakt, der sowohl stresserzeugend für die Lehrkräfte als auch lernbeeinträchtigend auf die Schülerinnen und Schüler wirkt. Ähnlich gravierend ist die Diskrepanz in Bezug auf die erlebte Gerechtigkeit: 76 % sind der Auffassung, Lehrkräfte sollten alle Schülerinnen und Schüler gleich behandeln, aber nur 27 % glauben, die Mehrzahl ihrer Lehrkräfte tue dies. Entsprechend ist das Vertrauen zu den Lehrkräften nicht sehr groß (11 %), gewünscht wird es aber von 63 %. Gleiches gilt für Zuwendung: 62 % wünschen sich, dass Lehrkräfte sich darum kümmern, wie es den Schülerinnen und Schülern geht, nur 18 % erfahren solche Anteilnahme.

So zeigt denn auch eine Studie zu «arbeitsbezogenen Verhaltens- und Erlebensmustern», bei der in den Jahren 1995 bis 1999 insgesamt ca. 3000 Lehrkräfte in Bayern, Brandenburg, Berlin, Bremen und Niedersachsen nach ihren berufsbezogenen *Bewältigungsmustern* gefragt wurden, dass nur zwischen 11 % (in Bremen) und 20 % (in Bayern) der Lehrkräfte zu denjenigen gehörten, die «deutliche, doch nicht exzessive Ausprägungen in den Engagementdimensionen, ein hohes Maß erlebter Widerstandskraft und Bewältigungskompetenz gegenüber den beruflichen Belastungen sowie höchste Werte in den Dimensionen, die Gefühle der Zufriedenheit und Geborgenheit zum Ausdruck bringen»

(Schaarschmidt/Fischer 2001, S. 51). Zwischen 13 % (in Niedersachsen) und 37 % (in Bayern) zeigen ein zweites Muster, welches «vor allem durch die geringsten Ausprägungen in den Engagementdimensionen und die höchste Distanzierungsfähigkeit bei (relativer) Zufriedenheit gekennzeichnet» ist (ebd., S. 52). Umgekehrt heißt das: Wir finden bei den Lehrkräften riskante Bewältigungsmuster (zwischen 43 % in Bayern und 73 % in Brandenburg) mit hohem Engagement, entsprechend hoher Frustration und teilweise einen Umschlag zum Burn-out. Dabei gehören mehr Frauen als Männer zu den «Ausgebrannten», d. h. denen mit dem Burn-out-Syndrom (ebd., S. 66).

Das schulische Arbeitsfeld bietet folglich – gekennzeichnet durch Arbeitszeiten, das Erleben der Schulwirklichkeit durch die Lehrkräfte, die Anforderungen der Schülerinnen und Schüler sowie die möglichen Bewältigungsmuster – problematische Arbeitsbedingungen, deren man sich bewusst sein muss, um einen angemessenen Umgang mit Stress, Engagement und Frustration zu entwickeln. Um hier erfolgreich – für sich selbst wie auch für die Schülerinnen und Schüler – tätig sein zu können, muss man also Strategien überlegen, wie mit den Belastungen umzugehen ist. Dazu gehören auch Formen des Engagements, bei der Veränderung von Schule mitzuwirken (wie sie im Kapitel 4.1.1 als Folgerungen aus PISA genannt wurden). Die Beteiligung an Schulentwicklungsprozessen wird dann Bestandteil professionellen schulischen Handelns werden.

4.1.4 Unterricht ist nur Teil von Schulkultur – Schulentwicklung mitgestalten

Die Rahmenbedingungen des schulischen Alltags setzen dem pädagogischen Anspruch, einen guten Unterricht zu gestalten und alle Kinder und Jugendlichen zu fördern, Grenzen, die nicht als Einzelkämpfer überwunden, sondern nur gemeinsam im Kollegium angegangen werden können. Reformpädagogische Vorstellungen und Veränderungen der Schulen (vgl. Kap. 3.1.4) kann man schon immer als solche Ansätze für Schulentwicklungen begreifen (vgl. Kap. 2.2.5). Nach den bildungspolitischen Diskussionen der letzten Jahre (vgl. Kap. 3.2) wurde den einzelnen Schulen «Teilautonomie» zugestanden, d. h. die Möglichkeit, in der Organisation Schule selbst zu entscheiden und nicht nur gemäß staatlichen Erlassen zu verwalten und durchzuführen. Dies ging einher mit der Verpflichtung, Schulprogramme zu erstellen sowie Schulprofile zu entwickeln. Nach Sybille Rahm bedeutet Schulentwicklung, «dass die Mitglieder eines gesamten Kollegiums in Kooperation eine gemeinsam verantwortete Gestalt von Schule entwerfen und verwirklichen» (Rahm 2005, S. 92). Für die Lehrkräfte heißt dies, ihren Tätigkeiten Unterrichten, Beurteilen und Beraten weitere hinzuzufügen, nämlich zu «kooperieren, planen, innovieren, evaluieren/forschen, lernen, leiten» (ebd.). Die Kooperation bezieht sich dann nicht nur auf die Effektivierung der bisherigen Aufgaben – z. B. durch Austausch von Materialien o. Ä., sondern meint die Entwicklung gemeinsamer Perspektiven – wie etwa die Umstrukturierung einer Schule in Team-Kleingruppen (vgl. Kap. 4.1.1). Dies setzt gemeinsame Planungen und Ideen voraus.

Veränderungen der Schulkultur sollen gleichzeitig der *Qualitätsentwicklung* dienen. Qualität ist zwar von den beteiligten Personen sehr wohl spür- und erlebbar. Sie sollte jedoch, so Sybille Rahm, nicht nur einer systematischen Selbstevaluation, sondern auch einer Fremdevaluation unterzogen werden. Für beides sind empirische Forschungen (vgl. Kap. 5) notwendig, und diese wiederum implizieren Lernprozesse bei den Lehrkräften selbst. Über individuelles Lernen hinaus spricht man in diesen Kontexten auch von «lernenden Organisationen», wobei der Lernbegriff hier eher problematisch scheint (vgl. Kap. 2.1). Gemeint ist aber die organisierte Veränderung, die kontrolliert erfolgt und insofern gesteuert auf die zum Teil auch unbeabsichtigten Ergebnisse von Entwicklungen reagiert. Der Schulleitung kommt in solchen Prozessen eine zentrale Rolle zu. Lehrerinnen und Lehrer werden in einer solchen Schule eben nicht mehr als Einzelkämpferinnen und Einzelkämpfer betrachtet:

> «Ihr Denken und Handeln als Professionelle in Schulentwicklungsprozessen gilt dem gesamten Entwicklungsprozess der Schule ebenso wie ihrer persönlichen Professionalisierung innerhalb der Organisation. Mit der Ausweitung der Verantwortlichkeiten und der Erweiterung des Aufgabenspektrums ist ein bemerkenswerter Zuwachs an beruflicher Autonomie innerhalb erweiterter Gestaltungsspielräume verbunden» (ebd., S. 94).

Aktuelle Schulentwicklungen betreffen nicht nur die Klärung der eigenen Schulkultur und ihre Ausgestaltung, sondern die Veränderung der bisherigen zeitlichen Organisation von einer «Halbtagsschule» hin zu einem Ganztagsbetrieb. Die genannten Belastungsfaktoren durch die zeitliche Verdichtung des Schultags (vgl. Kap. 4.1.3) könnten durch eine Ausdehnung der in der Schule verfügbaren Zeit der Lehrenden und eine Entzerrung der Anforderungen deutlich reduziert werden. Allerdings gewährleistet eine Ausweitung der Anwesenheitszeiten allein noch kein verändertes Schulklima. Ohne entsprechende Arbeitsmöglichkeiten für die Lehrkräfte, d.h. ohne geeignete Räume und Ausstattungen, würde sich die Belastung sogar noch erhöhen. Mit entsprechenden Rahmenbedingungen wären jedoch sowohl verstärkte Kooperationen untereinander als auch verlässlichere Ansprechmöglichkeiten für Schülerinnen und Schüler möglich. Für diese erreichbar und ansprechbar zu sein – wie es von den Schülerinnen als positive Erfahrung in Kanada bzw. Schweden berichtet wurde (vgl. Kap. 4.1.1) – ist schwerer im Halbtagsbetrieb möglich als in einer Ganztagsschule.

Eine angemessene Konzeption betrifft nicht nur die interne Schulentwicklung z.B. hinsichtlich der Unterrichtsorganisation und des Lehrkräfteeinsatzes, sondern den Einbezug anderer Personen als «nur» der Unterrichtenden wie Medienspezialisten, Bibliothekarinnen, Technikerinnen, aber auch Eltern, Vertreter kommunaler Aktivitäten, ebenso wie die Öffnung der Schule für «außerschulische» Felder, z.B. die Kinder- und Jugendarbeit (vgl. Kap. 4.2.3). Insofern stellt die Ganztagsschule derzeit in mehrfacher Hinsicht eine Herausforderung dar.

4.2 Arbeitsfeld Kinder- und Jugendbildung

Im Arbeitsfeld der Kinder- und Jugendbildung, das sich durch die «Entgrenzung» des Lernens über den Unterricht hinaus stark ausweitet, findet ein erheblicher Anteil von erziehungswissenschaftlich ausgebildeten Personen Beschäftigung. Zugleich handelt es sich um ein Feld, in das Absolventinnen und Absolventen nicht nur des Hauptfachs Erziehungswissenschaft, sondern auch anderer Ausbildungs- und Studiengänge einmünden. Wichtige Informationen über das vielfältige Arbeitsfeld sind den mittlerweile zwölf *Kinder- und Jugendberichten* zu entnehmen, die vom zuständigen Ministerium – gegenwärtig mit dem langen Namen Bundesministerium für Familie, Senioren, Frauen und Jugend (BMFSFJ) – herausgegeben werden. Der 12. Kinder- und Jugendbericht steht unter dem Thema «Bildung, Betreuung und Erziehung vor und neben der Schule» (BMFSFJ 2005).

Für weite Teile der sozialpädagogischen Arbeit, die in die rechtlichen Regelungen des Kinder- und Jugendhilfegesetzes (KJHG) vom 26.6.1990 fällt und zu deren Arbeitsfeldern die Kinder- und Jugendarbeit gehört, gelten Uneinheitlichkeit und Unübersichtlichkeit. Hier werden überwiegend Erzieherinnen und Erzieher mit Fachschulausbildung oder Personen mit einer Fachhochschulausbildung in Sozialarbeit beschäftigt. Gleichzeitig ist Kinder- und Jugendbildung für die Erziehungs- und Bildungswissenschaft ein Arbeitsfeld, auf das sich aktive Professionalisierung richtet. Zudem ist dieses Feld explizit auf Bildungsprozesse hin orientiert: Die Kinder- und Jugendhilfe

> «greift nämlich nicht nur ein, wenn andere Institutionen versagen, z.B. wenn schulische Bildungswege misslingen, sondern vermittelt vielmehr selber Kompetenzen, insbesondere in der Kinderbetreuung, in der Jugendarbeit und in der Jugendsozialarbeit. Sie schafft durch die Hilfen zur Erziehung Voraussetzungen für gelingende Bildungsprozesse, und sie fördert die Erziehung in der Familie» (BMFSFJ 2002, S. 159).

Eine der Entwicklungen, die das Feld der Kinder- und Jugendarbeit für die Erziehungswissenschaft zunehmend relevant werden lassen, betrifft die wachsende Einsicht in die Bedeutung frühkindlicher Bildung (Kap. 4.2.1), die spätestens seit dem Forum Bildung (vgl. Kap. 2.2) und der Nach-PISA-Debatte verstärkt diskutiert wird. Dies impliziert, Kindertagesstätten als Bildungseinrichtungen zu begreifen, was die Frage nach den Kompetenzen des pädagogischen Personals aufwirft. Da bisher die Qualität der bestehenden Einrichtungen nur als «mittelmäßig» gekennzeichnet wurde (BMFSFJ 2005, S. 249), entstand die Forderung nach stärkerer Professionalisierung der Erzieher und Erzieherinnen und damit nach einer Verlagerung ihrer Ausbildung an Hochschulen. Die Berliner Alice-Salomon-Fachhochschule z.B. bietet seit April 2004 den ersten grundständigen Bachelor-Studiengang «Erziehung und Bildung im Kindesalter» an. Weitere Initiativen wollen in Kooperation zwischen Fachschulen, Fachhochschulen und Universitäten eine verbesserte Vorbereitung für die pädagogische Arbeit mit kleinen Kindern gewährleisten. Unabhängig davon besteht ein zunehmender Bedarf an Forschung über frühkindliche Erziehung und Betreuung. Durch die fehlende universitäre Ausbildung für diesen Bereich und die gleichzeitig übliche Verbindung von Forschung und Lehre an Universitäten entstand hier eine Lücke, die erst langsam durch die Einrichtung von Professuren für frühkindliche Pädagogik gefüllt wird.

Im Unterschied zur Betreuung von Kleinkindern stellte die Jugendarbeit bisher schon ein traditionelles Arbeitsfeld dar (Kap. 4.2.2). Hier kann eine zweite Entwicklung – Initiativen zum Ausbau von Ganztagsschulen und damit die Chance, bisher getrennte Arbeitsfelder von Schule und Kinder- und Jugendbildung zusammenzubringen – eine Aufwertung der Kinder- und Jugendbildung bewirken (Kap. 4.2.3).

4.2.1 Betreuung und Bildung von kleinen Kindern – Elternbildung und Kindertageseinrichtungen

Seit 1996 gibt es für Kinder ab dem vollendeten dritten Lebensjahr einen – in den verschiedenen Ländergesetzen zu Kindertagesstätten unterschiedlich geregelten – Rechtsanspruch auf einen Kindertagesstättenplatz. Überwiegend begründet dies aber nur den Anspruch auf fünf Stunden am Tag, was einer Halbtagsbetreuung entspricht (BMBFSJ 2005, S. 265). Immerhin hat sich damit die Einsicht durchgesetzt, dass eine Betreuung von Kindern außerhalb der Familien positiv für deren Entwicklung ist und keineswegs, wie lange unterstellt, eine Notlösung darstellt. Für die Kinder bis drei Jahren allerdings sieht das Angebot an Krippenplätzen nach wie vor schlecht aus und wird auch immer noch wenig gefördert. Der Elternbildung kommt als pädagogischem Arbeitsfeld neben der direkten Bildung der Kinder folglich eine wichtige Rolle zu.

Welche Formen der Betreuung von kleinen Kindern gibt es überhaupt? In einem Gutachten des Deutschen Jugendinstituts (Jurczyk u.a. 2004) wird zunächst zwischen privaten und öffentlichen Formen unterschieden. Zu den privaten Formen gehört natürlich die Familie im engeren Sinne, d.h. insbesondere die Eltern. Informelle Netzwerke können dann die weitere Verwandtschaft, aber auch Wohngemeinschaften, organisierte Freundschaftsbetreuungen, Babysitter u.Ä. sein. Die öffentlichen Formen umfassen zum einen die Institutionen der Kinderbetreuung, wie insbesondere die Kindertagesstätten, zum anderen die Tagespflege, d.h. vor allem Tagesmütter. Hier gibt es eine Überschneidung zu den privaten Formen, denn eine Tagesmutterbetreuung findet in der Regel überwiegend im privaten Rahmen statt. Seit der Reform des Kinder- und Jugendhilfegesetzes 1990 ist dieser Bereich aber auch in entsprechende Regelungen der Qualifizierungen, Vermittlungen und Kontrolle einbezogen. Allerdings gibt es keine verbindlichen Standards für die Anforderungen an Tagesmütter. Ein großer Teil verfügt jedoch über eine pädagogische Ausbildung (BMFSFJ 2005, S. 280).

Im KJHG werden die *Beratung und Unterstützung von Eltern* bei der Erziehung von Kindern als Aufgabe der Kinder- und Jugendhilfe explizit geregelt (§ 1 Abs. 3; § 16 SGB VIII). Gefordert werden Angebote der Familienbildung, der Familienberatung wie auch von Familienfreizeiten und Familienerholungen.

Die Zahl der Familienbildungsstätten ist nicht genau ermittelbar, der 12. Kinder- und Jugendhilfebericht nennt unter Bezugnahme auf unterschiedliche Dokumente 352, 479 und 586 solcher Einrichtungen (ebd., S. 256). Hinzu kommen aber entsprechende Weiterbildungsveranstaltungen durch Volkshochschulen, sonstige Bildungsstätten, Vereine usw. Neben Fragen zur Geburtsvor- und -nachbereitung werden solche zur Gesundheitsbildung, zu Pädagogik, Erziehung und Entwicklungspsychologie behandelt. Einen besonders großen Anteil an Angeboten stellen Eltern-Kind- oder Mütter-Kind-Gruppen dar. «Mütterzentren» sind aus der neuen Frauenbewegung entstandene, mittlerweile in vielen Kommunen existierende Einrichtungen, die zum Teil mit professioneller Hilfe Möglichkeiten des Austauschs und der gegenseitigen Unterstützung schaffen. Sie werden erweitert in «Elternzentren», in denen auch explizit Väter angesprochen werden. Angebote für sozial benachteiligte Familien und Familien mit Migrationshintergrund sind ein wichtiges Arbeitsfeld für die Kinder- und Jugendbildung. Allerdings gibt es hier noch eher Modellversuche als Regelangebote. Die Aufgabe besteht vor allem darin, niedrigschwellige Angebote zu entwickeln und über eine Evaluation zu klären, wie tatsächlich die Bildung von Kindern im vorschulischen Bereich verbessert werden kann.

Die *öffentliche, institutionelle Kinderbetreuung* stellt ein fast ebenso großes System dar wie die Grundschule, indem es nämlich mehr als drei Millionen Plätze (einschließlich Hortplätzen) umfasst. In Westdeutschland ist die Mehrzahl der Einrichtungen in der Hand von freien Trägern, insbesondere von Kirchen. In Ostdeutschland ist traditionell der Anteil öffentlicher Träger größer. Für Kinder unter drei Jahren gibt es in den westdeutschen Flächenstaaten eine Versorgungsquote von nur 2,4 %, in den ostdeutschen Ländern beträgt sie 37 %, in den Stadtstaaten 25,8 % (BMFSFJ 2005, S. 292). Für die drei bis sechs Jahre alten Kinder sieht die Versorgung dagegen wesentlich besser aus: Hier sind in den westdeutschen Flächenstaaten für 90,6 % der Kinder, in den ostdeutschen Staaten für 105,1 % und in den Stadtstaaten für 84 % Plätze vorhanden (ebd., S. 293).

1998 arbeiteten mehr als 370 000 Personen in Kindertageseinrichtungen, davon waren 95 % weiblich. Es handelt sich also um ein Frauenarbeitsfeld, in dem auch der Teilzeitbeschäftigungsanteil sehr hoch liegt (in westlichen Bundesländern 41,8 %, in östlichen Bundesländern 70,5 %). 225 000 Personen sind Erzieherinnen bzw. zu deutlich geringerem Anteil Erzieher, etwas mehr als 6000 haben einen Sozialarbeits- oder Sozialpädagogikabschluss einer Fachhochschule, und knapp 2000 waren Diplom-Pädagoginnen und Diplom-Pädagogen (Rauschenbach u. a. 2004, S. 116/117).

Man kann aus empirischen Studien belegen, dass eine institutionelle Betreuung von Kindern vor dem Schuleintritt sich in allen Entwicklungsaspekten positiv auswirkt. Gleichzeitig ist es notwendig, die Qualität der Kindertagesbetreuung zu verbessern. Die Jugendministerkonferenz der Länder hat sich 2004 auf einen «Gemeinsamen Rahmen der Länder für die frühe Bildung in Kindertageseinrichtungen» geeinigt. Als zu fördernde Bildungsbereiche sind dabei festgelegt worden: «Sprache, Schrift, Kommunikation; personale und soziale Entwicklung, Werteerziehung/religiöse Bildung; Mathematik, Naturwissenschaft, (Informations-)Technik; Musische Bildung/Umgang mit Medien; Körper, Bewegung, Gesundheit; Natur und kulturelle Umwelten» (BMFSFJ 2005, S. 313 f.). In der Folge sind – wie auch in anderen Nationen (vgl. OECD 2004) – in allen Bundesländern mittlerweile *Curricula* oder *Bildungspläne* vorgelegt und zum Teil in die Erprobung und Umsetzung gegangen.

Eine solche Curricularisierung der Kindertagesstättenarbeit ist nicht unumstritten. Thomas Rauschenbach (*1952), ab 2002 Direktor des Deutschen Jugendinstituts, merkt an, dass die curricularen Vorgaben der Bildungspläne, gemessen an einem offenen Situationsansatz, problematisch sein könnten, wenn nämlich die Bildungs- und Lernprozesse der Kinder unter fachdidaktischen Gesichtspunkten geplant würden, statt auf Alltagssituationen einzugehen (Rauschenbach u. a. 2004, S. 190). Der Situationsansatz ist in den 1990er Jahren in der Elementarpädagogik entwickelt worden, um den Kindern mit ihren jeweiligen konkreten Erfahrungen und Bedürfnissen gerecht zu werden. Sie sollen als Expertinnen und Experten für ihre Lebenssituation gelten, die gemeinsam und projektförmig bearbeitet werden kann. Damit gehen sowohl einher, die früher übliche altershomogene Zusammensetzung der Gruppen zugunsten einer Altersmischung aufzuheben, als auch die Öffnung der Einrichtungen zur Außenwelt. Im «Leitbild des Situationsansatzes» heißt es:

> «Kinder haben von Anfang an eigene Rechte und vollziehen die für ihre Entwicklung und Entfaltung notwendigen Schritte durch eigene Aktivität. Diese Sicht bestimmt das Bild vom Kind im Situationsansatz. Erwachsene sind dafür verantwortlich, Kinder durch verlässliche Beziehungen und ein anregungsreiches Umfeld in ihrem Streben nach Weiterentwicklung zu unterstützen» (http://www.inafu.de/ista/content/pdf/leitbild.pdf – 3. 3. 2006).

Dieses Leitbild entwirft ein Spannungsfeld zwischen Curriculum und Situation. Insofern könnte eine Konvergenz beider Ansätze entstehen. Entsprechend kommt der 12. Kinder- und Jugendbericht, bezogen auf die Qualität der Tagesstättenarbeit, zu der Einschätzung:

«Insgesamt gesehen steht außer Frage, dass in den zurückliegenden fünf Jahren fachpolitisch bedeutende Akzente in der Orientierungsqualität gesetzt wurden, die als Kernelemente einer Neujustierung der öffentlich verantworteten Früherziehung in Deutschland verstanden werden können» (BMFSFJ 2005, S. 317).

Zunehmend werden auch die Kooperation und Abstimmung zwischen Kindertageseinrichtungen und Grundschulen gefordert, auch weil die bisherigen verbindlichen Kriterien von «Schulreife» wissenschaftlich nicht haltbar sind. Man geht zum einen davon aus, dass Schulfähigkeit sich nicht einfach einstellt, sondern unterstützt und gefördert werden kann. Das kann Aufgabe sowohl der Kindertagesstätten wie der Grundschulen sein. Zum anderen sollen flexiblere Übergänge zwischen den Einrichtungen geschaffen werden. In diesem Feld gibt es bisher zwar schon Modellversuche, hier liegt aber noch erhebliche Entwicklungsarbeit für künftige Pädagoginnen und Pädagogen.

4.2.2 Jugendarbeit

Das Kinder- und Jugendhilfegesetz nennt im § 11 Ziele für die Jugendarbeit. Absatz 1 lautet:

> «Jungen Menschen sind die zur Förderung ihrer Entwicklung erforderlichen Angebote der Jugendarbeit zur Verfügung zu stellen. Sie sollen an den Interessen der jungen Menschen anknüpfen und von ihnen mitbestimmt und mitgestaltet werden, sie zur Selbstbestimmung befähigen und zur gesellschaftlichen Mitverantwortung und zu sozialem Engagement anregen und hinführen» (§ 11 Abs. 1 SGB VIII).

Absatz 3 listet verschiedene Schwerpunkte auf, in denen diese Förderungen erfolgen sollen, nämlich

- außerschulische Jugendbildung mit allgemeiner politischer, sozialer, gesundheitlicher, kultureller, naturkundlicher und technischer Bildung,
- Jugendarbeit in Sport, Spiel und Geselligkeit,
- arbeits-, schul- und familienbezogene Jugendarbeit,
- internationale Jugendarbeit,

- Kinder- und Jugenderholung,
- Jugendberatung.

Die *Freiwilligkeit* der Inanspruchnahme gilt als Grundsatz in der Jugendarbeit. Einen großen Anteil macht die ehrenamtlich organisierte Jugendverbandsarbeit aus, bei der Jugendliche in Vereinen oder Verbänden betreut werden bzw. zusammenkommen können. Jugendarbeit im Sport hat dabei besonderes Gewicht, denn viele Vereine haben hier ihren Schwerpunkt. Bis zu 70 Prozent der Kinder im Alter von vier bis zwölf Jahren sind aktuelle oder ehemalige Mitglieder in einem Sportverein (BMFSFJ 2005, S. 380). Einen zweiten Typ bildet die offene Jugendarbeit, die plural organisiert und kommunal ausgerichtet ist. Weiterhin gibt es die Jugendkulturarbeit, zu der Kindermuseen, Musikschulen, Jugendkunstschulen, Medienwerkstätten und theaterpädagogische Zentren rechnen. Der 12. Kinder- und Jugendbericht zählt rund 28 000 Beschäftigte in 7400 Einrichtungen in den westlichen Bundesländern und gut 8000 in knapp 3000 Einrichtungen der Jugendarbeit in östlichen Bundesländern (BMFSFJ 2005, S. 633).

Nicht ganz so deutlich wie im Arbeitsfeld der Kindertagesstätten, aber von der Tendenz her ähnlich handelt es sich bei der Jugendarbeit ebenfalls um einen Beschäftigungsbereich vor allem für Frauen: In den westlichen Einrichtungen sind fast 55 % des Personals weiblich, in den östlichen Ländern fast 67 %. Der Anteil von Sozialarbeiterinnen/Sozialpädagoginnen bzw. Sozialarbeitern/ Sozialpädagogen beträgt im Westen mehr als 51 %, im Osten nur 28 %, derjenige von Diplompädagoginnen und Diplompädagogen knapp 15 % bzw. 16 % (ebd., S. 635/636).

Die Nutzung der verschiedenen Angebote der Jugendarbeit durch Kinder und Jugendliche ist mit Blick auf Alter, Geschlecht, Bildungs- und Migrationshintergrund durchaus unterschiedlich:

> «Zum einen scheinen Jugendverbände eine Angebotsform zu sein, die eher Jugendliche im Alter zwischen 15 und 18 Jahren anspricht, insbesondere dann, wenn sie keinen Migrationshintergrund haben und ein Gymnasium besuchen. Zum anderen wurde aus der Analyse der Angebotsstruktur der offenen Jugendarbeit aber auch deutlich, dass ein erheblicher Teil dieser Einrichtungen auch jüngere Altersgruppen erreicht. Ein Geschlechtereffekt scheint hingegen am deutlichsten in Kombination mit dem Lebensalter zum Tragen zu kommen; hierbei zeigt sich

wieder einmal, dass junge Frauen – vor allem solche mit Migrationshintergrund – sich im Jugendalter relativ schnell aus der Jugendarbeit zurückziehen. Darüber hinaus spielt die offene Jugendarbeit für Kinder und Jugendliche mit Migrationshintergrund eine wichtige und zugleich weitaus bedeutsamere Rolle als die Jugendverbandsarbeit. Und zu dem Zusammenhang von Bildungshintergrund und selbst aktivierenden Bildungsgelegenheiten der Jugendarbeit in Form ehrenamtlichen Engagements kann folgende Annahme als plausibel gelten: Freiwilliges Engagement in der Jugendarbeit ist als eine besondere Bildungsform überwiegend ein Betätigungsfeld von Jugendlichen mit höherer Schulbildung» (ebd., S. 386).

In den letzten 25 bis 30 Jahren betrafen die Kontroversen, die um die Jugendarbeit entbrannten, vor allem vier Aspekte, nämlich das politische Mandat der Jugendarbeit, die Einrichtung selbst verwalteter Jugendzentren, die soziokulturelle Ausrichtung der Jugendarbeit sowie schließlich die Forderung nach einer eigenständigen Mädchenarbeit (Rauschenbach/Düx/Züchner 2002, S. 7). Die beiden ersten Kontroversen – politisches Mandat und Selbstverwaltung – lassen sich als Frage nach Bildungsgehalt und Entfaltungsmöglichkeiten in der offenen Jugendarbeit stellen. Die soziokulturelle Ausrichtung betrifft Forderungen wie jene nach sozialräumlich orientierter Jugendarbeit. Die Entwicklung der Mädchenarbeit geht mittlerweile über in die Reflexion der Bedeutung der Kategorie Geschlecht für die Jugendarbeit.

Obwohl die gesetzlich bestimmten Zielsetzungen für die Jugendarbeit ihr einen *Bildungsauftrag* geben, finden sich in der Praxis vor allem Präventionskonzepte, in denen Jugendliche als potenzielle Risikoträger konstruiert werden (Sturzenhecker 2002, S. 30). Betreuung, Anpassung und Dienstleistung stehen im Vordergrund, weniger Mit- und Selbstbestimmung. Bildungsaufgaben in der Jugendarbeit stehen allerdings auch vor nicht auflösbaren, paradoxen Anforderungen, so, wenn sie Anleitung zur Selbstbestimmung bieten soll. Nichtsdestoweniger benennt Benedikt Sturzenhecker Selbst- und Mitbestimmung als eines der beiden «Basics» für offene Jugendarbeit. Das zweite der «Basics» betrifft Anerkennung. Sturzenhecker sieht die Umsetzung dieser Basics gewährleistet, wenn die von ihm als «klassisch» bezeichnete Aufgabe der Sozialpädagogik, nämlich die «bildende Gestaltung des sozialen, räumlichen Ortes der Offenen Jugendarbeit» (ebd., S. 39), gelingt:

> «Ein bildungsorientiertes Jugendhaus würde permanent Möglichkeiten zur Raumumgestaltung anbieten und dabei den Kindern und Jugendlichen so viel Selbstbestimmung und Selbstverantwortung zumuten wie nur irgend möglich» (ebd., S. 40).

Die Pädagoginnen und Pädagogen sind dabei – nach Sturzenhecker – als «Modell» gefragt, und zwar in der Weise, dass sie einen eigenen Stil und einen eigenen «Kopf» haben, den sie vertreten. Indem sie dieses auch den Jugendlichen zubilligen, sind beide für eine anerkennende Konfliktaustragung gerüstet. Verfremdungstechniken, wie Bertold Brecht (1898–1956) sie für das Theater propagiert hat, sind dabei für die Ermöglichung von Reflexionen besonders geeignet. Gelingen kann ein solches emanzipatorisches Konzept allerdings nur, wenn auch hier die Jugendarbeitenden Vorbild sind, indem sie die Gestaltung ihres Arbeitsfeldes in die Hand nehmen:

> «Statt sich wie bisher noch häufig als Opfer der Marginalität und schlechten Arbeitsbedingungen des Feldes zu sehen, müssten die Fachkräfte zu selbstbestimmten TäterInnen einer Veränderung werden und sich endlich die Professionalität aneignen, die ihnen bisher fehlt» (ebd., S. 56).

Eine solche veränderte Sichtweise wird auch für die *Sozialraumorientierung* der Jugendarbeit eingefordert. Ursprünglich gemeint ist damit ein jugendpolitischer Anspruch zur Rückgewinnung öffentlicher Räume für Kinder und Jugendliche. Faktisch wird dieser jedoch ebenfalls weitgehend in den Präventionsgedanken überführt und die sozialgeographische Analyse an Fragen nach Kriminalität, Suchtverhalten, Gewalt und Angsträumen orientiert. Dagegen gelte es, so Ulrich Deinet, eine «Lebensweltanalyse» vorzunehmen. Diese erlaube eine positive Sicht auf öffentliche Räume gegenüber einer angsterfüllten Wahrnehmung der «gefährlichen Straße» – eine Sichtweise, mit der eine Revitalisierung öffentlicher Räume gelingen kann (Deinet 2002). Die Bedeutung sozialer Kategorien wie Geschlecht, soziale Herkunft oder Migrationsstatus wäre Bestandteil einer solchen Strategie.

Besonders Jugendliche mit Migrationserfahrung werden zunehmend zur Klientel der Jugendarbeit. Gerade in städtischen Ballungsräumen gehören sie zur selbstverständlichen «Zielgruppe». Zugleich heißt dies nicht, dass sie eine einheitliche Gruppierung bilden. Vielmehr ist – genau wie für Jugendliche ohne Migrationserfahrung – von differenzierten Lebenslagen und Bedürfnissen auszugehen, die es zu erfassen und umzusetzen gilt. In den 1990er Jahren noch vorhandene Vorschläge, eigenständige Einrichtungen für Migrantenjugendliche zu schaffen, können mittlerweile als überholt gelten (Scherr 2002).

Gleiches lässt sich für die Mädchen- und Jungenarbeit nicht sagen – hier ist die Trennung nach wie vor verbreitete Arbeitsform. Die *Geschlechterfrage* war in der Jugendarbeit immer präsent, allerdings mit höchst unterschiedlichen Ansätzen. In die Vorstellung von Jugend fließen immer auch Weiblichkeits- und Männlichkeitsbilder ein, die Konsequenzen für die Praxis haben. Die überwiegend geschlechtergetrennte Organisation ging mit einer polaren Geschlechtervorstellung konform. Diese wurde allerdings auch in den vereinzelten koedukativen Angeboten nicht aufgehoben. Die Chancengleichheitsdebatten der 1960er Jahre (vgl. Kap. 3.1.5) setzten dann generell in der Schule wie in der Jugendarbeit auf Koedukation und unterlegten dem ein Bild von Gleichheit, das Differenzen tabuisierte. In den 1970er Jahren entbrannte mit dem Entstehen der neuen Frauenbewegung eine Kritik an der Jugendarbeitspraxis, der eine Diskriminierung und Marginalisierung von Mädchen vorgeworfen wurde. «Jugendarbeit ist Jungenarbeit» wurde das kritische Motto. Feministische Jugendarbeiterinnen entwickelten deshalb Konzepte für eine eigenständige Mädchenarbeit, deren Grundsätze Mädchenparteilichkeit und Geschlechtertrennung waren. 1978 erschien das erste Buch zur feministischen Mädchenarbeit (Savier/Wildt 1978), im gleichen Jahr entstand der erste Mädchentreff in Frankfurt/Main. Der 6. Jugendbericht der Bundesregierung 1984 (Sachverständigenkommission 1984) widmete sich der Lebenssituation von Mädchen und bewirkte zusammen mit den 15 Bänden der Expertisen zu «Alltag und Biografie von Mädchen» (Sachverständigenkommission 1984–1986) eine umfassende Diskussion der «Mädchenfrage». In der Konsequenz wurde im Kinder- und Jugendhilfegesetz 1990 im § 9 Abs. 3 festgehalten, dass «die unterschiedlichen Lebenslagen von Mädchen und Jungen zu berücksichtigen, Benachteiligungen abzubauen und Gleichberechtigung von Mädchen und Jungen zu fördern» sind. Bis 1995 waren bundesweit ca. 100 autonome Mädchentreffpunkte eingerichtet (Rose 2002, S. 86). Parallel dazu entstanden auch in den «normalen» Jugendhäusern spezielle Angebote für Mädchen wie Mädchenräume, Mädchentage oder Mädchengruppen.

Zwar hatten Monika Savier und Carola Wildt schon 1978 gefordert, parallel zur Mädchenarbeit auch Jungengruppen einzurichten. Lotte Rose (*1958), Professorin für Pädagogik der Kinder- und Jugendarbeit an der Fachhochschule Frankfurt/M., weist darauf hin, dass mit dem Motto «Jugendarbeit ist Jungenarbeit» die unterschiedlichen Lebensverhältnisse der Jungen eher verdeckt und deren verschiedene Thematisierung in der Jugendarbeit übersehen werde (ebd., S. 87).

Eine explizite *Jungenarbeit* begann Mitte der 1980er Jahre (für den aktuellen Stand vgl. Jantz/Grote 2003, Boldt 2005). 1985 startete in der Heimvolkshochschule Frille ein Modellprojekt, das den Blick auf beide Geschlechter richtete: «Was Hänschen nicht lernt ... verändert Klara nimmermehr: Parteiliche Mädchenarbeit – antisexistische Jungenarbeit» (vgl. Glücks/Ottemeier-Glücks 1994). Der Ansatz «antisexistischer Jungenarbeit» war das erste ausformulierte Konzept für die Jungenarbeit. Es ging ihm darum, den Jungen ihren Anteil an der gesellschaftlichen Benachteiligung von Frauen deutlich zu machen und sie für geschlechtliche Gleichberechtigung zu gewinnen. Ende der 1980er Jahre entstand die «reflektierte Jungenarbeit» (Sielert 1989), in der Jungen eine stabile männliche Identität mit «weiblichen Anteilen» entwickeln sollten. Gegen diese sich explizit oder implizit an der feministischen Sicht orientierenden Ansätze gab es solche, die primär Parteilichkeit für Jungen in den Vordergrund stellten: «Emanzipatorische Jungenarbeit» (Schenk 1991) sollte sich von Vorabbewertungen des Jungenverhaltens lösen und Jungen in ihrem individuellen Sein unterstützen. «Kritische Jungenarbeit» (Winter 1993) hebt vor allem auf die Wichtigkeit männlicher Vorbilder ab, und zwar solcher, die auch «untypische» Verhaltensweisen verkörpern. Deutlich anders akzentuiert waren «maskulinistische» Ansätze, die festhalten wollen an bisherigen Männlichkeitsbildern, in denen jedoch Aggression, Wut u. Ä. positiv gewendet werden sollten (exemplarisch als Grundlage für eine solche Position: Bly 1993).

Insgesamt erreicht die spezielle Mädchen- oder Jungenarbeit aber wohl nur einen kleineren Teil der Jugendlichen. Auch versteht sich nach wie vor nur ein kleinerer Teil der mit Jugendlichen Arbeitenden als «geschlechtsbewusst» in einem Sinn, der über das politisch korrekte Bekenntnis hinausgeht. Lotte Rose sieht die Gefahr eines Auseinanderdriftens zwischen geschlechterbewusster Arbeit mit Mädchen und Jungen und der «normalen» Arbeit. «Schieflagen» entstehen dabei durch unterschiedliches Wissen über «Mädchen- und Jungenwelten», aber auch durch – möglicherweise damit einhergehenden – Konkurrenzen um die «richtige» Mädchen- oder Jungenarbeit. Notwendig sei folglich, geschlechterbewusste Jugendarbeit «auf die Füße zu stellen». Das würde bedeuten, «*zuerst* zu hören, zu sehen und zu verstehen, wie Mädchen und Jungen sich in ihren Lebenswelten arrangieren und dann danach praktische Schlussfolgerungen zu ziehen» (Rose 2002, S. 97).

Insgesamt ist das Feld der Kinder- und Jugendarbeit eine «offene, strukturell diffuse und inhaltlich zuweilen widersprüchliche, konzeptionell mitunter sogar undurchsichtige Szenerie» (Thole/Küster 2002, S. 177). Fallorientierte und ethnographische Kompetenzen (vgl. Kap. 5) können dazu verhelfen, den Anforderungen des Feldes wie vor allem denen der Kinder und Jugendlichen gerecht zu werden, d.h. professionell dieses Arbeitsgebiet zu gestalten.

4.2.3 Ganztagsschulen als Arbeitsfeld

Durch die Debatte um Ganztagsschulen verändert sich das Verhältnis von Schule und Kinder- und Jugendarbeit. Bisher sind verbindende Angebote in der Bundesrepublik Deutschland noch eher die Ausnahme, wenngleich in vielen Schulen der Sekundarstufen der Unterricht bis weit in den Nachmittag reicht. Vor einigen Jahren haben einige Bundesländer begonnen, im Grundschulbereich feste Zeiten für die Betreuung und Unterrichtung der Kinder einzurichten. Mit Bezeichnungen wie «verlässliche Grundschule» oder «volle Halbtagsschule» soll die früher übliche Praxis, in der die Stundenpläne der Kinder höchst unterschiedliche Zeiten auswiesen und bei Unterrichtsausfall Kinder nach Hause geschickt werden konnten, abgelöst werden zugunsten von festen Anwesenheitszeiten. Diese sichern erwerbstätigen Eltern verlässliche Betreuungszeiten und nehmen ihnen die Sorge, ihr Kind könne plötzlich verlassen vor der Wohnungstür stehen.

Im Sekundarbereich hat die Bundesregierung ab 2003 mit dem Investitionsprogramm «Zukunft Bildung und Betreuung» (IZBB) eine Entwicklung zu Ganztagsschulen in Gang gesetzt (vgl. http://www.ganztagsschulen.org/ – 3. 3. 2006). Als Ganztagsschulen gelten Einrichtungen, die mindestens sieben Zeitstunden umfassen und ein warmes Mittagessen sichern, beides muss an mindestens drei Tagen der Woche gewährleistet sein. Außerdem sollen die nachmittäglichen Angebote in einem konzeptionellen Zusammenhang zum Vormittagsunterricht stehen. Man unterscheidet zwischen gebundenen Ganztagsschulen, die ein verpflichtendes Angebot für alle oder einen Teil der Schülerinnen und Schüler bieten, und offenen Ganztagsschulen, deren Angebote freiwillig sind. Die derzeitige Tendenz geht überwiegend in Richtung auf die Entwicklung offener Ganztagsschulen.

Für das Arbeitsfeld der Kinder- und Jugendarbeit bietet die Ganztagsschule sowohl Herausforderungen als auch neue Chancen – selbstverständlich auch für die Lehrerinnen und Lehrer in der Schule (vgl. Kap. 4.1). Einerseits wird befürchtet, dass vor allem die vereins- und verbandsgebundene Jugendarbeit ihre Klientel einbüßen könnte, weil die Kinder und Jugendlichen keine Zeit mehr haben. Andererseits geht es gerade darum, Konzepte zu entwickeln, die neue Formen von Schulkultur ermöglichen. Der 12. Kinder- und Jugendbericht unterscheidet vier Formen von Kooperationen (vgl. BMFSFJ 2005, S. 513 ff.):

- Seitens der Jugendhilfe werden regelmäßige oder projektbezogene Angebote an der Schule gemacht. Dies führt eher zu einem additiven Modell und zur Gefahr von unverbunden nebeneinander bestehenden Angeboten.
- Das Nachmittagsangebot findet in Trägerschaft eines außerschulischen Trägers statt. Diese Angebote können ebenfalls entweder als additives Modell realisiert werden. Oder es könnte zu einem abgestimmten Kooperationsmodell kommen, bei dem ein Miteinander auf der Basis von Absprachen erfolgt.
- Es gibt eine Konzeptentwicklung in Kooperation von außerschu-

lischem Träger und Schule. Dies entspräche mindestens dem abgestimmten Kooperationsmodell, böte aber auch Chancen für ein integriertes Modell, bei dem beide Partner gleichberechtigt kooperieren.

- Es findet eine Schulentwicklung in Kooperation von Schule und Trägern der Jugendhilfe statt. Dies wäre die Realisierung des integrierten Modells mit einer deutlichen Veränderung sowohl von Schule wie von Kinder- und Jugendarbeit.

Es gibt also vielfältige Kooperationsformen zwischen Schule und außerschulischen Einrichtungen, sie verlaufen allerdings nicht immer reibungslos und positiv (Wahler/Preiß/Schaub 2005). Die Zustimmung zu Ganztagsangeboten ist jedoch insgesamt sehr hoch, sodass davon auszugehen ist, dass hier ein neues expandierendes Arbeitsfeld für Absolventinnen und Absolventen eines BA-Studiengangs Erziehungswissenschaft liegt. Die Neubestimmung des Verhältnisses von Kindertageseinrichtungen und Schule sowie der Kinder- und Jugendarbeit ist ein Beispiel für das Zusammenwachsen bisher getrennter Bildungsbereiche. Dies setzt sich fort in der Entwicklung hin zu einem umfassenden Modell des «lebenslangen Lernens», zu dem dann auch die Weiterbildung gehört.

4.3 Arbeitsfeld Erwachsenenbildung

Kein Bereich des Bildungswesens ist in den letzten 30 Jahren so expandiert wie die Weiterbildung, die in einen Prozess gleichzeitiger Ausweitung wie Umwandlung geraten ist. Schon anhand der historischen Verschiebung der Begriffe lässt sich ein weitgehender Verständniswandel im Verlauf von mehr als hundert Jahren von einem Adressatenbezug («Arbeiterbildung», «Volksbildung») über einen Lebensabschnittsbezug («Erwachsenenbildung») hin zum heute gängigen, auf Kontinuität in Bildungsvorgängen verweisenden Begriff der «Weiterbildung» nachzeichnen. Während man bis Mitte der 1970er Jahre bei Erwachsenenbildung in erster Linie an die Institution Volkshochschule dachte, reicht der Horizont heute von betrieblicher Weiterbildung und informellem Lernen am Arbeitsplatz oder im Wohnumfeld bis hin zu den vielfältigen

Angeboten unterschiedlichster Träger oder der Medien. Im Allgemeinen werden unter Weiterbildung alle diejenigen intentionalen Bildungsaktivitäten zusammengefasst, die nach Abschluss einer ersten, unterschiedlich ausgedehnten Bildungsphase mit anschließender Erwerbstätigkeit oder auch Familientätigkeit aufgenommen werden.

Es gibt so etwas wie eine Unabgeschlossenheit und «Grenzenlosigkeit» der Erwachsenenbildung, aus der weit reichende Probleme bei dem Versuch resultieren, die Perspektiven des Personals in diesem Arbeitsfeld zu klären. Erstens ist die Entwicklung des Feldes Erwachsenenbildung zu betrachten (Kap. 4.3.1). Zweitens sind Lernmöglichkeiten und insbesondere Trägerstrukturen für die Erwachsenenbildung offen (Kap. 4.3.2). Drittens ist die Bündelung von Tätigkeiten der Beschäftigten unterschiedlich; ihre Zusammenfassung als Beruf und ihre Verwertung auf dem Arbeitsmarkt sind ungeklärt (Kap. 4.3.3). Zu entwickeln ist – viertens – eine zukunftsfähige Perspektive der Systematisierung in der Erwachsenenbildung (Kap. 4.3.4).

4.3.1 Umfangswachstum und Bedeutungszuwachs der Erwachsenenbildung

Der bildungspolitische Impuls, der vom Strukturplan des Deutschen Bildungsrates 1970 (vgl. Kap. 3.2.2) ausging, wonach die Weiterbildung zu einer «vierten Säule des Bildungswesens» (neben Schulbereich, Berufsbildung und Hochschulwesen) werden sollte, hat zwar zu einer deutlichen Expansion dieses Sektors geführt, aber nicht zu seiner Integration. Dies wird an der Heterogenität der gesetzlichen Grundlagen deutlich, die verwoben ist mit sehr unterschiedlichen Finanzierungskonzepten und einer unübersichtlichen *Institutionenvielfalt*, in der sich staatliche Steuerung und Subventionierung, marktförmige Angebots- und Nachfrageregulation und tarifvertragliche Vereinbarungen überlagern. Ordnungspolitisch werden Teilbereiche besonders der beruflichen Weiterbildung reguliert über einen Weiterbildungsmarkt, auf dem Kurse gegen Gebühren gehandelt werden; andere Bereiche wie die Abendschulen werden staatlich organisiert.

Weiterbildung dient vielfältigen individuellen, ökonomischen und gesellschaftlichen Interessen. Sie ist notwendig für den Erhalt wirtschaftlicher Leistungsfähigkeit, die Anpassung an die dynamische Technologieentwicklung und so wichtiger Aspekt der Arbeitsmarktpolitik. Weiterbildung ist aber auch integraler Bestandteil für politische Partizipation, Mitbestimmung und Demokratisierungsbestrebungen und wird als Moment von Persönlichkeitsentfaltung verstanden.

Trotz des ständigen Wandels dieses Sektors ist Weiterbildung zu einem eigenständigen, zunehmend wichtiger gewordenen Teil des Bildungssystems gewachsen. Während noch in den 1960er Jahren die Notwendigkeit und der Stellenwert dieses Lernbereichs vielfach in Frage gestellt wurden, hat sich die Erwartungshaltung vor allem im beruflichen Bereich umgekehrt: Wer an Weiterbildung nicht teilnimmt, muss dies begründen. In einem umfassenden Verständnis wird Weiterbildung heute zu einem tragenden Bestandteil des «Lebenslangen Lernens». Neben der Einsicht in die Notwendigkeit kontinuierlichen Lernens über die Lebensspanne hinweg wird in diesem Konzept auf der Seite der Individuen die *Lernfähigkeit* bis ins hohe Alter herausgestellt und damit dem landläufigen Vorurteil widersprochen, Lernen sei umso mühsamer – wenn nicht sogar aussichtslos –, je älter man werde. Nachgewiesen ist dagegen, dass ein «expansives Lernen» bei Erwachsenen abhängt von der Bedeutsamkeit der Themen und dann keineswegs beschränkt ist. Zugleich wird die Gestaltung von Lernprozessen durch die Lernenden selbst betont (Faulstich/Gnahs/Seidel/Bayer 2002). *«Teilnehmerorientierung»* gilt als wichtigstes didaktisches Prinzip der Erwachsenenbildung. Dies hat sich fortgesetzt in der Diskussion über «selbst organisiertes Lernen». In dieser Hinsicht zeigt sich eine Verwandtschaft des Konzepts «Lebenslangen Lernens» mit dem Bildungsbegriff, der ebenfalls die Prinzipien von Mündigkeit und Selbstbestimmtheit hervorhebt (vgl. Kap. 2.1). Aus einer kritischen Perspektive werden aber auch resultierende Zwänge und entsprechende Zumutungen für das Individuum sichtbar. «Lebenslanges Lernen» stellt permanent Umstellungsanforderungen aufgrund ökonomisch geforderter und individuell nicht steuerbarer Anpassungsnotwendigkeiten.

Diese durchaus ambivalenten Aspekte des «Lebenslangen Lernens» charakterisieren Ansprüche an Weiterbildung innerhalb des deutschen Bildungswesens. Allerdings ist damit auch ein weit reichender Zukunftsentwurf für das Bildungswesen insgesamt angelegt, der eine Flexibilisierung von Lernzeiten über den Lebenslauf nahe legt und insofern die bestehende Struktur des Bildungssystems, für die Kindheit und Jugend als primäre Lernphase angesehen werden, in Frage stellt. Da aber von einem umfassenden Wandel der strukturellen Verfasstheit im Bildungsbereich bisher wenig zu erkennen ist, ist es nicht überraschend, dass die tatsächliche Entwicklung in der Weiterbildung dem Modell des «Lebenslangen Lernens» bisher nur ansatzweise gefolgt ist – entgegen der Popularisierung des Konzepts durch internationale Gremien, Parteien und ebenfalls durch Unternehmerverbände und Gewerkschaften.

Nicht zuletzt aus der Expansion und einer tendenziellen Allgegenwärtigkeit von Weiterbildung im Lebensalltag resultieren deutliche Probleme für die Feldbeschreibung wie auch bei dem Versuch, die Weiterbildungslandschaft empirisch zu erfassen. Es fehlen in weiten Bereichen aussagekräftige und zuverlässige Daten und Informationen. Deshalb müssen nach wie vor Partialstatistiken herangezogen werden. Dies ist erstens das «Berichtssystem Weiterbildung», das auf einer repräsentativen Erhebung der Weiterbildungsteilnahme beruht und mittlerweile in der neunten Erhebung vorliegt (Kuwan u.a. 2006). Zweitens gibt es Institutionenstatistiken der einzelnen Träger bzw. Einrichtungen. Davon ist die Statistik des Deutschen Volkshochschulverbandes (DVV) sicherlich die weitreichendste und tragfähigste. Die Kammern erheben Zahlen über ihre Veranstaltungen sowie Prüfungen. Die Bundesanstalt für Arbeit dokumentiert drittens die «Fortbildungs- und Umschulungsmaßnahmen». Viertens gibt es Statistiken auf Landesebene, z. B. bei den einzelnen Ministerien. Über diese Statistiken hinaus bestehen mittlerweile bundesweite Datenbanken wie der «Kurs» der Bundesanstalt für Arbeit, welche entsprechend ausgewertet werden können.

Einen Überblick gibt das «Berichtssystem Weiterbildung» (Kuwan u.a. 2006): Mittlerweile wird fast die Hälfte der Deutschen im Alter zwischen 19 und 64 Jahren in gezielte Lernaktivitäten einbezogen. Der Weiterbildungsumfang expandiert. In der längerfristigen Betrachtung ist Weiterbildung ein stark gewachsener Bereich. Seit 1979 hat sich die

Teilnahmequote fast verdoppelt. Zwar gab es immer wieder Einbrüche, z. B. durch das Schwanken der Förderung nach dem Sozialgesetzbuch III und der damit finanzierten «Maßnahmen» der Arbeitsverwaltung. Mittlerweile ist Weiterbildung, was die Teilnahmezahlen angeht – fast unbemerkt von der Öffentlichkeit –, mit 20 Millionen Lernenden der größte Bildungsbereich; allerdings gilt dies nicht, wenn man Teilnahmestunden rechnet.

Auf den ersten Blick kann diese Expansion interpretiert werden als eine Explosion des Weiterbildungsbedarfs. Es sind eine Permanenz und Allgegenwart von Lernerfordernissen entstanden. Diese werden als Resultat einer sich weiter beschleunigenden Dynamik technisch-ökonomischer Entwicklung interpretiert. Deshalb ist die Wandelmetapher zur zentralen Legitimationsfigur «Lebenslangen Lernens» geworden (Faulstich 2003).

4.3.2 Lernchancen und Weiterbildungsinstitutionen: Überblick

Auch intern unterliegt die Weiterbildung einem ständigen Wandel im Verhältnis von informellem und institutionellem Lernen. Zunächst verschieben sich die Angebots- und die Trägerstrukturen, welche Themenvielfalt und Anbieterpluralismus widerspiegeln. Zugleich besteht eine Diversifizierung der Finanzierung, die man ökonomisch als «gemischtwirtschaftliches System» bezeichnen kann, in dem sich private und staatliche Mittelströme vielfach überschneiden. In dieser Hinsicht unterscheidet sich die Weiterbildung erheblich von den übrigen Bereichen des Bildungssystems wie Schule und Hochschule, die überwiegend staatlich finanziert sind.

Um das vielfältige, sich stets wandelnde Institutionen- und Angebotsspektrum zu ordnen, können verschiedene Dimensionen herangezogen werden:

- nach Funktionsbereichen: allgemeine, berufliche und politische Weiterbildung;
- nach inhaltlichen Programmschwerpunkten: sprachliche, technische oder kulturelle Weiterbildung;

- nach Adressaten: z. B. Gewerkschafter, Ingenieure, Manager, Führungskräfte;
- nach Angebotsform: offene, prinzipiell allen externen Interessenten offen stehende, versus geschlossene, nur für eine definierte Klientel zugängliche Weiterbildung;
- nach Rechtsform: z. B. Verein, Anstalt öffentlichen Rechts oder GmbH.

Weiterbildung wird vor allem von den Betrieben, den Volkshochschulen, privaten und kirchlichen Institutionen, (Berufs-)Verbänden, Hochschulen, Akademien, Wohlfahrtsverbänden, Kammern, Gewerkschaften, Arbeitgeberverbänden und Fachschulen angeboten. Die Teilnahmefälle werden – nach der Repräsentativerhebung von Infratest im Berichtssystem Weiterbildung – zu 30 % von Arbeitgebern und Betrieben getragen, 14 % von Volkshochschulen, 11 % von privaten Institutionen, 5 % von Kammern, je 4 % von Verbänden, kirchlichen Stellen und Akademien, 2 % von Universitäten und Fachhochschulen (Kuwan u. a. 2006, S. 284). Der Rest verteilt sich auf eine Vielzahl von kleineren Anbietern. Eindeutig die größte Anbietergruppe ist sowohl nach den Teilnehmerzahlen als auch nach dem Weiterbildungsvolumen der Bereich Arbeitgeber/Betriebe.

Für die Entwicklungsdynamik des Weiterbildungssystems entscheidende Konstellationen ergeben sich durch die Einordnung der Institutionen im Spannungsfeld von Staat und Unternehmen. Neben staatlichen Trägern, z. B. den Berufs-, Fach- oder Hochschulen, die auch Weiterbildung anbieten, stehen die kirchlichen Einrichtungen, die gewerkschaftliche Bildungsarbeit oder die betriebliche Weiterbildung der Unternehmen. Die Prämisse eines «institutionellen Pluralismus» ist in der Weiterbildung der Bundesrepublik Deutschland weitgehend akzeptiert, wobei nicht übersehen werden darf, dass aufgrund unterschiedlicher individueller Nähe zu den Organisationen (z. B. Gewerkschaften, Kirchen) unterschiedliche Teilnahmechancen entstehen. Viele Erwachsenenbildungsinstitutionen müssen sich damit auseinander setzen, dass sie als Tendenzunternehmen betrachtet werden und somit in ihren Programm- und Kursangeboten nicht frei vom Einfluss oder der Ideologie der Dachorganisation sind, z. B. Dogmen der Kirchen oder Programmen der Gewerkschaften.

Lange Zeit war die Diskussion beschränkt auf öffentliche Träger, vor allem die Volkshochschulen, welche als Institution den öffentlichen Auftrag für sich reklamierten. Schrittweise erst erweiterten sich die Horizonte. Das 1960 vorgelegte Gutachten des Deutschen Ausschusses für das Erziehungs- und Bildungswesen unterschied

> «zwei verschiedene Formen der Erwachsenenbildung: die ‹freie›, die sich unabhängig vom Autoritätsanspruch konfessioneller, sozialer oder politischer Körperschaften an alle Bürger des Staates wendet und sie miteinander in ihrer Arbeit verbindet, und die aus verschiedenen Wurzeln gewachsene ‹gebundene›, die zunächst vor allem bestimmten Gruppen dient» (Deutscher Ausschuss 1960, S. 49).

Für die Expansion der Weiterbildung war auch entscheidend, dass sich in Teilbereichen Programme und Kurse gewinnbringend verkaufen lassen. Kommerzielle Anbieter von Weiterbildung bedienen ein Marktsegment, in dem die für die Finanzierung bereitgestellten privaten oder öffentlichen Mittel eine langfristig gewachsene Nachfrage geschaffen haben. Die Palette der Weiterbildungsunternehmen, die diese Situation kommerziell nutzen, reicht von kleinen Spezialisten, die Marktnischen, z. B. in der informationstechnischen Weiterbildung, bedienen, bis hin zu Weiterbildungskonzernen mit mehreren hundert Mitarbeiterinnen und Mitarbeitern wie die Deutsche Angestellten Akademie (DAA) oder das Berufsfortbildungswerk (bfz) des DGB.

Der unabgeschlossene Institutionalisierungsprozess in der Erwachsenenbildung hat aber auch destabilisierende Konsequenzen. Kontinuität und Transparenz sind nicht hinreichend gegeben. Sonderprogramme mit wechselnden Themenkonjunkturen (Informationstechniken, Europa, Extremismus, Gewalt u. a.) und Eingriffe in die Finanzierungsbasis – z. B. bei den Mitteln nach SGB III durch die Bundesanstalt für Arbeit – verunsichern die Akteure und destabilisieren das System. Die Institutionen – auch die öffentlichen Träger – sind einer stetigen Legitimationsdiskussion ausgesetzt, bei der sie ihre Funktionalität für spezifische Interessen nachweisen müssen und zum Lobbyismus, d. h. der gezielten Einflussnahme auf politische Entscheidungsträger, gezwungen werden.

Neben der institutionell angebotenen Weiterbildung erhalten Formen *informellen Lernens* zunehmend Beachtung. Es ist klar, dass ein

Großteil des Lernens Erwachsener in vielfältigen Lebens- und Arbeitszusammenhängen stattfindet und eingebunden ist in Berufstätigkeiten, Vereinsaktivitäten, Mediennutzung u.a. Für die berufsbezogenen Formen des «Selbstlernens» gilt nach dem Berichtssystem IX:

> «In der Rangreihe der häufigsten Aktivitäten stehen das Selbstlernen durch Beobachten und Ausprobieren am Arbeitsplatz und das Lesen berufsbezogener Fach- oder Sachbücher bzw. Fachzeitschriften mit Anteilswerten von 38 % bzw. 35 % mit deutlichem Abstand an erster Stelle. An dritter und vierter Stelle folgen die Unterweisung bzw. das Anlernen am Arbeitsplatz durch Kollegen (25 %) sowie durch Vorgesetzte (22 %). Etwa jeder sechste Erwerbstätige im Bundesgebiet nahm an berufsbezogenen Fachmessen oder Kongressen teil und etwa jeder achte berichtet über Unterweisung oder Anlernen am Arbeitsplatz durch außerbetriebliche Personen» (Kuwan u.a. 2006, S. 190).

Allerdings dürfen die Schwierigkeiten des «Selbstlernens» nicht unterschätzt werden:

> «Gut die Hälfte der Selbstlerner stimmte (eher/voll und ganz) dem Aspekt zu, dass ihnen während des Selbstlernprozesses professionelle Unterstützung durch z.B. einen Trainer oder Lehrer fehlte (51 %)» (ebd., S. 2006).

Insofern ist wahrscheinlich, dass eine befürchtete Entinstitutionalisierung und Entprofessionalisierung der Weiterbildung begrenzt bleiben und sich veränderte Formen professionellen Handels ergeben, z.B. im Coaching oder im Mediendesign (vgl. Kap. 4.4.4).

4.3.3 Zur «Professionalisierung»: Handlungsbereiche und andragogische Praxeologie

Die anstehende Systematisierung der Weiterbildung hat ansatzweise zu einer Professionalisierung des Personals geführt. Die Zahl der Personen, die ihr Haupteinkommen in der Erwachsenenbildung verdienen, ist erheblich. Auf der Grundlage – zugegebenermaßen waghalsiger – Hochrechnungen von institutionenspezifischen und regionalen Erhebungen kann man auf mehr als 50 000 kommen. Allerdings sind nicht nur diese Anzahl, sondern auch die Tätigkeitsmerkmale hochgradig ungesichert.

Die Diskussion über «Professionalisierung» des Personals zieht sich schon lange hin. Für dic Bundesrepublik Deutschland ist eine verstärkte Aktivierung der Debatte markiert durch den Vortrag von Wolfgang Schulenberg (1920–1985), zuletzt Professor für Soziologie an der Universität Oldenburg: «Erwachsenenbildung als Beruf» (1972). Fokus war dabei, obwohl nicht explizit, die Volkshochschule als Tätigkeitsfeld für Erwachsenenbildner. Als dann die Kommission Erwachsenenbildung der Deutschen Gesellschaft für Erziehungswissenschaft auf ihrer Jahrestagung 1987 nach dem «Ende der Professionalisierung» (Schlutz/Siebert 1988) fragte, hatte sich das Spektrum des Arbeitsfeldes erweitert bis hin zu Aktivistinnen in neuen sozialen Bewegungen und Weiterbildungsreferenten für die Wirtschaft.

Das Arbeitsfeld selbst – das System der Weiterbildung – befindet sich in einem permanenten flexiblen Prozess zwischen Expansion und Stagnation. Dies haben wir als «mittlere Systematisierung» gekennzeichnet (Faulstich/Teichler/Bojanowski/Döring 1991), indem ein «besonderer» Bereich Erwachsenenbildung gegenüber anderen gesellschaftlichen Tätigkeiten differenziert und strukturiert wird, gleichzeitig aber eine spezifische – labile – interne Struktur entsteht, welche auch die Lage des Personals betrifft. Dies war der Ausgangspunkt schon bei Schulenberg:

> «Dieser Beruf wird stets bestimmte Merkmale des Irregulären behalten, und ihn in Laufbahnvorschriften zu pressen, wäre absurd» (Schulenberg 1972, S. 7).

Die Stellenausstattung der Institutionen ist hinter den Professionalisierungspostulaten zurückgeblieben. Die Tätigkeitsprofile des Weiterbildungspersonals sind unscharf. Es gibt für die zu betrachtenden Personenkreise und Funktionsfelder eine Vielzahl unterschiedlicher Bezeichnungen: In den Volkshochschulen redet man von hauptberuflichen Mitarbeitern, Leiterinnen, Fachbereichsleitern, Studienleiterinnen, Hausleitern; bei den Gewerkschaften kennt man vor allem Referenten und Teamerinnen; bei konfessionellen Institutionen spricht man von Dozentinnen oder Seminar- und Studienleitern; in der betrieblichen

Weiterbildung beschäftigt man Trainerinnen, Dozenten, Bildungsmanager und Qualifikationsberaterinnen. Daneben gibt es zahlreiche Berufspositionen mit Spezialaufgaben, welche von Ausbildern, Meisterinnen, Werkstattlehrern, Sozialarbeiterinnen, Psychologinnen und Betriebswirten wahrgenommen werden. Es entstehen auch immer wieder neue Tätigkeitsbezeichnungen wie Weiterbildungslehrkräfte, und andere Etiketten wie «Bildungsarbeiter» verschwinden. Auch wenn man nicht mehr von «Volksbildnern» redet, sondern nach Coachs, Beraterinnen, Animateuren und Trainerinnen sucht, bleibt der Grad der Professionalisierung des Personals die Kernfrage, wenn man an einer verbesserten Qualität und weiteren Expansion der Erwachsenenbildung interessiert ist.

Dieses Bild wird noch zusätzlich unscharf, wenn man die Tatsache einbezieht, dass einer – relativ kleinen – Gruppe hauptberuflich tätiger Erwachsenenbildner eine weitaus größere Zahl nebenberuflicher, freiberuflicher oder ehrenamtlicher gegenübersteht. Der Grad der Hauptberuflichkeit, d. h. derjenigen, die auf festen Stellen bei einem Anstellungsträger beschäftigt sind, ist nach wie vor relativ gering. Dies gilt für fast alle Institutionen der Erwachsenenbildung. Es wird unterstellt, dass für den Gesamtbereich der bundesrepublikanischen Erwachsenenbildung fünf Prozent der Tätigen fest angestellt sind. Besonders lehrende Aufgaben werden vorwiegend von Honorarkräften, Neben- oder Ehrenamtlichen wahrgenommen. Dies wirft erhebliche Probleme für die Qualität der Angebote auf.

Das Personal in der Erwachsenenbildung nimmt also ein breites Feld von Aufgaben wahr. Der Aufgabenumfang umfasst den gesamten Zyklus von Bedarfsklärung, Vorbereitung, Durchführung, Transfer und Evaluation (vgl. Kap. 2.2.5). Darauf stellen Konzepte für das Studium der Erziehungs- und Bildungswissenschaft ab, welche auf das Arbeitsfeld vorbereiten. Angesichts des permanenten Wandels des Feldes der Weiterbildung selbst ist die Professionalisierungsstrategie aber immer wieder neu zu überdenken.

4.3.4 Perspektiven für die Weiterbildung

Die Gewichte der Tätigkeitsfelder verschieben sich. Die Expansion im Bereich der Weiterbildung ging in den letzten Jahren, wenn auch nicht ausschließlich, so doch primär, auf den Zuwachs berufsbezogener und besonders betrieblicher Weiterbildung zurück. Es spricht vieles dafür, dass dieser Trend auf absehbare Zeit anhält. Denn weder sind die Veränderungen der Arbeitswelt durch den technologischen Entwicklungsschub der letzten 20 Jahre abgeschlossen, noch besteht Grund zu der Annahme, die Krise am Arbeits- und Ausbildungsmarkt würde sich kurzfristig entspannen. Insofern wird auch die Weiterbildungsnachfrage weiter fortbestehen und sich erweitern. Allerdings bleibt die Weiterbildungskonjunktur stark abhängig sowohl von staatlichen Finanzierungsquellen als auch von der gesamtwirtschaftlichen Lage, da Unternehmen in Strukturkrisen und Konjunkturdepressionen wenig bereit sind, in längerfristige Personalentwicklung, d.h. Weiterbildung, zu investieren. Eine wichtige Rolle spielen in diesem Zusammenhang die Fortbildungs- und Umschulungsmaßnahmen der Bundesagentur für Arbeit, die immer wieder durch finanzielle Einbrüche aufgrund politischer Entscheidungen gefährdet sind.

Es wird allerdings von vielen Experten prognostiziert, dass sich die traditionelle phasenorientierte Abgrenzung zwischen Lernzeiten und Erwerbszeiten und das Drei-Phasen-Schema der Erwerbsbiographie – Lernen, Arbeiten, Ruhestand – zunehmend auflösen oder doch zumindest erheblich flexibilisiert werden. Alternative Muster von Lernbiographien, bei denen Weiterbildung im Zentrum steht, nähern sich dem Konzept des «Lebenslangen Lernens». Der Weiterbildung kommt dann weit häufiger die Funktion zu, grundlegende biographische Neuorientierung zu unterstützen in einem Lernumfeld, das nicht nur Fortbildungs- und Umschulungsmaßnahmen erzwingt, sondern auch als persönliche Chance zur Horizonterweiterung empfunden wird. Zu einer im Konzept «Lebenslangen Lernens» angelegten Neubestimmung der Strukturen des Lernsystems kann es allerdings nur vor dem Hintergrund einer Neuverteilung der Erwerbszeiten und einer damit verbundenen Neugewinnung von Lernzeiten kommen.

Die vorhandenen Leistungsdefizite in der Weiterbildung, bezogen auf Transparenz, Qualität und Verwendbarkeit vieler Angebote, sind kennzeichnend für die erreichte Zwischenlage. Nur ansatzweise ist es bisher gelungen, hinsichtlich ihrer Systematisierung – Institutionalisierung, Curricularisierung und Professionalisierung – Weiterbildung zu einem integralen Bestandteil des Bildungssystems zu entwickeln. In der Erwachsenenbildung als «Spätentwickler» im Bildungswesen wurden und werden diese Entwicklungen vielfach gebrochen durch tendenzielle Zurückverlagerung in die berufliche Erstausbildung oder «Übernahme» durch sonstige Institutionen der Kultur-, Sozial- oder Vereinsarbeit. Zugleich kommt ihr nicht selten eine Pionierfunktion für Entwicklungen im Schulwesen zu. So hat beispielsweise die Weiterbildung frühzeitig auf die Lernanforderungen bei der Einführung der Informationstechniken reagiert – Inhalte, die sich mittlerweile im Curriculum der Sekundarstufe I wieder finden. Das System der Weiterbildung befindet sich in einem permanenten, flexiblen Prozess zwischen Verfestigung und Auflösung – gekennzeichnet durch die «mittlere Systematisierung» –, indem ein «besonderer» Lernbereich Erwachsenenbildung gegenüber anderen gesellschaftlichen Tätigkeiten ausgegliedert wird, der sich stets aufs Neue definieren muss.

Wie die jüngere Entwicklung deutlich macht, gehen wichtige Impulse von der betrieblichen Weiterbildung aus. Lernprozesse finden dort zunehmend in Kombination mit direkten Arbeitsabläufen, als «Lernen im Prozess der Arbeit», statt. Die Unternehmen präferieren eine Weiterbildung, die anwendungsbezogen ist, flexibel eingesetzt werden kann und in kurzer Zeit aktuell benötigte Kompetenzen vermittelt. Es geht im Management zunehmend darum, Kosten für institutionalisierte Angebote zu reduzieren, was durch die Anbindung der Weiterbildung an konkrete betriebliche organisatorische Probleme besser gelingt, wenn ein unmittelbarer Bezug zu den Anforderungen am Arbeitsplatz hergestellt werden kann. Nicht zufällig sind die am häufigsten durchgeführten Weiterbildungsmaßnahmen arbeitsplatzbezogen.

Eine ganz andere Form der Tätigkeitsintegration von Lernprozessen und somit Potenzial für zukünftige Weiterbildungsaktivitäten ergibt sich aus der Verbindung zur sich verändernden Lebenswelt. Initiativen und Projekte entstehen oft aufgrund konkreter Probleme im nahen Umfeld. Es geht dabei um gemeinsame Organisation, Öffentlichkeitsarbeit, Planung und Durchführung von Initiativen sowie deren personelle, finanzielle und systematische Unterstützung. Eine solche extra-institutionelle Erwachsenenbildung kann auf verschiedene Ansätze zurückgreifen wie die gemeindenahe Sozialarbeit, wie sie traditionell von Kirchen geleistet wird, aber auch die Bürgerinitiativbewegungen oder die Kulturarbeit (z. B. «Geschichtswerkstätten»). Ein schwieriges Problem solcher Formen der Erwachsenenbildung liegt in der Verstetigung ihrer Aktivitäten, da mit dem Wechsel der Aktivisten vielfach ein «Abbremsen» des Enthusiasmus verbunden ist, was nicht selten zur Auflösung der Initiativen führt. Soziale Bewegungen sind zudem im Unterschied zu organisierten Strukturen dadurch gekennzeichnet, dass sie keine feste Mitgliedschaft haben, sondern ausgehend von aktuellen Problemen alternative Positionen entwickeln und artikulieren.

Es besteht dann eine öffentliche Verantwortung darin, durch Koordination und Sicherung einer Grundversorgung das Institutionenspektrum zu stabilisieren und die Lernchancen zu sichern. Dies gilt auch für eine Verzahnung mit den Einrichtungen der Erstausbildung, insbesondere der allgemein bildenden und beruflichen Schulen. Die Unübersichtlichkeit des Institutionenspektrums legt es nahe, Ansätze zur Kooperation von Trägern und Einrichtungen zu verstärken. Dies erfolgt in Netzwerken und «Lernenden Regionen». Knappe Mittel für Weiterbildung bei gleichzeitig höheren Kosten drängen zu einer Bündelung der Kräfte durch Ressourcensharing. Aufgebaut werden Supportstrukturen, d. h. unterstützende Leistungen, die den Zugang zu Lernmöglichkeiten erleichtern.

Die bestehende Systemstruktur der Weiterbildung führt zu einer erheblichen Intransparenz für die Adressatinnen und Adressaten. Mittlerweile hat sich durchgesetzt, dass über entsprechende Datenbanken Informationssysteme bereitgestellt werden, um die Zugangsmöglichkeiten zu verbessern. Da Weiterbildung aber eine «erklärungsbedürftige Dienstleistung» ist, wird Weiterbildungsberatung erforderlich, um teilnehmerorientiert die Zugangswege zu öffnen.

Angebots- und Beteiligungslücken sowie Durchführungsmängel geben immer wieder Hinweise darauf, dass in der Weiterbildung Qualitätssicherung notwendig ist. Wenn sich die Idee des «Lebenslangen Lernens» durchsetzt, wird das in Deutschland vergleichsweise starre System von Berechtigungen und Berufslaufbahnen zunehmend aufbrechen. Es bietet sich dann an, ein träger- und einrichtungsübergreifendes Zertifikatssystem zu entwickeln, welches die Teilnahme und die Leistungsnachweise unterschiedlicher Angebote zeit- und ortsunabhängig miteinander vergleichbar macht. Damit verbunden ist ein stärkeres Maß an Professionalisierung des Personals, in dessen Auswahl und Qualifizierung der vermutlich wichtigste Schlüssel für die Qualitätssicherung liegt.

Bisher bleibt die bestehende Systemstruktur der Weiterbildung gegenüber den weit reichenden Postulaten «Lebenslangen Lernens» defizitär. Die Weiterentwicklung der Weiterbildung wird davon abhängen, ob über die zahlreichen Projekte, Programme und Modellversuche hinaus strukturpolitische Rahmensetzungen geklärt werden.

4.4 Entgrenzte Bildungsarbeit: Vielfalt der Arbeitsfelder

Aspekte von Erziehung und Bildung durchdringen mittlerweile verschiedenste gesellschaftliche Bereiche. Bis in «Freizeit» und in «Wellness» ist Pädagogik einbezogen. Dies ist Hintergrund für die Expansion des Tätigkeitsfeldes. Die Ausbreitung betrifft auch das Umfangswachstum des Teilarbeitsmarktes für personenbezogene Dienstleistungen insgesamt, zu dem die Bildungsberufe gehören. Gleichzeitig weist besonders das Beschäftigungssegment der Erziehungs-, Bildungs- und Sozialberufe langfristig eine stetige Steigerung auf. Die Daten des Statistischen Bundesamtes belegen (vgl. Krüger/Rauschenbach 2003, S. 13), verglichen mit 1950, um 500 Prozent gewachsene Beschäftigungszahlen in diesem Sektor. Hierin sind die bereits vorgestellten Arbeitsfelder einbezogen; dennoch verweisen sie auch darauf, dass sich weitere Betätigungsfelder öffnen. Zum Teil entstehen sie aus Ausdifferenzierungen in den bisherigen Hauptfeldern, zum Teil entwickeln sie sich völlig neu: Betriebspädagogik, Museumspädagogik, Umweltpädagogik, Freizeitpädagogik u. a. Der am stärksten expandierende Bereich sind hier die Pflege- und Gesundheitspädagogik sowie die Altenbildung (Kap. 4.4.1). Daneben entstehen Querschnittsbereiche, die im Folgenden kurz skizziert werden, und zwar im Bereich des Managements von Sozial- und Bildungseinrichtungen (Kap. 4.4.2), in der Gleichstellungsarbeit (Kap. 4.4.3), in der Medienpädagogik (Kap. 4.4.4) sowie – hier nur knapp angerissen – in der empirischen Forschungsarbeit (Kap. 4.4.5), die dann als eigenes Thema im nächsten Studienmodul (Kap. 5) behandelt wird.

4.4.1 Pflege-, Gesundheitspädagogik und Geragogik

Mit neu entstehenden Schwerpunkten stellt sich die Erziehungs- und Bildungswissenschaft sich verstärkenden gesellschaftlichen Problemlagen. Eine der gravierendsten davon ist die demographische Verschiebung: das «Ergrauen» der Gesellschaft. Immer mehr Menschen werden immer älter und haben immer öfter gesundheitliche Probleme. Die Klagen über das nicht mehr bezahlbare Gesundheitssystem haben aber noch einen weiteren Hintergrund: Die zunehmend ungesunde Lebensweise schon von Kindern und Jugendlichen wird als bedrohlich angesehen. Hier entstehen zweifellos neue pädagogische Arbeitsfelder.

Peter Vogel und Ellen Bögemann-Großheim (2002) stellen die Entwicklung einer eigenständigen Pflegepädagogik vor: Sie dient zunächst der Ausbildung von Lehrkräften in Pflegeschulen, d. h. im berufsbildenden Bereich. Zugleich zeichnet sich aber eine Ausweitung im Sinne einer Medizinpädagogik ab. Das geht einher mit einer sich etablierenden *Gesundheitspädagogik*, die auf allgemeine Gesundheitsförderung als «process of enabling people to increase control over and to improve their health» (Ottawa Charta 1986; Homfeld 2002, S. 164) zielt.

Anti-Stresstraining, Rückenschulen, Ernährungskurse, Nichtrauchertraining usw. spielen schon jetzt im Schnittfeld zwischen Gesundheitsberufen und Erwachsenenbildung eine zunehmend wichtiger werdende Rolle. Angesichts des Anwachsens der älteren Bevölkerung wird als gesundheitsbezogene Altenhilfe ein Ausbau von stationär verankerten Sozialdiensten in Alten- und Pflegeheimen erforderlich. «*Sozialgerontologie*» bildet hier ein neues Betätigungsfeld (Naegele 2002).

Überhaupt werden «Senioren» als «Zielgruppe», nicht nur wegen Gesundheitsfragen, entdeckt. Seit den 1970er Jahren haben sich Wissenschaftsdisziplinen – nicht nur die Medizin, sondern auch die Soziologie und die Psychologie – vermehrt mit dem Phänomen «Älterwerden», den Veränderungsprozessen, denen eine «alternde Gesellschaft» ausgesetzt ist, und ihren Konsequenzen beschäftigt. Zusammengefasst werden die verschiedenen Sichtweisen in der «Gerontologie», der Wissenschaft vom Alter. Ursache für den Aufmerksamkeitsgewinn ist eine höhere Lebenserwartung der Menschen bei gleichzeitiger Verkürzung der Lebensarbeitszeit, womit u. a. Zeit für Bildung freigesetzt wird. Gleichzeitig hat sich der durchschnittliche Bildungsstand der älteren Generation erhöht, sodass auch von ihrer Seite größeres Interesse an Weiterbildung besteht. Ein weiterer Grund für die stärkere Berücksichtigung älterer Menschen in der Bildungsarbeit vieler Institutionen ist sicherlich auch das Bemühen, eine zahlungskräftige Zielgruppe zu binden und so auch die eigene Institution zu stärken. Der Bildungsarbeit mit Älteren – der *«Geragogik»* – liegt die Herausforderung zugrunde, dass sich Menschen zwischen 55 und 75 Veränderungen ihrer Lebenswelt gegenübersehen, wie Ruhestand oder Verlust des Partners. Ziel von Geragogik es, gemeinsam mit den älteren Menschen Strategien für ein selbst bestimmtes, eigenverantwortliches und aktives Leben zu entwickeln und sie bei der Umsetzung zu unterstützen. Zu berücksichtigen ist allerdings, dass ältere Menschen ebenso wenig wie andere soziale Gliederungen eine homogene Zielgruppe sind. Daraus ergeben sich vielfältige Planungsprobleme für die beteiligten Institutionen.

4.4.2 Management von Betrieben, Sozial- und Bildungseinrichtungen

Personal- und Organisationsentwicklung sind Felder, die noch nicht sehr lange als pädagogische Arbeitsbereiche wahrgenommen werden. Unternehmen werden selbstverständlich vor allem unter betriebswirtschaftlichen Gesichtspunkten geführt. Bildungsfragen tauchten hier lange Zeit bestenfalls als Ausbildung von «Lehrlingen» auf. Seit etlichen

Jahren verschiebt sich das Aufgabenspektrum in Betrieben allerdings von der Aus- in die Weiterbildung und erweitert sich auf solche Bereiche wie Projektmanagement, Organisations- und Teamentwicklung, Personalauswahl und -führung, prozessgesteuerte Bedarfsermittlung und Planung von Weiterbildungsmaßnahmen sowie Systemmonitoring bzw. Kontrolle von Entwicklungsprozessen. Während die Organisation des betrieblichen Weiterbildungssektors einen Teil der Veränderung der Erwachsenenbildung betraf, weitete sich das Feld für Pädagoginnen und Pädagogen bei der Personal- oder gar der Organisationsentwicklung erheblich aus. Zugleich gibt es deutliche Verbindungslinien zwischen diesen Aufgaben.

Die Organisation, Planung und Evaluation von Weiterbildungsmaßnahmen stehen in engem Zusammenhang mit der Auswahl des Personals und seiner Entwicklung. Gefragt sind zum einen Personalbeurteilungsverfahren, zum anderen die Klärung der personellen, organisatorischen und soziokulturellen Voraussetzungen der Unternehmensentwicklung. An diesen setzen die Maßnahmen der Weiterbildung sowie die unter den Stichworten Total-Quality-Management, Business-Reengineering, Change-Management firmierenden Veränderungen vorhandener Aufbau- und Ablaufstrukturen von Unternehmen an.

Peter Zedler (*1945) charakterisiert diese Tätigkeiten als «pädagogisches Geschäft»:

> «In allen Feldern handelt es sich um ein ‹pädagogisches Geschäft›, das – unterschiedlich akzentuiert – voraussetzt, dass man Menschen versteht, ihre jeweilige Sicht der Dinge bewusst wahrnimmt und ihr Handeln in seiner Bedingtheit durch Sozialisation, Erziehung, Berufsentwicklung und Systemorganisation ein Stück weit rekonstruieren kann» (Zedler 2002, S. 102).

Diese Problemstellungen werden weiter reichend auch auf pädagogische Institutionen selbst übertragen, die zunehmend als Unternehmen geführt werden. Dies gilt z. B. für Einrichtungen im Feld der Kinder- und Jugendhilfe: Lange Zeit sind explizite Konzepte über Führung und Leitung für soziale Dienstleistungsorganisationen vernachlässigt worden (Flösser 2002). In Kindertagesstätten wurde die Leitungsfrage nicht selten vor allem über unterschiedliche Ausbildungswege geklärt: Während die

Erzieherinnen meistens Fachschulabsolventinnen waren, verfügten die Leitungskräfte häufig über einen Fachhochschulabschluss. Ähnliches gilt für viele Teile der Jugendarbeit, der sozialpädagogischen Familienarbeit oder auch der Heimerziehung. Allerdings muss ein Personalmanagement berücksichtigen, dass dieses Feld nur zu einem geringen Teil mit hauptamtlich tätigem Personal besetzt ist: «Neben bezahlten Mitarbeiterinnen und Mitarbeitern wird ein großer Teil Sozialer Arbeit durch nebenberufliche oder ehrenamtliche Kräfte geleistet» (ebd., S. 178). Dies gilt verstärkt für die vereins- und verbandsbezogene Kinder- und Jugendarbeit.

In den Schulen galt die Leitungsfunktion, d.h. die Übernahme von Managementaufgaben, als eine der wenigen Karrieremöglichkeiten für Lehrerinnen und Lehrer. Die geforderte formale Qualifikation von Schulleitungsmitgliedern beruhte aber lediglich auf Lehrbefähigung und Lehrerfahrung. Auch hier hat sich in den letzten zehn bis 15 Jahren ein Umdenken eingestellt. Zumindest wurden spezielle Weiterbildungsangebote für künftige Schulleitungsmitglieder organisiert. Vorbehalte gegen den bildungsfernen Begriff Management wurden abgebaut, nachdem man einsah, dass Bildungsmanagement ein «Management von Bildungseinrichtungen» bedeutet, nicht das «Management der Bildung» (Rolff 2002). Hans Günter Rolff (*1939) macht aufmerksam auf die Verbindung von Leitung mit Beratungsaufgaben, Supervision, Training, Evaluation usw. (vgl. Kap. 2.2). Es käme – wie bei den betrieblichen Organisations- und Personalentwicklungen – sehr wohl darauf an, Bildungsmanagement pädagogisch zu organisieren:

> «Bildungsmanagement wird vor allem nachgefragt werden, weil es beizutragen verspricht, ‹dass die Sachen richtig laufen›. Der Bezug zur Organisationspädagogik hätte jedoch dafür zu sorgen, dass die ‹richtigen Sachen laufen›» (ebd., S. 187).

Pädagogisch orientiertes Bildungsmanagement hat demnach die Aufgabe, für die Lernenden, aber auch für die Lehrenden verbesserte Lernmöglichkeiten durch Organisations- und vor allem durch Personalentwicklung zu sichern.

4.4.3 Frauenarbeit, Männerarbeit und Gender Mainstreaming

Organisationen, also auch pädagogische Institutionen, haben seit den am 1. 5. 1999 in Kraft getretenen Amsterdamer Verträgen – erneute Übereinkunft der Mitgliedstaaten der Europäischen Union zur weiteren Vereinheitlichung – die Wirkungen aller Programme und Aktivitäten auf die beiden Geschlechter zu berücksichtigen – das meint das Stichwort Gender Mainstreaming. In allen pädagogischen Arbeitsfeldern gilt diese Perspektive, sowohl für die Lernenden als auch für das Personal. Demgegenüber lag lange Zeit der Schwerpunkt der Beschäftigung mit Gender vor allem in einzelnen Projekten der Mädchen- und Frauenarbeit im Jugend- und Sozialhilfebereich oder in der Erwachsenenbildung. Katharina Gröning (*1957) und Melanie Plößer (*1968) nennen sieben verschiedene Felder, auf die sich Frauen- und Mädchenarbeit bisher vorrangig bezieht (Gröning/Plößer 2002, S. 131-142):

- Gewalt gegen Frauen und Mädchen
  Mit der Einrichtung von Frauenhäusern, welche Frauen, die häusliche Gewalt erfahren haben, Schutz bieten, begannen die konkreten Aktivitäten der Frauenbewegung. 1997 gab es 384 Frauenhäuser in Deutschland (Klees-Möller 2000, S. 183, neuere Zahlen liegen uns nicht vor). Mittlerweile gibt es auch Zufluchtsstätten für weibliche Jugendliche, die als «Mädchenhäuser» oder durch Mädchenarbeit in den erzieherischen Hilfen Mädchen und jungen Frauen gegen sexuelle oder körperliche Übergriffe Schutz bieten.
- Frauen- und Mädchenberatung
  Hierunter werden insbesondere Therapieangebote speziell für Mädchen und Frauen verstanden. Es gehören aber auch sexualpädagogische, gesundheits- oder berufsorientierende Maßnahmen dazu.
- Mädchenarbeit
  Quantitativ ist dieses Arbeitsfeld wahrscheinlich das bedeutendste. Wir haben es unter dem Arbeitsfeld Jugendarbeit mitbehandelt (vgl. Kap. 4.2.2).
- Frauenkultur- und Frauenbildungsarbeit
  Zu Beginn der neuen Frauenbewegung entstanden eigene Räume für Frauen, wie Frauenbuchläden, Frauenbildungshäuser, Frauenmu-

seen usw. Zum Teil haben sich solche Einrichtungen etabliert, zum Teil sind sie überführt worden in andere institutionelle Formen der Kultur- und Bildungsarbeit.

- Berufshilfe für Frauen
  Wiedereingliederungsmaßnahmen gehörten ebenso wie die Errichtung von Frauenhäusern zu den frühen Aktivitäten der neuen Frauenbewegung. Mittlerweile stehen hier Aktivitäten wie Mentoring oder Coaching für Frauen, die Karriere machen wollen, ebenso an wie Hilfen für gering qualifizierte Frauen.
- Gleichstellungsstellen
  Durch gesetzliche Regelungen gibt es in öffentlichen Verwaltungen auf den unterschiedlichsten Ebenen Gleichstellungsbeauftragte. In den Unternehmen sind solche Einrichtungen nach wie vor freiwillige Maßnahmen. Hier können jedoch im Zusammenhang von Personalentwicklungen entsprechende Aktivitäten angeregt werden. In diesem Arbeitsfeld konkurrieren Erziehungswissenschaftlerinnen mit Absolventinnen anderer Studienrichtungen, da hier nach wie vor juristische und arbeitspolitische Maßnahmen gegen Benachteiligung und Diskriminierung im Vordergrund stehen.
- Frauenforschung/Geschlechterforschung
  Dieses Arbeitsfeld als mögliche, aber auch notwendige Rekrutierung im Hochschulbereich ergibt sich aus der Etablierung von wissenschaftlichen Ausbildungen wie den an einigen Universitäten angebotenen Genderstudien, aber auch aus der Einrichtung von speziellen Professuren für Frauen- und Geschlechterforschung (vgl. Faulstich-Wieland 2003).

Parallel zur Mädchenarbeit entstanden seit den 1980er Jahren auch Ansätze zur Jungenarbeit (vgl. Kap. 4.2.2) sowie zur Männerarbeit. Als Arbeitsfeld lässt sich hier vor allem das einer Männerberatung nennen. Als Themen finden sich «insbesondere Fragen der Gewalt von Männern gegen Frauen und andere Männer, die Täter-Opfer-Problematik von Männern, der sexuelle Missbrauch von Frauen durch Männer, Fragen der Vaterschaft sowie Versagens- und Konkurrenzängste im Beruf» (Stecklina/Böhnisch 2004, S. 219). Allerdings gibt es nach wie vor wenige «männerspezifische» Beratungsangebote

(Brandes/Bullinger 1996), und sie werden schichtspezifisch unterschiedlich angenommen.

Insgesamt wird die Besonderung eines spezifischen Arbeitsfeldes «Frauen- und Mädchenarbeit» durchaus als ambivalent angesehen – und man kann diese Skepsis sehr wohl auf ein spezifisches Arbeitsfeld «Jungen- und Männerarbeit» ausweiten:

> «Die Darstellung pädagogischer Frauen- und Mädchenarbeit als neues Berufsfeld der Erziehungswissenschaft kann sich auch als problematisch erweisen. Insofern nämlich, als Frauen ebenso wie Männer keine natürliche und damit auch keine eindeutig zu charakterisierende Gruppe darstellen» (Gröning/Plößer 2002, S. 141).

Die Einführung von Gender Mainstreaming, das als Politikstrategie bedeutet, alle Maßnahmen auf ihre potenzielle Wirkung für beide Geschlechter zu durchforsten und nur dann zu realisieren, wenn sie zur Gleichstellung der Geschlechter beitragen, bringt hier allerdings eine neue Entwicklung. Gender Mainstreaming beinhaltet zentral die Forderung, Geschlechterfragen zu einer verpflichtenden Perspektive für alle Bereiche zu machen und nicht zum Spezialthema für eine besondere Gruppe. Es sorgt dafür, genauer zu schauen, wo Ungleichheiten existieren, wer dadurch benachteiligt wird und wie dies zu ändern ist. Damit wird die Sichtweise auf beide Geschlechter hin erweitert. Für pädagogische Handlungsfelder heißt das:

> «Die Anerkennung und Reflexion der Geschlechterverhältnisse ist somit eine pädagogische Leitidee, die ihren Platz nicht allein in Tätigkeitsfeldern haben sollte, die explizit als solche ausgewiesen sind» (ebd.).

Als ein zentrales Instrument zur Realisierung von Gender Mainstreaming wird das Angebot von «Gendertrainings» propagiert. Dies soll für die Akteure im jeweiligen Feld einen kritischen «Geschlechterblick» auf ihre eigene Organisation ermöglichen. Die Durchführung solcher Programme ist ein pädagogisches Arbeitsfeld, bei dem es darauf ankommt, reflexive Kompetenzen zu vermitteln. Perspektive dabei ist, für Geschlechterungleichheit zu sensibilisieren und Strategien zu entwickeln, welche Gender Mainstreaming umfassender umsetzbar machen.

4.4.4 «Neue Medien» und Medienpädagogik

Bei allen Diskussionen über Lernen schiebt sich die Frage nach den Medien ein. Lernen wird vermittelt durch Printmedien wie Bücher, Zeitungen und Zeitschriften, Wochenjournale; Bilder wie Gemälde oder Fotografien; Radio, Tonträger, Fernsehen, Filme, Video und schließlich durch die «neuen» Medien der Informationstechnik wie Computer und Internet. Alle Medien können sowohl in institutionell organisierten als auch in informellen Lernprozessen genutzt werden. Die Diskussionen um die «Wertigkeit» der verschiedenen Medien für das Lernen wird spätestens seit der allgemeinen Verfügbarkeit des Radios, dann des Fernsehens in der Öffentlichkeit, in der Erziehungs- und Bildungswissenschaft und vor allem in der Medienpädagogik kontrovers diskutiert. So zeigt Woody Allens (*1935) Film «Radio Days» von 1987 die Reaktion der Erwachsenen auf den Hörfunkgebrauch als «gefährlich» und «verderblich». Viele der Argumente tauchen in Bezug auf die Vorzüge und Gefahren der Computer wieder auf. Diese Diskussion wird von Wellen abwechselnder Euphorie und Skepsis durchzogen je nach der Zuspitzung der Fragen:

- Mediennutzung: Wer bekommt in welchem Umfang Zugang zu den neuen Medien und macht wie davon Gebrauch?
- Medienwirkung: Welchen Einfluss haben die neuen Medien auf die Anwender und für die Gesellschaft?
- Medienkompetenz: Wer erlernt in welchem Alter und wo den Umgang mit den neuen Medien?
- Mediales Lernen: Welche Vermittlungsformen sind für welche Themen angemessen, bzw. was ist eine sinnvolle und zielgerichtete Anwendung der neuen Medien?

Die lange Zeit vorherrschende Ablehnung insbesondere der «neuen Medien» ist einer breiteren Zustimmung gewichen. Das bedeutet jedoch keineswegs, dass damit die Fragen oder Probleme der Entwicklung von Medienkompetenz oder des sinnvollen Einsatzes von Medien in Lernensembles geklärt wären. Drei zentrale Problemfelder tun sich im Bereich der Medienpädagogik auf – Medienkompetenz, Mediendidaktik, Mediendesign:

Als Erstes geht es um die Klärung, was überhaupt *Medienkompetenz* ausmacht und wie sie erworben werden kann. Stefan Aufenanger (*1950) benennt sechs Dimensionen für Medienkompetenz:

- «Eine kognitive Dimension, die sich u. a. auf das Wissen über und mit Medien sowie auf das Verstehen von Medien und ihrer Codierungen und Symbolik bezieht.
- Eine moralische Dimension, die u. a. die Aspekte des verantwortungsvollen Umgangs mit Medien, Probleme einer Medienethik sowie medienanthropologische Fragen thematisiert.
- Eine soziale Dimension, die u. a. Themen der Veränderungen sozialer Interaktion und Kommunikation durch und mit Medien sowie die politischen Aspekte von Mediensystemen aufgreift.
- Eine affektive Dimension, die u. a. den Erlebnisaspekt von und mit Medien als eine bisher vernachlässigte Komponente der Medienerziehung herausstellt.
- Eine ästhetische Dimension, die u. a. den Wahrnehmungs- sowie kommunikationskulturellen Aspekt in der Medienpädagogik betont.
- Eine Handlungsdimension, die zum kompetenten und qualifizierten Umgang mit allen Arten von Medien befähigt» (http://www.medienpaedagogik-online.de/mk/00396/ – 21. 4. 2006).

Zweitens erfordert das erheblich verbreiterte Spektrum multimedialer Lernszenarien eine Durchdringung durch *Mediendidaktik*. Selbstlernzentren werden technisch mit vielfältigen digitalen Lernmedien z. B. für Computer-based-training (CBT) und Internet hochgerüstet. Tele-Teaching ermöglicht die synchrone Kommunikation zwischen räumlich entfernten Lehrenden und Lernenden. Offenes Tele-Learning ermöglicht über Netze, z. B. das Internet, den Zugang zu auf Servern installierten Materialien. Diese Szenarien erfordern eine umfangreiche Organisation von Lernaktivitäten und Lernvermittlung. Das bloße Bereitstellen von Medien – sei es lokal in Selbstlernzentren oder über Tele-Medien – ist kein Ersatz für private wie öffentliche personal vermittelte (Weiter-)Bildungsarbeit. Auch in multimedial gestützten Lernformen sind personale Interaktionen notwendig.

Drittens schließlich bietet das Eindringen neuer Technologien in fast alle Bereiche des Arbeitslebens, der Öffentlichkeit wie auch des privaten Lebens neue Aufgaben des Mediendesigns: Schon bei der Gestaltung von Nutzerschnittstellen wäre es wichtig, pädagogische sowie lern- und wahrnehmungspsychologische Aspekte zu berücksichtigen (Möller/Sander 2002).

4.4.5 Empirische Forschungsarbeit

Für alle Arbeitsfelder der Erziehungs- und Bildungswissenschaft – bei Fragen nach Planung, Gestaltung und Wirkung – gilt, dass sie sich auf wissenschaftliche Erkenntnisse abstützen: Die professionell pädagogisch Arbeitenden kommen ohne einen forschenden Habitus und die entsprechende Kompetenz nicht aus. Probleme des Lernens, der Sozialisation, der Erziehung und Bildung sind nicht mit fertigen Antworten zu lösen, sondern durch Einlassen auf offene Fragen zu beantworten. Deshalb ist ein forschender Zugang unerlässlich. Gleichzeitig können angesichts der Komplexität und Kompliziertheit elaborierter Forschungsmethoden der Umgang mit solchen Verfahren, ihre Auswertung und ihre Einschätzung zu einer eigenständigen Kompetenz ausgebaut werden, und sie stellen ein Querschnittsarbeitsfeld dar. Es geht dabei nicht um eine generelle Methodenkompetenz, sondern was fehlt, ist eine gegenstands- und bereichsbezogene Fähigkeit als Verbindung von thematischer und forschungsmethodischer Kompetenz.

Die wissenschaftliche Bearbeitung der Arbeitsfelder der Erziehungs- und Bildungswissenschaft hat erheblich expandiert. *Evaluationsstrategien* spielen dabei eine wichtige Rolle. An die Stelle steuernder staatlicher Vorgaben treten zunehmend marktregulierende Standards und deren Überprüfung. Es geht bei Evaluation darum, den «Wert» eines Produkts, Prozesses oder Programms zu beschreiben, vor allem zu messen und entsprechend zu bewerten (Überblick bei Kuper 2005). Dies ist in verschiedenen Politikbereichen festzustellen, sowohl in der Entwicklungs- und Umweltpolitik als auch in der Bildungspolitik. Die genannten Themen sind auch Schwerpunkte der Bemühungen insgesamt, Evaluation als Regulationsmodus zu etablieren, wie es sich z. B. in der 1997 gegründeten «Deutschen Gesellschaft für Evaluation» widerspiegelt. Eine Vielzahl von Institutionen ist entstanden, die u. a. Dienstleistungen als Forschung für Anwendung und Beratung anbieten. Verbunden ist die Evaluationsproblematik mit der *Qualitätsdiskussion*, die schon länger Konjunktur hat und – angestoßen durch die Empfehlungen des Forums Bildung (2001) und ebenso durch die Diskussion um PISA – eine neue Hochwelle erreicht, welche sich über alle Bildungsbereiche ausbreitet. Sowohl innerhalb der Institutionen des Lernens selbst als auch in eigenständigen, öffentlichen (Landeseinrichtungen, Netzwerken) wie kommerziellen Instituten ist Qualitätssicherung ein expandierendes Arbeitsfeld, das empirische Daten benötigt. Im Zusammenhang der Anerkennung von Anbietern beruflicher Weiterbildung für die Bundesagentur für Arbeit z. B. agieren Dutzende von Zertifizierungsagenturen, welche die Qualität der Weiterbildungseinrichtungen evaluieren und zertifizieren.

Es gibt hier ein sich ausweitendes Arbeitsfeld für Absolventen der Erziehungs- und Bildungswissenschaften und einen zunehmenden Konsens in der Disziplin, Forschungsbezüge im Studium zu verankern, weshalb auch Studienmodule zu Forschungsmethoden (vgl. Kap. 5) insgesamt als verbindlich erklärt werden.

5. Studienmodule: Forschungskonzepte

Der Beitrag der Erziehungs- und Bildungswissenschaft zur Orientierung in den pädagogischen Arbeitsfeldern kann unter einer Theorie-Praxis-Perspektive betrachtet werden. Wir erinnern uns an den Hinweis Schleiermachers auf die «Dignität der Praxis» (vgl. Kap. 3.1.2) und auch an Deweys Abkehr vom «Zuschauer-Modell» (vgl. Kap. 2.3.5). Demnach gibt es keine Ableitbarkeit gestaltender Praxis aus empirisch fundierter Theorie. Zu fragen ist also: Was ist der Stellenwert von Forschung für pädagogisches Handeln?

Schleiermacher hatte geantwortet, «dass die Praxis eine bewußtere werde» (s. o.). Aber: Wie geht das? Folgt man einem kritisch-pragmatistischen Konzept von Wissenschaft (vgl. Kap. 2.3.6), geht es um die Überprüfung von Erfahrung. Nach der «realistischen Wendung», Mitte der 1960er Jahre durch Heinrich Roth eingeläutet (vgl. Kap. 2.3.2), bedeutet dies, wissenschaftliche Aussagen abzustützen durch die Methoden und Resultate empirischer Forschung und diese theoretisch zu reflektieren. Für das Studium heißt das, eine forschende Haltung einzunehmen, kritisch nachzufragen und reflexiv nachzudenken.

Mit der Öffnung zur Erfahrung und zur empirischen Forschung erfolgte für die Pädagogik ein wichtiger Schritt hin zur Erziehungswissenschaft. Sie fand damit Anschluss an sozialwissenschaftliche, soziologische und psychologische Empirie. Dies war allerdings zunächst vorrangig an empirisch-analytischen, erklärenden Konzepten orientiert, die sich vor allem auf dahinter stehende Kausalitätsmodelle bezogen. Es wurden generelle Gesetzmäßigkeiten von Ursache-Wirkungs-Zusammenhängen gesucht. Erst mit einer «subjektiven Wende» Ende der 1970er Jahre wurden Situativität und Komplexität des einzelnen Falls – des je einzelnen Kindes, Jugendlichen oder Erwachsenen – in Erziehungs- und Bildungsprozessen und die Begrenztheit von allgemeinen Gesetzesaussagen wieder aufgedeckt. Forschungsmethodisch folgt daraus eine Wiederentdeckung von interpretativen, auslegenden Konzepten und hermeneutischen, verstehenden Modellen – also Anschluss an Schleiermacher und Dilthey.

Konkurrierende Bezüge auf Kausalitäts- bzw. Hermeneutikmodelle haben einen Streit über die Angemessenheit von Forschungsansätzen zwischen Vertretern quantitativer (messender) und qualitativer (verstehender) Methoden in der empirischen Forschung zu Erziehungs- und Bildungsproblemen angezettelt. Aber dieser Konflikt ist zum einen nicht als Methodenfrage austragbar, sondern erst auf der nächsten Ebene zu klären: vor dem Hintergrund divergierender wissenschaftstheoretischer Positionen. Zum andern sind quantitative und qualitative Methoden nicht einander ausschließend, sondern ergänzend – wenn man sie einbezieht in eine kritisch-pragmatistische Konzeption von Erziehungs- und Bildungswissenschaft.

Allerdings ist eine solche Konsensformel nicht immer durchzuhalten, da es auch um wissenschaftlichen Einfluss und um Ressourcen geht. Die Deutsche Forschungsgemeinschaft (DFG), die zentrale Forschungsförderungseinrichtung in der Bundesrepublik Deutschland, hat 2002 eine Förderinitiative «Forschergruppen in der Empirischen Bildungsforschung» gestartet. Manfred Prenzel (*1952), Vorsitzender des PISA- Konsortiums 2003 und Mitglied der Senatskommission der DFG, konstatiert, weder der Begriff «Bildungsforschung» noch der Begriff «Empirische Bildungsforschung» seien bisher allgemein geklärt. Immerhin hatte der Deutsche Bildungsrat (vgl. Kap. 3.2), daran erinnert Prenzel 2005, bereits 1974 in seinen Empfehlungen zu «Aspekten für die Planung der Bildungsforschung» festgehalten:

> «Man kann Bildungsforschung in einem weiteren und engeren Sinn auslegen. Im weiteren Sinne kann sie sich auf das gesamte Bildungswesen und seine Reform im Kontext von Staat und Gesellschaft beziehen, einschließlich der außerschulischen Bildungsprozesse. Wie weit oder eng aber auch die Grenzen gezogen werden, es sollte nur dann von Bildungsforschung gesprochen werden, wenn die zu lösende Aufgabe, die Gegenstand der Forschung ist, theoretisch oder empirisch auf Bildungsprozesse (Lehr-, Lern-, Sozialisations- und Erziehungsprozesse), deren organisatorische und ökonomische Voraussetzungen oder Reform bezogen ist» (Deutscher Bildungsrat 1974, S. 11).

«Bildungsforschung» wird demnach gegenstandsbezogen bestimmt. Prenzel (2005, S. 11) weist darauf hin, dass «empirische Bildungsforschung» «theoriegeleitet empirisch» arbeiten müsse. Er betont dementsprechend, das Anliegen der *«Empirischen Bildungsforschung»* sei es, «die *Bildungswirklichkeit zu verstehen und zu verbessern*» (ebd., S. 12). Prenzel unterscheidet zwei Typen von Fragen, nämlich «Warum-Fragen» und «Was-tun-Fragen». Mit den Warum-Fragen sollen Erklärungen gefunden werden, die als Bedingungen oder Ursachen für Ergebnisse herhalten können. Die Was-tun-Fragen zielen auf Handlungsmöglichkeiten.

> «Wenn kausal relevante Faktoren identifiziert werden können, hilft dies nicht nur, das Bildungsgeschehen besser zu verstehen. Es können auch kausal bedeutsame Bedingungsfaktoren entdeckt werden, die man beeinflussen und gestalten kann. Insofern führen Fragen nach Erklärungen weiter zu Fragen nach Veränderungsmöglichkeiten» (ebd., S. 13).

Nun ist allerdings Skepsis angebracht, ob in einem so komplexen Feld wie Bildungsprozessen, -institutionen und -system tatsächlich «kausale Faktoren» bestimmt werden können. Es entsteht der Verdacht einer Engführung auf das Kausalitätsmodell. Aufgezeigt werden können immer nur Handlungsmöglichkeiten. Innerhalb des forschenden, empirischen Herangehens an einen Gegenstandsbereich können zum einen «Warum-Fragen» – also Fragen nach Erklärungen von Ursachen –, zum anderen «Weshalb-Fragen» – also Fragen nach dem Verstehen von Zusammenhängen – gestellt werden. In einem umfassenden Wissenschaftskonzept liefert das Kausalitätsmodell nur einen Sonderfall des Hermeneutikmodells. Keine wissenschaftliche Forschung kommt ohne Konstruktion und Interpretation aus, und Positionen, die behaupten, die einzig wahre Deskription einer vorgegebenen, vom jeweiligen Zugriff unabhängigen Realität zu liefern, verbreiten Illusionen oder sitzen ihnen selbst auf.

Für die heutige Erziehungswissenschaft gilt – so die Bilanz aus Evaluationen der Situation der Erziehungswissenschaft in Niedersachsen, Bayern und Baden-Württemberg – nach wie vor ein Überwiegen von deskriptiven und historischen Analysen im Vergleich zu theoretisch fundierten empirischen Arbeiten (Mandl/Kopp 2005, S. 23). Dissertationen und Habilitationen sind häufig philosophisch bzw. historisch orientiert oder schulpraktisch ausgerichtet (Fend 2005, S. 70). In der Konsequenz beklagt Jürgen Baumert (*1941) vom Max-Planck-Institut für Bildungsforschung in Berlin eine «unzureichende Methodenausbildung insbesondere im Bereich anspruchsvoller quantitativ statistischer und qualitativer Verfahren» (2005, S. 133).

Was also kann empirische Bildungsforschung leisten? Um Ansätze zum Verständnis und zur Verbesserung von Bildungsprozessen kennen zu lernen, sollen die unterschiedlichen Herangehensweisen des quantitativen sowie des qualitativen Vorgehens vorgestellt werden. Dazu ordnen wir diese Ansätze zunächst ein in mögliche Methodenvielfalt und fragen nach ihrer jeweiligen Tragfähigkeit und ihren «Gütekriterien» (Kap. 5.1). Anschließend stellen wir exemplarisch anhand von Forschungsprojekten einige komplexe Erhebungs-, Auswertungs- und Darstellungsformen vor (Kap. 5.2). Dabei wird deutlich, dass Wissenschaft nicht fertige, abgeschlossene Resultate präsentierten kann, sondern dass es darum geht, Fragen zu stellen. Lernen bedeutet also offen sein für neue Erfahrungen. Insofern ist Forschungsbezug Grundhaltung für die Aneignung von Erziehungs- und Bildungswissenschaft (Kap. 5.3).

5.1 Quantitative und qualitative Ansätze: Methodenvielfalt und Gütekriterien

Wenn man die Forschungslandschaft in der empirischen Bildungsforschung ansieht, findet man eine Vielfalt von Methoden und Möglichkeiten ihrer Kombination. In den einzelnen Studien und Projekten gibt es aber immer deutliche Schwerpunkte. So liegt eine Vielzahl an methodischen Vorgehensweisen vor (vgl. Diekmann 1995, Flick 1995, König/Zedler 1995, Flick/von Kardoff/Steinke 2000, Friebertshäuser/Prengel 2003): *Untersuchungsanlage* (Querschnittsstudien, Längsschnittstudien, Interventionsstudien); *Datenerhebung* (Befragungen, Beobachtungen, Inhaltsanalysen, Feldexperimente) und *Datenauswertung*: deskriptische statistische Verfahren (Verteilungsbeschreibungen: Häufigkeiten, Mittelwerte, Streuungen), schließende statistische Verfahren (Wahrscheinlichkeitsaussagen, Korrelationen, multivariate Analysen usw.), interpretative Verfahren (Hermeneutik, Ethnomethodologie u.a.). Untersuchungsanlage, Erhebung und Auswertung bedingen sich gegenseitig.

Zunächst ist für empirische Bildungsforschung, die es immer mit Vergleichen oder Entwicklung zu tun hat, zu entscheiden, wie die *Untersuchungsanlage* in dem methodischen Konzept gefasst werden kann. Dabei geht es zum einen um die Untersuchungseinheit (Sample) – im Spektrum von Fallstudien bis zu Totalerhebungen. Der «Fall» kann eine einzelne Person, aber auch eine Gruppe oder eine institutionelle Einheit (Schulklasse, Schule, Gemeinde) sein. Wie weit Beteiligte «total» erfasst werden können, hängt von der Größe der Einheit ab – ist der «Fall» eine Schule, so wird man versuchen, Informationen über alle für die Fragestellung relevanten Personen zu erhalten. Geht es wie bei PISA um Aussagen über die Leistungen der 15-jährigen deutschen Schülerinnen und Schüler, so muss, um den Untersuchungsaufwand angemessen einzuschränken, eine Auswahl der zu Testenden getroffen werden. Diese allerdings muss repräsentativ für die Gesamtheit sein: Die Schülerinnen und Schüler, die getestet werden, müssen hinsichtlich der relevanten Merkmale – dies können alte und neue Bundesländer, Geschlecht, Schulform, Wohnortgröße, soziale Herkunft o.Ä. sein – in der Stichprobe in etwa gleicher Relation vorhanden sein wie in der Bevölkerung insgesamt.

Zum anderen sind die *Zeitpunkte* der Untersuchung zu entscheiden. Es ist dafür möglich, eine Querschnittsstudie – also eine einmalige Erhebung zu einem Zeitpunkt – durchzuführen. Man kann dann die erhobenen Daten – Erhebungsergebnisse z.B. in Form von gemessenen Variablen zu Leistungen oder zu Einstellungen, aber auch interpretierenden Deutungen – zu Vergleichen zwischen Einzelnen oder Gruppen heranziehen. Man kann damit aber auch Entwicklungen untersuchen, indem vergangene Ereignisse durch Aussagen der beteiligten Personen erhoben werden, die jedoch nur rekonstruieren können, was sie erinnern. Zum Beispiel in der Biographieforschung werden solche Verfahren genutzt.

Um den Akzent deutlicher auf Entwicklungsprozesse zu legen, werden *Längsschnittstudien* realisiert, über einen längeren Zeitraum hinweg Erhebungen durchgeführt (Prenzel 2005, S. 11). Man unterscheidet dabei verschiedene Arten der Untersuchungsanlage, z.B. Trendstudien (wiederholte Erhebungen unter der gleichen Forschungsfrage) oder Panelstudien (wiederholte Erhebungen bei gleichen Untersuchungseinheiten). Panelstudien sind sehr aufwendig und haben eine hohe Stichprobenmortalität: Es geht immer eine Anzahl von Personen «verloren», entweder, weil sie inzwischen nicht mehr auffindbar sind oder weil sie die Teilnahme aus irgendeinem Grund nicht mehr fortsetzen. So hat eine Längsschnittstudie über Bildungs- und Weiterbildungskarrieren (Friebel u. a. 2000) die Lebenswege von Schulabgängern über fast 20 Jahre verfolgt. An der Untersuchung beteiligten sich 1979, d. h. zu Beginn, 252 Frauen und Männer, beim Untersuchungsabschluss 1997 waren nur noch 133 einbezogen.

Interventionsstudien sind im pädagogischen Bereich vergleichbar mit Experimenten in den Naturwissenschaften. In gewisser Weise sind sie ebenfalls Längsschnittstudien, denn es geht darum, herauszufinden, ob eine Intervention – z. B. ein Trainingsprogramm oder eine Beratung – eine Veränderung bei den Lernenden/ Beratenen erbringt. Man muss also wissen, wie die Ausgangslage aussieht, und sie in Relation zum erreichten Ziel setzen. Anders als bei Experimenten sind jedoch in der Regel nicht alle Kontextbedingungen kontrollier- oder steuerbar.

Für die *Datenerhebung und -auswertung* hat sich eine Unterscheidung in quantitative und qualitative Verfahren eingebürgert. Ewald Terhart (*1952) bezeichnet den Unterschied:

> «Während empirisch-quantitative Forschung auf eine streng theorie- und hypothesengeleitete Quantifizierung von Ereignissen, Abläufen und Zusammenhängen in der sozialen Wirklichkeit ausgerichtet ist, wobei dies *Zergliederung*, Dimensionierung, Messung bedeutet, orientiert sich qualitativ-empirische Forschung am Ziel einer möglichst gegenstandsnahen Fassung der *ganzheitlichen*, kontextgebundenen Eigenschaften sozialer Felder. Diese ganzheitlichen Eigenschaften (*qualia*) stehen in enger Verbindung zu den Bedeutungen, die sie für die in diesem sozialen Feld handelnden Personen haben» (2003, S. 27).

Die internationalen Leistungsstudien wie IGLU und PISA repräsentieren den methodischen Standard für *quantitative* Untersuchungen (Prenzel 2005, S. 9 f.):

- Sie verwenden Schulleistungstests, die an theoretischen Kompetenzmodellen orientiert sind. Dabei werden die Aufgaben in realitätsnahen Kontexten präsentiert und Voraussetzungen für nachfolgende Bildungsprozesse erfasst.

- Sie sind durch Zufallsstichproben und hohe Beteiligungsquoten auf repräsentative Aussagen für alle Leistungsbereiche und Sozialmilieus ausgelegt.
- Das methodische Design erlaubt es, große Aufgabenmengen in begrenzter Testzeit bearbeiten zu lassen, wobei die Auswertungsmethoden Vergleiche unter verschiedenen Bezugsnormen ermöglichen.
- Die Konzeption orientiert sich an Mehr-Ebenen-Modellen, mit denen Einflussfaktoren theoretisch begründet werden.

Die Vertreter quantitativer Verfahren können sich auf weitgehend geteilte *«Gütekriterien»*, d. h. methodische Standards, rückbeziehen; dies sind vor allem drei:

- Validität: Die Instrumente sollten tatsächlich messen, was sie zu messen vorgeben. So müssen die in PISA gestellten Aufgaben auch wirklich Lesekompetenz erfassen und nicht Wahrnehmungsfähigkeit.
- Reliabilität: Eine Messung heute darf nicht zu anderen Ergebnissen kommen als eine Messung morgen. Die am Montag festgestellte Lesekompetenz darf sich nicht erheblich von der am Mittwoch unterscheiden.
- Objektivität: Die Daten dürfen nicht anders ausfallen, wenn sie von einer anderen Person erhoben werden.

Weiter gibt es ausgefeilte statistische Verfahrensvorschriften – insbesondere Festlegungen über *Signifikanzen*, d. h. Wahrscheinlichkeiten, mit denen man Zufälligkeiten beim Vergleich von Gruppen ausschließen kann.

Bei dieser Art der Datenerhebung und Datenauswertung muss vorab ein theoretischer Zusammenhang konstruiert werden, der eine Operationalisierung, d. h. Beobachtbarkeit bzw. Messbarkeit, ermöglicht. So werden in dem Konstrukt Lesekompetenz einzelne Variablen wie Textverständnis oder Informationsermittlung zusammengefasst. Problematisch ist dabei besonders die Frage der Validität. So gab es beispielsweise in den 1960er Jahren in einem bekannten Intelligenztest ein Item – eine Aufgabe –, bei der aus verschiedenen Abbildungen eine identifiziert werden sollte, die falsch war: Es war jene, bei der ein Mann keinen Schlips trug. Misst dieses Item tatsächlich Intelligenz? Oder misst es bürgerliche Konvention? Ist bürgerliche Konvention ein Aspekt von Intelligenz? Solche Fragen werden zwar im Konstruktionsprozess quantitativer Verfahren erörtert, in der Präsentation von Ergebnissen – die nur noch mit den Zahlenwerten operieren, in diesem Fall mit dem höheren oder niedrigeren Intelligenzquotienten – jedoch nicht mehr deutlich. Die zu untersuchenden Fragen – Hypothesen – werden vorab konstruiert und dann geprüft. Damit finden notwendig eine Kanalisierung der Sichtweise und Standardisierung der Erhebungsverfahren statt. Scheinsicherheiten der Gütekriterien Objektivität, Reliabilität und Validität sind angesichts unhintergehbarer Konstruktions- und Interpretationsprobleme nicht «rein» durchzuhalten.

Die zwangsläufige Selektivität wissenschaftlichen Zugriffs auf Welt begründet Theoriekonzepte und entsprechende «rekonstruktive» Methodologien (Bohnsack 2003), in denen Empirie als Feld reflektierter Praxis aufgefasst wird. Dabei dient die Rekonstruktion empirischen Materials – so die Vertreter *qualitativer* Konzepte – der Irritation vorgängiger theoretischer Interpretationen. Dann kommt man zu erweiterten Gütekriterien empirischer Bildungsforschung (vgl. auch Steinke 1999):

- Adäquanz: Gegenstandsangemessenheit (als Erweiterung von Objektivität),
- Intersubjektivität und Transparenz: Nachvollziehbarkeit (als Erweiterung von Reliabilität),
- Plausibilität: Begründbarkeit (als Erweiterung von Validität).

Man erkennt an diesen erweiterten Gütekriterien durchaus, dass es sich um Ansprüche handelt, die auch von standardisierten Verfahren zu erfüllen sind. Die konträre oder gar unvereinbare Gegenüberstellung quantitativer versus qualitativer Vorgehensweisen ist denn auch weitgehend überholt. Hans Oswald (*1935), emeritierter Professor für Soziologie der Erziehung an der Universität Potsdam, spricht von einem Kontinuum von qualitativen und quantitativen Methoden und macht aufmerksam darauf, dass Quantitäten «qualitative Merkmale der Realität» sind (2003, S. 74).

«Qualitative Sozialforschung benutzt nichtstandardisierte Methoden der Datenerhebung und interpretative Methoden der Datenauswertung, wobei sich die Interpretationen nicht nur, wie (meist) bei den quantitativen Methoden, auf Generalisierungen und Schlussfolgerungen beziehen, sondern auch auf Einzelfälle» (ebd., S. 75).

Gefragt sind mittlerweile in der empirischen Bildungsforschung eher eine Ergänzung und Kooperation, eine Triangulation von Erhebungs- und Auswertungsverfahren – Betrachtung des Forschungsgegenstandes aus unterschiedlichen Sichtweisen. Gefragt ist auch eine *reflexive Analyse*, die Notwendigkeit, das wissenschaftliche Vorgehen selbst als Gegenstand einzubeziehen. Die beiden Soziologen Pierre Bourdieu und Loie J. D. Wacquant machen auf diesen Umstand wissenschaftlichen Forschens aufmerksam:

«Sobald wir die soziale Welt beobachten, unterliegt unsere Wahrnehmung dieser Welt einem *bias*, der damit zusammenhängt, dass wir, um sie zu untersuchen, zu beschreiben, über sie zu reden, mehr oder weniger vollständig aus ihr heraustreten müssen. *Der theoretizistische oder intellektualistische bias* besteht darin, dass man vergisst, in die von uns konstruierte Theorie der sozialen Welt auch den Tatbestand eingehen zu lassen, dass diese Welt das Produkt eines theoretischen Blicks ist, eines ‹schauenden Auges› *(theorein)*» (Bourdieu/Wacquant 1996, S.100).

Und sie schlussfolgern: «eine wirklich wissenschaftliche Wissenschaft von der Gesellschaft muss Theorien konstruieren, die implizit eine Theorie der Diskrepanz zwischen Theorie und Praxis beinhalten» (ebd., S. 101).

Entsprechend wettert Pierre Bourdieu gegen die «Methodenpäpste»:

«Kurz, die Forschung ist eine viel zu ernste und viel zu schwierige Angelegenheit, als dass man sich erlauben könnte, Wissenschaftlichkeit mit Rigidität zu verwechseln, die das Gegenteil von Klugheit und kreativem Denken ist, und sich irgendeines der Hilfsmittel zu versagen, die die versammelten geistigen Traditionen der Disziplin ... zu bieten haben. ‹Verbieten verboten› würde ich am liebsten sagen, oder: Man hüte sich vor methodologischen Wachhunden» (ebd., S. 261).

Dieses Plädoyer für Methodenvielfalt wird noch abgestützt durch die Priorität von Erkenntnisinteresse und Gegenstandskonstitution. Gefragt ist also – sowohl bei quantitativem als auch bei qualitativem Vorgehen – eine *reflexive Methodologie.* Grundhaltung eines kritisch-pragmatistischen Methodenkonzepts ist Reflexivität, d. h. die Grenzen der jeweiligen Verfahren mitzudenken. Dann stellen sich die Konflikte zwischen quantitativer und qualitativer Forschung sowie zwischen Instrumentalität und Reflexivität zumindest zum Teil als Scheinkämpfe heraus.

Anhand konkreter Forschungsprojekte sollen im Folgenden Beispiele vorgestellt werden, die unterschiedliche Methodenstrategien verfolgen – exemplarisch als Einblick in empirische Forschung. In einem ersten Teil (5.2.1) sollen beobachtend-messende Erhebungen vorgestellt werden, in einem zweiten Teil (5.2.2) ethnographisch-interpretierende Ansätze.

5.2 Erhebung und Auswertung: Methodenselektion an Beispielen

Es gibt keine generell überlegene Methode, sondern immer nur konkret angemessene Vorgehensweisen, bezogen auf Erkenntnisinteressen und Gegenstandskonstitution. Davon ausgehend stellt sich eine Reihe von Entscheidungsfragen für den konkreten Untersuchungsansatz:

- Welche Untersuchungsfrage wird verfolgt?
- Welche Untersuchungseinheit wird betrachtet?
- Welche theoretische Ausgangsposition wird bezogen?
- Welche Daten sollen erhoben werden?
- Welche Verfahren der Erhebung sollen angewendet werden?
- Welches Vorgehen bei der Auswertung soll verfolgt werden?
- Wie lassen sich die empirischen Ergebnisse theoriebezogen interpretieren?

5.2.1 Entwicklung im sozialen Wandel – Untersuchungen zur geschlechtstypischen Erziehung

Für die Beschreibung des methodischen Vorgehens bei eher quantitativen Studien greifen wir auf Untersuchungen aus einem DFG-Schwerpunktprogramm zurück, in dem «Kindheit und Jugend in Deutschland vor und nach der Vereinigung» studiert wurden. In einem von Rainer K. Silbereisen (*1944) und Jürgen Zinnecker (*1941) herausgegebenen Band «Entwicklung im sozialen Wandel» (1999) werden die zentralen Ansätze der Projekte sowie ihre Ergebnisse vorgestellt.

Die Forschungen hatten das Erkenntnisinteresse und folgten der *Untersuchungsfrage*, «die psychosoziale Entwicklung von Kindern, Jugendlichen und jungen Erwachsenen in dieser Zeit des Wandels während der neunziger Jahre nachzuzeichnen und Erklärungen für mögliche Veränderungen zu geben» (ebd., S. 13). Bezogen auf die *Untersuchungseinheit*, handelt es sich um repräsentative Befragungen von insgesamt rund 10 000 Heranwachsenden und Erwachsenen, die zwischen 1991 und 1996 zum Teil wiederholt befragt wurden (Masche/Reitzle 1999). Der *Theoriebezug* basiert zum einen auf einem Verständnis von menschlicher Entwicklung als «biopsychosozialem» Prozess, der über die gesamte Lebensspanne anhält (Silbereisen/Zinnecker 1999, S. 13 ff.). Zum anderen wird der soziale Wandel nicht allein als Transfer sozialer Institutionen in andere Kontexte – hier der westdeutschen Institutionen in die ostdeutschen Länder – begriffen, sondern ebenso als Handeln von Individuen in Institutionen – z. B. mit der Intention, sie zu verändern. Die Akteursperspektive ist folglich für die Konzipierung von «Entwicklung im sozialen Wandel» zentral.

Die erste Aufgabe zur Klärung des *Erhebungsverfahrens* derartiger Forschungsprojekte besteht darin, die theoretische Perspektive in methodische Instrumente umzusetzen, sie zu operationalisieren, d. h. aus Problemkontexten erheb- und messbare Variablen zu isolieren. Resultierend aus der Entscheidung für standardisierte Interviews, müssen dann die Fragen so angelegt sein, dass die Antworten tatsächlich Aussagen über Entwicklungen der Akteure im sozialen Wandel zulassen. Nur wenn sie das tun, können sie als valide gelten.

Im Rahmen des Gesamtprojekts wurde eine Reihe von Teilstudien durchgeführt, die, bezogen auf das Erhebungsinstrument, mit gut einstündigen standardisierten Interviews arbeiteten. Hinsichtlich der *Auswertungsverfahren* wurden unterschiedliche statistische Methoden angewendet. Wir versuchen, diese verbal zu interpretieren, um die Grundgedanken zu verdeutlichen. Wir betrachten anhand eines Projektes zwei Auswertungsbeispiele, nämlich eine Varianzanalyse und eine Faktorenanalyse.[1]

In einem der Forschungsprojekte zur «Entwicklung im sozialen Wandel» geht es um geschlechterdifferenzierende Erziehung in der Familie (Eickhoff/Hasenberg/Zinnecker 1999). Hierzu wurden 1993, 1994 und 1995 692 Mütter und 611 Väter mit zum Teil identischen Fragen interviewt. Die Aussagen beziehen sich dabei jeweils auf ein «Zielkind», nämlich eine Tochter oder einen Sohn. Es geht folglich um einen Vergleich zwischen Vätern und Müttern, die einen Sohn oder aber eine Tochter erziehen. Erfragt wurden vier Merkmalsbereiche: Interessen und Tätigkeiten (hierunter wurden vor allem gemeinsame Freizeitbeschäftigungen verstanden); Unabhängigkeit (den Kindern zugestandener Freiraum); Lebenskonzepte für das Kind (z.B. Stolz auf die Leistungen des Kindes, Wunschabschluss) und Kompetenzzuschreibungen an die Kinder. Um dies mit quantitativen Methoden bearbeiten zu können, müssen die ausgewählten Variablen numerisch, als Zahlen, dargestellt werden. Wo es sich nicht um Messgrößen oder Zahlenangaben handelt, müssen die Antworten codiert werden, d.h., es wird ihnen ein Zahlenwert zugeordnet. Davon ausgehend können Häufigkeiten, Mittelwerte oder Erwartungswerte u.Ä. berechnet werden.

Zur Auswertung wurden in einem ersten Schritt Varianzanalysen berechnet – wobei wir uns in der folgenden Darstellung auf die Ergebnisse zur Gewährung von Freiheit beschränken. *Varianz* meint ein Streuungs-

1 Als Problem für ein solches Vorgehen stellt sich heraus, dass viele Informationen über die verwendeten Messinstrumente und ihre Auswertung in der Publikation nicht mitgeteilt werden – dies als Hinweis, dass in quantitativen Studien die methodisch getroffenen Vorentscheidungen vielfach nicht mehr offen gelegt werden – bedingt natürlich auch durch Seitenzahlbegrenzungen in Publikationen.

maß für die Abweichung von einem Erwartungswert. Unterstellt man als erwartet eine Normalverteilung z. B. bei der Frage nach dem Gewähren von Freiheit und misst dies mit Items, die Werte von 1 = wenig Freiheit bis 5 = viel Freiheit annehmen können, so liegt der erwartete Mittelwert bei 3. Mit der Varianzanalyse kann nun geprüft werden, ob sich der Erwartungswert der Variablen in verschiedenen Gruppen unterscheidet. In diesem Fall könnte es also sein, dass z. B. Mütter ihren Töchtern umso weniger Freiheiten gewähren, je jünger sie sind – aus Sorge, es könnte ihnen etwas zustoßen, während z. B. Väter ihren Söhnen unabhängig vom Alter mehr Freiheit gewähren – gemäß dem Geschlechterstereotyp, wonach der Mann hinaus muss ins feindliche Leben. Berechnet wird dazu, ob die Varianz zwischen den Gruppen, d. h. hier der Mütter von Töchtern und der Väter von Söhnen, größer ist als die Varianz innerhalb der Gruppen, d. h. hier – bezogen auf die Variable Alter der Kinder – der Mütter von Töchtern unterschiedlichen Alters bzw. der Väter von Söhnen unterschiedlichen Alters.

Tatsächlich zeigte sich, das Eltern ihren Kindern unabhängig vom Geschlecht in gleichem Maße Freiheiten gewähren, dies gilt sowohl für Mütter wie für Väter und über die Altersgruppen hinweg. Mit zunehmendem Alter erhalten die Jugendlichen mehr Freiheiten. Der einzige signifikante Unterschied – d. h. der Unterschied, der nicht zufällig ist, sondern mit einer Irrtumswahrscheinlichkeit von weniger als ein Prozent auf Differenzen verweist – besteht darin, dass Jungen und Mädchen im Westen generell mehr Freiheiten zugestanden werden als im Osten (ebd., S. 305).

Eine weitere Auswertung ging der Frage nach, ob Eltern von Töchtern diese eher modern, traditional oder gemischt modern-traditional erziehen. Dies wurde mit Hilfe der erfragten Variablen mittels einer *Faktorenanalyse* überprüft. Es geht dabei um multiple Korrelationen zwischen Variablen. Korrelationen geben die Stärke des linearen Zusammenhangs zwischen zwei Variablen an. Ihr Wert beträgt zwischen +1 (perfekt positiver Zusammenhang) und – 1 (perfekt negativer Zusammenhang). Der Wert 0 bedeutet, dass kein Zusammenhang besteht. Bei der Faktorenanalyse werden die einzelnen Variablen miteinander korreliert und diejenigen Variablen zu einem Faktor zusammengefasst, die möglichst hoch miteinander, aber nicht oder gegenläufig zu anderen Variablen korrelieren. Ausgewiesen werden in einer Faktorenanalyse die Korrelationen der einzelnen Variablen, die als «Ladungen» auf dem Faktor gelten. Inhaltlich muss dann die Bedeutung dieser zusammengehörenden Variablen interpretiert werden. Am Beispiel der vorliegenden Untersuchung konnten vier Faktoren extrahiert werden (vgl. Abbildung 5), von denen der Faktor 3 traditionale Erziehung, Faktor 4 modernisierte Erziehung und die Faktoren 1 und 2 Mischmodelle repräsentieren.

Für Faktor 1 ist die Interpretation leicht nachvollziehbar: Beide Eltern wünschen sich einen Hochschulabschluss für ihre Tochter und zugleich, dass diese später mal eine Familie haben wird. Als Faktorbezeichnung wurde deshalb «Bildung und Familienerfolg» gewählt. Beim Faktor 3 wünschen beide Eltern die Mithilfe der Tochter im Haushalt und lehnen freiheitliche Erziehungsziele eher ab – erkennbar an dem negativen Vorzeichen der Ladung. Dies wird als «traditionale Hausfrau» interpretiert.

An diesen Beispielen von Auswertungsverfahren aus den Längsschnittstudien des Schwerpunktprogramms «Entwicklung im sozialen Wandel» werden die methodischen Herangehensweisen deutlich, wie sie in quantitativen Projekten auftreten. Die multivariaten statistischen Auswertungen können Hinweise geben auf Zusammenhänge, wie sie sich im Prozess der Vereinigung in Deutschland, bezogen auf Kindheit und Jugend, gezeigt haben. Sie erreichen dabei erhebliche Komplexität. Gleichzeitig lässt sich zeigen, dass die Probleme der Konstruktion und Interpretation in diesen Methoden und Instrumenten keineswegs verschwinden, sondern reflektiert werden müssen, um nicht einer Zahlengläubigkeit zu verfallen.

Abbildung 5: Dimensionen elterlicher Erziehung bei den Töchtern

Faktoren	**1 Bildung und Familienerfolg**	**2 Ambitioniertes, gepflegtes Familienleben**	**3 Traditionale Hausfrau**	**4 Individualisierte Kompetenz**
Hochschule für Tochter (Vater)	.84			
Hochschule für Tochter (Mutter)	.81			
Stolz auf Tochterzukunft Familie (Vater)	.58			
Stolz auf Tochterzukunft Familie (Mutter)	.53			
Mutter ist informiert über Tochter		.68		
Vater ist informiert über Tochter		.63		
Ehrgeizige Ziele für Tochter (Mutter)		.56		
Ehrgeizige Ziele für Tochter (Vater)		.55		
Sport mit Tochter (Mutter)		.55		
Lesen, Musik mit Tochter (Mutter)		.51		
Tochter hilft im Haushalt (Mutter)			.77	
Tochter hilft im Haushalt (Vater)			.74	
Freiheitliche Erziehungsziele (Mutter)			–.58	.44
Freiheitliche Erziehungsziele (Vater)			–.54	.61
Tochter weiß besser Bescheid (Mutter)				.71
Tochter weiß besser Bescheid (Vater)				.66

Quelle: Eickhoff/Hasenberg/Zinnecker 1999, S. 309

5.2.2 Doing Gender im heutigen Schulalltag – ethnographische Forschungsansätze in den Sozialwissenschaften

Als einen entscheidenden methodischen Unterschied im Vorgehen von qualitativen gegenüber quantitativen Forschungen kann man den Typ der zu interpretierenden Daten herausstellen: In den quantitativen Verfahren werden Theorien und Begriffe in Zahlen übersetzt und die empirisch gefundenen Zahlenwerte dann in Interpretationen rückübersetzt. In qualitativen Verfahren haben wir es mit Texten oder Bildern zu tun, denen theoriegeleitet begriffliche Kategorien zugeordnet werden, um zu einer verstehenden Interpretation zu kommen. In beiden Fällen geht es um Verallgemeinerungen, die für den Erkenntnisgewinn an wissenschaftlichem Wissen durch Forschung relevant sind. Dies gilt auch für exemplarische Fallstudien, die Übertragbares belegen sollen – im Gegensatz zu spezifischen Einzelfällen, für die durch individuelle Anamnese oder Diagnose therapeutische oder pädagogische Unterstützung entwickelt werden soll.

Welche Vorgehensweisen in einem qualitativ angelegten Projekt zu klären sind, soll anhand einer eigenen Längsschnittstudie (Faulstich-Wieland/Weber/Willems 2004) im Folgenden exemplarisch vorgestellt werden. Dabei bezieht sich das Projekt auf eine ethnographische Herangehensweise, weil sie der Vielfalt der Kontexte und Interaktionen in pädagogischen Konstellationen Rechnung tragen kann.

In der Erziehungswissenschaft finden wir vor allem im Bereich der Kinder- und Jugendforschung schon seit langem solche Ansätze. Die Studie von Martha Muchow (1892–1933) zur Lebenswelt des Großstadtkindes (1935 posthum veröffentlicht, Reprint 1998) kann als Vorläuferstudie deutschsprachiger ethnographischer Forschung gelten. In der Schulforschung hat Ewald Terhart (*1952) 1979 über die «ethnographische Schulforschung in den USA» berichtet. Eine stärkere Verbreitung haben solche Ansätze jedoch erst in den letzten Jahren gefunden. Die beiden wohl bekanntesten Forschungsprojekte in diesem Zusammenhang sind die Untersuchung von Lothar Krappmann (*1936) und Hans Oswald (*1935) zum «Alltag der Schulkinder» (1995) sowie die Studie von Georg

Breidenstein (*1964) und Helga Kelle (*1961) zum «Geschlechteralltag in der Schulklasse» (1998).

Was aber meint eigentlich ein «ethnographischer Ansatz»? Ralf Bohnsack (*1948) schreibt dazu: «Mit dem Begriff der Ethnographie wird nicht eine Methode bezeichnet, sondern ein Forschungsstil, der methodenplural angelegt ist» (1997, S. 3). Diesen Stil charakterisiert er durch drei Prinzipien:

- «Die Beziehung von Forscher und Erforschtem wird als eine Fremdheitsrelation verstanden.
- Das von den Erforschten explizit mitgeteilte Wissen (Orientierungen und Theorien) ist einem adäquaten Verständnis nur im Kontext der jeweiligen Handlungspraxis zugänglich.
- Primär sind Interaktionen, Milieus und Organisationen Gegenstand der Analyse, nicht Individuen» (ebd.).

Auch Jürgen Zinnecker hebt auf die Befremdung ab, wenn er für die pädagogische Ethnographie sagt: «Es ist ein befremdender Blick, der auf die praxeologischen Selbstverständlichkeiten des Handelns und Wissens von Pädagogen und Kindern trifft und diese reflexiv verfügbar macht» (1995, S. 21). Da es jedoch um «Selbstverständlichkeiten» der eigenen Kultur geht, muss Fremdheit erst reflexiv hergestellt, das Vertraute auf Distanz gebracht werden.

Die Methodologie der Ethnographie ist vor allem gekennzeichnet durch eine zeitlich länger dauernde *Feldphase* und ein variantenreiches Datenmaterial. Der Forschungsprozess beginnt mit vielfältigen Beobachtungen und mit höchst unterschiedlichen Erfahrungen. Die Methodenwahl ergibt sich nicht aus vorgegebenen Vorschriften und dem Einhalten von Regeln, sie muss vom Gegenstand selbst ausgehen:

> «Die ... Verunsicherung, wie man sich in einem fremden Feld zu bewegen und seine Äußerungsformen zu verstehen hat, ist ein gesuchter Zustand, durch den der Blick auf die Lebens- und Organisationsweise dieses Feldes geschärft wird» (Amann/Hirschauer 1997, S. 19).

Klaus Amann (*1958) und Stefan Hirschauer (*1960) betonen die Rolle der Ethnographin/ des Ethnographen: Ihre Beobachtungs- und Interpretationsleistungen sind die Grundlagen des Forschungsprozesses. Damit wenden sie sich explizit gegen die Höherschätzung technischer Hilfsmittel:

> «Wenn man Selektivität ... als eine Eigenschaft begreift, die sozialem Geschehen eigentümlich ist (eine Leistung, die alle Situationsteilnehmer routinemäßig voneinander erwarten), dann ist nicht deren Minimierung, sondern deren situationssensitive Steuerung zu bewältigen. Diese Aufgabe leistet weder ein Satz von Richtmikrophonen, noch Autofokus und Gummilinse einer Kamera» (1997, S. 22).

Für alle Erhebungsverfahren gilt allerdings, dass der Feldphase immer wieder eine «reflexive Distanzierung von gelebter Praxis» (ebd., S. 27) folgen muss, damit das «Befremden der eigenen Kultur» möglich wird. Für eine solche Distanzierung sind begriffliche und theoretische Arbeit nötig. Empfohlen wird deshalb eine rhythmische Unterbrechung der Feldforschung z. B. durch eine Rückkehr ins universitäre Feld, durch ein Einbringen in die Wissenschaft. Dieser

> «Kollektivierungsprozess setzt die Ethnographin und ihr Material einer Übersetzungs- und Vermittlungsaufgabe aus. Ihr Erfahrungsvorsprung muss sich an den Relevanzen und Verstehensbedingungen der eigenen community orientieren und sich in nachvollziehbaren Beschreibungen von Szenen, an einzelnen Beispielen und ihrer Interpretation bewähren» (ebd., S. 28).

In dem Projekt «Zur sozialen Konstruktion von Geschlecht in schulischen Interaktionen» (Faulstich-Wieland/Weber/Willems 2004) wurde ausgehend von einem solchen ethnographischen Ansatz die Untersuchungsfrage verfolgt, wie während der Adoleszenz Konstruktionsprozesse von Geschlecht in schulischen Interaktionen zwischen den Jugendlichen und auch mit den Lehrkräften vorgenommen werden. Als Untersuchungsfeld für die Längsschnittstudie fand sich ein Gymnasium, in dem drei Klassen begleitet werden konnten:

- Klasse A befand sich in der ersten Feldphase im Schuljahr 1998/1999 im achten Jahrgang und hatte einen quantitativ gesehen dominanten Jungenanteil – diese Klasse wurde bis zum 10. Jahrgang begleitet.
- Klasse B war zu Beginn eine siebte Klasse mit einem quantitativ

dominierenden Mädchenanteil – diese Klasse wurde bis zum 9. Jahrgang begleitet.

- Klasse C war ebenfalls eine siebte Klasse und hatte einen ausgewogenen Mädchen- und Jungenanteil. Begleitet wurde Klasse C bis zum 9. Jahrgang.

Die theoretische Basis bildete eine konstruktivistisch-interaktionistische Geschlechtertheorie (vgl. Faulstich-Wieland 2004b). Sie geht davon aus, dass man nicht ein Geschlecht «hat», also Geschlechterdifferenzen nicht «natürlich» sind, sondern die Zugehörigkeit zu einem Geschlecht «erworben» und dann immer wieder «getan» wird (doing gender). In den alltäglichen Interaktionen erfolgen durch die Beteiligten ständig eine Inszenierung bzw. Darstellung von Geschlecht und zugleich eine Zuschreibung der Gleich- oder Gegengeschlechtlichkeit. Beides beruht auf, reproduziert und produziert Wissen um die «Normalität» der Geschlechterverhältnisse. Doing gender meint dabei nicht, sich einem Idealbild von Weiblichkeit oder Männlichkeit entsprechend zu verhalten, sondern sich in den unterschiedlichsten Situationen so zu verhalten, dass im Endeffekt das Ergebnis als gender-angemessen oder absichtlich gender-unangemessen angesehen werden kann, die Zurechenbarkeit (accountability) aber gewährleistet bleibt.

Das zentrale methodische Vorgehen im Forschungsprojekt war eine *ethnographische Beobachtung* in den drei Klassen. Entsprechend bilden den Hauptanteil an Material die ethnographischen Protokolle von Unterrichtsstunden und Pausen. Ein Teil der Beobachtungen fand im Tandem statt, das heißt, zwei Personen waren gleichzeitig anwesend, formulierten ihre Protokolle allerdings unabhängig voneinander. Gespräche mit Schülerinnen und Schülern sowie mit Lehrkräften wurden in der Regel als Gedächtnisprotokolle festgehalten. Ergänzt wird dieses Material um Feldnotizen und Memos zu Aspekten, die den Ethnographinnen festhaltenswert erschienen. Als weitere Verfahren wurden Ton- und Videoaufnahmen vom Unterricht aufgezeichnet und zum Teil transkribiert. Außerdem wurden leitfadengestützte Interviews mit Lehrkräften durchgeführt und ebenfalls transkribiert. Schließlich erfolgte als Ergänzung zu den qualitativen Erhebungen jährlich eine standardisierte Befragung der Schülerinnen und Schüler – insofern handelte es sich nicht um ein ausschließlich qualitativ vorgehendes Projekt, sondern um eines, das auch quantitative Anteile beinhaltete.

Mit dieser Vorgehensweise ist schon eine ganze Reihe von *Erhebungsverfahren* gekennzeichnet worden. Die häufigsten qualitativen Vorgehensweisen sind Einzelinterviews oder Gruppendiskussionen. Weiter sind Entscheidungen über die Auswahl der konkreten Instrumente zu bedenken:

- welche Form von Interview gemacht werden soll (Hopf 2000): Die gebräuchlichsten sind narrative (d.h. von einem Erzählimpuls ausgehende und dann auch nur im Blick auf die «Erzählungen», nicht die Erklärungen auszuwertende) oder leitfadengestützte (d.h. entlang einer Reihe von Fragen vorgehende, die jedoch keine vorgefertigten Antworten beinhalten und auch nicht in starrer Reihenfolge gestellt werden müssen);
- wie viele Personen an einer Gruppendiskussion (Bohnsack 2000) beteiligt werden sollen;
- wie der Einstieg in ein Interview oder eine Diskussion gewählt wird usw.

Dafür gibt es Regeln, so wie bei der Konstruktion der standardisierten Instrumente auch. Gleiches gilt für die Transformation des gesprochenen Worts eines Interviews bzw. einer Diskussion in einen schriftlichen Text. *Transkriptionsregeln* legen fest, was wie erfasst werden soll. Marianne Schuller (*1945) hat anschaulich deutlich gemacht, dass es z.B. eine Interpretation darstellt, ab wie viel Sekunden man von «Schweigen» spricht (Schuller 1994).

Lange Zeit beschränkten sich die Übereinkünfte für qualitative Vorgehensweisen auf die Erhebungstechniken. So waren die Forschenden bei der Auswertung und Interpretation weitgehend allein gelassen. Mittlerweile gibt es einen Konsens über Auswertungstechniken und Auswertungsstrategien, die eine Überprüfbarkeit des Forschungsprozesses ermöglichen. Für «grounded theory», einen qualitativen Forschungsansatz für eine dicht am empirischen Material begründete Theorieentwicklung, findet man detaillierte Codierungsregeln (Glaser/Straus 1998; Straus 1998). Trotz formaler Vorschriften gilt jedoch letztendlich:

> «Gültige Forschungsergebnisse entstehen – bzw. entstehen nicht – ... in der lesenden Auseinandersetzung mit der Darstellung des Forschungsprozesses und seinen Ergebnissen» (Lüders 2003, S. 82).

Vielmehr geht es also um die Gütekriterien Transparenz und Plausibilität. Im Rahmen unseres Forschungsprojekts wurden alle ethnographischen Protokolle, Transkripte und Interviews mit dem Programm Maxqda, einem computerunterstützten Programm zur Auswertung qualitativer Daten, bearbeitet (vgl. Kuckartz 1999). Dazu gehörte insbesondere die Codierung von Protokollstellen zu bestimmten Aspekten – wie Inszenierungsformen über Aussehen, doing student, Hinterbühnenaktivitäten wie Briefchen schreiben usw.

Ein *Code* war «expliziter Geschlechterbezug». Folgende Textstelle wurde damit codiert:

> «Dann ruft sie Klaus auf. Sie kann ihn nicht sofort entdecken. Er sitzt ganz am Ende der linken Tischreihe neben Nathalie. Frau Ferreira in etwa: ‹Klaus – wo ist er! Ach er versteckt sich bei den Mädchen›» (Protokoll Ad00214j).

Die Lehrerin kommentiert die Tatsache, dass Klaus nicht dort sitzt, wo sie ihn vermutet, mit einem expliziten Geschlechterbezug, indem sie auf seinen Sitzplatz bei den Mädchen hinweist.

Die Auswertung der gesamten Materialien erfolgte unter zwei verschiedenen Perspektiven: Zum einen wurden unterschiedliche Foki gewählt, um *themenzentrierte Auswertungen* vorzunehmen, z.B. auf Inszenierungsformen der Schülerinnen und Schüler oder auf Sitzordnungen im Klassenraum. Zum anderen wurde eine *fallorientierte Auswertung* vorgenommen, wobei die jeweiligen Fälle die Klassen A, B und C bildeten.

An dieser Stelle kann nur exemplarisch an einem Beispiel das Auswertungs- und Interpretationsverfahren gezeigt werden. Dazu wird eine Protokollstelle herangezogen, die aufzeigen kann, wie stereotype Geschlechtszuschreibungen erfolgen. Es finden sich in den Unterrichtsbeobachtungen einige Interaktionssituationen, in denen Lehrkräfte explizit Differenzen zwischen den Geschlechtern ansprechen und damit zugleich vermitteln, was angemessen ist. In diesem Fall handelt es sich um eine Unterrichtsstunde in Deutsch im 10. Jahrgang in der jungendominierten Klasse A:

> «In dem Tumult sagt Frau Ferreira zu Kurt mit spaßigem Unterton, nachdem dieser verkündet, dass er die Hausaufgaben vergessen habe: ‹Du versaust das Bild!› Darauf kommt jedoch keine Reaktion, ich denke die Bemerkung geht unter, bzw. wird nicht verstanden. Ich denke mir, dass sie darauf anspielt, dass Kurt der einzige Junge ist, der die Hausaufgaben nicht gemacht hat.
> Diese Vermutung bestätigt sich kurz danach. Frau Ferreira bittet darum, dass sich alle melden sollen, die ihre Hausaufgaben nicht gemacht haben. 7–8 Finger gehen in die Höhe. ‹So, jetzt sagt mir Henning, warum Kurt das Bild versaut›, fordert sie Henning lachend auf. Dieser antwortet flugs, dass Kurt der einzige Junge sei. ‹Genau›, erwidert die Lehrerin. Sonst habe man das oft genau andersherum, dass die Mädchen die Hausaufgaben hätten und die Jungen nicht, da sie es verschlampt, vergessen, oder so, hätten. Sie lächelt bei dieser Ausführung ihrer Beobachtungen» (Ad01127v).

Die Auswertung erfolgt in einem Zweischritt von Paraphrase und Interpretation. Als Erstes wird eine solche Protokollstelle paraphrasiert: Ein Viertel der Klasse hat keine Hausaufgaben, darunter nur ein Junge. Die Lehrerin bezieht sich aufs Geschlecht, indem sie mit scherzhaftem Ton herausarbeiten lässt, wie ungewöhnlich es sei, dass fast alle Jungen die Hausaufgaben gemacht hätten. Normalerweise wären die Mädchen ordentlich, während die Jungen schlampig und vergesslich seien. Darauf folgt die Interpretation: Durch die freundliche Art, in der die Lehrerin ihre Kritik am Regelverstoß äußert und die Dramatisierung von Geschlecht, die sie dabei vornimmt, wird auf unhinterfragte Weise bestätigt, was als geschlechtsangemessen gilt.

Mit Hilfe von ethnographischen Forschungen lassen sich solche Mechanismen aufzeigen, die verdeutlichen, «wie» etwas hergestellt wird. Die Verbindung von empirischem Material und theoretischem Kontext ermöglicht es, neues wissenschaftliches Wissen aufzunehmen. Die Forschung richtet sich nicht auf eine Bestätigung des Vorgewussten, sondern öffnet sich für Irritationen. Dabei sind quantitative Daten durchaus einzubeziehen, aus kritisch-pragmatistischer Sicht werden Erfahrung und systematisches Wissen zusammengeführt.

5.3 Forschungshaltung als Studienkonzept

Die vorgestellten Beispiele von Forschungsansätzen zeigen, wie unterschiedlich die Herangehensweise an das Feld der Erziehungs- und Bildungswissenschaft sein kann. Es ist deutlich, dass die Resultate nicht unabhängig sind von vorauslaufenden Interpretationen. Umgekehrt werden theoretische Konstruktionen dann korrigiert durch die empirischen Ergebnisse. Dies wird prüfbar und diskutierbar durch eine unterschiedliche Anschlussfähigkeit an die konkurrierenden Forschungstraditionen (vgl. Kap. 2.3). Forschen erzeugt auf alle Fälle einen Bruch mit gegenstandsverhafteter Unmittelbarkeit, welche «Wirklichkeit» einfach als gegeben ansieht. Eine reflexiv gewordene Bildungsforschung entzieht sich der klaren Alternative quantitativ vs. qualitativ. Dabei kann die Offenheit der Gegenstandskonstruktion keinesfalls kompensiert werden durch Methodenvorschriften, welche Bildungsforschung in ein bestimmtes methodologisches Paradigma, eine wissenschaftstheoretische Grundposition, einbinden würden.

Diese Einsicht regt an, das eigene Studium als Prozess des Forschens zu begreifen, bei dem man immer weiter in den Gegenstandsbereich eindringt und sich so ein immer tieferes Verständnis für das Feld von Erziehung und Bildung aneignet. Ein «forschender Habitus» als Ziel eines Studiums vermag sowohl der Theoriefeindlichkeit als auch der Praxisverachtung zu entgehen. Dazu braucht man – wir erinnern an Kant (vgl. Kap. 3.1.2) – den Mut, sich seines eigenen Verstandes zu bedienen. Hausarbeiten und Abschlussarbeiten spätestens geben Gelegenheit, sich selbst begrenzte Forschungsvorhaben vorzunehmen. Entscheidend sind bei einem solchen «forschenden Lernen» die konkreten Erfahrungen, die man in den einzelnen Phasen der wissenschaftlichen Arbeit macht (vgl. Tabelle 3). Bei diesem Ablaufschema handelt es sich um logische Stufen, die nicht zwingend als zeitliche Phasen durchlaufen werden, sondern immer wieder in Rückgriffen korrigiert werden. Dabei gibt es eine gemeinsame Verlaufsstruktur von Lernen und Forschen.

Tabelle 3: Zehn Etappen einer wissenschaftlichen Arbeit

	Phase	Techniken
1	sich orientieren	Thema suchen Thema eingrenzen Gespräche führen Zeitplan aufstellen Startschreiben
2	Recherchieren	Bibliographieren Exzerpieren
3	Strukturieren	Fragen formulieren Mind Mapping Material zusammentragen
4	Untersuchungseinheit festlegen	
5	Daten erheben	
6	Daten auswerten	
7	Gliedern	Standardgliederung Logischer Aufbau
8	Formulieren	Rohfassung erstellen Begriffe klären Argumentation entwickeln Zitate roten Faden herstellen
9	Edieren	Rohfassung umarbeiten Abfolge prüfen Überflüssiges streichen Überleitungen und Zusammenfassungen einfügen Zitate überprüfen Quellenangaben vereinheitlichen Literaturverzeichnis vervollständigen
10	Redigieren	Lesen lassen Tippfehler korrigieren Layout gestalten Endfassung erstellen

Die Offenheit der Forschungshaltung verhilft auch dazu, kritischer an Aufsätze und Bücher heranzugehen, nicht alles, was «schwarz auf weiß» da steht, zu glauben. Sie versetzt in die Lage, nach den Entstehungsbedingungen von Erkenntnissen, aber auch nach den Begrenzungen von Ergebnissen zu fragen. Lehrveranstaltungsthemen können so – eingebunden in eigene Aktivitäten – Anstöße zu expansivem Lernen geben, und selbst Statistikkurse werden spannend, weil brauchbar.

6. Studienmodule: Wissenschaftliches Arbeiten im Studium der Erziehungs- und Bildungswissenschaft

Studium zielt auf selbständiges wissenschaftliches Arbeiten. Allerdings können Studienanfänger kaum selbständige Beiträge zu neuen wissenschaftlichen Erkenntnissen liefern, weil Wissenschaft eigene Formen der Arbeit entwickelt, die sie erst erlernen sollen. Forschen ist der Kern von Wissenschaft, das selbst erarbeitet und geübt werden muss. Es geht darum, sich Verfahren anzueignen, die in der jeweiligen Disziplin als wissenschaftlich akzeptiert werden. Davon sind einige disziplinspezifisch, einige generell. Erfahrungsgemäß helfen Texte über wissenschaftliches Arbeiten wenig, wenn sie inhaltsleer bleiben. Rezeptillusionen, man brauche nur die geeignete Methode einzuüben, und dann «läuft's schon», werden meistens enttäuscht. Deshalb ist es notwendig, solche «Techniken» nicht als allgemein brauchbare Instrumente zu betrachten, sondern sie auf die eigenen Studieninteressen und -themen zu beziehen. Dann können solche Verfahren, ausgehend von gegenstandsbezogenen, thematisch erworbenen Kompetenzen, verallgemeinert und übertragen werden.

Es handelt sich beim Lernen wissenschaftlichen Arbeitens um einen Sonderfall des Problems des «Lernen Lernens» (Grell 2006). Lerntheoretisch geht es also um die Transferfrage, inwieweit Wissen aus einer Situation abgelöst und in anderen Kontexten angewendet werden kann. Franz E. Weinert (1930–2001), zuletzt Direktor des Max-Planck-Instituts für psychologische Forschung in München, hat nüchtern Resümee gezogen: «Lernen Lernen kann weder durch die Vermittlung allgemeiner Prinzipien und Regeln noch durch Hinweise auf verschiedene Lerntricks (z. B. die Verwendung von Eselsbrücken) gelernt werden» (2001, S. 46). Stattdessen geht es um Reflexion des eigenen Lernens und um das Bewusstmachen eigener Lernerfahrungen (ebd., S. 47).

Lernen von Formen wissenschaftlichen Arbeitens soll helfen, das eigene Studium bewältigbar zu machen. Was braucht man, um erfolgreich die thematischen Module zu bewältigen, sodass es sowohl Spaß macht als auch dass man den Sinn versteht?

In den Studiengängen des BA-Studiums finden sich gesonderte Modulangebote, in denen themenübergreifende Kompetenzen vermittelt werden sollen. Es geht dabei um Arbeitsformen und Fragen, welche von den Studierenden für sich selbst oft als problematisch empfunden werden: Wie und wo finde ich einschlägige Literatur? Wie schaffe ich, das alles zu lesen und mir zu merken? Wie produziere ich einen fundierten und zugleich verständlichen Text? Wie baue ich einen Vortrag, ein Referat, eine Moderation auf, und wie «bringe ich das rüber»?

Georg Rückriem (*1934) und Joachim Stary nennen in ihren «subjektiven Ratschlägen für ein objektives Problem» (2003)[1] vier Bereiche, die Studierende beherrschen müssen, um wissenschaftlich zu arbeiten: Literaturrecherche, Lesen, Schreiben und Vortragen.

Aus erziehungswissenschaftlicher Sicht sind diese Arbeitsbereiche selbst als Formen des Aneignens und Vermittelns, also als Themen der eigenen Disziplin, zu begreifen. Wenn man die Bedeutsamkeit der Themen als wichtigsten Aspekt auffasst, um die Interessen der Lernenden aufzunehmen, können solche Aktivitäten nicht nur formal, nicht «an und für sich» eingeübt werden, sondern brauchen einen Bezug zum Studieninteresse in der Disziplin Erziehungs- und Bildungswissenschaft. Es geht um Forschen und Darstellen. Wir spielen einen möglichen Bezug am Thema «Lernen» durch.

6.1 Literaturrecherche

Zwar werden in Vorlesungen und Seminaren – z. B. über «Lernen» – meist Literaturangaben gemacht, die dem Nachlesen und Vertiefen von Inhalten dienen. Gefordert werden häufig aber darüber hinaus die Bearbeitung von speziellen Aspekten eines Themas und die dazugehörige eigene Literaturrecherche. Auch wenn man Themen gründlicher bearbeiten will,

1 Es liegt von den beiden Autoren auch eine Aufbereitung ihrer Hinweise und Empfehlungen auf CD vor (Rückriem/Stary 2001). Die CD gibt zusätzlich einen Einblick in den universitären Alltag.

als dies im Rahmen der Lehrveranstaltung möglich ist, oder wenn man die spezifische Sichtweise der Lehrenden mit anderen Meinungen prüfen will, ist es wichtig zu wissen, wie man mit vertretbarem Aufwand zu brauchbarer und geeigneter Literatur kommt.

Man kann selbstverständlich in eine Buchhandlung gehen. Wenn man etwas findet, ist die Auswahl zufällig, und es wird allzu teuer, wenn man gleich kauft. Insofern geht man besser zunächst in eine *Bibliothek* und sieht sich die vorhandenen Bücher zum Thema «Lernen» an. Dabei geben Wörterbücher und Lehrbücher einen ersten Überblick. Viele Bibliotheken haben allerdings keinen Präsenzbestand, den man einfach durchsehen kann. Hier ist man auf eine vorherige Recherche in *Katalogen* angewiesen. Diese sind mittlerweile meist elektronisch über das Internet verfügbar. Geht man hier auf die Information zur Findung von «Themen», werden mögliche Recherchestrategien angeboten[1]. Die Gegenstandsumschreibungen müssen bei einer Recherche folglich dem entsprechen, was zugleich die Grundlage für die Verschlagwortung ist. Solche «Prädikatoren» sind im bibliothekarischen Bereich weitgehend vereinheitlicht, sodass in den Bibliothekskatalogen über Thesauri, Lexika oder Indexe mögliche Bezeichnungen gesucht werden können. Man kann im Campuskatalog der Staats- und Universitätsbibliothek Hamburg anzeigen lassen, welche Schlagwörter zum Thema «Lernen» existieren. Dann erhält man 20 verschiedene Angaben, zu denen sich von einem Nachweis für «Lernen am Erfolg» bis zu 1330 Nachweise für «Lernen» finden. Zu «Lernen Theorie» werden noch 73 Angaben ausgewiesen. Diese kann man durchblättern und nach den Titeln abschätzen, ob sie für die eigene Fragestellung relevant sein können.

Ausgewiesen werden in den Campuskatalogen nur Bücher, die in den zugehörigen Bibliotheken vorhanden sind. Buchveröffentlichungen bilden jedoch im wissenschaftlichen Bereich nicht immer den aktuel-

1 Die Gestaltung solcher Hilfen ist nicht für alle Bibliotheken gleich, aber das prinzipielle Angebot ähnelt sich. So ermöglicht die Staats- und Universitätsbibliothek Hamburg auf der Eingangshomepage im Menüpunkt «Wie finde ich ...?» eine «Guided Tour», für die Universitätsbibliothek der Universität Kassel lautet der Eingangslink für solche Führungen «Fit in der Bibliothek».

len Forschungsstand ab, da Forschungsergebnisse häufig zunächst als Aufsätze veröffentlicht und erst nach Abschluss eines Projekts in einer Buchpublikation zusammengefasst werden. Insofern sind Zeitschriftenartikel eine bedeutsame Quelle für Literaturrecherchen. Dafür gibt es fachübergreifende *Datenbanken* mit Bestellmöglichkeiten, aber auch – was in der Regel als Ausgangspunkt für eine Recherche die bessere Variante darstellt – fachbezogene Datenbanken. Das Fachportal Pädagogik www.fachportal-paedagogik.de ist der zentrale Einstieg für Erziehungswissenschaft in Forschung und Praxis. Für das Suchwort «Lernen» liefert die Metasuche über verschiedene Datenbanken 61 608 Einträge (Zugriff 31.12.2005). Die wichtigste Literaturdatenbank ist das als Standardnachweis geltende, im Fachportal enthaltene Fachinformationssystem Bildung, das davon 50 876 Angaben auswirft.

Neben den Bibliotheken und ihren Datenbanken bietet das *Internet* Suchmaschinen an, über die man an relevante Informationen kommen kann. Die vorhandenen Recherchemöglichkeiten bieten allerdings eher die Gefahr, dass man in ihnen untergeht, als dass man fündig würde. Schon die 61 608 Einträge aus der Metasuche oder davon nur die 50 876 in der Literaturdatenbank FIS Bildung übersteigen das Verarbeitbare. Wenn man «Lernen» in www.google.de eingibt, liefert die Suchmaschine 16 200 000 Treffer. Um einem «lost in internet» entgegenzuwirken, ist es wichtig, sich klar darüber zu werden, was man überhaupt wissen möchte, d. h. das Thema präzise genug einzugrenzen. Eigentlich muss man schon einiges wissen über das, was man sucht:

> «Wenn ich im Rahmen einer empirischen Arbeit nicht nur statistische Resultate erzielen will, sondern mich insbesondere für die existierenden Formen zur Erhebung inhaltlicher Aspekte interessiere, reicht es unter Umständen nicht aus zu wissen, dass ich unter dem Schlagwort ‹qualitative Methoden der Sozialforschung› suchen muss, da man wichtige und gegebenenfalls sogar entscheidende Literaturhinweise eher unter den Schlagwörtern ‹interpretative Forschung›, ‹oral history›, ‹narrative Methoden›, ‹grounded Theory› usw. finden würde» (Rückriem/Stary 2003, S. 934).

Das Fachinformationssystem Bildung findet zum Stichwort «Qualitative Methoden» 173 Angaben, zur Suche nach dem Begriff im Titel noch 21, zum Stichwort «grounded theory» werden 42 Treffer ausgewiesen, im Titel nur noch vier.

Im World Wide Web muss man die Seriosität einer Quelle prüfen, da keineswegs alles als «wissenschaftlich» akzeptabel gelten kann, was dort zu finden ist. Ein Problem stellt auch die Flüchtigkeit des Mediums dar: Während man Bücher oder Zeitschriften zur Überprüfung von Behauptungen im Prinzip immer wieder heranziehen kann, sind Internetadressen oft schon nach kurzer Zeit nicht mehr vorhanden. Ein interessanter Zugriff ist auch «Die freie Enzyklopädie» wikipaedia. Allerdings hat man keine Garantie für die Tragfähigkeit der Angaben. Sie liefert aber z. B. einen Artikel über «Lernen» mit Grundlagen, Aspekten, Literatur und weiteren links: http://de.wikipedia.org/wiki/Lernen.

6.2 Lesen: Texte rezipieren und interpretieren

Hat man nun durch die Literaturrecherche eine ansehnliche Sammlung von Büchern und Aufsätzen zum Thema, mit dem man sich beschäftigen will, zusammengestellt, ergibt sich die Frage: Soll ich dieses alles lesen und verarbeiten, und wie schaffe ich das?

Die PISA-Studie von 2000 hat sich schwerpunktmäßig mit der *Lesekompetenz* auseinander gesetzt und dafür ein systematisches Modell vorgelegt. In der allgemeinsten Bestimmung bedeutet Lesekompetenz nicht allein Entziffern von schriftlichem Material (Decodieren), sondern stellt eine aktive Auseinandersetzung mit Texten dar. Lesen basiert einerseits auf der textinternen Bearbeitung von Informationen, andererseits auf dem Rückgriff auf externes Wissen. Zum Lesen gehört es, ein Verständnis des Textes zu entwickeln, Informationen zu ermitteln, eine textbezogene Interpretation vorzunehmen, über den Inhalt sowie die *Form des Textes* zu reflektieren.

Eine der Formen, externes Wissens heranzuziehen, ist es, sich über die Unterschiedlichkeit von Texten Klarheit zu verschaffen. Eine erste Unterscheidung kann man hinsichtlich des *Quellenbezugs* zwischen Primärliteratur und Sekundärliteratur vornehmen. Primärliteratur sind

Texte, die entweder eine Theorie entwickeln oder originale Ergebnisse aus einem empirischen Projekt vorstellen – aber auch Biographien oder Romane. So findet man zu «Lernen» eine qualitative empirische Studie auf der Grundlage selbst durchgeführter Interviews von Anke Grotlüschen (*1969), «Widerständiges Lernen im Web – virtuell selbstbestimmt?» (2003). Von Sekundärliteratur spricht man, wenn verschiedene Primärliteratur zusammenfassend, vergleichend, kritisierend usw. wiedergegeben wird. Ein Beispiel zum «Lernen» ist das weit verbreitete Lehrbuch von Ernest R. Hilgard (1904–2001) und Gordon H. Bower (*1932; vgl. Kap. 2.1.1), «Theorien des Lernens I und II», das 1983 in fünfter Aufl. erschienen ist, oder der viel verwendete Text von Walter Edelmann (*1935), emeritierter Professor für Pädagogische Psychologie an der TU Braunschweig: «Lernpsychologie» (2000/2006 in 5. Aufl.). Aber die Unterscheidung zwischen Primär- und Sekundärliteratur ist nicht immer eindeutig: Der Band «Lernen» (1993) von Klaus Holzkamp (1927–1995) kompiliert nicht nur vorhandene Texte, sondern liefert eine Reinterpretation und einen eigenständigen Beitrag zur Theorie.

Eine zweite Unterscheidung von Textformen betrifft die *Textsorte*:

- Handbuch/Lexikon: In solchen Textsorten sollen im Allgemeinen die wesentlichen Erkenntnisse zu einem Thema in einem Überblick vorgestellt werden. Allerdings sind Handbuchartikel häufig sehr komprimierte Darstellungen, die damit zugleich voraussetzungsreich sind. Sie geben auch sehr unterschiedliche Sichtweisen wieder. Ein Handbuchbeitrag zum «Lernen» ist der von Ulla Bracht, die sich vor allem auf die «Kulturhistorische Schule» rückbezieht. Ihre Literaturliste enthält auch ein Verzeichnis von Lexikonartikeln zum Stichwort «Lernen» seit 1970 (Bracht 2001, S. 98/99). Einen Wörterbuchbeitrag liefert Alfred Treml (*1944), der eher systemisch-kognitivistische Positionen darstellt (Treml 2004).
- Monographien nennt man Bücher, die ein Thema zusammenhängend vorstellen. Sie dienen der Ausarbeitung der eigenen wissenschaftlichen Position einer Autorin oder eines Autors. Beispiele sind die «Studien zur Grundlegung einer soziologischen Lerntheorie»: «Kollektive Lernprozesse» (1986) des Hamburger Soziologen Max Miller (*1944), die Arbeit über «Situated Learning» (1991) der Sozial-

anthropologin Jean Lave und des Unternehmensberaters Etienne Wenger oder der tätigkeitspsychologisch fundierte Band des finnischen Arbeitswissenschaftlers Yrjö Engeström (*1948), «Lernen durch Expansion» (1999).

- Sammelbände sind Publikationen, in denen verschiedene Beiträge zu einem Thema von verschiedenen Autorinnen oder Autoren abgedruckt sind, z. B. in «Lern- und Denkstrategien» (1992), herausgegeben von den pädagogischen Psychologen Heinz Mandl (*1937) und Helmut F. Friedrich (*1944).
- Rezensionen sind Textkritiken oder Buchbesprechungen, die hilfreich sein können, um sich einen Einblick in Neuerscheinungen zu verschaffen.

Eine dritte Unterscheidung betrifft den *Argumentationstypus* eines Textes. Joachim Stary und Horst Kretschmer stellen dazu fünf Texttypen vor (1999, S. 16 ff.):

- «Instruierende Texte» leiten zum Handeln an, z. B. das «Handbuch für LehrerInnen und AusbilderInnen in der Beruflichen Bildung» zum «Lernen und Problemlösen» (Frackmann/Tärre 2003) mit Vorschlägen zu Möglichkeiten, Lernen zu fördern. Allerdings ist gerade mit dieser Textsorte kritisch umzugehen, weil die Grenze zur Ratgeberliteratur und zu Instruktionsanleitungen fließend ist.
- «Deskriptive Texte» sind Beschreibungen, z. B. von Lernkontexten in der Laborschule von Susanne Thurn und Klaus Jürgen Tillmann (1997).
- «Narrative Texte» sind erzählende Texte, z. B. Berichte von Lernfällen (Faulstich/Tymister 2002).
- «Expositorische Texte» dienen dem Erklären, Darlegen oder Erörtern, z. B. von Modellvorstellungen des Lernens in der Arbeitsschule bei Georg Kerschensteiner (1913; vgl. Kap. 3.1.4).
- «Argumentierende Texte» prüfen Positionen kritisch, entwickeln und begründen eigene Positionen, z. B. die Auseinandersetzung mit der Lerntheorie Klaus Holzkamps in dem Sammelband «Expansives Lernen» (Faulstich/Ludwig 2004).

Kommen wir zurück auf unsere Auswahl an Büchern und Aufsätzen, die sich in der Recherche über «Lernen» gefunden haben. Wissenschaftliche

Texte liest man nicht notwendig wie einen Kriminalroman von vorn nach hinten. Was man bei einem Krimi nicht machen sollte, nämlich hinten nachsehen, wer der Mörder ist, ist bei einem wissenschaftlichen Text erlaubt und sinnvoll: am Schluss nachzusehen, wohin die Argumentation führt und «was rauskommt». Wie kann man sich einen schnellen Überblick über die Relevanz der gefundenen Texte zum Lernen verschaffen? Man kann eine Relevanzprüfung in zwei Schritten vornehmen (Stary/Kretschmer 1999, S. 48): Als Erstes sollte man sich anhand von Titel, Klappentext, Impressum, Inhaltsverzeichnis, Literaturangaben und Register einen Eindruck von dem Inhalt verschaffen. Fällt der positiv aus – das Buch scheint relevant zu sein –, so lohnt es sich im zweiten Schritt, Vorwort, Nachwort und Zusammenfassungen – sofern welche vorhanden sind, sonst einige Seiten eines Kapitels – zu lesen. Damit erhält man einen Einblick in die Brauchbarkeit des Textes.

Es gibt eine Reihe von *Lesemethoden*, die empfohlen werden, um einen Text zu rezipieren. Lutz von Werder (*1939), ehemals Professor für Kreativitätsforschung an der Alice-Salomon-Fachhochschule, Berlin, bietet einen Überblick über «kreative Lesetechniken». Er unterscheidet vier Formen von reproduktivem Lesen: übersetzendes, schnelles, traditionelles und rationelles Lesen; und weitere fünf Formen von produktivem Lesen: sokratisches, rhetorisches, kritisches, kreatives und Korrektur-Lesen (Werder 1994, S. 113/114).

Offensichtlich gibt es ein Bedürfnis nach solchen Ratschlägen, «kreativ zu lesen». Was macht den lerntheoretisch begründbaren sinnvollen Kern der Lesemethoden aus? In den «kreativen Formen des Lesens» finden sich Strategien, wie man mit Fragen an einen Text herangehen kann, um ihn zu verstehen. Es geht also darum, auszugehen von der Bedeutsamkeit eines Textes für einen selbst.

Stary und Kretschmer bieten ein Raster an für einen solchen hermeneutischen Umgang, indem sie zunächst die Leitfragen an einen Text formulieren: «Wer sagt was in welcher Absicht und Form zu wem mit welcher Wirkung?» Danach werden Hinweise gegeben, wie und wo Antworten zu finden sind. «Wer» meint «Wer ist der Autor, wo steht er wissenschaftstheoretisch oder politisch» – Antworten findet man z. B. in Rezensionen seiner Bücher, in Erläuterungen durch Lehrende in Lehrveranstaltungen, in Lexika oder auch im Internet. «Was» schlüsselt sich auch in die Frage nach dem Problem, um das es geht, nach den Kernaussagen oder den zentralen Begriffen. Man findet diese in den Überschriften, Zusammenfassungen, der Gliederung oder den Visualisierungen. Die «Form» erschließt sich über die Argumentationsformen und die sprachlichen Mittel, solche können – in negativen Fällen – «Literaturschrauben», «Sprachnebel» u. Ä. sein. Die Fragen «wem» mit «welcher Wirkung» zielen auf die Leserin, hier sind das eigene Urteil und letztlich die Metakognition gefragt.

Durchlesen eines Textes genügt nicht, das Gelesene muss auch festgehalten werden. Dazu braucht man eine Ordnung, die es erlaubt, gelesene Texte wieder zu finden. Traditionell waren dies Zettelkästen oder Hefte. Mit der Nutzung von elektronischen *Literaturdatenbanken* gibt es komfortablere Möglichkeiten. In diese können nicht nur die bibliographischen Angaben zu einem Text eingegeben werden, sondern auch Notizen, Exzerpte, Zitate usw. sowie der Standort des Textes oder der dazu angefertigten Materialien. Datenbanken haben den Vorteil, dass sie nach verschiedenen Kriterien durchsucht werden können und im Allgemeinen auch eine so genannte Schnittstelle zu anderen Programmen wie etwa Textverarbeitungsprogrammen haben. Man kann die Angaben dann in eine Literaturliste für ein Referat überführen und muss nicht alles noch einmal tippen. Als kostenlose Shareware bietet die Universität Düsseldorf das Programm Literat an, das zumindest als brauchbar gelten kann (http://www.literat.net/index.html). Für kleinere Datenbanken ist dieses weiterentwickelt worden zu Citavi, für größere Bestände muss man das Programm kaufen (http://www.citavi.com/).

6.3 Schreiben: Texte produzieren

Es ist sinnvoll, beim Lesen schon zu schreiben: Texte zu dokumentieren und Quellen zu belegen und Einfälle festzuhalten. Sonst muss man zum Schreiben alles noch einmal lesen oder zumindest durchsehen. Dabei ergibt sich aus zusammengesuchten Bruchstücken noch lange kein selbständig argumentierender Text. Deshalb stehen wir vor der Frage: Wie schreibe ich einen eigenen wissenschaftlich begründeten, mit einem roten Faden versehenen, konsistent aufgebauten Text?

Howard Beckers Buch über «Die Kunst des professionellen Schreibens» (1994) ist eines der wenigen Bücher, die sich mit Schreiben als wissenschaftlicher Tätigkeit auseinander setzen. Becker (*1928), Soziologe an der Northwestern University in Evanston, Illinois, beklagt, dass Schülerinnen und Schüler und in der Regel auch noch Studierende lernen, einen ersten Entwurf als Endprodukt durchgehen zu lassen. Das heißt, in der Schule und in vielen Fällen auch an der Universität lernt man nicht, dass ein fertiger Text die Bearbeitung und Umschreibung vorheriger Fassungen ist. Dies wäre aber grundsätzlich notwendig, weil die Qualität eines Textes vom Prozess der Bearbeitung abhängt. Dieses Buch hat nach dem ersten Konzept viele Versionen durchlaufen: Textvarianten wurden geschrieben, Teile herausgenommen oder eingefügt, die Gliederung mehrmals umgestellt, die Formulierungen überprüft. Eine erste Gesamtfassung ist in einem Seminar mit Studierenden diskutiert worden. Es folgten mehrere weitere Bearbeitungen.

Ein erster Entwurf dient zunächst der Entdeckung, was in einem Thema alles enthalten ist, nicht schon der systematischen Darstellung. Es ist deshalb sinnvoll aufzuschreiben, was einem wichtig ist. Erst in der Überarbeitung wird dann stärker auf die Struktur geachtet.

Aus Angst davor, etwas Falsches zu schreiben oder ins Chaos der Gedanken keine Klarheit bringen zu können, entwickeln die meisten «schreibenden» Menschen Rituale, die manchmal verrückt sind, aber vielfach praktiziert werden: Zettel neben dem Bett, nur angespitzte Stifte verwenden, immer einen Apfel haben u. v. a. Beckers Rat lautet, sich ruhig solcher Rituale zu bedienen und sich nicht von deren «Verrücktheit» behindern zu lassen (vgl. auch die Tipps gegen Schreibblockaden auf der CD von Rückriem/Stary 2001).

Weil professionelles Schreiben selten in Seminaren vermittelt wird und weil Studierende wenig Gelegenheit haben, an Forschungsprozessen und damit auch an Schreibprozessen teilzunehmen, führt der fehlende Austausch darüber, wie man schreibt, oft zu Mythenbildungen. Studierende sehen im Allgemeinen nur fertige – veröffentlichte – Texte, nicht aber deren Produktionsprozess.

Schreibregeln sind allerdings nur zum kleineren Teil Handlungsanweisungen oder befolgbare Rezepte, zum größeren Teil sind sie Heuristiken, d. h. Suchbewegungen. Es gibt keinen «one-best-way», sondern das für einen selbst geeignete Verfahren. Schreiben ist ein Lernprozess, bei dem Erfahrung viel hilft: Schreiben lernt man beim Schreiben. Als einen bedenklichen Mythos beklagt Howard Becker die Geringschätzung klar verständlicher Texte, die als weniger anspruchsvoll gelten als unverständliche – weshalb immer wieder unverständliche produziert werden. Insbesondere Studierenden – aber auch professionell Schreibenden – empfiehlt Becker, möglichst viele Gelegenheiten zu nutzen, anderen zu erzählen, worüber man schreiben will. Dies klärt die eigenen Gedanken und hilft, sie strukturiert und verständlich zu Papier zu bringen.

Man fängt nie am Nullpunkt an, weshalb es im professionellen Wissenschaftsbetrieb unabdingbar ist, sich über den Stellenwert der schon existierenden Literatur für das eigene Werk klar zu werden. Beim Schreiben im Studium geht es primär darum, schon vorhandene Texte verständlich wiederzugeben. Auch dazu gibt es geeignete *Textformen*:

- Abstracts sind knappe Zusammenfassungen der zentralen Themen und Argumente eines Textes. Man findet sie auch in Zeitschriften zu Beginn eines Artikels. Ihre Funktion es ist, einen raschen Überblick über die Themen bzw. Problemstellungen zu vermitteln.
- Exzerpte sind Auszüge oder ausgewählte Aspekte eines Textes, in denen in eigenen Worten oder auch als Zitate das Wichtigste festgehalten wird. Gerade im Studium hilft die Anlage von Exzerpten sehr, wenn in Prüfungen das erarbeitete Wissen wiedergegeben werden muss.
- Referate sind schriftliche Arbeiten, die mündlich vorgetragen werden und eine der Hauptanforderungen für einen «Schein» in Seminaren darstellen.
- Thesenpapiere sind schriftlich fixierte Behauptungen, die eines Beweises bedürfen. In der Besprechung in der Lehrveranstaltung muss eine Beweisführung erfolgen.
- Hausarbeiten bis hin zu den umfangreichen Diplom- oder Magisterarbeiten bzw. Bachelor-Abschlussarbeiten beziehen sich auf einzelne wissenschaftliche Fragestellungen und ziehen dabei unterschiedli-

che theoretische Positionen heran bzw. fundieren diese mit empirischem Material.

Für das Schreiben solcher Texte ist es wichtig, klare Argumentationsmuster zu entwickeln. Für den gesamten Text gilt es, die Abfolge und Logik der Argumentation zu überprüfen, Überflüssiges – auch wenn es für einen anderen Kontext noch so interessant ist – zu streichen, Wiederholungen zu eliminieren, Formulierungen auf Verständlichkeit zu prüfen, Überleitungen zu klären und Zusammenfassungen zu schreiben.

Zum Fertigstellen (Edieren) eines Textes gehört auch das Einhalten von Formalia, nämlich Tabellen und Abbildungen zu vereinheitlichen (z. B. durchzunummerieren), *Zitate* zu prüfen, *Quellenangaben* zu vereinheitlichen und das *Literaturverzeichnis* auf Vollständigkeit zu überprüfen. Am Ende steht Redigieren, bei dem es nur noch um die Form, nicht mehr um Veränderungen des Inhalts geht: Rechtschreibprüfung und Layout. In der Erziehungs- und Bildungswissenschaft gibt es kein allgemein verbindliches System der Handhabungen solcher Formalia, d. h. von Vorschriften, wie ein Text gestaltet, wie zitiert und mit Quellenangaben umgegangen werden soll usw., sondern nur die Regel, dass man ein einmal gewähltes System auch konsequent durchhalten soll. Wir wollen hier nur zwei zentrale Gestaltungselemente nennen, die sich auch in diesem Buch finden. Das eine betrifft die formale *Gliederung* – sie folgt hier dem Dezimalsystem, gliedert sich also in Ziffern, wobei die Unterpunkte jeweils die Stellung in der Hierarchie angeben (vgl. das Inhaltsverzeichnis). Für alle Ebenen gilt, dass es nie nur einen Haupt- oder Unterpunkt geben kann, sondern immer mindestens zwei Punkte vorhanden sein müssen. Was wie eine Formalie aussieht, entpuppt sich bei genauer Überprüfung als Kriterium für die Logik einer Argumentation: Hat man einmal nur einen Unterpunkt, kann man wahrscheinlich feststellen, dass es sich nicht wirklich um einen Unterpunkt handelt, sondern um Ausführungen, die zur übergeordneten Ebene gehören oder die einen Exkurs darstellen.

Der zweite formale Aspekt betrifft die *Zitier- bzw. Belegweise.* Wir haben die «amerikanische Zitationsform» gewählt, d. h., nach einem Zitat oder einer zu belegenden Behauptung folgt in Klammern die Nennung des Autors/der Autorin, das Jahr der Veröffentlichung und ggf. die

Seitenzahl (vor allem bei wörtlichen Zitaten oder Verweisen auf einen Ausschnitt). Dies ist eine platzsparende und übersichtliche Methode. Im Literaturverzeichnis, das selbstverständlich alphabetisch sortiert ist, findet man dann leicht die genaue Quellenangabe. Welche bibliographischen Angaben für die wichtigsten Publikationsarten – Monographien, Sammelbände, Beiträge in Sammelbänden oder Aufsätze in Zeitschriften – notwendig sind, kann man z. B. dem Literaturverzeichnis dieses Buches entnehmen.

Ein letzter Hinweis gilt dem Stil einer Arbeit. Auch hierfür gibt es keine einheitlichen Regeln, einerseits ist der Stil persönlicher Ausdruck. Andererseits hängt er vom Zweck dessen ab, was mit einem Text vermittelt werden soll. Dazu gibt es ein amüsantes Beispiel: Raymond Queneau (1903–1976) hat in seinem Büchlein «Stilübungen» 99 Varianten des gleichen Sachverhalts – einer Fahrt im Autobus S – vorgestellt. Diese Geschichten sind nicht nur interessant zu lesen, sondern zeigen die Variationsmöglichkeiten und ihre größere oder geringere Informationshaltigkeit auf. Neben den «Angaben», die als Grundlage für alle Varianten dienen, führen wir hier nur ein Beispiel vor, nämlich eine «Definitionsvariante», welche die scheinbare Exaktheit vortäuscht.

Angaben

Im Autobus der Linie S, zur Hauptverkehrszeit. Ein Kerl von etwa 26 Jahren, weicher Hut mit Kordel anstelle des Bandes, zu langer Hals, als hätte man daran gezogen. Leute steigen aus. Der in Frage stehende Kerl ist über seinen Nachbarn erbost. Er wirft ihm vor, ihn jedes Mal, wenn jemand vorbeikommt, anzurempeln. Weinerlicher Ton, der bösartig klingen soll. Als er einen leeren Platz sieht, stürzt er sich drauf.

Zwei Stunden später sehe ich ihn an der Cour de Rome, vor der Gare Saint-Lazare, wieder. Er ist mit einem Kameraden zusammen, der zu ihm sagt: «Du solltest dir noch einen Knopf an deinen Überzieher nähen lassen.» Er zeigt ihm, wo (am Ausschnitt) und warum.

Definitionsmäßig

In einem großen, mit dem neunzehnten Buchstaben des Alphabets gekennzeichneten und im Stadtverkehr eingesetzten öffentlichen Automobilfahrzeug machte sich ein junger, einen 1942 in Paris gegebenen Spitznamen tragender Exzentriker, dessen den Kopf mit den Schultern verbindender Körperteil sich über eine gewisse Entfernung hinaus erstreckte und der auf der oberen Extremität des Körpers eine Kopfbedeckung variabler Form trug, die von einem dicken, in Form eines Zopfes geflochtenen Band umgeben war – machte sich also dieser junge Exzentriker, der ein Individuum, das sich von einem Ort zu einem anderen fortbewegte, einer Schuld bezichtigte, die darin bestand, seine Füße einen nach dem andern auf die seinen zu stellen, auf den Weg, sich auf ein Möbelstück zu platzieren, das so angeordnet war, dass man sich darauf setzen konnte, ein unbesetzt gewordenes Möbelstück.

Hundertzwanzig Minuten später sah ich ihn von neuem vor der Gesamtheit der Gebäude und der Gleise einer Eisenbahn, wo die Aufbewahrung der Güter und Waren erfolgt oder das Ein- und Aussteigen der Bahnbenutzer stattfindet. Ein anderer junger, einen 1942 in Paris gegebenen Spitznamen tragender Exzentriker versorgte ihn mit Ratschlägen darüber, was zu tun sich gezieme betreffs einer mit Stoff überzogenen oder nicht überzogenen Metall-, Horn-, Holz- oder sonst wie gearteten Scheibe, die dazu dient, die Kleidungsstücke – im vorliegenden Falle ein männliches Kleidungsstück –, die man über den anderen trägt, zu schließen.

Quelle: Queneau 1990, S. 7, 111 ff.

6.4 Vortragen: Präsentieren

Der Vortrag solcher Stilübungen kann Lernen auflockern und anregen. Beim wissenschaftlichen Arbeiten wird als eine Leistung von den Studierenden auch gefordert, bearbeitete Themen in Lehrveranstaltungen zu präsentieren, d.h. Unterricht (vgl. Kap. 2.2) in der Hochschule zu übernehmen. Dazu gibt es verschiedene *Präsentationsmöglichkeiten*: Vorträge bzw. Referate, Gruppenarbeit, Rollenspiele, Übungen, Aufgaben, Demonstrationen, Einsatz von Bildern, Videos oder Kassetten. Man kann drei Planungsphasen für eine erfolgreiche Bewältigung dieser Anforderung unterscheiden.

- Erstens: Wie sollen die Vorbereitung, Erstellung und Strukturierung erfolgen?
- Zweitens: Wie soll die Präsentation durchgeführt werden?
- Drittens: Wie erfolgt eine Rückmeldung nach der Präsentation?

Zur *Vorbereitung* haben Rainer Bromme (*1951) und Riklef Rambow (*1964) einen Leitfaden am Beispiel von Referaten erstellt (1993). Zur Vorbereitung gehört, zwei zentrale Fragen zu klären:

- Wer sind die Adressaten?
- Was ist das Wesentliche des zu präsentierenden Materials?

Eine Präsentation muss den Teilnehmerkreis berücksichtigen: Sie wird verschieden ausfallen, je nachdem, ob es sich um eine Anfängergruppe oder um einen Expertinnenkreis handelt. Sie muss an das erwartete Vorwissen anknüpfen.

Was als Wesentliches ausgewählt wird, bestimmt sich an drei Fragen: daran, was in der Disziplin als wichtig gilt; daran, was einen selbst besonders interessiert, und daran, was man von dem gewählten Thema auch für andere wichtig findet. Es geht also bei einer Präsentation nicht um Vollständigkeit, sondern um eine Auswahl. Es stellen sich demnach alle Fragen didaktischen Handelns: nach Lehrintention, Thematik und Methoden. Entscheidend für das Gelingen einer Präsentation ist das eigene Interesse an der Thematik. Wenn dieses Interesse für das eigene Lernen nicht gegeben ist, wird auch die Vermittlung kaum gelingen – dann ist es besser, einen anderen Text oder ein anderes Thema zu wählen. Ist das Thema jedoch für einen selbst spannend und geeignet, gilt es, einen Ablaufplan für die Präsentation zu erstellen. Als Erstes beinhaltet dieser die Leitfragen, die zu Beginn gestellt und im Laufe bzw. am Ende der Präsentation beantwortet werden sollen: Warum will ich was darstellen?

Zweitens geht es darum, welche Methoden, welche Sozialformen, welche Medien, welche Visualisierungen für die *Durchführung* gewählt werden sollen: Wie kann ich mein Thema rüberbringen? Schließlich muss der Ablauf der Präsentation geklärt werden, dazu gehören die Gliederung sowie die Zeitabschätzung. Hilfreich ist, wenn es eine Einordnung des Themas in die bisherigen Sitzungen gibt. Hat man Kritik an vorzustellenden Positionen, so ist es sinnvoll, diese zu äußern – allerdings erst, wenn die Zuhörenden wissen, worum es geht. Am Ende der Präsentation sollten die zu Beginn gestellten Fragen beantwortet und klar werden, was die Seminarteilnehmenden inhaltlich «mitnehmen» sollen. Dies ist die Hauptaufgabe der Präsentation.

Damit Studierende aus Präsentationen neben den Inhalten auch etwas für die Fähigkeit zum Präsentieren lernen, sollte es drittens eine *Rückmeldung* für die Vortragenden geben. Siegfried Preiser (*1943) empfiehlt, ein solches Feedback hinsichtlich der folgenden Kriterien vorzunehmen (1995, S. 115 f.):

A: Inhalt und Aufbau

- Substanz: Relevanz der thematischen Aussagen, angemessene Gewichtung, kritische Stellungnahme;
- Struktur: folgerichtiger Aufbau, Klarheit der Gedankenführung;
- Verständlichkeit: Einfachheit in Wortwahl und Satzbau, Gliederung/Ordnung, Kürze/Prägnanz, anregende Zusätze;
- Motivierung: Anregung der Teilnehmerinnen und Teilnehmer zum Mit- und Weiterdenken.

B: Art der Präsentation

- Sprechweise: Lautstärke, Artikulation, Modulation;
- Nonverbale Kommunikation: Mimik, Gestik, Blickkontakt;
- Medieneinsatz: Anregungsgehalt der Visualisierungen, Lesbarkeit und Übersichtlichkeit der Folien, Tafelbilder und Arbeitsunterlagen;
- Methoden und Sozialformen: Demonstrationen, Versuche und Übungen; Gruppenarbeit; Diskussionsleitung und Eingehen auf Fragen;

- Zeitgestaltung: Einhaltung des Zeitplans, angemessenes Verhältnis von Information und Reflexion.

Allgemein gefasst geht es bei diesen Hinweisen um die Verbesserung der Qualität von Lehrveranstaltungen. Zu oft findet man im Hochschulbetrieb – aber auch in Schulen und Weiterbildungseinrichtungen – gelangweilte Lernende und frustrierte Dozierende. Eine Steigerung der Qualität könnte dagegen dazu beitragen, dass wissenschaftliches Arbeiten Spaß macht und Erfolg bringt.

7. Literatur

7.1 Grundlegende Literatur zu den Studienmodulen

7.1.1 Allgemeine Übersichten, Handbücher, Wörterbücher

Benner, Dietrich / Oelkers, Jürgen (Hrsg.): Historisches Wörterbuch der Pädagogik. Weinheim 2004.

Bernhard, Armin / Rothermel, Lutz (Hrsg.): Handbuch Kritische Pädagogik. Weinheim 2001.

Cortina, Kai S. / Baumert, Jürgen / Leschinsky, Achim / Mayer, Karl Ulrich / Trommer, Luitgard (Hrsg.): Das Bildungswesen in der Bundesrepublik Deutschland. Reinbek 2003.

Glaser, Edith / Klika, Dorle / Prengel, Annedore (Hrsg.): Handbuch Gender und Erziehungswissenschaft. Bad Heilbrunn/Obb. 2004.

Gudjons, Herbert: Pädagogisches Grundwissen. Bad Heilbrunn/Obb. 2001.

Helsper, Werner / Böhme, Jeanette (Hrsg.): Handbuch der Schulforschung. Wiesbaden 2004.

Keck, Rudolf W. / Sandfuchs, Uwe / Feige, Bernd (Hrsg.): Wörterbuch Schulpädagogik. Bad Heilbrunn/Obb. 2004.

Krüger, Heinz-Hermann / Grunert, Cathleen: Wörterbuch Erziehungswissenschaft. Wiesbaden 2004.

Lenzen, Dieter (Hrsg.): Enzyklopädie Erziehungswissenschaft. 12 Bände. Stuttgart 1983–1986 (1. Aufl.).

Lenzen, Dieter (Hrsg.): Erziehungswissenschaft. Reinbek 1994.

Lenzen, Dieter: Orientierung Erziehungswissenschaft. Reinbek 1999.

Marotzki, Winfried / Nohl, Arnd-Michael / Ortlepp, Wolfgang: Einführung in die Erziehungswissenschaft. Wiesbaden 2005.

Otto, Hans-Uwe / Rauschenbach, Thomas / Vogel, Peter (Hrsg.): Erziehungswissenschaft: Lehre und Studium. Opladen 2002.

Reinhold, Gerd / Pollak, Guido / Heim, Helmut: Pädagogik-Lexikon. München 1999.

Tippelt, Rudolf / Rauschenbach, Thomas / Weishaupt, Horst (Hrsg.): Datenreport Erziehungswissenschaft. Opladen 2004.

7.1.2 Grundlegende Literatur zu den Studienmodulen: Grundlagen der Erziehungs- und Bildungswissenschaft (Kapitel 2)

Blankertz, Herwig: Theorien und Modelle der Didaktik. München/Weinheim 2000 (14. Aufl.).
Benner, Dietrich: Studien zur Theorie der Erziehung und Bildung. Weinheim 1995.
Benner, Dietrich: Hauptströmungen der Erziehungswissenschaft. Weinheim 2001.
Faulstich-Wieland, Hannelore: Individuum und Gesellschaft. München 2000.
Holzkamp, Klaus: Lernen. Frankfurt/M. 1993.
Jank, Werner / Meyer, Hilbert: Didaktische Modelle. Frankfurt/M. 1991.
Klafki, Wolfgang: Neue Studien zur Bildungstheorie und Didaktik. Weinheim 1996 (5. Aufl.).
Koller, Hans-Christoph: Grundbegriffe, Theorien und Methoden der Erziehungswissenschaft. Stuttgart 2004.
Krüger, Heinz-Hermann: Einführung in Theorien und Methoden der Erziehungswissenschaft. Opladen 1997.
Krüger, Heinz-Hermann / Helsper, Werner (Hrsg.): Einführung in Grundbegriffe und Grundfragen der Erziehungswissenschaft. Bd. I: Einführungskurs Erziehungswissenschaft. Opladen 1995.
Nestmann, Frank / Engel, Frank / Sickendiek, Ursel (Hrsg.): Das Handbuch der Beratung. 2 Bände. Tübingen 2004.
Oelkers, Jürgen: Theorie der Erziehung. Weinheim 2001.
Otto, Hans-Uwe / Rauschenbach, Thomas/ Vogel, Peter (Hrsg.): Erziehungswissenschaft: Professionalität und Kompetenz. Opladen 2002.

7.1.3 Grundlegende Literatur zu den Studienmodulen: Gesellschaftliche, politische und rechtliche Bedingungen von Bildung (Kapitel 3)

Avenarius, Hermann u. a.: Bildungsbericht für Deutschland. Opladen 2003.
Berg, Christa u. a. (Hrsg.): Handbuch der deutschen Bildungsgeschichte in sechs Bänden. München 1987 bis 2005.
Blankertz, Herwig: Geschichte der Pädagogik von der Aufklärung bis zur Gegenwart. Wetzlar 1982.
Cortina, Kai S. / Baumert, Jürgen / Leschinsky, Achim / Mayer, Karl Ulrich / Trommer, Luitgard (Hrsg.): Das Bildungswesen in der Bundesrepublik Deutschland. Reinbek 2003.
Faulstich, Peter / Bayer, Mechthild (Hrsg.): Lerngelder. Hamburg 2005.

Fuchs, Hans-Werner / Reuter, Lutz R.: Bildungspolitik in Deutschland: Entwicklungen, Probleme, Reformbedarf. Opladen 2000.

Gogolin, Ingrid / Krüger-Potratz, Marianne: Einführung in die Interkulturelle Pädagogik. Opladen 2006.

Kleinau, Elke / Opitz, Claudia (Hrsg.): Geschichte der Mädchen- und Frauenbildung. Band 1: Vom Mittelalter bis zur Aufklärung, Band 2: Vom Vormärz bis zur Gegenwart. Frankfurt/M. 1996.

Harney, Klaus / Krüger, Heinz-Hermann (Hrsg.): Einführung in die Geschichte der Erziehungswissenschaft und der Erziehungswirklichkeit. Opladen 1997.

Münch, Joachim: Bildungspolitik. Grundlagen – Entwicklungen. Baltmannsweiler 2002.

Tenorth, Elmar: Geschichte der Erziehung: Einführung in die Grundzüge ihrer neuzeitlichen Entwicklung. Weinheim 2000.

Tenorth, Heinz-Elmar (Hrsg.): Klassiker der Pädagogik. Band 1: Von Erasmus bis Helene Lange. Band 2: Von John Dewey bis Paulo Freire. München 2003.

7.1.4 Grundlegende Literatur zu den Studienmodulen: Arbeitsfelder Erziehung und Bildung (Kapitel 4)

Böttcher, Wolfgang (Hrsg.): Die Bildungsarbeiter. Weinheim 1996.

Faulstich, Peter / Zeuner, Christine: Erwachsenenbildung. Eine handlungsorientierte Einführung in Theorie, Didaktik und Adressaten. Weinheim 1999.

Krüger, Heinz-Hermann / Rauschenbach, Thomas (Hrsg.): Einführung in Arbeitsfelder des Bildungs- und Sozialwesens. Opladen 2000 (3. Aufl.).

Otto, Hans-Uwe / Rauschenbach, Thomas / Vogel, Peter (Hrsg.): Erziehungswissenschaft: Arbeitsmarkt und Beruf. Opladen 2002.

Rauschenbach, Thomas / Düx, Wiebken / Züchner, Ivo (Hrsg.): Jugendarbeit im Aufbruch. Münster 2002.

Thole, Werner (Hrsg.): Grundriss Soziale Arbeit. Ein einführendes Handbuch. Wiesbaden 2005 (2. Aufl.).

7.1.5 Grundlegende Literatur zu den Studienmodulen: Forschungskonzepte (Kapitel 5)

Bohnsack, Ralf / Marotzki, Winfried / Meuser, Michael (Hrsg.): Hauptbegriffe Qualitativer Sozialforschung. Opladen 2003.

Diekmann, Andreas: Empirische Sozialforschung. Reinbek 1995.

Flick, Uwe: Qualitative Forschung. Reinbek 1995.

Flick, Uwe / Kardoff, Ernst von / Steinke, Ines (Hrsg.): Qualitative Forschung. Ein Handbuch. Reinbek 2000.
Friebertshäuser, Barbara / Prengel, Annedore (Hrsg.): Handbuch Qualitative Forschungsmethoden in der Erziehungswissenschaft. Weinheim 2003.
König, Eckard / Zedler, Peter (Hrsg.): Bilanz qualitativer Forschung. Band 1: Grundlagen qualitativer Forschung. Band 2: Methoden. Weinheim 1995.

7.1.6 Grundlegende Literatur zu den Studienmodulen: Wissenschaftliches Arbeiten im Studium der Erziehungs- und Bildungswissenschaft (Kapitel 6)

Eco, Umberto: Wie man eine wissenschaftliche Abschlussarbeit schreibt. Heidelberg 1989 (2. Aufl.).
Rückriem, Georg / Stary, Joachim: Techniken wissenschaftlichen Arbeitens. 1 CD-Rom. Berlin 2001.

7.2 Zitierte Literatur

Adick, Christel: Forschung zur Universalisierung von Schule. In: Helsper/Böhme 2004, S. 943–963.
Adorno, Theodor W.: Theorie der Halbbildung. In: Horkheimer, Max / Adorno, Theodor W.: Sociologica II, Frankfurt/M. 1962, S. 168–192.
Adorno, Theodor W.: Der Positivismusstreit in der deutschen Soziologie. Neuwied 1969.
Allen, Ann Taylor: «Geistige Mütterlichkeit» als Bildungsprinzip. Die Kindergartenbewegung 1840–1870. In: Kleinau/ Opitz 1996, Band 2, S. 19–34.
Amann, Klaus / Hirschauer, Stefan: Die Befremdung der eigenen Kultur. In: Hirschauer, Stefan / Amann, Klaus (Hrsg.): Die Befremdung der eigenen Kultur. Frankfurt/M. 1997, S. 7–52.
Anderson, John R.: Kognitive Psychologie. Heidelberg 1988.
Antor, Georg / Bleidick, Ulrich (Hrsg.): Handlexikon der Behindertenpädagogik. Stuttgart 2006.
Arbeitsgruppe Bildungsbericht am Max-Planck-Institut für Bildungsforschung: Das Bildungswesen in der Bundesrepublik Deutschland. Reinbek 1994.
Arbeitsstab Forum Bildung: Materialien (12 Bände), Ergebnisse (4 Bände). Bonn 2002 (teilweise noch online verfügbar: http://bildungplus.forum-bildung.de/templates/index.php – 6.3.06).

Arnold, Rolf / Gonon, Philipp: Einführung in die Berufspädagogik. Opladen 2005.

Artelt, Cordula / Stanat, Petra / Schneider, Wolfgang / Schiefele, Ulrich: Lesekompetenz: Testkonzeption und Ergebnisse. In: Deutsches PISA-Konsortium 2001, S. 69–137.

Avenarius, Hermann u. a.: Bildungsbericht für Deutschland. Opladen 2003.

Avenarius, Hermann/Heckel, Hans: Schulrechtskunde. Neuwied 2000 (7. Aufl.).

Baethge, Martin: Abschied von Reformillusionen. In: betrifft: erziehung (1972), H. 11, S. 19–28.

Bauer, Karl-Oswald / Kanders, Michael: Unterrichtsentwicklung und professionelles Selbst der Lehrerinnen und Lehrer. In: Rolff, Hans-Günter / Bos, Wilfried / Klemm, Klaus / Pfeiffer, Hermann / Schulz-Zander, Renate (Hrsg.): Jahrbuch der Schulentwicklung. Weinheim 2000, S. 297–325.

Baumert, Jürgen: Schlussfolgerungen mit Blick auf Hochschulen, Bund und Länder: Akzentsetzungen für die Empirische Bildungsforschung. In: Mandl/Kopp 2005, S. 127–137.

Becker, Howard S.: Die Kunst des professionellen Schreibens. Frankfurt/M. 1994.

Bellenberg, Gabriele / Böttcher, Wolfgang / Klemm, Klaus: Schule und Unterricht. In: Böttcher, Wolfgang / Klemm, Klaus / Rauschenbach, Thomas (Hrsg.): Bildung und Soziales in Zahlen. Weinheim 2001, S. 93–126.

Benner, Dietrich: Die Pädagogik Herbarts. Eine problemgeschichtliche Einführung in die Systematik neuzeitlicher Pädagogik. Weinheim 1993 (2. Aufl.).

Benner, Dietrich: Studien zur Theorie der Erziehung und Bildung. Weinheim 1995.

Berg, Christa u. a. (Hrsg.): Handbuch der deutschen Bildungsgeschichte in sechs Bänden. München 1987 bis 2005.

Bernfeld, Siegfried: Sisyphos oder die Grenzen der Erziehung. Leipzig 1925/zuletzt: Frankfurt/M. 2000.

Beutel, Silvia-Iris: Zeugnisse aus Kindersicht. Weinheim 2005.

Bildungskommission der Länder Berlin und Brandenburg: Bildung und Schule in Berlin und Brandenburg. Herausforderungen und gemeinsame Entwicklungsperspektiven. Berlin 2003.

Bildungskommission NRW: Zukunft der Bildung – Schule der Zukunft. Neuwied 1995.

Bittner, Stefan: Learning by Dewey? John Dewey und die Deutsche Pädagogik 1900–2000. Bad Heilbrunn/ Obb. 2001.

Blankertz, Herwig: Geschichte der Pädagogik von der Aufklärung bis zur Gegenwart. Wetzlar 1982.

Blankertz, Herwig: Theorien und Modelle der Didaktik. München/Weinheim 1969/ 2000 (14. Aufl.).

Bly, Robert: Eisenhans. Ein Buch über Männer. München 1993.

Böttcher, Wolfgang (Hrsg.): Die Bildungsarbeiter. Weinheim 1996.

Bohnsack, Ralf: Adoleszenz, Aktionismus und die Emergenz von Milieus. In: Zeitschrift für Sozialisationsforschung und Erziehungssoziologie 17 (1997) H. 1, S. 3–18.

Bohnsack, Ralf: Gruppendiskussion. In: Flick u. a. (2000), S. 369–384.

Bohnsack, Ralf: Rekonstruktive Sozialforschung. Opladen 2003 (5. Aufl.).

Boldt, Uli: Jungen stärken. Baltmannsweiler 2005.

Bos, Wilfried u. a.: Erste Ergebnisse aus IGLU. Münster 2003.

Bos, Wilfried u. a.: IGLU. Einige Länder der Bundesrepublik Deutschland im nationalen und internationalen Vergleich. Münster 2004.

Bosch, Gerhard: Neue Lernkulturen und Arbeitnehmerinteressen. In: AG QUEM: Kompetenzentwicklung 2000. Münster 2000. S. 220–270.

Bourdieu, Pierre: Die feinen Unterschiede. Frankfurt/M. 1982.

Bourdieu, Pierre: Die biographische Illusion. In: Bios (1990), H. 1, S. 76–81.

Bourdieu, Pierre: Sozialer Sinn. Kritik der theoretischen Vernunft. Frankfurt/M. 1993.

Bourdieu, Pierre: Die männliche Herrschaft. Frankfurt/M. 2005.

Bourdieu, Pierre / Passeron, Jean-Claude: Illusion der Chancengleichheit. Stuttgart 1971.

Bourdieu, Pierre / Wacquant, Loie J. D.: Reflexive Anthropologie. Frankfurt/M. 1996.

Bracht, Ulla: Lernen. In: Bernhard, Armin / Rothermel, Lutz (Hrsg.): Handbuch Kritische Pädagogik. Weinheim 2001, S. 85–99.

Brake, Anna/ Kunze, Johanna: Kultureller Kapitaltransfer in der Mehrgenerationenfolge. In: Engler, Steffani / Krais, Beate (Hrsg.): Das kulturelle Kapitel und die Macht der Klassenstrukturen. Weinheim 2004, S. 71–95.

Brammer, Peter: Die Georg-Christoph-Lichtenberg-Gesamtschule IGS Göttingen-Geismar entwickelt das Team-Kleingruppen-Modell. http://www.igs.goe.ni.schule.de/Lernen/KonzeptS1/konzeptigss1.html – 27.11.05.

Brandes, Holger / Bullinger, Hermann: Männerorientierte Therapie und Beratung. In: Brandes, Holger / Bullinger, Hermann (Hrsg.), Handbuch Männerarbeit. Weinheim 1996, S. 3–17.

Brezinka, Wolfgang: Von der Pädagogik zur Erziehungswissenschaft. Weinheim 1971.

Breidenstein, Georg / Kelle, Helga: Geschlechteralltag in der Schulklasse. Weinheim 1998.

Bromme, Rainer / Rambow, Riklef: Verbesserung der mündlichen Präsentation von Referaten: Ein Ausbildungsziel und zugleich ein Beitrag zur Qualität der Lehre. In: Das Hochschulwesen 41 (1993), H. 6, S. 289–295 (http://wwwpsy.uni-muenster.de/inst3/AEbromme/web/Service/Leitfaden/Referate.htm – 3.6.06).

Buchen, Sylvia: «Ich bin immer ansprechbar» – Gesamtschulpädagogik und Weiblichkeit. Weinheim 1991.

Büchtemann, Christoph F. / Vogler-Ludwig, Cornelia: Das deutsche Ausbildungsmodell unter Anpassungszwang. IFO Schnelldienst. München 1997.

Bundesministerium für Bildung und Forschung: Grund- und Strukturdaten 2005. Berlin 2005.

Bundesministerium für Familie, Senioren, Frauen und Jugend: 11. Kinder- und Jugendbericht. Berlin 2002.

Bundesministerium für Familie, Senioren, Frauen und Jugend: 12. Kinder- und Jugendbericht. Berlin 2005 (CD-Rom, die auch alle anderen Kinder- und Jugendberichte enthält).

Campe, Joachim Heinrich: Über einige verkannte wenigstens ungenützte Mittel. Zur Beförderung der Industrie, der Bevölkerung und des öffentlichen Wohlstands. Wolfenbüttel 1786.

Carnap, Rudolf: Der logische Aufbau der Welt (1928). Hamburg 1998.

Combe, Arno/ Helsper, Werner: Professionalität. In: Otto/Rauschenbach/Vogel 2002b, S. 29–47.

Comenius, Johann Amos: Große Unterrichtslehre. Berlin/Leipzig 1947.

Comenius, Johann Amos: Große Didaktik (1954). Stuttgart 2000.

Comenius, Johann Amos: Pampaedia. Sankt Augustin 2001.

Conrad, Anne: «Jungfraw Schule» und Christenlehre. In: Kleinau/Opitz 1996, Bd. 1, S. 175–188.

Cortina, Kai S. / Baumert, Jürgen / Leschinsky, Achim / Mayer, Karl Ulrich / Trommer, Luitgard (Hrsg.): Das Bildungswesen in der Bundesrepublik Deutschland. Reinbek 2003.

Dahrendorf, Ralf: Bildung ist Bürgerrecht: Plädoyer für eine aktive Bildungspolitik. Hamburg 1965.

Dalin, Per / Rolff, Hans-Günter, zus. mit Buchen, Herbert: Das Institutionelle Schulentwicklungs-Programm. Soest 1990.

Dannenbeck, Clemens: Selbst- und Fremdzuschreibungen als Aspekte kultureller Identitätsarbeit. Opladen 2002.

Dannenbeck, Clemens / Eßer, Felicitas / Lösch, Hans: Herkunft (er)zählt. Münster 1999.

Deinet, Ulrich: Sozialraumorientierung. In: Rauschenbach/Düx/Züchner (2002), S. 61–82.

Deutsche Gesellschaft für Erziehungswissenschaft (DGfE): Kerncurriculum für das Hauptfach Erziehungswissenschaft. Vorstandsbeschluss vom 31. 1. 2004a. – http://dgfe.pleurone.de/bilpol/2004/KC.HFStud.EW – 3. 6. 06.

Deutsche Gesellschaft für Erziehungswissenschaft (DGfE): Strukturmodell für die Lehrerbildung im Bachelor-Master-System. Vorstandsbeschluss vom 11. 12. 2004b. – http://dgfe.pleurone.de/S6_Strukturmodell-BA-MA-Lehrerbildung.pdf.

Deutscher Ausschuss: Gutachten zur Erwachsenenbildung. Stuttgart 1960.

Deutscher Bildungsrat: Empfehlungen der Bildungskommission: Strukturplan für das Bildungswesen. Stuttgart 1970.

Deutscher Bildungsrat: Aspekte für die Planung der Bildungsforschung. Stuttgart 1974.

Deutsches PISA-Konsortium (Hrsg.): PISA 2000. Opladen 2001.

Dewe, Bernd: Beratung. In: Krüger/Helsper 1995, S.119–130.

Dewey, John: Die Elementareinheit des Verhaltens (1896). In: ders.: Philosophie und Zivilisation. Frankfurt/M. 2003, S. 230–244.

Dewey, John: Demokratie und Erziehung (1916). Weinheim 1993.

Dewey, John: Erneuerung der Philosophie (1926). Hamburg 1989.

Dewey, John: Suche nach Gewissheit (1929). Frankfurt/M. 1998.

Diefenbach, Heike: Bildungschancen und Bildungs(miss)erfolg von ausländischen Schülern oder Schülern aus Migrantenfamilien im System schulischer Bildung. In: Becker, Rolf / Lautenbach, Wolfgang (Hrsg.): Bildung als Privileg? Wiesbaden 2004, S. 225–249.

Diefenbach, Heike / Klein, Michael: Bringing Boys Back In. Soziale Ungleichheit zwischen den Geschlechtern im Bildungssystem zuungunsten von Jungen am Beispiel der Sekundarschulabschlüsse. In: Zeitschrift für Pädagogik 48 (2002), S. 938–958.

Diekmann, Andreas: Empirische Sozialforschung. Reinbek 1995.

DIHK (Deutscher Industrie- und Handelskammertag): Karriere mit Kehre. Berlin 2004.

Dilthey, Wilhelm: Der Aufbau der geschichtlichen Welt in den Geisteswissenschaften. Frankfurt/M. 1970.

Ditton, Hartmut: Lehrkräfte und Unterricht aus Schülersicht. In: Zeitschrift für Pädagogik 48 (2002), S. 262–286.

Dolch, Josef: Lehrplan des Abendlandes. Ratingen 1971.

du Bois-Reymond, Manuela: Die moderne Familie als Verhandlungshaushalt. Eltern-Kind-Beziehungen in West- und Ostdeutschland und in den Niederlanden. In: du Bois-Reymond, Manuela (Hrsg.): Kinderleben. Opladen 1994, S. 137–271.

Edding, Friedrich: Ökonomie des Bildungswesens. Freiburg/Breisgau 1963.

Edelmann, Walter: Lernpsychologie. Weinheim 2000.

Eder, Klaus: Institution. In: Liebau, Eckart / Schumacher-Chilla, Doris / Wulf, Christoph (Hrsg.): Anthropologie pädagogischer Institutionen. Weinheim 2001, S. 19–34.

Eickhoff, Catarina / Hasenberg, Ralph / Zinnecker, Jürgen: Geschlechterdifferenzierende Erziehung in der Familie. In: Silbereisen / Zinnecker 1999, S. 299–316.

Elger, Christian, u. a.: Das Manifest. Elf führende Neurowissenschaftler über Gegenwart und Zukunft der Hirnforschung. In: Gehirn & Geist (2004), H. 6, S. 30–37.

Engeström, Yrjö: Lernen durch Expansion. Marburg 1999.

Ewerhart, Georg: Humankapital in Deutschland: Bildungsinvestitionen, Bildungsvermögen und Abschreibungen auf Bildung. BeitrAB 247, Nürnberg 2001.

Expertenkommission Finanzierung Lebenslangen Lernens: Finanzierung Lebenslangen Lernens – der Weg in die Zukunft. Schlussbericht. Bielefeld 2004.

Faulstich, Peter (Hrsg.): Lernzeiten. Hamburg 2002.

Faulstich, Peter: Weiterbildung. München 2003.
Faulstich, Peter: Lernen Erwachsener in kritisch-pragmatischer Perspektive. In: Zeitschrift für Pädagogik 51 (2005), Heft 5, S. 528–542.
Faulstich, Peter / Bayer, Mechthild (Hrsg.): Lerngelder. Hamburg 2005.
Faulstich, Peter / Gnahs, Dieter / Seidel, Sabine / Bayer, Mechthild (Hrsg.): Praxishandbuch selbstbestimmtes Lernen. Weinheim 2002.
Faulstich, Peter / Ludwig, Joachim (Hrsg.): Expansives Lernen. Baltmannsweiler 2004.
Faulstich, Peter / Teichler, Ulrich / Bojanowski, Arnulf / Döring, Otfried: Bestand und Perspektiven der Weiterbildung. Weinheim 1991.
Faulstich, Peter / Tymister, Hans-Josef: Lernfälle Erwachsener. Augsburg 2002.
Faulstich, Peter / Zeuner, Christine: Erwachsenenbildung. Weinheim 1999, 2006 (2. Aufl.).
Faulstich-Wieland, Hannelore: Koedukation – enttäuschte Hoffnungen? Darmstadt 1991.
Faulstich-Wieland, Hannelore: Geschlecht und Erziehung. Darmstadt 1995.
Faulstich-Wieland, Hannelore: Individuum und Gesellschaft. München 2000.
Faulstich-Wieland, Hannelore: Sozialisation in Schule und Unterricht. Weinheim 2002.
Faulstich-Wieland, Hannelore: Einführung in Genderstudien. Opladen 2003.
Faulstich-Wieland, Hannelore: Koedukation. In: Keck, Rudolf W. / Sandfuchs, Uwe/ Feige, Bernd (Hg.): Wörterbuch Schulpädagogik. Bad Heilbrunn/Obb. 2004a, S. 238–239.
Faulstich-Wieland, Hannelore: Doing Gender: Konstruktivistische Beiträge. In: Glaser/ Klika/Prengel 2004b, S. 175–191.
Faulstich-Wieland, Hannelore / Weber, Martina / Willems, Katharina: Doing gender im heutigen Schulalltag. Weinheim 2004.
Felden, Heide von (Hrsg.): ... greifen zur Feder und denken die Welt. Frauen – Literatur – Bildung. Informationen zur Wissenschaftlichen Weiterbildung, Heft 44. Universität Oldenburg 1991.
Fend, Helmut: Zur Lage des Nachwuchses in der Empirischen Bildungsforschung und Vorschläge zur Nachwuchsförderung. In: Mandl/Kopp 2005, S. 69–72.
Feyerabend, Paul K.: Wider den Methodenzwang. Frankfurt/M. 1986.
Fischer, Arthur / Fuchs, Werner / Zinnecker, Jürgen: Jugendliche und Erwachsene '85. Generationen im Vergleich. Jugendwerk der Deutschen Shell, Hamburg, Opladen 1985, Band 5: Arbeitsbericht und Dokumentation.
Flaake, Karin: Berufliche Orientierungen von Lehrerinnen und Lehrern. Frankfurt/M. 1989.
Flick, Uwe: Qualitative Forschung. Reinbek 1995.
Flick, Uwe / Kardoff, Ernst von / Steinke, Ines (Hrsg.): Qualitative Forschung. Ein Handbuch. Reinbek 2000.

Flitner, Wilhelm: Allgemeine Pädagogik. Stuttgart 1997 (15. Aufl.).
Flitner, Wilhelm / Kudritzki, Gerhard (Hrsg.): Die Deutsche Reformpädagogik. Düsseldorf 1961.
Flösser, Gaby: Sozialmanagement. In: Otto/Rauschenbach/Vogel 2002a, S. 173–181.
Foucault, Michel: Überwachen und Strafen. Frankfurt/M. 1977.
Frackmann, Margit / Tärre, Michael (Hrsg.): Lernen & Problemlösen. Hamburg 2003.
Friebel, Harry / Epskamp, Heinrich / Knobloch, Brigitte / Montag, Stefanie / Toth, Stephan: Bildungsbeteiligung: Chancen und Risiken. Opladen 2000.
Friebertshäuser, Barbara / Prengel, Annedore (Hrsg.): Handbuch Qualitative Forschungsmethoden in der Erziehungswissenschaft. Weinheim 2003.
Fuchs, Hans-Werner / Reuter, Lutz R.: Bildungspolitik in Deutschland: Entwicklungen, Probleme, Reformbedarf. Opladen 2000.
Gamm, H. J.: Einführung in das Studium der Erziehungswissenschaft. Reinbek 1978.
Gernert, Dörte: Mädchenerziehung im allgemeinen Volksschulwesen. In: Kleinau/Opitz 1996, Band 2, S. 85–98.
Gerstenmeier, Jochen / Mandl, Heinz: Wissenserwerb unter konstruktivistischer Perspektive. In: Zeitschrift für Pädagogik 41 (1995), S. 867–888.
Giddens, Anthony: Die Konstitution der Gesellschaft. Frankfurt/M. 1988.
Giesecke, Hermann: Pädagogische Illusionen. Stuttgart 1998.
Giesecke, Hermann: Hitlers Pädagogen. Weinheim 1999 (2. Aufl.).
Glaser, Edith / Klika, Dorle / Prengel, Annedore (Hrsg.): Handbuch Gender und Erziehungswissenschaft. Bad Heilbrunn/Obb. 2004.
Glaser, Barney G. / Strauss, Anselm L.: Grounded Theory. Strategien qualitativer Forschung. Bern 1998.
Glasersfeld, Ernst von: Radikaler Konstruktivismus. Ideen, Ergebnisse, Probleme. Frankfurt/M. 1997.
Glasersfeld, Ernst von: Gesellschaft als subjektive Erfahrung. 7 Seiten, o. J. http://www.sjschmidt.net/konzepte/texte/glasers.htm – 22. 2. 06.
Gleim, Betty: Erziehung und Unterricht des weiblichen Geschlechts. Paderborn (1810) 1989.
Glücks, Elisabeth / Ottemeier-Glücks, Franz Gerd (Hrsg.): Geschlechtsbezogene Pädagogik. Münster 1994.
Gogolin, Ingrid: Der monolinguale Habitus der multilingualen Schule. Münster 1994.
Gogolin, Ingrid: Interkulturalität als Herausforderung der Schule. In: Altrichter, Herbert / Schley, Wilfried / Schratz, Michael (Hrsg.): Handbuch zur Schulentwicklung. Innsbruck 1998, S.479–502.
Gogolin, Ingrid: Fähigkeitsstufen der interkulturellen Bildung. Hamburg (Institut für International und Interkulturell Vergleichende Erziehungswissenschaft der Universität Hamburg). Mimeo 2003 (http://www.erzwiss.uni-hamburg.de/Personal/Gogolin/index.html – 22. 2. 06).

Gogolin, Ingrid / Krüger-Potratz, Marianne: Einführung in die Interkulturelle Pädagogik. Opladen 2006.

Gomolla, Mechtild / Radtke, Frank-Olaf: Institutionelle Diskriminierung: die Herstellung ethnischer Differenz in der Schule. Opladen 2002.

Grell, Petra: Lernen Lernen durch reflexive Analyse. In: Faulstich, Peter (Hrsg.): Lernwiderstände. Hamburg 2006, S.79–89.

Gröning, Katharina: Beratung für Frauen. In: Neue Praxis (1993), S. 227–248.

Gröning, Katharina / Plößer, Melanie: Frauen- und Mädchenarbeit. In: Otto/Rauschenbach/Vogel 2002a, S. 131–142.

Grotlüschen, Anke: Widerständiges Lernen im Web – virtuell und selbstbestimmt? Münster 2003.

Grünig, Barbara / Kaiser, Gabriele / Kreitz, Robert / Rauschenberger, Hans / Rinningsland, Konrad (Hrsg.): Leistung und Kontrolle. Weinheim 1999.

Günther, Karl-Heinz u. a.: Geschichte der Erziehung. Berlin 1971 (10. Aufl.).

Habermas, Jürgen: Erkenntnis und Interesse. Frankfurt/M. 1968a.

Habermas, Jürgen: Technik und Wissenschaft als Ideologie. Frankfurt/M. 1968b.

Hamburger, Franz: Einführung in die Sozialpädagogik. Stuttgart 2003.

Hänsel, Dagmar: Die weibliche und die männliche Form des Lehrerseins. In: Neue Sammlung (1991), S. 187–202.

Hänsel, Dagmar: Wer ist der Professionelle? In: Zeitschrift für Pädagogik 38 (1992), S. 873–893.

Hansmann, Otto / Marotzki, Winfried (Hrsg.): Diskurs Bildungstheorie I: Systematische Markierungen. Weinheim 1988.

Helsper, Werner / Böhme, Jeanette (Hrsg.): Handbuch der Schulforschung. Wiesbaden 2004.

Hentig, Hartmut von: Die Schule neu denken. München 1993.

Herbart, Johann Friedrich: Allgemeine Pädagogik aus dem Zweck der Erziehung abgeleitet (1806). Pädagogische Schriften. Band II, Stuttgart 1984.

Herrlitz, Hans-Georg: Heinrich Roth: Begabung und Lernen. In: Die deutsche Schule 93 (2001), S. 89–98.

Herrmann, Theo / Lantermann, Ernst-D. (Hrsg.): Persönlichkeitspsychologie. München 1985.

Herrmann, Ulrich (Hrsg.): Das pädagogische Jahrhundert. Weinheim 1981.

Herwartz-Emden, Leonie: Einwandererkinder im deutschen Bildungswesen. In: Cortina u. a. 2003, S. 661–709.

Heydorn, Heinz-Joachim: Über den Widerspruch von Bildung und Herrschaft. Frankfurt/M. 1970.

Heydorn, Heinz-Joachim (Hrsg.): Jan Amos Comenius: Geschichte und Aktualität. 1670–1970. Glashütte/Ts. 1971.

Hilgard, Ernest R. / Bower, Gordon H.: Theorien des Lernens. Stuttgart 1983.

Hörster, Reinhard: Pädagogisches Handeln. In: Krüger/Helsper 1995, S.35–42.
Hopf, Christel: Qualitative Interviews – Ein Überblick. In: Flick u. a. (2000), S. 349–360.
Holzkamp, Klaus: Lernen. Frankfurt/M. 1993.
Holzkamp, Klaus: Wider den Lehr-Lern-Kurzschluss. In: Arnold, Rolf: (Hrsg.): Lebendiges Lernen. Hohengehren 1996, 21–30. Wiederabdruck Faulstich/Ludwig 2004, S. 28–38.
Homfeld, Hans Günther: Gesundheitspädagogik. In: Otto/Rauschenbach/Vogel 2002a, S. 161–171.
Horkheimer, Max: Traditionelle und kritische Theorie (1937). Frankfurt/M. 1970.
Horkheimer, Max / Adorno, Theodor W.: Dialektik der Aufklärung (1944). Frankfurt/M. 1969.
Humboldt, Wilhelm von: Werke in fünf Bänden. Darmstadt 1980.
Humboldt, W. v.: Litauischer Schulplan. In: Humboldt 1980, Werke IV.
Hurrelmann, Klaus: Einführung in die Sozialisationstheorie. Weinheim 1989 (letzte Neuaufl. 2002).
Huth, Albert: Was fordert die Wirtschaft von der Schule? In: Die Bayerische Schule (1952), H. 9, S. 133–135.
Ingenkamp, Karlheinz / Jäger, Reinhold S. / Petillon, Hanns / Wolf, Bernhard (Hrsg.): Empirische Pädagogik 1970–1990. 2 Bände. Weinheim 1992.
Jank, Werner / Meyer, Hilbert: Didaktische Modelle. Frankfurt/M. 1991.
Jantz, Olaf / Grote, Christoph (Hrsg.): Perspektiven der Jungenarbeit. Opladen 2003.
Jurczyk, Karin u. a.: Von der Tagespflege zur Familientagesbetreuung. Weinheim 2004.
Jürgens, Eiko: Lern- und Leistungsberichte. In: Die Deutsche Schule 93 (2001), S. 469–485.
Kade, Jochen: Vermittelbar/nicht-vermittelbar: Vermitteln: Aneignen. In: Lenzen, Dieter / Luhmann, Niklas (Hrsg.): Bildung und Weiterbildung im Erziehungssystem. Frankfurt/M. 1997, S. 30–70.
Kalthoff, Herbert: Das Zensurenpanoptikum. In: Zeitschrift für Soziologie 25 (1996), S. 106–124.
Kanders, Michael: Das Bild der Schule aus der Sicht von Schülern und Lehrern II. Institut für Schulentwicklungsforschung, Universität Dortmund 2000.
Kant, Immanuel: Was ist Aufklärung? In: Ders.: Werke in zwölf Bänden. Band XI. Frankfurt/M. 1964. S. 53–61.
Kant, Immanuel: Über Pädagogik. In: Ders.: Werke in zwölf Bänden. Band XII. Frankfurt/M. 1964. S. 695–761.
Kerschensteiner, Georg: Begriff der Arbeitsschule. Leipzig (1911), 1913 (2. Aufl.).
Kerschensteiner, Georg: Der Begriff der staatsbürgerlichen Erziehung. Leipzig 1901. Ausgewählte pädagogische Schriften Band I. Paderborn 1966.
Kerschensteiner, Georg: Texte zum pädagogischen Begriff der Arbeit und zur Arbeitsschule. Ausgewählte pädagogische Schriften Band II. Paderborn 1968.

Keupp, Heiner: Identitätskonstruktionen. Reinbek 2002.
Klafki, Wolfgang: Neue Studien zur Bildungstheorie und Didaktik. Weinheim 1985, 1996 (5. Aufl.).
Klees-Möller, Renate: Mädchen- und Frauenarbeit: Mädchenbildung, Frauenselbsthilfe, Frauenprojekte. In: Krüger, Heinz-Hermann / Rauschenbach, Thomas (Hrsg.): Einführung in Arbeitsfelder des Bildungs- und Sozialwesens. Opladen 2000 (3. Aufl.), S. 173–190.
Kleinau, Elke: Ein (Hochschul-)praktischer Versuch. Die «Hochschule für das weibliche Geschlecht» in Hamburg. In: Kleinau/Opitz 1996, Band 2, S. 66–82.
Kleinau, Elke: Gleichheit oder Differenz? In: Kleinau/Opitz 1996, Band 2, S. 113–128.
Kleinau, Elke / Mayer, Christine (Hrsg.): Erziehung und Bildung des weiblichen Geschlechts. 2 Bände, Weinheim 1996.
Kleinau, Elke / Opitz, Claudia (Hrsg.): Geschichte der Mädchen- und Frauenbildung. 2 Bände. Frankfurt/M. 1996.
Klemm, Klaus: Bildungsausgaben: Woher sie kommen, wohin sie fließen. In: Cortina u. a. 2003, S. 214–251.
Klemm, Klaus: Bildungsausgaben in Deutschland: Status quo und Perspektiven. Friedrich-Ebert-Stiftung. Bonn 2005.
Knorr-Cetina, Karin: Spielarten des Konstruktivismus. In: Soziale Welt 40 (1989), S. 86–96.
Köhler, Gerd (Hrsg.): Wem soll die Schule nützen? Frankfurt/M. 1974.
Köhler, Gerd / Reuter, Ernst (Hrsg.): Was sollen Schüler lernen? Frankfurt/M. 1973.
König, Eckard / Zedler, Peter (Hrsg.): Bilanz qualitativer Forschung. 2 Bände. Weinheim 1995.
Kösel, Edmund: Die Modellierung von Lernwelten. Elztal-Dallau 1995.
Krappmann, Lothar / Oswald, Hans: Alltag der Schulkinder. Weinheim 1995.
Kraul, Margret / Hoff, Walburga: Professionalität, Generation und Geschlecht. In: Zeitschrift für Pädagogik 51 (2005), S. 694–712.
Krüger, Heinz-Hermann / Helsper, Werner (Hrsg.): Einführung in Grundbegriffe und Grundfragen der Erziehungswissenschaft. Bd. I: Einführungskurs Erziehungswissenschaft. Opladen 1995.
Krüger, Heinz-Hermann / Rauschenbach, Thomas u. a.: Diplom-Pädagogen in Deutschland. Weinheim 2003.
Krüger-Potratz, Marianne: Ein Blick in die Geschichte ausländischer Schüler und Schülerinnen in deutschen Schulen. In: Kodron, Christoph u. a. (Hrsg.): Vergleichende Erziehungswissenschaft, Herausforderung – Vermittlung – Praxis, Band 2. Wien 1997, S. 656–672.
Krüger-Potratz, Marianne / Lutz, Helma: Gender in der Interkulturellen Pädagogik. In: Glaser/Klika/Prengel 2004, S. 436–448.
Kuckartz, Udo: Computergestützte Analyse qualitativer Daten. Opladen 1999.

Kuper, Harm: Evaluation im Bildungssystem. Stuttgart 2005.
Kuwan, Helmut u. a.: Berichtssystem Weiterbildung IX. Bonn 2006.
Laaser, Ullrich H.: Bildungselend und Bildungshilfe – Strukturen, Probleme, Perspektiven. In: Müller, Klaus E. / Treml, Alfred K. (Hrsg.): Ethnopädagogik – Sozialisation und Erziehung in traditionellen Gesellschaften. Berlin 1996 (2. Aufl.), S. 179–197.
Lave, Jean / Wenger, Etienne: Situated Learning. Cambridge 1991.
Lenhardt, Gero: Vergleichende Bildungsforschung – Bildung, Nationalstaat und Weltgesellschaft. In: Helsper/Böhme 2004, S. 965–984.
Lenz, Ilse / Luig, Ute (Hrsg.): Frauenmacht ohne Herrschaft. Frankfurt/M. 1995.
Lenzen, Dieter: Lösen die Begriffe Selbstorganisation, Autopoiesis und Emergenz den Bildungsbegriff ab? In: Zeitschrift für Pädagogik 43 (1997), Heft 6, S. 949–968.
Lenzen, Dieter: Orientierung Erziehungswissenschaft. Reinbek 1999.
Lenzen, Dieter / Luhmann, Niklas (Hrsg.): Bildung und Weiterbildung im Erziehungssystem. Frankfurt/M. 1997.
Leschinsky, Achim: Der institutionelle Rahmen des Bildungswesens. In: Cortina u. a. 2003, S. 148–213.
Leschinsky, Achim / Cortina Kai S.: Zur sozialen Einbettung bildungspolitischer Trends in der Bundesrepublik. In: Cortina u. a. 2003, S. 20–51.
Liebau, Eckart: Sozialisationstheorie und Pädagogik. In: Neue Sammlung (1988), S. 156–167.
Lörcher, Gustav Adolf / Maier, Peter Herbert: Was erreichen Schüler und Lehrer im Fach Mathematik? Pädagogische Hochschule Freiburg 1999 – http://www.freidok.uni-freiburg.de/volltexte/120/ – 3. 6. 06.
Lüders, Christian: Gütekriterien. In: Bohnsack, Ralf / Marotzki, Winfried / Meuser, Michael (Hrsg.): Hauptbegriffe Qualitativer Sozialforschung. Opladen 2003, S. 80–82.
Luhmann, Niklas: Soziale Systeme. Frankfurt/M. 1984.
Luhmann, Niklas: Die Wissenschaft der Gesellschaft. Frankfurt/M. 1990.
Luhmann, Niklas: Die Form «Person». In: Soziale Welt (1991), H. 2, S. 166–175.
Luhmann, Niklas: Das Erziehungssystem und die Systeme seiner Umwelt. In: Luhmann, Niklas/Schorr, Karl Eberhard (Hrsg.): Zwischen System und Umwelt. Frankfurt/M. 1996, S. 14–52.
Mandl, Heinz / Kopp, Birgitta (Hrsg.): Deutsche Forschungsgemeinschaft – Impulse für die Bildungsforschung. Berlin 2005.
Mandl, Heinz / Friedrich, Helmut F. (Hrsg.): Lern- und Denkstrategien: Analyse und Intervention. Göttingen 1992.
Mann, Heinrich: Der Untertan. Leipzig 1918.
Masche, Gowert / Reitzle, Matthias: Stichprobe und Design. In: Silbereisen/Zinnecker 1999, S. 39–62.
Massing, Peter (Hrsg.): Bildungspolitik in der Bundesrepublik Deutschland. Schwalbach/Ts. 2003.

Maturana, Humberto R. / Varela, Francesco: Baum der Erkenntnis. München 1987.
Mayer, Christine: Die Anfänge einer institutionalisierten Mädchenerziehung. In: Kleinau/Opitz 1996, Band 1, S. 373–392.
Marx, Karl: Zur Kritik der Hegelschen Rechtsphilosophie. Marx-Engels-Werke, Band 1, Berlin 1969.
Mead, Margret: Jugend und Sexualität in primitiven Gesellschaften. Band 1: Kindheit und Jugend in Samoa. Band 2: Kindheit und Jugend in Neuguinea. Band 3: Geschlecht und Temperament in drei primitiven Gesellschaften. München 1970.
Meier, Uta / Ohrem, Sandra: Geschlechtsspezifische Gewaltprävention in Kindertagesstätten der Universitätsstadt Gießen. Universität Gießen 2003.
Michael, Berthold / Schepp, Heinz-Hermann: Politik und Schule von der Französischen Revolution bis zur Gegenwart: eine Quellensammlung zum Verhältnis von Gesellschaft, Schule und Staat im 19. und 20. Jahrhundert. 2 Bände. Frankfurt/M. 1973.
Mielke, Rosemarie: Psychologie des Lernens. Stuttgart 2001.
Miller, Max: Kollektive Lernprozesse. Frankfurt/M. 1986.
Mogge, Winfried: Der Freideutsche Jugendtag 1913: Vorgeschichte, Verlauf, Wirkungen. In: Mogge, Winfried/Reulecke, Jürgen: Hoher Meißner 1913. Köln 1988, S. 33–62.
Möller, Renate / Sander, Uwe: Neue Medien. In: Otto/Rauschenbach/Vogel 2002a, S. 119–130.
Mollenhauer, Klaus: Erziehung und Emanzipation. Polemische Skizzen. München 1968.
Moog, Willy: Geschichte der Pädagogik. Band 3. Ratingen 1967.
Muchow, Martha / Muchow, Hans Heinrich: Der Lebensraum des Großstadtkindes. Weinheim 1998.
Münch, Joachim: Bildungspolitik. Grundlagen – Entwicklungen. Baltmannsweiler 2002.
Musil, Robert: Die Verwirrungen des Zöglings Törleß. Hamburg 1959.
Nägele, Gerhard: Sozialgerontologie. In: Otto/Rauschenbach/Vogel 2002a, S. 153–159.
Nestmann, Frank / Engel, Frank / Sickendiek, Ursel (Hrsg.): Das Handbuch der Beratung. 2 Bände. Tübingen 2004.
Netzwerk Bildung der Friedrich Ebert-Stiftung: Lernen nach PISA – Soziale Herkunft und Bildungserfolg. Ergebnisprotokoll der dritten Sitzung des Netzwerks Bildung am 11.5.2005. Hekt. Man. o.O.
Niedersächsische Staatskanzlei – Projekt Bildungsrat – Gaby Willamowius: Empfehlungen des Bildungsrats. Hannover 2002 (CD-Rom).
Nohl, Hermann: Die pädagogische Bewegung in Deutschland und ihre Theorie (1933). Frankfurt/M. 1970.
Nüberlin, Gerda: Selbstkonzepte Jugendlicher und schulische Notenkonkurrenz. Herbolzheim 2002.

OECD: Die Politik der frühkindlichen Betreuung, Bildung und Erziehung in der Bundesrepublik Deutschland. Kurzfassung. 2004.

OECD: Bildung auf einen Blick. OECD-Indikatoren 2005. Bielefeld 2005.

Oelkers, Jürgen: Reformpädagogik. Weinheim 1996 (3. Aufl.).

Oelkers, Jürgen: Dewey in Deutschland – ein Missverstandnis. In: Ders. (Hrsg.): John Dewey: Demokratie und Erziehung. Weinheim 2000, S. 489–509.

Oelkers, Jürgen: Theorie der Erziehung. Weinheim 2001.

Oelkers, Jürgen: Pragmatismus und Pädagogik: Zur Geschichte der demokratischen Erziehungstheorie. – http://www.paed.unizh.ch/ap/home/vortraege.html 2004.

Opitz, Claudia / Kleinau, Elke: Einleitung. In: Kleinau/Opitz 1996, Band 1, S. 15–20.

Otto, Hans-Uwe / Rauschenbach, Thomas / Vogel, Peter (Hrsg.): Erziehungswissenschaft: Arbeitsmarkt und Beruf. Opladen 2002a.

Otto, Hans-Uwe / Rauschenbach, Thomas / Vogel, Peter (Hrsg.): Erziehungswissenschaft: Professionalität und Kompetenz. Opladen 2002b.

Oswald, Hand: Was heißt qualitativ forschen? In: Friebertshäuser/ Prengel 2003, S. 71–87.

Peddiwell. J. Abner (Pseudonym für Harold Raymond Wayne Benjamin): Das Säbelzahn-Curriculum. Stuttgart 1974.

Peirce, Charles S.: How to Make Our Ideas Clear. In: Popular Science Monthly 12 (November 1878), S. 286–302 – www.peirce.org/writings/p119.html – 11. 3. 06.

Peisert, Hansgert: Soziale Lage und Bildungschancen in Deutschland. München 1967.

Pestalozzi, Johann Heinrich: Lienhardt und Gertrud – ein Buch für das Volk. Bad Heilbrunn/Obb. 1993.

Pestalozzi, Johann Heinrich: Wie Gertrud ihre Kinder lehrt. Bad Heilbrunn/Obb. 1994.

Petersen, Peter: Der kleine Jena-Plan. Weinheim (1927), 2001 (62. Aufl.).

Picht, Georg: Die deutsche Bildungskatastrophe. München 1965.

PISA-Konsortium Deutschland: PISA 2003. Münster 2004.

Platon: Politeia. In: Ders.: Sämtliche Werke, Band III. Reinbek 1958.

Popper, Karl R.: Logik der Forschung. Tübingen 1982.

Preiser, Siegfried: Feedback nach Referaten. In: Das Hochschulwesen 41 (1995), H. 2, S. 114–116.

Prenzel, Manfred: Zur Situation der Empirischen Bildungsforschung. In: Mandl/Kopp 2005, S. 7–21.

Queneau, Raymond: Stilübungen. Frankfurt/M. 1990.

Radtke, Frank-Olaf: Schule und Ethnizität. In: Helsper/Böhme 2004, S. 625–646.

Rahm, Sibylle: Einführung in die Theorie der Schulentwicklung. Weinheim 2005.

Rauschenbach, Thomas / Düx, Wiebken / Züchner, Ivo (Hrsg.): Jugendarbeit im Aufbruch. Münster 2002.

Rauschenbach, Thomas / Düx, Wiebken / Züchner, Ivo: Kinder- und Jugendarbeit auf dem Weg in die Zukunft – eine Einführung. In: Rauschenbach/Düx/Züchner 2002, S. 7–16.

Rauschenbach, Thomas / Züchner, Ivo: Studium und Arbeitsmarkt der Hauptfachstudierenden. In: Tippelt u. a. 2004, S. 39–54.

Reble, Albert: Geschichte der Pädagogik. Frankfurt/M. 1981.

Reinmann-Rothmeier, Gabi / Mandl, Heinz: Lernen als Erwachsener. In: Grundlagen der Weiterbildung (1995), Heft 6, S. 193–196.

Rolff, Hans-Günter: Sozialisation und Auslese durch die Schule. Weinheim 1997 (überarbeitete Neuausgabe).

Rolff, Hans-Günter: Wandel durch Selbstorganisation. Weinheim 1993.

Rolff, Hans-Günter: Bildungsmanagement. In: Otto/Rauschenbach/Vogel 2002a, S. 183–187.

Rose, Lotte: Gender. Zur Bedeutung der Kategorie Geschlecht in der Jugendarbeit. In: Rauschenbach/Düx/Züchner 2002, S. 83–108.

Roth, Heinrich: Die realistische Wende in der Pädagogischen Forschung. In: Neue Sammlung (1962), S. 481–490.

Roth, Heinrich (Hrsg.): Begabung und Lernen. Stuttgart 1969.

Rousseau, Jean-Jacques: Emile oder Über die Erziehung (1762), deutsch Stuttgart 1970.

Rückriem, Georg / Stary, Joachim: Wissenschaftliches Arbeiten – Subjektive Ratschläge für ein objektives Problem. In: Friebertshäuser/Prengel 2003, S. 831–846.

Rückriem, Georg / Stary, Joachim: Techniken wissenschaftlichen Arbeitens. 1 CD-Rom. Berlin 2001.

Rürup, Matthias: Ausländische und internationale Bildungsberichte als Orientierung für die nationale Bildungsberichterstattung in Deutschland. In: TiBi Nr. 7, November/Dezember 2003 (http://www.bildungsserver.de/db/mlesen.html?Id = 22559 – 3.6.06).

Sachverständigenkommission: Sechster Jugendbericht: Verbesserung der Chancengleichheit von Mädchen in der Bundesrepublik Deutschland. In: Deutscher Bundestag: Probleme der Frau in unserer Gesellschaft. Bonn 1984, S. 201–316, 317–355 (Stellungnahme der Bundesregierung).

Sachverständigenkommission Sechster Jugendbericht (Hrsg.): Alltag und Biografie von Mädchen. 15 Bände. Opladen 1984–1986.

Savier, Monika / Wildt, Carola: Mädchen zwischen Anpassung und Widerstand – Neue Ansätze zur feministischen Jugendarbeit. München 1978.

Schaarschmidt, Uwe / Fischer, Andreas W.: Bewältigungsmuster im Beruf. Göttingen 2001.

Schaller, Klaus: Comenius. Darmstadt 1973.

Scheibe, Wolfgang: Die reformpädagogische Bewegung. Weinheim 1971, 1999 (10. Aufl.).

Schenk, Michael: Emanzipatorische Jungenarbeit im Freizeitheim – Zur offenen Jungenarbeit mit Unterschichtsjugendlichen. In: Winter, Reinhard / Willems, Horst (Hrsg.): Was fehlt, sind Männer! Schwäbisch-Gmünd 1991, S. 99–124.

Scherr, Albert: Migration. Das Ende der Maginalisierung? In: Rauschenbach/Düx/Züchner (2002), S. 109–132.

Schleiermacher, Friedrich Daniel: Texte zur Pädagogik. 2 Bände. Frankfurt/M. 2000.

Schlutz, Erhard / Siebert, Horst: Ende der Professionalisierung? Bremen 1988.

Schmahl, Stefanie : Die Beschulung von Kindern und Jugendlichen mit Migrationshintergrund: Eine Bestandsaufnahme des geltenden Rechts. In: Recht der Jugend und des Bildungswesens (RdJB) 2004, Heft 1, S. 23–38.

Schulenberg, Wolfgang: Zur Professionalisierung der Erwachsenenbildung. Braunschweig 1972.

Schuller, Marianne: Zur Wahrheit der Dichtung des narrativen Interviews. In: Koller, Hans-Christoph / Kokemohr, Rainer (Hrsg.): Lebensgeschichte als Text. Weinheim 1993, S. 79–89.

Schulz, Wolfgang: Anstiftung zum didaktischen Denken. Unterricht – Didaktik – Bildung. Weinheim 1996.

Seel, Norbert M.: Psychologie des Lernens. München 2000.

Sielert, Uwe: Jungenarbeit. Weinheim 1989.

Silbereisen, Rainer / Zinnecker, Jürgen (Hrsg.): Entwicklung im sozialen Wandel. Weinheim 1999.

Skinner, Burrhus F.: Erziehung als Verhaltensformung. München-Neubiberg 1971.

Stammler, Karin: Von «Schwestern», «Schutzbefohlenen» und «rohen Weibern aus dem Volke». Frauenbewegung und Bildung von Frauen aus den handarbeitenden Klassen um 1848. In: Kleinau/Opitz 1996, Band 2, S. 51–65.

Stary, Joachim / Kretschmer, Horst: Umgang mit wissenschaftlicher Literatur. Darmstadt 1999.

Stecklina, Gerd / Böhnisch, Lothar: Beratung von Männern. In: Nestmann/Engel/Sickendiek (2004), Band 1, S. 219–230.

Steinke, Ines: Kriterien qualitativer Forschung. Weinheim 1999.

Stern, Elsbeth / Grabner, Roland / Schumacher, Ralph: Lehr-Lern-Forschung und Neurowissenschaften: Erwartungen, Befunde und Forschungsperspektiven. Bonn (BMBF) 2005.

Straus, Anselm: Grundlagen qualitativer Sozialforschung. Frankfurt/M. 1998.

Sturzenhecker, Benedikt: Bildung. Wiederentdeckung einer Grundkategorie der Kinder- und Jugendarbeit. In: Rauschenbach/Düx/Züchner (2002), S. 19–59.

Tenorth, Heinz-Elmar: Schulische Einrichtungen. In: Lenzen, Dieter (Hrsg.): Erziehungswissenschaft. Reinbek 1994, S. 427–446.

Tenorth, Elmar: Geschichte der Erziehung: Einführung in die Grundzüge ihrer neuzeitlichen Entwicklung. Weinheim 2000.

Tenorth, Heinz-Elmar (Hrsg.): Klassiker der Pädagogik. Band 1: Von Erasmus bis Helene Lange. Band 2: Von John Dewey bis Paulo Freire. München 2003.

Terhart, Ewald: Ethnographische Schulforschung in den USA. In: Zeitschrift für Pädagogik 25 (1979), H. 2, S. 291–306.

Terhart, Ewald: Entwicklung und Situation des qualitativen Forschungsansatzes in der Erziehungswissenschaft. In: Friebertshäuser/Prengel 2003, S. 27–42.

Thole, Werner / Küster, Ernst-Uwe: «Wenn Jugendarbeit zum Beruf wird». Die Qualifikationsfrage der Kinder- und Jugendarbeit. In: Rauschenbach/Düx/Züchner (2002), S. 159–180.

Thurn, Susanne: Lernen, Leistung, Zeugnisse – eine Schule (fast) ohne Noten. In: Thurn/ Tillmann (1997), S. 63–78.

Thurn, Susanne / Tillmann, Klaus-Jürgen (Hrsg.): Unsere Schule ist ein Haus des Lernens. Reinbek 1997.

Tippelt, Rudolf / Rauschenbach, Thomas / Weishaupt, Horst (Hrsg.): Datenreport Erziehungswissenschaft. Opladen 2004.

Treml, Alfred K.: Lernen. In: Krüger, Heinz-Hermann / Grunert, Cathleen: Wörterbuch Erziehungswissenschaft. Wiesbaden 2004, S. 292–296.

Tulodziecki, Gerhard / Herzig, Bardo / Blömeke, Sigrid: Gestaltung von Unterricht. Bad Heilbrunn/Obb. 2004.

Vester, Michael: Die Illusion der Bildungsexpansion. In: Engler, Steffani/Krais, Beate (Hrsg.): Das kulturelle Kapitel und die Macht der Klassenstrukturen. Weinheim 2004, S. 13–53.

Vester, Michael / Oertzen, Peter von u. a.: Soziale Milieus im gesellschaftlichen Strukturwandel. Köln 1993.

Vogel, Peter / Bögemann-Großheim, Ellen: Pflegepädagogik. In: Otto/Rauschenbach/ Vogel 2002a, S. 143–151.

Vollstädt, Witlof: Schulische Leistungsbewertung zwischen reform-pädagogischer Vision und Selektionsdruck. In: Popp, Ulrike / Reh, Sabine (Hrsg.): Schule forschend entwickeln. Weinheim 2004, S. 105–117.

Wahler, Peter / Preiß, Christine / Schaub, Günther: Ganztagsangebote an der Schule. München 2005.

Watson, John B.: Behaviorismus. 1930, dt. Köln 1968.

Weber, Martina: Heterogenität im Schulalltag. Opladen 2003.

Weckel, Ulrike: Lehrerinnen des weiblichen Geschlechts. Die ersten Herausgeberinnen von Frauenzeitschriften und ihr Publikum. In: Kleinau/Opitz 1996, Band 1, S. 428–439.

Weinert, Franz E.: Lernen des Lernens. In: Arbeitsstab Forum Bildung: Bildungs- und Qualifikationsziele von morgen. Materialien, Band 5, Bonn 2001, S. 43–48.

Weniger, Erich: Theorie und Praxis der Erziehung. In: Weniger, Erich: Die Eigenständigkeit der Erziehung in Theorie und Praxis. Weinheim o. J. (1952), S. 7–22.

Werder, Lutz von: Lehrbuch des wissenschaftlichen Schreibens. Berlin 1993.

Werder, Lutz von: Wissenschaftliche Texte kreativ lesen. Berlin 1994.

Weymann, Ansgar: Sozialer Wandel. Weinheim 1998.

Winter, Reinhard: Männliche Sozialisation und Jungenarbeit. In: deutsche jugend (1993), S. 153–164.

Wolf, Alison: Does Education Matter? London 2002.

Zedler, Peter: Wirtschaft. In: Otto/Rauschenbach/ Vogel 2002a, S. 95–103.

Zinnecker, Jürgen: Pädagogische Ethnographie. Ein Plädoyer. In: Behnken, Imbke/Jaumann, Olga (Hrsg.): Kindheit und Schule. Weinheim 1995, S. 21–38.

Zinnecker, Jürgen: Kindheit und Jugend als pädagogische Moratorien. Zur Zivilisationsgeschichte der jüngeren Generation im 20. Jahrhundert. In: Benner, Dietrich/ Tenorth, Heinz-Elmar (Hrsg.): Bildungsprozesse und Erziehungsverhältnisse im 20. Jahrhundert. Zeitschrift für Pädagogik. 42. Beiheft. Weinheim 2000, S. 36–68.